ग़ज़ल...
दुष्यन्त के बाद

पाठक ही निर्णायक है

दुष्यंत के बाद हिन्दी ग़ज़ल ने एक लम्बा सफ़र तय किया है और अपनी सामर्थ्य और शक्ति के साथ अपने उस मुक़ाम पर पहुँच गई है जहाँ भाषिक भेद अर्थहीन हो जाता है। ग़ज़ल, ग़ज़ल है और नागरी लिपि में लिखी गई ग़ज़ल का पाठक संसार आज काफ़ी विस्तृत है क्योंकि मनुष्य की चेष्टाएँ अपनी समग्र जटिलता के साथ इन ग़ज़लों में अभिव्यक्त हो रही हैं। गाँव, क़स्बे और नगरों में बढ़ते ग़ज़लकारों और श्रोताओं पाठकों की बढ़ती संख्या इसकी लोकप्रियता का प्रमाण है। दुष्यंत कुमार से पहले ग़ज़ल लगभग डेढ़ हज़ार वर्षों से फ़ारसी में, फिर उर्दू में भारतीय उप-महाद्वीप में प्रचलित रही है लेकिन उर्दू ग़ज़ल जहाँ मध्यकाल से अभी तक सिर्फ़ अदब-अदीब और बुद्धिजीवियों तक सीमित थी, दुष्यंत ने इसे आम आदमी की रोज़मर्रा की पीड़ा तक पहुँचाया। शब्दों का व्यवहार सम्मत सृजन संसार दिया जो सबकी समझ में आ जाता है। क्योंकि वह उर्दू ग़ज़ल और उसकी परंपरा से भी भली-भाँति परिचित थे इसीलिए वह अपनी बात पूरी शक्ति से हिन्दी-ग़ज़ल में कह सके और उसे सँवार सके। और हिन्दी भाषा के शब्दों को उद्वेलित करके उन्होंने हिन्दी-ग़ज़ल का यह नया रूप प्रस्तुत किया। ग़ज़ल में जो छंद प्रयोग होता है वह मूल रूप से फ़ारसी काव्य सौन्दर्य से अद्‌भुत है परन्तु आज की हिन्दी ग़ज़ल ने खड़ी बोली की ध्वनि और रस को छंदों में जिस खूबसूरती से आत्मसात किया है उससे निश्चित रूप से ग़ज़ल विधा समृद्ध हुई और हिन्दी उर्दू में ही नहीं, अब तो ग़ज़ल गुजराती, मराठी, सिंधी और पंजाबी में भी उसी शिद्दत के साथ लिखी और पढ़ी जा रही है। सन् 1935-36 में प्रगतिशील आन्दोलन के आरम्भ ने हिन्दी-उर्दू के साहित्यकारों को अतीत की रोशनी में वर्तमान में सोचने समझने का रास्ता दिखाया था और उसी रास्ते का एक पड़ाव दुष्यंत बने, जहाँ से कई रास्ते फूटे हैं और अपनी-अपनी मंज़िल की तलाश में अनेक क़ाफ़िले लगातार आगे बढ़ रहे हैं!

'दुष्यंत के बाद' यह भी एक क़ाफ़िला है जिसमें ग़ज़लकारों की, ग़ज़लकारों के द्वारा चुनी हुई ग़ज़लें भी हैं और जाने माने विद्वानों द्वारा ग़ज़लों पर बेबाक चिंतन भी है। इसलिए संपादक का प्रयास सराहनीय है। लेकिन जैसा कि डॉ. शेरजंग गर्ग ने अपने आलेख में कहा है कि वह क़ाफ़िया-बंदी के सरलीकरण से प्रसन्न नहीं हैं, मुझे विश्वास है ग़ज़लगो डॉ. शेरजंग गर्ग की इस टिप्पणी को गंभीरता से लेंगे। डॉ. जानकी प्रसाद शर्मा ने जो संदेह व्यक्त किया है, इस संग्रह के संदर्भ में मुझे वाजिब लगता है कि रचनाकाव्य की दृष्टि से जो लिख रहे हैं वे स्वभावतः दुष्यंत के परवर्ती हैं। लेकिन वे उसी बेचैनी, ताप और ऊर्जा के साथ ग़ज़ल को कितना साध पाए हैं यह स्वयं ग़ज़लकारों के आत्मचिंतन का विषय है। बक़ौल क़मर 'बरतर'—ग़ज़ल अपनी कहानी खुद कहती है—मैं ग़ज़ल हूँ, मेरे लिए आवश्यक है स्वस्थ कल्पना, परिपक्व सोच, भाव तथा भावाभिव्यक्ति के लिए ज़रूरी है 'बह्र', फिर क़ाफ़िए उसके बाद रदीफ़। फिर भी इस संग्रह के सभी ग़ज़लकार अपने इस प्रयास के लिए बधाई के पात्र हैं। यह संग्रह निश्चित ही हिन्दी साहित्य में ग़ज़ल की ज़मीन को ऊर्जा और शक्ति प्रदान करेगा। नई ज़मीन की तलाश में मदद करेगा।

यह एक खुली शुरुआत है—अपनी तमाम कमियों और कमज़ोरियों के साथ, पर यह रचना का लोकतंत्र भी है, पाठक जिसे चाहे अस्वीकार या स्वीकार करे। पाठक ही निर्णायक है।

- कमलेश्वर

ग़ज़ल...दुष्यंत के बाद

(भाग-एक)

संपादक

दीक्षित दनकौरी

वाणी प्रकाशन

वाणी प्रकाशन का 'लोगो'
विख्यात चित्रकार मक़बूल फ़िदा हुसेन की
कूची से

ISBN : 81-8143-063-8

वाणी प्रकाशन
21-ए, दरियागंज, नयी दिल्ली-110002
द्वारा प्रकाशित

फोन : 0091#11#23273167, 23275710
फैक्स : 0091#11#23275710
ई-मेल : vaniprakashan@gmail.com
vani_prakashan@yahoo.com
वेबसाइट : www.vaniprakashan.com

प्रथम संस्करण : 2003
द्वितीय संस्करण : 2005
तृतीय आवृत्ति संस्करण : 2009

मूल्य : 500.00

जय भारत प्रिंटिंग प्रेस, शाहदरा, दिल्ली-110032
द्वारा मुद्रित

GAZAL DUSHYANT KE BAAD -I
Edited by : Dixit Dankauri

थोड़ी आँच बनी रहने दो, थोड़ा धुआँ निकलने दो
तुम देखोगी इसी बहाने, कई मुसाफ़िर आएँगे

दुष्यन्त कुमार
(1 सितंबर 1933 – 30 दिसम्बर 1975)

प्राक्कथन

हिन्दुस्तान में ग़ज़ल-साहित्य की गौरवशाली परम्परा रही है। सदियों से ग़ज़ल ख़ासो-आम को प्रभावित करती आ रही है। प्रारम्भ में तो फ़ारसी-अरबी में ही ग़ज़लें कही गईं, मगर धीरे-धीरे काल और परिवेश के अनुसार ग़ज़ल ने स्वयं को ढाल लिया, यानि आम बोल-चाल की भाषा में ग़ज़लें कही जाने लगीं जिन्हें लोगों ने सर आँखों पर बैठाया। ग़ालिब को उनके फ़ारसी कलाम की अपेक्षा उर्दू ग़ज़लों ने शोहरत की बुलन्दियों पर पहुँचाया। यूँ तो ग़ज़ल कभी भी हुस्नो-शबाब, जामो-मीना और महबूब के नाज़ो-नख़रों तक महदूद नहीं रही, उसने सामाजिक सरोकारों और निज़ाम (व्यवस्था) के विरोध को भी अपना विषय बनाया। लेकिन आम आदमी की पीड़ाओं, कुंठाओं और सामाजिक-राजनैतिक -आर्थिक विद्रूपताओं पर जिस शिद्दत के साथ स्वातन्त्रोत्तर काल में ग़ज़लें/नज़्में कही गईं, उससे पहले नहीं। उस परम्परा में मीराजी, फ़ैज़ अहमद 'फ़ैज़' 'जोश' मलीहाबादी, 'साहिर' लुधियानवी, जाँनिसार अख़्तर, 'मजाज़' लखनवी, 'मजरूह' सुल्तानपुरी, अली सरदार जाफ़री, क़ैफ़ी आज़मी, 'खुमार' बाराबंकवी, इन्दर स्वरूप दत्त 'नादान', शहरयार, निदा फ़ाज़ली, जावेद 'अख़्तर', 'निश्तर' ख़ानक़ाही, 'साज़' जबलपुरी, मुज़फ़्फ़र हनफ़ी, 'शुजा' ख़ावर आदि अनेक शायरों ने ग़ज़ल को सामाजिक सरोकारों से जोड़ा।

इसी दौरान हिन्दी कवियों का भी रुझान ग़ज़ल की ओर हुआ। शम्भूनाथ 'शेष', बलबीर सिंह 'रंग', 'निराला', हरिकृष्ण प्रेमी, 'नीरज', रामदरश मिश्र, अख़लाक सागरी, रामअवतार त्यागी, चिरंजीत, बाल स्वरूप 'राही', कृष्ण कुमार कौशिक 'हृदय', महेन्द्र 'हुमा', दुष्यन्त कुमार, शेरजंग गर्ग, पुरुषोत्तम 'प्रतीक' आदि अनेक लब्ध प्रतिष्ठित कवियों ने ग़ज़ल को आम बोल-चाल की भाषा में असरदार तरीक़े से आम आदमी तक पहुँचाया। इसी कड़ी में दुष्यन्त कुमार के ग़ज़ल-संग्रह 'साए में धूप' ने देश-विदेश में नए कीर्तिमान स्थापित किए। इसी परम्परा में आज देश भर के सैकड़ों रचनाकार ग़ज़लें कह रहे हैं, और पूरी शिद्दत के साथ कह रहे हैं। वर्तमान दौर के हिन्दी लबो-लहजे वाले तमाम ग़ज़लकारों की चुनिंदा ग़ज़लें एक साथ प्रकाशित की जाएँ ताकि पाठक और आने वाला वक़्त हिन्दी-ग़ज़ल की दशा और दिशा तय कर सके, इसी उद्देश्य से हमने पिछले दो-ढाई वर्षों में व्यक्तिगत पत्राचार, प्रेस विज्ञप्तियाँ आदि माध्यमों द्वारा देश भर के ग़ज़लकारों से उनकी 5-5 पसंदीदा ग़ज़लें प्रकाशनार्थ आमन्त्रित कीं। ज़ाहिर है इतने बड़े देश में सभी ग़ज़लकारों तक पहुँच पाना संभव नहीं है। अनेक प्रतिष्ठित ग़ज़लकारों तक हम नहीं पहुँच पाए होंगे, इसे हम स्वीकार करते हैं। हम आभारी हैं इन तमाम रचनाकारों के जिन्होंने हमारे निवेदन पर अपनी ग़ज़लें प्रकाशनार्थ भेजीं। साथ ही हम आभारी हैं सर्वश्री कमलेश्वर, आर.पी.शर्मा 'महर्षि', डॉ. रामदरश मिश्र, डॉ. शेरजंग गर्ग, क़मर 'बरतर', डॉ. कुँअर 'बेचैन', 'डॉ. अमरेन्द्र, डॉ. जानकी प्रसाद शर्मा एवं अनिरुद्ध सिन्हा के जिन्होंने हमारे आग्रह पर अपने सारगर्भित लेखों द्वारा इस संकलन को और अधिक उपयोगी एवं महत्वपूर्ण बनाया। श्री दीक्षित दनकौरी के इस श्रमसाध्य संपादन-कार्य से ग़ज़ल की दुनिया की नई राहें खुलेंगी, ऐसा हमारा विश्वास है।

मोईन अख़्तर अंसारी

निदेशक, मोमिन मीडिया दिल्ली

पाकेट डी-657, दिलशाद गार्डन

दिल्ली-110095, फ़ोन-22599733

संकेतिका

आलेख

ग़ज़लें

छन्द विधान न तो बन्धन है और न ही बाधा

उर्दू ग़ज़ल के साथ-साथ हिन्दी ग़ज़ल भी खुसरो से प्रारम्भ होकर वर्तमान युग तक पहुँची तथा दुष्यन्त कुमार ने उसे हिन्दी के काव्य क्षेत्र में एक विशिष्ट विधा के रूप में प्रतिष्ठित करने का श्रेय प्राप्त किया और अपने प्रख्यात ग़ज़ल संग्रह 'साए में धूप' के माध्यम से शृंगारिक ग़ज़ल को विविधता, व्यापकता एवं संजीदगी प्रदान करके उसे व्यक्ति और समाज के लिए उपयोगी बनाया। ग़ज़ल को परिभाषित करते हुए स्वयं दुष्यन्त कुमार ने कहा है—

मैं जिसे ओढ़ता बिछाता हूँ
वो ग़ज़ल आपको सुनाता हूँ

दुष्यन्त कुमार के इसी दृष्टिकोण से प्रेरित होकर उनके बाद भी बहुत सारे कवियों ने ग़ज़ल को अपनी भावाभिव्यक्ति का माध्यम बनाया और हिन्दी ग़ज़ल लेखन निरन्तर विकास-पथ पर अग्रसर है। वास्तव में, ग़ज़ल भावों की अभिव्यक्ति का एक बहुत ही सशक्त माध्यम है। इसकी कोमलता, चपलता, माधुर्य, सौन्दर्य और लोच तथा तर्ज़े-बयाँ ने ही इसे लोकप्रियता के शिखर तक पहुँचाया है। थोड़े से शब्दों में कल्पनाओं, संवेदनाओं, सुख-दुख तथा कोमल भावनाओं को शब्दों में बाँधने की इसकी क्षमता अद्‌भुत है। यदि देखा जाए तो ग़ज़ल को हिन्दी ग़ज़ल और उर्दू ग़ज़ल में विभाजित करना उपयुक्त नहीं होगा। ग़ज़ल अपने विशिष्ट स्वरूप के कारण ही ग़ज़ल है। अन्तर सिर्फ़ इतना है कि अब ग़ज़लों में फ़ारसी-उर्दू शब्दों की जगह हिन्दी शब्दों का प्रयोग हो रहा है और हिन्दी का पाठक उन्हें अपनी भाषा में पढ़ और समझकर उनका आनन्द उठा रहा है। इस प्रकार, ग़ज़ल ने हिन्दी साहित्य में एक विधा का रूप ले लिया है और अपनी एक अलग पहचान बना ली है।

दुष्यन्त कुमार ने अपने ग़ज़ल संग्रह 'साए में धूप' से इस बात को स्पष्ट रूप से स्थापित किया कि ग़ज़ल को उसकी सारी विशेषताओं के साथ हिन्दी में अपनाया जा सकता है और जीवन की तमाम अनुभूतियों, आयामों और बिम्बों को उसके माध्यम से प्रभावी रूप से अभिव्यक्त किया जा सकता है। उन्होंने ग़ज़ल को व्यक्ति और समाज से सीधे जोड़ने का महत्वपूर्ण काम किया। उनके बाद हिन्दी ग़ज़लों का मिज़ाज ही बदल गया। सामाजिक और सामयिक विषयों ने ग़ज़ल को अपना साथी बनाया और वह इश्क़िया शायरी की परिधि से बाहर निकल आई। अब ग़ज़लों का विषय कुछ भी हो सकता है। हिन्दी ग़ज़लकारों ने ग़ज़ल के माध्यम से सामाजिक विसंगतियों को सामने लाने का काम बख़ूबी किया है। इसके अलावा मौलिक और अनुभूत तथा दार्शनिक बातों को प्रतीकात्मक

ही नहीं, व्यंग्यात्मक शैली में बयान करने के लिए भी ग़ज़ल को माध्यम बनाया। दुष्यन्त कुमार ने जो रास्ता दिखाया था उस पर चलकर आज का ग़ज़लकार अपनी कल्पनाओं, संवेदनाओं, सुख-दुख ही नहीं बल्कि कोमल भावनाओं को भी अपनी ग़ज़लों में मुखरित कर रहा है। ऐसे शे'रों के अनगिनत उदाहरण दिए जा सकते हैं।

हिन्दी ग़ज़लकारों ने कथ्य के अनुरूप नए-नए प्रतीकों और बिम्बों का सहारा लेकर ग़ज़ल को समृद्ध किया और आम आदमी से साधारणीकरण की हद तक संवाद स्थापित किया। यह उल्लेखनीय है कि ग़ज़ल अपने कथ्य के साथ-साथ अपने शिल्प के कारण ही लोकप्रियता की ऊँचाइयों तक पहुँची है। इसमें इसकी गेयता के गुण का भी बहुत बड़ा हाथ है। किसी भी कविता या पाँच-छह शे'रों के जमाव को ग़ज़ल का नाम नहीं दिया जा सकता। दुष्यन्त कुमार ने ग़ज़ल को यथार्थवादी और जनोन्मुखी बनाया पर उसके शिल्प को अक्षुण्ण रखा। लेकिन उसके बाद लोकप्रियता की मंज़िलें तय करने के साथ-साथ हुआ यह कि ग़ज़ल ने अपने मौलिक स्वरूप को ही खो दिया। वास्तविकता यह है कि कथ्य और शिल्प के सुन्दर तालमेल से ही एक सही ग़ज़ल जन्म लेती है। छन्द विधान न तो बन्धन है और न ही बाधा, यह श्रमसाध्य शोध पर आधारित वह राह है जो सीधे सही मंज़िल तक ले जाती है। जब हम सही मीटर में ग़ज़ल कहने का प्रयास करते हैं तो शब्दों का रख-रखाव और संयोजन स्वतः ठीक हो जाता है, फ़ालतू शब्दों की घुसपैठ रुक जाती है, भाषा का प्रवाह सहज हो जाता है और ग़ज़ल की गेयता सुनिश्चित हो जाती है। विचार क़ाफ़ियों के इर्द-गिर्द घूमते हैं। क़ाफ़िया शे'र का चरमोत्कर्ष है, जिस पर आते ही और उसके निहितार्थ या व्यंग्यार्थ को समझते ही श्रोता अथवा पाठक चमत्कृत एवं विमुग्ध हो उठते हैं। लबो-लहजा शब्दों के सही उच्चारणों से बनता है। कथ्य और ग़ज़ल के सभी तत्वों को साथ लेकर चलने से ही ग़ज़ल पूर्णता को प्राप्त होती है।

दुष्यन्त कुमार के बाद हिन्दी ग़ज़ल ने कई सशक्त हस्ताक्षर दिए हैं जिनकी ग़ज़लें कथ्य ही नहीं, शिल्प की दृष्टि से भी बेजोड़ हैं। बहुत सारे लोग हिन्दी में ग़ज़ल लिख रहे हैं, नए-नए भावों से युक्त उनकी रचनाएँ प्रभावित करती हैं। एक अच्छी बात यह है कि ग़ज़ल के शिल्प को लेकर भी आज का ग़ज़लकार सचेत हो रहा है और अपने पूर्वाग्रह से मुक्त होकर इस दिशा में सोचने लगा है। उर्दू ग़ज़लों में भी अब सादगी को पसन्द किया जाने लगा है। फ़ारसी तरकीबों (समासों) का प्रयोग कम से कम होता जा रहा है। साफ़-सुथरी, धीर-गम्भीर और नवीन विचारों से युक्त समसामयिक ग़ज़लें कही जा रही हैं, जो एक शुभ संकेत है। यह बदलाव इस बात का विश्वास जगाता है कि भविष्य में और परिपक्व ग़ज़लें सामने आएँगी और उनका जादू बरक़रार रहेगा।

आर.पी. शर्मा 'महर्षि'

ए-1, वरदा
भारतीय रिज़र्व बैंक आफ़ीसर्स फ़्लैट्स
कीर्ति कालेज के पास, वीर सावरकर मार्ग
दादर (पश्चिम) मुम्बई-400028

हिन्दी-ग़ज़ल को हिन्दी-कविता परम्परा का भी ध्यान रखना है

आधुनिक युग के प्रारम्भ से ही हिन्दी के प्रमुख साहित्यकार छिटपुट ढंग से ग़ज़लें लिखते रहे हैं किन्तु ग़ज़ल हिन्दी की प्रकृति नहीं रही। पहली बार दुष्यन्त कुमार ने जम कर ग़ज़लें लिखीं। दुष्यन्त हिन्दी की नई कविता के सशक्त हस्ताक्षर रहे। उन्होंने 'एक कंठ विषपायी' गीति नाट्य भी लिखा किन्तु उन्हें अपने लेखनकर्म के उत्तरार्ध में अनुभव हुआ कि कविता को जन-जन तक पहुँचाने के लिए ग़ज़ल एक सशक्त माध्यम है। अतः उन्होंने अत्यन्त सजग भाव से ग़ज़ल के क्षेत्र में प्रवेश किया और अपनी सशक्त ग़ज़लों से सबका ध्यान अपनी ओर आकृष्ट किया। संख्या की दृष्टि से तो दुष्यन्त की ग़ज़लों का महत्व है ही अपनी प्रकृति में भी वे विशिष्ट हैं। शायद पहली बार समग्र रूप से ग़ज़ल की प्रकृति को बदला गया। दुष्यन्त ने अपने समय की राजनीतिक, सामाजिक और आर्थिक विसंगतियों तथा चेतना को ग़ज़लों के माध्यम से प्रभावशाली अभिव्यक्ति दी। यानि उन्होंने ग़ज़ल के कथ्य की दुनिया ही बदल दी। ये ग़ज़लें कथ्य और अभिव्यक्ति दोनों ही दृष्टियों से इतनी प्रभावशाली सिद्ध हुईं कि सूक्ति की तरह लोगों की ज़बान पर चढ़ गईं।

शायद यहीं से हिन्दी-ग़ज़ल की चर्चा शुरू हुई। थोकभाव से ग़ज़लें लिखी जाने लगीं और देखते-देखते हिन्दी-कविता का क्षेत्र ग़ज़लकारों से भर गया। इन ग़ज़लों को हिन्दी-ग़ज़ल का नाम दिया गया। दुष्यन्त से पहले भी हिन्दी में ग़ज़लें लिखी गई थीं किन्तु तब उर्दू-ग़ज़ल और हिन्दी-ग़ज़ल का भेदभाव स्थापित नहीं हुआ था। दुष्यन्त की ग़ज़लों में आम फ़हम भाषा का प्रयोग तो है किन्तु कठिन अरबी-फ़ारसी शब्दों का भी यत्र-तत्र इस्तेमाल किया गया है और तत्पुरुष समास के प्रयोग में भी उर्दू का प्रभाव लक्षित होता है।

हिन्दी-ग़ज़ल के नाम पर लिखी जा रही इधर की ग़ज़लों में भी सुविधानुसार अरबी-फ़ारसी के कठिन अप्रचलित शब्दों का प्रयोग मिलता है और उर्दू पद्धति से तत्पुरुष समास तथा वचन का प्रयोग भी। इसके विपरीत कुछ लोग संस्कृत के तत्सम शब्दों में ग़ज़लें लिख रहे हैं और वे समझते हैं कि असल में हिन्दी ग़ज़लें इसी रूप में लिखी जानी चाहिए। मैं समझता हूँ कि हिन्दी-ग़ज़लें वे हैं जिनकी भाषा हिन्दी व्याकरण के अनुकूल होते हुए आम फ़हम हो। ग़ज़ल अपने चुटीलेपन और मारक प्रभाव के कारण ही अपना विशेष स्थान रखती है। यह चुटीलापन और मारक प्रभावशीलता अरबी-फ़ारसी और संस्कृत के भारी-भरकम तत्सम शब्दों के कारण आहत होती है। बोलचाल की भाषा में ही सीधी चोट करने की क्षमता होती है। अतः हिन्दी में लिखी जा रही इस प्रकार

की ग़ज़लें मुझे अधिक असरदार लगती हैं। ये किताबी न होकर सहज भाव से लोगों के साथ हो लेती हैं। लोगों के साथ हो लेने की उसकी क्षमता को देखते हुए ही नई कविता के सशक्त हस्ताक्षर दुष्यन्त कुमार उसकी ओर मुड़े थे।

आज जो हिन्दी-ग़ज़लें लिखी जा रही हैं वे दुष्यन्त की ग़ज़ल-परम्परा का निर्वाह करने की सनक में राजनीतिक सामाजिक और आर्थिक व्यवस्था की बनी बनाई विसंगतियों को छींट रही हैं। वही बात वे कह रहे हैं, वे कह रहे हैं, वे कह रहे हैं। दुष्यन्त ने सामाजिक सच को अपना सच बनाकर दिया था अतः उनकी ग़ज़लों में अंतरंगता भी है निजता भी है किन्तु बहुत से लोग बने-बनाए सच को शब्दों में बाँध देते हैं—पहले उसे अपने भीतर लाकर अपनी आँच में तपाते नहीं हैं। अतः अधिकांश ग़ज़लें बहिर्मुखी बनकर रह गई हैं। यह ध्यान देने की बात है कि ग़ज़ल की एक लम्बी परम्परा रही है उसमें दुष्यन्त कुमार ही नहीं रहे, मीर, ग़ालिब तथा अनेक बड़े शायर भी रहे हैं। दुष्यन्त से जुड़कर उन्हें भुलाया नहीं जा सकता, उनसे सीखा जा सकता है कि कैसे बाहरी दुनिया के सच को अपना सच बनाकर कहा जा सकता है। हिन्दी-ग़ज़ल को हिन्दी-कविता परम्परा का भी ध्यान रखना है यानि उसमें व्यंजित प्रकृति और परिवेश की आन्तरिकता और संश्लेष की पहचान करते हुए उसका उपयोग करना है। यह सच है कि ग़ज़ल बहुत लोकप्रिय काव्य शैली है वह छोटे-छोटे शे'रों में एक-एक चुटीली बात कहती हुई चलती रहती है, जहाँ चाहे जा सकती है जहाँ चाहे रुक सकती है। उसके शे'र प्रायः सूक्तियाँ बन जाते हैं और श्रोता वाह-वाह कह उठते हैं। इसलिए कई ग़ज़लकार संवेदना की सहज अभिव्यक्ति के स्थान पर चमत्कारपूर्ण बात कहने के लिए कठिन व्यायाम करते हैं। ऐसी ग़ज़लों या उनके शे'रों से लग जाता है कि भीतर किसी सघन संवेदना के गहरे दबाव के न होने के बावजूद ग़ज़ल कही जा रही है, ग़ज़लकार सोच-विचार कर कुछ चमत्कारी बातों की सृष्टि कर रहा है। यह ख़तरा सभी प्रकार की कविताओं में होता है किन्तु ग़ज़ल में ज़्यादा इसलिए होता है कि उसका सम्बन्ध मंच से होता है। ग़ज़ल मंच पर तालियाँ चाहती है, वाह-वाह चाहती है किन्तु पढ़ी जाने वाली कविताओं में इस प्रकार का कोई प्रलोभन नहीं होता, इसलिए कवि अपनी इच्छा और शक्ति के अनुसार उसे कृत्रिम चमत्कारों से बचाए रख सकता है और ग़ज़लें भी वे ही दूर तक अपना प्रभाव फेंकती हैं जो सहज और संवेदनशील होती हैं। ग़ज़लों की इस भीड़भाड़ में निश्चय ही ऐसी भी ग़ज़लें हैं जो अपनी अन्तर्वस्तु की नवीनता, संवेदनशीलता एवं सहज रवानी के कारण अपना गहरा प्रभाव छोड़ती हैं।

डॉ. रामदरश मिश्र

आर-38, वाणी विहार
उत्तम नगर, नई दिल्ली-110059

ग़ज़ल की हिन्दी दुनिया

हिन्दी कवियों द्वारा ग़ज़ल-लेखन की एक पुष्ट परम्परा रही है, शायद उक्त तथ्य को दोहराने की कोई ख़ास आवश्यकता नहीं है। दुष्यन्त कुमार ने ग़ज़ल-लेखन लगभग सन् उन्नीस सौ चौहत्तर-पिचहत्तर में शुरू किया था, जबकि हिन्दी कविता में ग़ज़ल के नए रंग अमीर खुसरो और कबीर में भी देखने को मिलते हैं। बाद में भारतेन्दु, निराला, शमशेर, त्रिलोचन, बलबीर सिंह 'रंग', शम्भुनाथ शेष, हरिकृष्ण प्रेमी, चिरंजीत, 'नीरज', रामावतार त्यागी आदि आदि ने इस परम्परा को सम्मानपूर्वक आगे बढ़ाया। यह भी वास्तविकता है कि उक्त सभी ग़ज़लकारों में विद्रोह, चुनौती, वर्तमान मनुष्य की बदहाली, क्रान्तिधर्मिता इतनी मात्रा में देखने में नहीं आती थी, जितनी कि दुष्यन्त की ग़ज़लों में रेखांकित हुई।

सम्भवतः इसी कारण दुष्यन्त की ग़ज़लगोई को हिन्दी ग़ज़ल के क्षेत्र में नए युग का सूत्रपात माना गया। ग़ज़लों के मामले में दुष्यन्त को मिली विलक्षण ख्याति के कारण भी सम्भवतः बहुत से नए रचनाकार ग़ज़ल-लेखन की ओर उन्मुख हुए। उन्होंने दुष्यन्त का मुहावरा अपनाने की भरपूर कोशिश की। कामयाबियाँ ज़्यादा नहीं मिलीं। मिलीं भी तो लगा मानो ये कवि शायद दुष्यन्त को ही दोहरा रहे हैं। सच भी है कि कविता की दुनिया में मौलिक अन्दाज़ सबसे बड़ी ज़रूरत है। यह दुनिया किसी भी विशिष्ट रचनाकार का एकछत्र शासन तो पसन्द करती है, मगर उसी नमूने की दूसरे नम्बर दो की प्रतिभाओं को नकार देती है।

जहाँ तक हिन्दी-उर्दू ग़ज़लों के बीच तात्विक अन्तर की बात है, यह प्रायः किसी न किसी बिन्दु पर स्वतः स्पष्ट हो जाता है। मेरी मान्यता है कि देवनागरी लिपि में लिखी जाने वाली, हिन्दी की विशेषताएँ समोए रखनेवाली तथा हिन्दी कवियों द्वारा कही जाने वाली प्रत्येक ग़ज़ल हिन्दी-ग़ज़ल की श्रेणी में आ सकती है। यों उस मामले में स्पष्ट सीमा रेखा खींचने की कोशिश बेमानी और हास्यास्पद है। ख़ुशी की बात है कि हिन्दी के रचनाकारों में किसी क़िस्म का कठमुल्लापन नहीं है। यह हिन्दी की विशाल हृदयता है कि उसने तमाम बड़े शायरों को भरपूर सम्मान दिया है।

एक बात और! उर्दू ग़ज़लकारों के प्रभाव में हिन्दी के ग़ज़लकारों में भी अलिफ़ का क़ाफ़िया इस्तेमाल करने की प्रवृत्ति ने ज़ोर पकड़ा है। यह रुझान दुष्यन्त में भी दिखाई दिया था मगर बहुत कम। जैसे—

ये सारा जिस्म झुक कर बोझ से दुहरा हुआ होगा
मैं सज़दे में नहीं था आपको धोखा हुआ होगा

उक्त ग़ज़ल में अलिफ़ के क़ाफ़िए का ही इस्तेमाल है, जैसे—जलसा, ठहरा,

हाँका वगैरह वगैरह। ग़ालिब के यहाँ भी अलिफ़ के क़ाफ़िए के कई प्रयोग हैं, मसलन—

दिल-ए-नादाँ तुझे हुआ क्या है
आख़िर इस दर्द की दवा क्या है

यह तो हुई बड़े कवियों-शायरों की बात। मगर जब नए-नए ग़ज़ल कहने वाले कवि-शायर भी सरलता तथा शॉर्टकट अख़्तियार करते हुए अलिफ़ के क़ाफ़ियों से चिपके रहते हैं, तुकों के सटीक और ख़ूबसूरत इस्तेमाल की ओर तवज्जो नहीं देते तो स्थिति चिन्तनीय लगने लगती है। ज्ञातव्य है कि छान्दिक कविता में तुक सौन्दर्य की अपनी छटा होती है, जिसे नज़रअन्दाज़ करके श्रेष्ठ कहन-कथन से आँखें चुराना और दामन बचाना माना जाएगा। स्थापित कवियों-शायरों को भाषा प्रयोग, तुकान्त के इस्तेमाल में किसी प्रकार की छूट लेने का पूरा अधिकार है और नए लोग जब तक इस क्षेत्र में महारथ हासिल नहीं कर लेते, तब तक काव्यात्मक अनुशासन का पालन करते रहें तो निश्चय ही हर अनुशासन से मुक्त होने का अधिकार स्वयं भी पा लेंगे।

हाल ही में भाई बालस्वरूप 'राही' से ग़ज़लों के बारे में फ़ोन पर हुई बातचीत की याद आ रही है। उन्होंने ग़ज़ल के एक नए आचार्य की रचनाओं का ज़िक्र करते हुए बताया कि हिन्दी ग़ज़लकारों ने अलिफ़ के क़ाफ़िए का इस्तेमाल कुछ ज़्यादा ही शुरू कर दिया है। 'राही' इस प्रवृत्ति से खिन्न नज़र आए। मैं भी क़ाफ़िया-बंदी के इस सरलीकृत रूप से प्रसन्न नहीं था। फिर क्या था, मैंने इन दो पंक्तियों के माध्यम से अपनी प्रतिक्रिया व्यक्त कर दी :

'बे' तक पहुँच न पाए यह क्या किया 'अलिफ़' का
ग़ज़लों में तुमने पेल दिया क़ाफ़िया अलिफ़ का

ज्ञात रहे कि 'बे' उर्दू वर्णमाला का दूसरा अक्षर है। इन पंक्तियों में व्यक्त विचार इस तथ्य की ओर इंगित करते हैं कि पहले ग़ज़ल कहने की सम्पूर्ण काव्यात्मकता और चुस्ती-दुरुस्ती अर्जित कर लें, फिर किसी भी अन्दाज़ में किसी भी रूप में लिख दें, कोई फ़र्क़ नहीं पड़ता, क्योंकि उस्तादों की तो हिचकियाँ भी ठुमरियाँ बनकर निकलती हैं।

दुष्यन्त के बाद निश्चय ही हिन्दी कविता में ग़ज़लगोई के क्षेत्र में गति आई है। इस दौरान सैकड़ों ग़ज़ल-संकलन प्रकाश में आए हैं। कई कई कवियों के चार-चार, पाँच-पाँच संकलन छप चुके हैं। मगर यह भी सच है कि उल्लेखनीय कवियों ने इस ओर विशेष रुचि नहीं दिखाई है। ज़ाहिर है कि ज़्यादातर बड़े कवियों ने एक-आध संकलन तो छपवाया है, मगर दो तीन की ओर नहीं बढ़े हैं।

मेरी मान्यता है कि कविता के जनतन्त्र में प्रत्येक रचनाकार को अपने ढंग से लिखने का मौलिक अधिकार है, मगर इस मौलिक अधिकार के प्रयोग में जितनी मौलिकता बरती जाएगी, ग़ज़लों में निखार पैदा होगा। आज का हिन्दी कवि ख़ासकर लोकप्रिय होने की हसरत रखनेवाला कवि ग़ज़ल लिखने की ओर आकृष्ट हुआ है। हाँ, उसे निरन्तर देखते रहना है कि अपने लेखन से वह पाठकों, सुधीजनों और समीक्षकों को कितना आकृष्ट करता है।

डॉ. शेरजंग गर्ग

जी-34 (प्रथम तल)
साकेत, नई दिल्ली-110017

मैं ग़ज़ल हूँ

मैं ग़ज़ल हूँ—ग़ज़ल—दिल से पसन्द किया जाने वाला शायरी का एक ख़ूबसूरत रूप, काव्य की एक लोकप्रिय-विधा। मैंने जज़्बात को अल्फ़ाज़ दिए। मैं भावाभिव्यक्ति का सुहाना माध्यम बनी। हिन्दुस्तान में जिन भाषाओं, बोलियों को मान्यता है, उनका सौन्दर्य, उनका लालित्य मुझमें हैं, मेरे शे'रों की ताज़गी अमिट है। भावानुभूति-प्रधान, प्रेरणादायक, यथार्थपरक, बहुआयामी शब्दों वाले अविस्मरणीय होते हैं—मेरे शे'र।

मैं ग़ज़ल हूँ—पहले मुझे शहंशाहों की शान में लिखे क़सीदों में, काव्य-गाथाओं में सजाया जाता रहा। शाहज़ादों के इश्क़ की बातें, हुस्न के चर्चे, मिलने की ख़ुशी, जुदाई का ग़म, इन्तिज़ार की तड़प और हालत की सितमकारी का प्रभावशाली वर्णन मेरे शे'रों में समोया जाता रहा है।

फिर—मेरे शायर, मेरे रचयिता, मुझे महलों से निकालकर आम बस्तियों में ले आए, मैं फिर आम इन्सान के जज़्बात से जुड़ी। मेरे शायर, जिन हालात में जिए, या जिन हालात को उन्होंने देखा, वो सब मेरे शे'रों में रचा जाने लगा और ये हिन्दुस्तान में हुआ—और मैं हिन्दुस्तान में रच-बस गई। मुझे हिन्दुस्तानियों का अटूट प्यार मिला। बहुतों ने मुझे अच्छे रूप में प्रस्तुत किया तो कुछ ने मुझे हल्के स्तर में भी लिखा। अच्छे लोग हर दौर में होते हैं। अच्छा पहले भी लिखा गया, आज भी लिखा जा रहा है। बुरा पहले भी लिखा गया तो वह आज भी लिखा जा रहा है। परन्तु साहित्यिक मान्यता अच्छे सामयिक लेखन को ही मिलती रही है।

मैं—ग़ज़ल हूँ—मेरे शे'र, मेरी पंक्तियाँ, थोड़े समय में अधिक प्रभावित, प्रफुल्लित तथा लाभान्वित करते हैं। गागर में सागर के अनुरूप मेरे एक शे'र में, मेरी दो पंक्तियों में, बहुत कुछ समाया होता है।

मैं ग़ज़ल हूँ—हिन्दुस्तान की मिली-जुली संस्कृति का सुहाना प्रतीक। तेरहवीं सदी ईस्वी में मेरे शायर अमीर खुसरो ने पहली बार मुझे हिन्दुस्तानी लिबास दिया—

सखी पिया को जो मैं न देखूँ, तो कैसे काटूँ अँधेरी रतियाँ
किसे पड़ी है कि जो सुनावे, पियारे पी को हमारी बतियाँ
न नींद नयना, न अंग चैना, न आप आवै, न भेजें पतियाँ
मैं प्रीत मनके दुराए राखूँ, जो जाए पाऊँ पिया की ख़तियाँ

'खुसरो' की इन पंक्तियों को पाकर मैं झूम-झूम उठी। फिर तो हिन्दुस्तानी बोली में मुझे लिखा और पढ़ा जाने लगा, कहा और सुना जाने लगा।

'मीर' ने मुझे दर्द में ढाला। 'ग़ालिब' ने मुझे सोच की ऊँचाई दी। 'दाग़' ने मुझे

आसान लहजा दिया। 'नज़ीर' ने मुझे लोकभाषा दी। 'इक़बाल' ने मेरा इक़बाल (मेरा वैभव) बढ़ाया। दयाशंकर 'नसीम' ने मुझे ख़ुशगवार झोंके दिए। 'जोश' ने मुझे जोशीला बनाया। कितने ही मेरे शायर हुए हैं जिन्होंने मुझे सुन्दरता दी, निखार दिया।

मैं ग़ज़ल हूँ–मुझे मुसलमानों तथा हिन्दुओं ने भरपूर प्यार दिया। मैं तो यह जानती ही नहीं कि कौन हिन्दू है, कौन मुसलमान है। मैंने तो जब हिन्दुस्तान में अँगड़ाई ली, तब सब हिन्दुस्तानी थे, मेरे लिए तो आज भी सभी हिन्दुस्तानी हैं और हमेशा सब मेरे लिए हिन्दुस्तानी ही रहेंगे।

मैं फ़िरंगियों के ज़ुल्म के ख़िलाफ़ हिन्दुस्तानियों में इन्क़िलाब की आवाज़ बनी, क्रान्ति का आह्वान बनी। मेरा शायर रामप्रसाद 'बिस्मिल' पुकार उठा–

सरफ़रोशी की तमन्ना अब हमारे दिल में है
देखना है ज़ोर कितना बाज़ु-ए-क़ातिल में है

मैं ग़ज़ल हूँ–यूँ तो मेरा बुनियादी रूप हुस्नो-इश्क़ है, लेकिन प्रारम्भ से अब तक मेरा कोई युग ऐसा नहीं रहा कि मैं हुस्नो-इश्क़ के दायरे में ही सीमित रही हूँ। मेरे शे'रों में इन्सानी ज़िन्दगी के हर पहलू पर तथा नेचर पर, प्रारम्भ से ही लिखा जाता रहा है। दुनिया की तमाम बातें, तमाम हालात, मेरे शे'रों में शुरू से ही ढाले जाते रहे हैं, वक़्त के साथ-साथ मेरे रंग में तब्दीलियाँ आती रही हैं, मुझे निखार ही मिलता रहा है।

मैं ग़ज़ल हूँ–मुझे हिन्दुस्तानियत पसन्द है। फ़िरंगियों ने हिन्दी-उर्दू के बीच खाई पैदा की, तो वक़्त की परतों ने उसे अब पाट दिया है। अब तो एक मिली-जुली संगमी भाषा पनप रही है। दूरियाँ घट रही हैं, नज़दीकियाँ बढ़ रही हैं। मैं तो उर्दू-हिन्दी के अलावा हिन्दुस्तान की हर बोली में सँवर रही हूँ, मुझे दिल से लिखा जा रहा है, दिल से पढ़ा जा रहा है और दिल से सुना जा रहा है।

मेरे शे'र अक्सर मिसालों में खिल उठते हैं, मैं दुखी दिल के लिए तसल्ली का एहसास हूँ, आनन्द का आभास हूँ, मेरे शे'रों में दिल के जज़्बात ही तो होते हैं, जिन्हें पढ़कर, कहकर, सुनकर दिल झूम जाते हैं, दिल तड़प भी उठते हैं।

मैं ग़ज़ल हूँ, बीसवीं सदी के पिछले पहर तक आते-आते मैंने हिन्दुस्तान में बहुत कुछ देखा है, सुखद वातावरण देखा है, 1857 का ग़दर देखा है, ग़ुलामी देखी है, आज़ादी देखी है।

70 के दशक में मेरे रचनाकार 'दुष्यन्त कुमार' ने मुझे हिन्दी, उर्दू की मैचिंग रंगों का पैराहन दिया, अच्छा लगा, फिर तो हिन्दी रचनाकारों की भीड़ उमड़ पड़ी, उनमें कुछ ने तो मेरे रूप को निखारा, मुझे ख़ुशी हुई, बहुतों ने मेरे रूप को गन्दला किया, मुझे रोना आया।

मेरे व्याकरण से अनभिज्ञ सम्पादकों ने मेरे बिगड़े रूप को प्रकाशित कर मेरे चहेतों को, मुझे साफ़-सुथरे रूप में पेश करने वालों को दुखी किया, ऐसा आए-दिन देखने में आ रहा है, अच्छा नहीं लग रहा है।

एक और जुल्म हो रहा है मुझ पर, मेरे किसी रचनाकार का विचार, भाव, पंक्ति या शे'र ही दूसरे क्षेत्र का रचनाकार उड़ा लेता है, मुझे यह चोरी भी दुखी करती रही है।

मौलिकता अपनी अलग चमक रखती है। नक़्ल अन्ततोगत्वा नक़्ल है, खोट है। सच या झूठ छुपा नहीं रहता। असली के आगे नक़ली को नीचा ही देखना पड़ता है। ऐसे लोगों का कहीं कोई मान नहीं रहता। मेरे रचनाकार दुष्यन्त कुमार ने ऐसे लोगों के लिए ही कहा है—

उनका कहीं जहाँ में ठिकाना नहीं रहा
हमको तो मिल गया है अदब में मुक़ाम और

अदब अर्थात् साहित्य में कोई स्थान पाना है तो मुझे मौलिक तथा शाश्वत रूप में ही पेश करते जाना होगा। मेरे नए रचनाकारों को चाहिए कि मेरे शे'रों पर मनन करें, मेरी ग्रामर को जानें, मुझे समझें, मेरी शास्त्रीयता का ध्यान रखें। किसी के ख़्याल तथा शे'र को अपना न बनाएँ, जो भी लिखें वह मौलिक हो, स्वरचित हो।

मैं ग़ज़ल हूँ, मेरे लिए आवश्यक है स्वस्थ-कल्पना, परिपक्व सोच, भाव तथा भावाभिव्यक्ति के लिए ज़रूरी है 'बह्र' (छन्दगत निश्चित मात्राएँ), फिर 'क़ाफ़िए' अर्थात तुक के शब्द, फिर तुक के साथ चलते रहनेवाले निर्धारित शब्द अर्थात 'रदीफ़'। मेरे लिए चाहिए 'मतला'—जिसका अर्थ है ग़ज़लोदय। मतले की दोनों पंक्तियों में क़ाफ़िए व रदीफ़ होते हैं। फिर शे'र जिसकी दूसरी पंक्ति में क़ाफ़िया व रदीफ़ होते हैं। अन्त में होता है 'मक़्ता' अर्थात 'ग़ज़ल-इति'—इसमें शायर का नाम या तख़ल्लुस होता है।

मैं ग़ज़ल हूँ—मैं अपनी सुन्दर शाश्वत पाबन्दियों के बिना पहचानी नहीं जा सकती, सुर-ताल में गाई नहीं जा सकती। नए रचनाकारों को चाहिए कि वे मुझमें समाए संकेत, प्रतीक, अलंकार, बिम्ब, उपमा, रूपक तथा उत्प्रेक्षा को जानें, मेरी संरचना को जानें, ग़ज़ल के आर्ट को समझें, सीखें। हल्दी की गाँठ मिल जाने पर पंसारी न बन बैठें। सागर की तह में मोतियों की कमी नहीं है। ज़रूरत है मोती खोजकर लाते रहने की। अपनी खोज पर, अपने शे'रों पर घमण्ड नहीं, हर्ष का अनुभव करें। मज़ा तो तब है जब सुनने वाले, पढ़ने वाले, मेरे रचनाकार, मेरे शायरों पर गर्व करें, उनके जज़्बात को सराहें।

जज़्बात न हों तो न ख़ुशी हो न ग़म, न मोहब्बत हो न हमदर्दी, जज़्बात न हों तो ज़िन्दगी निरर्थक हो जाए, रिश्ते टूट जाएँ, दिलचस्पियाँ न रहें। मेरे शे'रों की बुनियाद हैं, मन के भाव, जो शब्दों के हुस्न में निरखते हैं, मेरे शे'र बन जाते हैं। एक गुलदस्ते में सजे फूलों की तरह अलग-अलग जज़्बात के शे'रों का संगम हो जाने से मैं (ग़ज़ल) निर्माण पाती हूँ, निखार पाती हूँ। मैं निखरे, सँवरे रूप में खिल उट्ठूँ तो मेरा खिलापन हमेशा क़ायम रहता है और अमिट होती है मेरी महक।

फ़नकार, लक्कड़ख़ाना
ग्वालियर - 474 001 (म.प्र.)

क़मर 'बरतर'

ग़ज़ल : दुष्यन्त के बाद

कविता के क्षेत्र में हिन्दी में लिखी और कही जाने वाली ग़ज़लों का इतिहास अत्यन्त प्राचीन है। भारत में सर्वप्रथम अमीर खुसरो ने ग़ज़ल के क्षेत्र में पर्दापण किया तथा उर्दू में वली को प्रथम ग़ज़लकार माना जाता है। तेरहवीं शताब्दी में सूफ़ी ग़ज़लकार जब—'ज़ेहाले मिसकी मकुन तमाफुल, दुराय नैना बनाय बतिया। किताबे हिज़राँ न दारम-ए-जाँ, न लेहु काहे लगाय छतियाँ' जैसा शे'र कहकर ब्रजभाषापन का पुट ग़ज़ल में लेते दिखाई दिए तो 'हमन का इश्क़ मस्ताना, हमन को होशियारी क्या' कहकर संत कबीर ने अपने फक्कड़पन और सधुक्कड़ी भाषा का परिचय दिया। वहीं प्रेमदीवानी मीरा ने 'ओ कान्हा', 'ओ कान्हा' कहकर ग़ज़ल में राजस्थानी हिन्दी का पुट रखा। यह सच है कि यह ग़ज़ल के प्रारम्भ का युग तो था किन्तु विकास का नहीं।

...सोलहवीं-सत्रहवीं शताब्दी में ग़ज़ल दक्षिण में भी अपना स्वरूप निर्मित कर रही थी। गोलकुण्डा के बादशाह कुली कुतुबशाह ने जब ग़ज़ल में दक्खिनी हिन्दी का समावेश किया उसे भारत में ग़ज़ल-विद्या के वास्तविक जनक 'वली' ने आगे बढ़ाया।

...इसके बाद मीर ने ग़ज़ल की भाषा को मिठास दी तो ग़ालिब ने अपने अदाज़ेबयाँ से उसे समृद्ध किया। 'ज़ौक' ने ग़ज़ल को नया व्याकरण दिया तो बहादुरशाह ज़फ़र ने ग़ज़ल को सोज़ और राष्ट्रीयता से जोड़ा। मोहम्मद इक़बाल ने इसी राष्ट्रीयता को ग़ज़ल में आगे बढ़ाया।

...ग़ज़ल को प्रगतिशील रंग देनेवाले ग़ज़लकारों में सरदार ज़ाफ़री, क़ैफ़ी आज़मी, साहिर 'लुधियानवी' आदि ने भी इसे समृद्ध रूप प्रदान करने में अपनी महत्त्वपूर्ण भूमिका अदा की। आज़ादी की जंग में शामिल होने वाले ग़ज़ल के शायरों में रामप्रसाद बिस्मिल, अशफ़ाक़ उल्लाह खाँ आदि के नाम भी सम्मानपूर्वक लिए जाते हैं।

...ग़ज़ल को दार्शनिक स्पर्श देनेवाले ग़ज़लकारों में 'फ़िराक़' गोरखपुरी का बहुत सहयोग रहा। इसी परम्परा के शायर श्री कृष्णबिहारी 'नूर' भी हैं। इधर बशीर 'बद्र', 'वसीम' बरेलवी जैसे अन्य शायरों ने भी ग़ज़ल को समृद्ध किया।

...दुष्यन्त से पूर्व ग़ज़ल की एक वह परम्परा भी थी जो हिन्दी के कवियों से जुड़ी हुई थी। आधुनिक युग के खड़ी बोली के प्रथम कवि भारतेन्दु हरिश्चन्द्र ने 'रसा' उपनाम से ग़ज़लें कहीं तो अयोध्या सिंह उपाध्याय 'हरिऔध' ने ग़ज़ल को व्याकरणिक दृष्टि से पोषित किया। 'निराला' और 'प्रसाद' ने भी हिन्दी में कुछ ग़ज़लें कहीं। श्री रूपनारायण त्रिपाठी एवं श्री बलवीर सिंह 'रंग' ने पारम्परिक ग़ज़ल की 'कहन' रखते हुए भी हिन्दी का रंग छलकाया। त्रिलोचन और शमशेर बहादुर सिंह ने भी ग़ज़लें कहीं। शमशेर की

ग़ज़लों में उर्दूपन अधिक रहा।

...आशय यह है कि दुष्यन्त से पहले की ग़ज़लों ने तरह-तरह से अपने रंग बिखेरे किन्तु जब दुष्यन्त की ग़ज़लें आईं तो वे निश्चित रूप से नया तेवर लेकर आईं, जिनमें कहीं आक्रोश था तो कहीं व्यंग्य। उनकी ग़ज़लें आम-आदमी की पीड़ा का मुखरित स्वर थीं।

...मई, 1976 में पत्रकारिता के क्षेत्र में एक ऐसी घटना घटित हुई जिसने हिन्दी कविता के क्षेत्र में एक हलचल मचा दी। घटना थी 'सारिका' के 'दुष्यन्त-स्मृति-विशेषांक' का प्रकाशन।

...क्या था इस 'दुष्यन्त-स्मृति-विशेषांक' में? इसमें दुष्यन्त की कुछ ग़ज़लें थीं, व्यवस्था पर चोट करती हुई ग़ज़लें, आम आदमी के आक्रोश को व्यक्त करती हुई ग़ज़लें। वे कह रही थीं—'कहाँ तो तय था चरागाँ हरेक घर के लिए/कहाँ चराग मयस्सर नहीं शहर के लिए।' भ्रष्टाचार पर उँगली उठाते हुए और उसकी सच्चाई को समझते हुए ये ग़ज़लें चीख़-चीख़कर कह रही थीं—'यहाँ तक आते-आते सूख जाती हैं कई नदियाँ/मुझे मालूम है पानी कहाँ ठहरा हुआ होगा'। इतना ही नहीं, वे इस सम्पूर्ण व्यवस्था को बदलने की घोषणा भी करने लगीं थीं—'अब तो इस तालाब का पानी बदल दो/ये कँवल के फूल मुरझाने लगे हैं।' क्योंकि वे जानती थीं कि जो हमारे सरपरस्त हैं, हमारे संरक्षक हैं, हमारे भाग्य-विधायक हैं, उन्हीं की हरकतों के कारण हमें अधिक दुःख उठाने पड़ रहे हैं और तब ही उन्होंने स्पष्ट कहा—'यहाँ दरख़्तों के साए में धूप लगती है/चलो यहाँ से चलें और उम्र भर के लिए।' यहाँ उम्र भर के लिए चलने का आशय 'पलायन' नहीं था, वरन् उस व्यवस्था से हटना था जो सम्पूर्ण जन-जीवन और आम आदमी के सामने कठिनाइयाँ उत्पन्न कर रही थी क्योंकि उन्हें अपनी आवाज़ पर विश्वास था—'वे मुतमइन हैं कि पत्थर पिघल नहीं सकता। मैं बेदार हूँ आवाज़ में असर के लिए।' उन्हें आगे आने वाले संकट साफ़ दिखाई पड़ रहे थे—'बाढ़ की सम्भावनाएँ सामने हैं/और नदियों के किनारे घर बने हैं।' वे क्रान्तिधर्मी ग़ज़लें थीं—'कैसे आकाश में सूराख नहीं हो सकता/एक पत्थर तो तबीयत से उछालो यारो।' दुष्यन्त की ग़ज़लें उन गूँगे लोगों की ज़ुबान बनकर आईं जो प्रताड़नाएँ सहते रहे और कुछ कह नहीं पाए—'जो बज़्म में आए थे, पर बोल नहीं पाए/उन लोगों के हाथों में अब मेरी ग़ज़ल होगी'।

सुना है कि जिस समय यह विशेषांक छपा था, उस समय 'सारिका' का 'सर्कुलेशन' लगभग एक लाख या इससे ऊपर था। साहित्यकारों के घरों में आनेवाली यह एक प्रमुख पत्रिका तो थी ही, साथ ही साहित्यकार-वर्ग से हटकर भी अनेक लोगों के घरों में भी यह पत्रिका आती थी। परिणाम यह हुआ कि 'दुष्यन्त-स्मृति-विशेषांक' के माध्यम से दुष्यन्त एक लाख ही नहीं वरन् इससे भी कहीं अधिक घरों में एक ही दिन में पहुँच गए। इन ग़ज़लों को देखकर साहित्यकारों में भी अपनी रचनाधर्मिता और काव्य-शैली में परिवर्तन करने की आकाँक्षा जागी...

...दुष्यन्त और दुष्यन्त के बाद की ग़ज़लों ने ऐसा मोड़ लिया कि जो दुष्यन्त से

पूर्व की ग़ज़लों से बहुत अलग प्रकार था। दुष्यन्त के बाद की ग़ज़लों में जो परिवर्तन हुए वे प्रमुख रूप से ये हैं–

1. दुष्यन्त से पूर्व की ग़ज़लों का विषय अधिकांशतः प्रेम-सौन्दर्य हुआ करता था तथा कभी-कभी सामाजिक सरोकार से भी ये ग़ज़लें जुड़ जाती थीं किन्तु बाद की ग़ज़लों के प्रमुख विषय सामाजिक-राजनीतिक, सांस्कृतिक, धार्मिक, आर्थिक, मनोवैज्ञानिक तथा ऐतिहासिक-पौराणिक आदि हो गए हैं। हाँ कभी-कभी प्रेम-सौन्दर्य तथा अध्यात्म पर भी चर्चा की जाती है।
2. दुष्यन्त से पहले के उर्दू के ग़ज़लकारों में भाषा में फ़ारसीपन अधिक था तथा हिन्दी के कवियों की भाषा संस्कृतनिष्ठ शब्दावली की संवाहिका रही किन्तु दुष्यन्त के बाद ग़ज़ल ने अन्य अनेक भाषाओं के शब्दों का समावेश करते हुए ग़ज़ल के कोरे फ़ारसीपन तथा कोरी संस्कृत-प्रधानता को त्यागकर उसे हिन्दुस्तानीपन प्रदान किया। ग़ज़ल में अँग्रेजी के कुछ आम शब्दों का प्रयोग भी किया जाने लगा।
3. दुष्यन्त से पहले की ग़ज़लों में प्रतीकों का समावेश तो था किन्तु कुछ गिने-चुने पारम्परिक प्रतीकों यथा-जाम, मीना, साक़ी, सुराही, आदि को ही विभिन्न रूप में प्रस्तुत किया जाता था किन्तु बाद की ग़ज़ल की भाषा की प्रतीकात्मकता अपनी मौलिकता में अद्वितीय साबित हुई। इन प्रतीकों की नव्यता अर्थ-व्यञ्जकता को नवीन आयाम प्रदान करने में पूर्णतः सफल हुई है।
4. दुष्यन्त से पूर्व की ग़ज़लों में मिथकों का प्रयोग न के बराबर ही था किन्तु इधर की ग़ज़लों में मिथकों का प्रयोग अत्यधिक किया जा रहा है। यहाँ विशिष्ट उल्लेखनीय तथ्य यह है कि हिन्दी के कवियों ने उर्दू-भाषियों के मिथकों को खुलकर ग्रहण किया तथा उर्दू-भाषियों ने हिन्दी के कवियों के मिथकों का भी प्रयोग शुरू कर दिया।
5. दुष्यन्त के पूर्व तो उर्दू-ग़ज़लकारों ने उर्दू की बहरों का ही प्रयोग किया किन्तु बाद की ग़ज़लों में कुछ ग़ज़लकारों ने जो ग़ज़ल के छन्द से वाक़िफ़ नहीं थे, उन्होंने मात्रिक छन्दों अथवा बह्र से हटकर भी ग़ज़ल कहना शुरू कर दिया। कुछ हिन्दी विशिष्ट ग़ज़लकारों ने ग़ज़ल के छन्दों को पुष्ट रूप से समझकर उन्हें समृद्ध बनाया तथा बाद में कुछ ऐसे ग़ज़लकार भी हुए हैं जिन्होंने दोहा छन्द में भी ग़ज़ले कही हैं। यह ग़ज़ल के क्षेत्र में एक विशिष्ट परिवर्तन कहा जा सकता है।
6. दुष्यन्त के बाद लगभग 25 वर्षों में ग़ज़ल इतनी पनपी कि उसने जो यात्रा अपने नन्हें-नन्हें पाँवों से शुरू की थी वह आज चलते-चलते अपनी मंज़िल को स्पर्श कर चुकी है। अब तक लगभग चार-पाँच सौ ग़ज़ल-संग्रह प्रकाशित हो चुके हैं जिनमें स्वतन्त्र संकलन भी हैं तथा समवेत संकलन भी।

7. दुष्यन्त की ग़ज़लों के पश्चात् ग़ज़ल-विधा पर अनेक पत्र-पत्रिकाओं में ग़ज़ल-विशेषांक प्रकाशित हुए।
8. ग़ज़ल के क्षेत्र में अभूतपूर्व परिवर्तन यह हुआ है कि विश्वविद्यालयी पाठ्यक्रम में भी ग़ज़ल का शिक्षण हो रहा है।
9. अनेक विश्वविद्यालयों से अनेक ग़ज़लकारों के ग़ज़ल-साहित्य पर आज शोधकार्य हो चुके हैं या हो रहे हैं। यह एक महत्त्वपूर्ण उपलब्धि है।
10. फिल्मों में भी अब ग़ज़लों का समावेश खूब हो ही रहा है तथा अनेक ऑडियो कैसेट भी बनी हैं तथा बन रही हैं।
11. दुष्यन्त के बाद की ग़ज़ल हिन्दी के काव्य मंचों पर भी पढ़ी जाने लगीं और जनता के द्वारा सराही भी जा रही हैं। यहाँ सुखद बात यह हुई कि कवि-सम्मेलनों एवं मुशायरों का आयोजन एक ही मंच पर एक ही समय में किया जाने लगा। उन्हें 'गंगा-जमुनी-सम्मेलन' के नाम से जाना जाने लगा। यहाँ यह स्पष्ट कर देने को मन कर रहा है कि जो व्यक्ति मंचीय कविता को स्तरहीन समझकर उसकी अवहेलना कर रहे हैं उन्हें ये समझना चाहिए कि मंच भी तो कविता के विकास का प्रमुख आधार है। जिसके माध्यम से साहित्य लोक-जीवन में अपनी पैठ बनाता है।
12. ग़ज़ल-विधा पर एक चार्ज यह लगाया जाता है कि इसने गीत-विधा पर आक्रमण किया। यह सच है कि कविता जब अतुकान्तता की ओर बढ़ती जा रही थी तब उसे ग़ज़लकार ने छन्दबद्ध करके एक व्यवस्थित रूप प्रदान किया तथा साहित्य के नवीन मानदण्ड स्थापित किए किन्तु गीत का क्षय करना ग़ज़ल का उद्देश्य कभी नहीं रहा। ग़ज़ल के शे'र की दो पंक्तियों में ही पूरे गीत के भाव को भरा जा सकता है अतः ग़ज़ल भावाभिव्यक्ति हेतु सुविधाजनक भी है।
13. आज उर्दू के श्रेष्ठ शायर भी हिन्दी के दोहा छन्द में ग़ज़ल कहने लगे हैं तथा हिन्दी-कवियों ने तो ग़ज़ल की विभिन्न बह्रों का प्रयोग किया ही है। इससे यह हुआ कि हिन्दी के छन्द उर्दू-साहित्य की भी विधा बन गए।..

इस प्रकार हम देखते हैं कि आज ग़ज़ल का सावन झूम-झूमकर अपने भावुकमना ग़ज़लकारों को राग-मल्हार गाने को प्रेरित कर रहा है, रस की बूँदे बरस रही हैं...अमृत टपक रहा है...मन-मयूर नृत्य कर रहे हैं...भावनाओं की कोयलें कूक रही हैं...शब्दों की पगडंडियाँ अर्थ-रस से भीग गई हैं तथा श्रोता रूपी चातक अपने अधस्चषक से इस पीपूष-स्रोत का पान करके अपनी जन्म-जन्मान्तरों की तृषा को तृप्त कर रहा है...वह देहधारी होकर भी भावों की उताल तरंगों में स्वयं को विदेह महसूस कर रहा है।

—डॉ. कुँअर 'बेचैन'

2 एफ / 51
नेहरू नगर,
ग़ाज़ियाबाद उ.प्र.

जो हक़ीक़त बयाँ कर दूँ, मुट्ठियाँ तान लोगे तुम

हिन्दुस्तान को हटाकर ग़ज़ल के जन्म और जवानी की बात नहीं की जा सकती है—यह बात कुछ वैसे विद्वानों को अभी भी समझ में नहीं आती है, जिन्हें पढ़ने-लिखने या चीज़ों को उसकी जड़ से देखने की आदत या साहस नहीं है। ऐसे तथाकथित अध्येताओं को राही मासूम रज़ा की इन बातों पर भी विश्वास नहीं होता कि इस (ग़ज़ल) का आकार हिन्दुस्तानी है और इसकी निधि भी हिन्दुस्तानी, यह (ग़ज़ल) केवल एक फ़ार्म है, जिसमें कोई भी ख़्याल बाँधा जा सकता है, जो फ़ार्म दो लाइनों पर आधारित है तथा दुनिया में कहीं और, हिन्दुस्तान छोड़कर, दो लाइनों का दोहा नहीं मिलता।

दोहा प्राकृत मात्रिक छन्द है, जिसका साहित्य में सबसे प्राचीनतम प्रयोग अंग जनपद के सिद्ध कवि सरहपाद के अंगिका भाषा में लिखे पदों में प्राप्त होता है। मात्रिक छन्द से कुछ विद्वान यह मान लेते हैं कि इसमें सिर्फ़ मात्राओं को गिना जाता है जो नासमझी पर आधारित ज्ञान है। मात्रिक छन्दों में भी मात्राओं का विन्यास कुछ इस प्रकार होता है कि वे गुरु-लघु में विभाजित हो सकें। दोहा छन्द को ही लें, यहाँ एक चरण (मिसरा) में सिर्फ़ 24 मात्राएँ ही नहीं होती हैं, बल्कि मात्राओं का क्रम इस प्रकार होता है—दो चतुष्कल (चार मात्राओं का एक चतुष्कल होता है) एक पंचकल, दो चतुष्कल और एक त्रिकल। पंचकल और त्रिकल के रूप भी यहाँ SIS और SI के क्रम में, यानि एक चरण के लिए मात्राएँ फ़ेलुन, फ़ेलुन, फ़ाय, फ़ेलुन, फ़ेलुन, फ़ाय रूप में ही होता है।

लोकछन्दों में दो ह्रस्व अक्षर एक गुरु अक्षर के रूप में भी होता है, (जैसा कि उर्दू में भी होता है) हमें याद रखना चाहिए कि उर्दू अपने छन्दशास्त्र की दृष्टि से भारतीय लोकछन्दों के ज़्यादा निकट है, न कि अरबी-फ़ारसी के। उर्दू छन्दशास्त्र की तरह ही प्राकृत भाषा में गुरु वर्ण को लघु के रूप में गिनने की परम्परा प्राचीनतम है। जैसे अंगिका शब्द—आवै (आना) > आवय। इस शब्द को दो गुरु रूप में भी लिया जा सकता है और एक गुरु, दो लघु अक्षर के समूह के रूप में भी। प्राकृत में एक गुरु का दो लघु मात्रा में होना, दो लघु का एक गुरु बन जाना आम है। फिर आख़िर में दीर्घ अक्षर से मात्रा का गिरना या बीच के किसी गुरु वर्ण का ह्रस्व रूप हो जाना भी प्राकृत छन्दों में आम है—जो कि उर्दू छन्दों में भी भारी मात्रा में प्राप्त है। हिन्दी के कवियों को अगर लोकभाषा के छन्दों पर पकड़ है, तो फ़ारसी छन्द में मात्राओं को गिराने का तरीक़ा जानने की ज़रूरत ही नहीं है। कहना न होगा कि उर्दू छन्दों का विन्यास भी फ़ारसी और अरबी से अलग-अलग भारतीय छन्दों की बुनावट के ज़्यादा क़रीब है। हिन्दी वालों को फ़ारसी के उन छन्दों को रटने का मोह भी छोड़ देना चाहिए, जिनके कारण इनकी आधी उम्र रटने में और बाक़ी जोड़ने में बीत जाती है—दो आरज़ू में कट गए, दो इन्तज़ार मे। फ़ारसी के

प्रायः छन्द संस्कृत के गणों या गणों में लघु-रूप के योग में अट जाते हैं। इसी से ख़्वाब अकबराबादी ने उर्दू ग़ज़लशास्त्र के विवेचन के क्रम में लिखा है कि फ़ारसी के छन्दों का निर्माण ख़लील बिन अहमद बसरी (731-787 ने संस्कृत के छन्दों की नींव पर किया या तो फिर ज्यों-का-त्यों रख दिया। आज हिन्दी वाले भारतीय छन्दों को जानने की जगह फ़ाइलुन, फ़ऊलुन, फ़ायलातुन, मुस्तफ़इलुन रट रहे हैं, जबकि उर्दू वालों ने मुरक्कब से बने उन अरबी छन्दों को भारतीयता के अनुकूल नहीं होने के कारण स्वीकार नहीं किया और उनकी जगह ऐसे ज़ेहाफ़ी छन्दों को गढ़ा, जो भारतीय छन्दों में एकमएक हो जाते हैं। (अभी एक उर्दू ग़ज़ल में अभारतीय तत्वों की तलाश हुई भारतीय तत्वों की खोज अभी बाक़ी ही है।)

यहाँ तक कि उर्दू शायरों की ग़ज़लों में शब्दों का प्रमुख स्रोत भी देशी भाषा है। देशी भाषा में ब्राह्मण को 'बरहमन' और ऋतु को 'रुत' ही कहते हैं, उर्दू में बरहमन 'बिरहमन' हो गया है, बस इतना ही अन्तर है। फिर इसी कारण अगर हिन्दी वाले 'सुब्ह' का सुबह कर लेते हैं या 'शह्र' का शहर, तो उर्दू शायरों के बीच हंगामा क्यों बरपा है. ..जब 'सोलोमन' सुलेमान बन सकता है तो सुब्ह का सुबह बन जाने से अफ़रा-तफ़री क्यों?

हिन्दी में ग़ज़ल कहने वालों को यह स्मरण रखना चाहिए कि अच्छी ग़ज़ल सिर्फ़ आम लोगों की भाषा में ही लिखी जा सकती है और हिन्दी ही वह आम लोगों की भाषा है--न संस्कृत, न अरबी, न फ़ारसी वाला वाक्य। इस बात को उर्दू के भी सभी नामी शायरों ने समझा था। मुझे तो करुणा आती है हिन्दी के उन ग़ज़लकारों पर, जो अरबी-फ़ारसी के शब्दों को जोड़ने में ग़ज़ल की हत्या करते रहते हैं। हिन्दी भाषा के कई शायरों में यह समझदारी अभी भी नहीं आई है, इसी से इनकी ग़ज़लों की भाषा 'विचित्र भाषा' है। कहीं ये पंडिताऊ भाषा लिखते हैं, तो कहीं बोझिल विदेशी भाषा। ये अभी तक नहीं समझ पाए हैं कि ग़ज़ल की भाषा वह काव्य-भाषा है जो दो सम्प्रदायों को जोड़ने वाली है, वह न हिन्दू है, न मुसलमान। ग़ज़ल, काव्य की वह ज़मीन है, जहाँ हिन्दी उर्दू हो जाती है और उर्दू हिन्दी। यही वह जगह है, जब ग़ज़ल को हिन्दी-ग़ज़ल या उर्दू-ग़ज़ल कहना गुनाह करने की तरह हो जाता है। भाषा के इस ज्ञान के बिना ग़ज़लगोई मुश्किल है।

मुझे लगता है, हिन्दी वालों को ग़ज़ल कहने के लिए उन संस्कृत परम्पराओं से भी बहुत कुछ लेने की ज़रूरत है, जहाँ तुक-घटा, फटा के रूप में नहीं मिलता--सुआ के रूप में मिलता है--उर्दू शायरी में अगर तुक का यह दूसरा रूप है, तो पहला रूप भी, (जो संस्कृत-काव्य से अलग बाद में प्राकृत भाषा की कविताओं में आ गया था)। संस्कृत काव्य में उर्दू छन्दशास्त्र के अनुकूल तुकों का प्रयोग ही नहीं मिलता, बल्कि वहाँ रदीफ़ों का भी उतना ही सुन्दर प्रयोग है।

या देवी सर्वभूतेषु विष्णुमायेति शब्दिता, नमस्तस्यै नमस्तस्यै नमस्तस्यै नमो नमः
या देवी सर्वभूतेषु चेतनेत्यभिधीयते, नमस्तस्यै, नमस्तस्यै नमस्तस्यै नमो नमः

रदीफ़ का वास्तविक अर्थ है--ऊँट पर सवार व्यक्ति के पीछे की सवारी। दुर्गा सप्तशती के पंचम अध्याय के मंत्रों का सौन्दर्य ग़ज़ल के छन्दशास्त्र के शब्द रदीफ़ के

कारण ही है। इस लम्बे उल्लेख का कारण है—हिन्दी वालों को इस रहस्य से अवगत कराना कि ग़ज़ल कहने के लिए उनकी स्वदेशी संस्कृत और प्राकृत में ही पूर्ण सामग्री अटी पड़ी है। **पता भी है तुम्हें, तुम/कभी दरिया रहे हो**

हमें भूलना नहीं चाहिए कि उर्दू के ग़ज़ल-साहित्य ने कृष्ण-राधा के शृंगारपरक मध्यकालीन हिन्दी काव्य को, अपने धार्मिक विश्वासों के अनुकूल थोड़े अन्तर के साथ काव्य का विषय बनाया, जिससे उर्दू ग़ज़ल को एक विशिष्ट लोकप्रियता भी मिली। इन बातों का विस्तार से उल्लेख पाकिस्तान के प्रसिद्ध विद्वान वज़ीर आगा ने किया है (और जिसका ही उल्लेख कमलेश्वर जी ने भी ग़ज़ल पर अपने विचारों के क्रम में किया है)। हिन्दुस्तान में उर्दू ग़ज़लों की लोकप्रियता का कारण भी यही रहा कि इसमें भारतीय मानसिकता का उदारता से ग्रहण है। इस एक बात को मुसलमानों के घर विवाह-शादी के मौक़े पर गाए जाने वाले एक लोकगीत से भी जान सकते हैं। हिन्दुओं में दूल्हे को भगवान राम के रूप में देखने की मानसिकता आम है, लेकिन मुसलमानों में दूल्हे को अल्लाह या मुहम्मद साहब के रूप में देखना उनके धार्मिक विश्वास के विरोध में जाता है, लेकिन वहाँ भी भारतीय मुसलमानों ने भारतीय मानसिकता के अनुकूल ही दूल्हे को अल्लाह या मुहम्मद साहब के रूप में देखा है 'अल्लाह मोरे आवेंगे, मुहम्मद मोरे आवेंगे' (इसका उल्लेख विष्णु प्रभाकर ने अपनी पुस्तक 'यादों की छाँव में' में देवेन्द्र सत्यार्थी के संस्मरण के क्रम में किया है)। हमें भूलना नहीं चाहिए कि भारतीय लोकगीत और ग़ज़ल-काव्य की दोनों ही कोटियाँ, भारतीय काव्य-दृष्टि का एक अमूल्य दस्तावेज़ है।

आख़िर में, एक बात, जो मैं कहना चाहता हूँ, कि आज हिन्दी ग़ज़ल का विषय क्षेत्र राजनीतिक और आर्थिक दायरे में सिकुड़ कर रह गया है, वह इसके स्वस्थ भविष्य का संकेत नहीं है। कभी उर्दू ग़ज़ल ने रीतिकालीन हिन्दी कविताओं से खाद्य-रस ग्रहण कर अपनी लोकप्रियता सिद्ध की थी, वह आज उससे आगे निकली है, लेकिन उस जगह को छोड़ भी नहीं दिया है। ठीक है, किसी ज़माने में किसी विचार की प्रमुखता काव्य में हो सकती है, लेकिन उस विचार का पक्षधर बनकर, सभी विचारों को व्यर्थ घोषित करना या उनकी उपेक्षा करना अनुचित ही है, शायर कभी भी किसी युग में किसी चीज़ से दामन बचाकर नहीं चल सकता, न वह किसी विचार का बँधुआ मज़दूर बन कर रहा है।

बक़ौल दीक्षित दनकौरी—**आसमाँ है ज़मीन है, लेकिन/हम फ़क़ीरों का घर नहीं होता**

हिन्दी ग़ज़लकार अगर विषय और भाषा का घर बना कर चले और इसकी सारी खिड़कियाँ बाहरी हवाओं से बचने के लिए बन्द कर लीं, तो एक दिन वे ग़ज़लों के हन्ता सिद्ध होंगे। अगर उर्दू-ग़ज़ल ने हिन्दी कविताओं से बहुत कुछ सीखा है, तो हिन्दी ग़ज़ल को भी उर्दू-ग़ज़ल से अभी बहुत कुछ सीखने की ज़रूरत है, जैसा कि मुझे लगता है। वैसे पाठक इसे मेरा सुझाव, सलाह या उपदेश कभी न समझें।

अपना तो कहना भर है
बाक़ी सब कुछ तुझ पर है

—डॉ. अमरेन्द्र

लाल खाँ दरगाह लेन,
सराय, भागलपुर 812002 (बिहार)

सस्ती लोकप्रियता और रचनात्मक विवेक का विरोधाभास

हिन्दी ग़ज़ल पर आज कई तरह से सोचा जा सकता है। एक नज़रिया वह है जो समकालीन काव्य परिदृश्य के बीच ग़ज़ल की जीती जागती उपस्थिति को स्वीकार ही नहीं करता। इस नज़रिये के पीछे बहुत से कारण विद्यमान हैं। बहरहाल...इससे एकदम सहमत होना बहुत कठिन है।

आज हिन्दी ग़ज़ल को लेकर कुछ सन्देह और प्रश्न तो उठना वाजिब है और इस पर बेबाकी और साफ़गोई से बात हो सकती है। देखना यह है कि एक रचना-माध्यम में हजारों हिन्दी वाले स्वयं को व्यक्त कर रहे हैं, आख़िर हर जगह तो अँधेरा नहीं हो सकता। ग़रज़ यह कि कहीं कोई चिंगारी या कोई रोशनी की किरण नज़र आए तो उसकी ताक़त को पहचानने की ज़रूरत है।

दूसरा नज़रिया यह है कि हिन्दी ग़ज़ल ने बड़े मैयार क़ायम कर दिए हैं और ग़ालिबन वह क्लासिकी ग़ज़ल की ऊँचाइयों को पार कर चुकी है या पार कर जाएगी। यह एक आत्ममुग्धता से ग्रस्त नज़रिया है। मेरे अपने ख़याल से ग़ज़ल की प्रकृति को सबसे ज़्यादा हानि इसी नज़रिये से पहुँची है, नकारवादी नज़रिये से भी ज़्यादा।

हिन्दी ग़ज़ल की आज की हालत पर कुछ टिप्पणी करने से पहले मैं अर्ज़ कर दूँ कि कोई भी आलोचना किसी रचना-विधा में हो रहे लेखन को डिक्टेट नहीं कर सकती। आलोचना को एक विधा विशेष के रचनाकारों से संवाद करना चाहिए। इस संवाद के दौरान मुझे महसूस हुआ कि हमारे बेशतर ग़ज़ल कवियों ने अपनी प्रतिभा का उपयोग फ़ार्म को साधने में ज़्यादा किया है, दृष्टि को अर्जित करने में कम। प्रायः ग़ज़ल में जो यथार्थ व्यक्त हो पा रहा है वह स्थूल, एकायामी और सतही है। लगता है आज वैश्विक परिस्थिति के बदलाव की सापेक्षता में हमारी स्थानीय परिस्थिति ने जो परिवर्तन घटित हुए हैं और उन परिवर्तनों में हमारी मूल्य पद्धति, व्यवहार और सामाजिक सम्बन्धों को जिस रूप में प्रभावित किया है, ये तमाम जटिलताएँ ग़ज़ल की अन्तर्वस्तु का हिस्सा अभी ठीक से बन नहीं पाई हैं। आज जिस तरह विचार और संस्थाओं के आगे प्रश्नचिह्न लगने लगे हैं, जो है उस सब कुछ को प्रश्नांकित किया जा रहा है, मानवीय अस्तित्व से जुड़ी हुई समस्याएँ ज़्यादा जटिल रूप में सामने आ रही हैं और वैचारिक आस्थाओं के केन्द्र एक-एक करके ढहने लगे हैं—ग़रज़ यह कि पूरा राजनीतिक, सांस्कृतिक और सामाजिक परिदृश्य बहुत तेज़ी के साथ बदला है जिसे हम उत्तर आधुनिक स्थिति कहते हैं। हालाँकि भूख और ग़रीबी से जुड़े बुनियादी मानवीय सवाल आज भी उतने ही ज़रूरी और प्रासंगिक हैं लेकिन महत्वपूर्ण बात यह है कि हमारी भूख और ग़रीबी के कारण

कभी स्थानीय सरमाएदारों की लूट में हुआ करते थे और अब विश्व बाज़ार का अदृश्य हाथ इसके पीछे मौजूद है। इसी तरह इन सवालों के समाधान के तरीक़े भी बदले हैं। भूख और ग़रीबी के ख़िलाफ़ लड़ाई के रूप अब वे भी नहीं रह गए हैं जोकि पहले थे। कहने का अभिप्राय यह है कि ग़ज़ल-कवियों को अपने दौर के सामाजार्थिक परिदृश्य के बीच उभर रहे यथार्थ के नए रूपों की तहों में गहराई से झाँकने की ज़रूरत है और जहाँ वे ऐसा कर पाए हैं वहाँ अच्छी कविता सामने आई है।

आमतौर पर या तो हिन्दी ग़ज़ल में वे भाव और विचार ज़्यादा प्रभावी हो गए हैं जो कि अनेकानेक बार उस्ताद शायरों के यहाँ पहले भी अभिव्यक्ति पा चुके हैं या हिन्दी कवियों के शे'र उस्ताद शाइरों के नए संस्करण दिखाई देते हैं। यह एक चिन्ता की बात है कि हम अपनी परम्परा को कमज़ोर और प्रभावहीन बनाकर हिन्दी ग़ज़ल में ढाल रहे हैं। ये भी तो सम्भव है कि परम्परा को अपने भीतर रचा-बसाकर और उसे अपने समय की नई चुनौतियों के बीच जाँच परख कर हम अपने रचनात्मक सोच का हिस्सा बनाएँ। यहाँ हमें यथार्थ के बदलाव ही नहीं पूरी ग़ज़ल विधा के विकास पर ध्यान देना होगा और उर्दू और हिन्दी दोनों में ग़ज़ल की भाषा के मूलभूत बदलावों पर भी ग़ौर करना होगा। जिगर या फ़िराक़ और शमशेर या दुष्यन्त की भाषा हमारी परम्परा है। हमें अपने परिवेश के बीच से भाषा को गढ़ना है। मेरी मुराद यह नहीं है कि यह काम बिल्कुल नहीं हो रहा। हो रहा है लेकिन रचनाकार की पहली प्राथमिकता के रूप में नहीं।

आज कविता बनाम ग़ज़ल की बहस भी गाहे-बगाहे उठाई जाती रही है। जहाँ तक मेरा सम्बन्ध है, मैं ऐसा नहीं मानता कि मुक्त छन्द में जो लिखा जा रहा है वह सब कुछ श्रेष्ठ और सशक्त है। इसके बरक्स जो छन्द या बह्र में लिखा जा रहा है, उपेक्षणीय है। विडम्बना यह है कि सस्ती लोकप्रियता और रचनात्मक विवेक के विरोधाभास ने कमज़ोर ग़ज़लों, जिन्हें कविता कहना मुश्किल है, की झड़ी लगा दी है। जो अच्छा काम कर सकते थे वे भी सफलता के नुस्ख़ों की तलाश में समय नष्ट करने लगे और बशीर बद्र की इस हिदायत की उपेक्षा करते हुए कि 'ग़ज़ल के शे'र कहाँ रोज़ रोज़ होते हैं' रोज़ रोज़ ग़ज़लें कहने लगे। कुछ बहुत प्रतिभाशाली रचनाकार भी इस दुर्बलता के शिकार हुए। उनसे उम्मीद यह थी कि वे मात्रा के बजाय गुणवत्ता पर ध्यान ज़्यादा देंगे और आज की मुख्य धारा की कविता की तुलना में हिन्दी ग़ज़ल को एक आईने की तरह रखेंगे।

मंच और ग़ज़ल के सम्बन्धों पर बहुत बात होती रही है। आख़िर जिगर, मजरूह और क़ैफ़ी के अलावा बाद के बहुत से शायर, इधर 'रंग' और 'नीरज' ने मंच के माध्यम से ही ग़ज़लों को अवाम की ज़िन्दगी का हिस्सा बनाया, उसे एक व्यापक सामाजिक स्वीकृति दिलाई। नक़्क़ादों की तवज्जो को भी खींचा बल्कि अपनी रचना सामर्थ्य के बूते पर नक़्क़ादों को उन्होंने विवश किया कि वे नज़्में ही नहीं ग़ज़लों को भी संजीदगी

के साथ लें, और ऐसा हुआ भी। यह विचार करने की बात है कि एक शे'र पर काम करने के लिए जितने धैर्य की ज़रूरत है, क्या मंच की लोकप्रियता का आकर्षण उस धैर्य की इजाज़त देता है। इसका जवाब हाँ और ना दोनों में दिया जा सकता है। बात अन्ततः रचनाकार की बुनियादी ईमानदारी पर आ टिकती है।

आज ग़ज़ल हिन्दी ही नहीं तमाम भारतीय भाषाओं में कही जा रही है और ज़ाहिर है कि वह सिर्फ़ 'औरत से बातचीत' नहीं है। यहाँ तक कि अंग्रेज़ी में भी ग़ज़लें कही जा रही हैं। इंग्लैंड के अनेक कवि मसलन—ब्रियान हेनरी, डेनियल हाल और शेरोन ब्रियान बाक़ायदा अंग्रेज़ी में ग़ज़लें कह रहे हैं। उर्दू की 'शाइर' (मुम्बई) पत्रिका ने इनकी ग़ज़लें छापी हैं। हमारे अपने देश के सन्दर्भ में ग़ज़ल ने बहुत सेक्युलर भूमिका अदा की है। जहाँ भाषा को धर्म से जोड़ा जा रहा हो वहाँ एक भाषा की पारम्परिक विधा को हर क्षेत्र और भाषा के रचनाकार अपना लें, यह एक स्वागत योग्य क़दम है।

हिन्दी ग़ज़ल का ज़िक्र होते ही दुष्यन्त कुमार का नाम बेसाख़्ता याद आता है। आज हिन्दी ग़ज़ल दुष्यन्त कुमार से कितना आगे पहुँच चुकी है या कि नहीं पहुँची है इस पर निर्णय देना जल्दबाज़ी होगी। हमें यह नहीं भूलना चाहिए दुष्यन्त 'नई कविता' आन्दोलन के दौरान के एक सशक्त कवि रहे हैं। 'साए में धूप' की ग़ज़लें 'सूर्य का स्वागत', 'जलते हुए वन का वसन्त' और 'एक कंठ विषपायी' के विकास की अगली कड़ी है। रचनाकाल की दृष्टि से जो आज लिख रहे हैं वे स्वभावतः दुष्यन्त के परवर्ती हैं लेकिन वे उसी बेचैनी, ताप और ऊर्जा के साथ ग़ज़ल को कितना साध पाए हैं यह स्वयं ग़ज़लकारों के आत्मचिन्तन का विषय है। 'ताज' भोपाली ने दुष्यन्त कुमार के बारे में यह कहा था कि "वे उर्दू रिवायत की ज़्यादा परवाह नहीं करते इसलिए हिन्दी ग़ज़ल में ऐसे साहसपूर्ण प्रयोग कर पाए हैं।" बात बड़ी मोज़ूँ है। 'ताज' के इस कथन की रौशनी में कहा जा सकता है कि आज ग़ज़ल-कवि उर्दूदाँ लोगों से सनद हासिल करने की चिन्ता छोड़कर अपने अहसासात को बेबाकी के साथ व्यक्त होने दें। भाषा और शिल्प के नए प्रयोगों में भी संकोच नहीं होना चाहिए। भाषा में अपनी पहचान क़ायम करने का कौशल तो हमें उस्ताद शायरों से ही सीखना होगा। यह एक मुश्किल लेकिन ज़रूरी काम है।

बी-330ए अशोक नगर, शाहदरा
दिल्ली-110093

—डॉ. जानकी प्रसाद शर्मा

दुष्यन्त कुमार एक युग का नाम है

दुष्यन्त कुमार ग़ज़ल ख़ासकर हिन्दी ग़ज़ल का एक ऐसा प्राकृतिक सत्य है जिसकी अनिवार्यता सदैव बनी रहेगी। दुष्यन्त ने अपनी ग़ज़लों में जीवन की सामंजस्यपूर्ण व्यवस्था और व्यक्ति के सामंजस्यपूर्ण विकास का व्यापक अर्थ प्रस्तुत किया है। यही कारण है तीन दशक तक सफ़र करने के बाद भी उनकी ग़ज़लें व्यक्ति की आत्मिक क्षमताओं को, उसके आचरण को सही-सही ढंग से उजागर करने में सक्षम हैं। उनकी ग़ज़लों की प्रासंगिकता आज भी यथावत है। कहने की आवश्यकता नहीं कि दुष्यन्त की ग़ज़लों को अब अतिमूल्यांकन या अल्प मूल्यांकन की कसौटी पर कसा जाए। दुष्यन्त कुमार एक युग का नाम है जहाँ से हिन्दी ग़ज़ल की बिकास यात्रा आरम्भ होती है।

दुष्यन्त के बाद लिखी गई ग़ज़लों के बारे में कुछ लोगों ने काफ़ी कड़ा रुख़ अपनाया है। ख़ासकर वैसे लोगों ने जिन्हें ग़ज़ल की बारीक़ियों की सही-सही जानकारी तक नहीं है। इनकी सारी सस्ती बहस एक ही आधार पर आकर थम जाती है कि हिन्दी ग़ज़ल दुष्यन्त से आगे नहीं बढ़ पाई। इस मनोवैज्ञानिक विश्लेषण के पीछे उनका कौन-सा कलात्मक चातुर्य है इसका सही-सही अनुमान लगाना मुश्किल है। जबकि यह सबों को पता है साहित्य में विचार परिवेशजन्य होते हैं। आत्मिक संस्कृति और कला संस्कृति का इतिहास भले ही एक हो सकता है परन्तु परिवेश और विचार के इतिहास की अपनी अपनी सीमाएँ हैं। दुष्यन्त कुमार की ग़ज़लों में सत्तर और अस्सी के दशक की परिस्थितियों का प्रतिबिम्बन है चाहे वह समाजवादी हो या भौतिकवादी। आज की परिस्थितियों में लिखी गई ग़ज़लों को दुष्यन्त की परिस्थितियों के साथ जोड़कर आँकलन करना, यह बौद्धिक जुगाली नहीं दिवालियापन है। यह मात्र धारणात्मक असंगतियों पर परदा डालने की कोशिश भर है।

यह सच है कि दुष्यन्त की ग़ज़लों में वैचारिक विवाद नहीं है। सामाजिक प्रतिबद्धता का विचार साहित्यिक इच्छा के रूप में प्रकट हुआ है जिसमें शोषकों के प्रति विद्रोह है, विरोधात्मक प्रतिक्रिया है।

भौतिकवादी प्रतिपादन के आधार पर समकालीन ग़ज़लों को पूर्ण रूप से नहीं समझा जा सकता है। परिस्थितियों में गुणात्मक परिवर्तन हुआ है। समकालीन ग़ज़लकारों के समक्ष कुछ नए उत्तरदायित्व है जिन्हें अपनी विशिष्टता के साथ उन्हें समाज के समक्ष रखना पड़ रहा है। स्वाभाविक है इसमें वैचारिक बिखराव आएगा इसका मतलब यह तो नहीं कि समकालीन ग़ज़ल में विचारों और प्रस्थापनाओं की कमी है। दुष्यन्त के समक्ष अनुभवों की लहलहाती फ़सल थी यहाँ तो रोज़ नए-नए जन्म ले रहे हैं। ऐसी परिस्थिति में कथ्य

के निरूपण में कुछ दिक़्क़तें तो आएँगी क्योंकि एक झटके में वातावरण की समग्रता में पकड़ पाना मुश्किल है। मान लिया अनुभव पकड़ में आ भी जाते हैं तो ग़ज़ल के लिए भावना और विवेकशीलता की लयात्मक सम्प्रेषणीयता भी तो आवश्यक है। गद्य या छन्द मुक्त कविता तो नहीं जो सिर्फ़ शब्दों का अनगढ़ सहारा लेकर काग़ज़ पर उतार लिया। बावजूद इसके हिन्दी साहित्य की अन्य विधाओं के कथ्य निरूपण की तुलना में ग़ज़ल पीछे नहीं है। अगर सीधे-सीधे कहा जाए तो समकालीन ग़ज़लें एकरसता का पर्याप्त ध्वन्यात्मक अनुभव अपने भीतर संचित करना नहीं चाहती। नए-नए अनुभवों के बीच गुज़रने की ललक और उन अनुभवों का संज्ञान होना इसकी विशेषताओं में शामिल करें। दूसरे शब्दों में हम इसे प्रगतिशीलता की दौड़ में शामिल होने की होड़ भी कह सकते हैं। यह निश्चित तौर पर कहा जा सकता है कि दुष्यन्त कुमार के बाद हिन्दी ग़ज़ल का तेवर और भी तीक्ष्ण हुआ है। यहाँ पर किसी एक शायर या शे'र का हवाला नहीं दिया जा सकता। समकालीन ग़ज़लकारों ने आज की स्थितियों को बहुत क़रीब से अनुभव किया है और उन स्थितियों को यथार्थ रूप में अपनी ग़ज़लों में दिखाया है। शिल्प का प्रभाव पूर्ण प्रयोग करते हुए समाजवादी जीवन पद्धति की श्रेष्ठता के पक्ष में वर्तमान समय और समाज की ज्वलन्त समस्याओं, विषमताओं, विसंगतियों पर गम्भीर चिन्तन किया है जो विरोधपूर्ण व्यवस्थाओं में भी नए समाज में विद्रूप परिस्थितियों के बीच सृजनात्मक ढंग से प्रस्तुत होता है। ऐसी परिस्थिति में हिन्दी ग़ज़ल पर ठहराव का आरोप लगता है तो किसी तरह की टिप्पणी करने से इन्कार ही किया जा सकता है। ऐसे भी हिन्दी साहित्य में नारा उछालने का प्रचलन है। हिन्दी कहानी पर भी यह आरोप लगाया गया है कि वह प्रेमचन्द से आगे नहीं बढ़ पाई।

जहाँ तक हिन्दी ग़ज़ल और उर्दू ग़ज़ल का सवाल है बनावट और बुनावट के धरातल पर एकरूपता रहने के बावजूद अगर हिन्दी लिपि में हो तो उसे हिन्दी ग़ज़ल कहना चाहिए। इससे हिन्दी की प्रासंगिकता स्पष्ट होगी क्योंकि ग़ज़ल हिन्दी की अपनी स्वतन्त्र विधा नहीं है इसे हिन्दी में स्थापित किया गया है। साथ ही ग़ज़ल ढेर सारी भाषाओं में लिखी जा रही है। भाषायी बोध के लिहाज से भी हिन्दी ग़ज़ल करना उपयुक्त होगा। व्यवहार से भाषायी सामान्यीकरण की ओर बढ़ना विकास की दृष्टि से महत्वपूर्ण है। सिर्फ़ अहसास के बल पर किसी मंज़िल की बुनियाद नहीं रखी जा सकती। हमने ग़ज़ल का काव्यरूप हिन्दी में अंगीकार किया है इसलिए ग़ज़ल के पहले हिन्दी जोड़ना उचित होगा। साहित्य में भाषा का जो सृजनात्मक स्वरूप है उसमें साहित्यकार के सृजनात्मक व्यक्तित्व के साथ-साथ विकास के गुणात्मक परिवर्तन भी परिलक्षित होते हैं।

कुल मिलाकर यही कहा जा सकता है कि हिन्दी ग़ज़ल अपने विधागत नियम के साथ-साथ अपने दायित्वों के प्रति सावधान है। हिन्दी ग़ज़ल के माध्यम से हिन्दी साहित्य को हिन्दी कविता के लिए एक नई ज़मीन मिलेगी।

गुलज़ार पोखर, मुंगेर
(बिहार) 84201

अनिरुद्ध सिन्हा

सम्पादकीय–

...कई मुसाफ़िर आए हैं

ग़ज़ल का ज़िक्र होते ही मेरे ज़ह्न में एक अज़ीम शख़्सियत का नाम बड़ी श्रद्धा के साथ उभरता है–आली जनाब 'मुशीर' झिंझानवी साहब। बात क़रीब बीस-इक्कीस साल पुरानी है, जब ग़ज़ल की दुनिया में मैंने क़दम रखा ही था। भाई मोईन अख़्तर अंसारी के प्रयास और प्रेरणा से मैं यहाँ-वहाँ शे'री नशिस्तों में हिस्सा लिया करता था। 'मुशीर' साहब के सान्निध्य में भी अपना कलाम पढ़ने का मुझे कई बार सौभाग्य प्राप्त हुआ है। मेरे ही क्या, हर नए शायर के कलाम पर 'मुशीर' साहब जिस दरियादिली से दाद देकर हौसला अफ़ज़ाई करते थे, ऐसे विशाल हृदय शख़्स को देखने के लिए आँखें तरसती हैं। एक बार एक नशिस्त के बाद बातों-बातों में एक साहब ने 'मुशीर' साहब से कहा, "जनाबे आली! आप दीक्षित जी की जिस ग़ज़ल पर दाद दे रहे थे, उसके तो कई शे'र बह्र से ख़ारिज हैं।' मैं भी बात-चीत सुन रहा था। 'मुशीर' साहब ने उन साहब को जो जवाब दिया वह मेरी ग़ज़ल-यात्रा का आदर्श वाक्य बन गया। 'मुशीर' साहब ने पहले तो स्नेहिल मुस्कान से मुझे नवाज़ा, उसके बाद उन साहब की ओर मुख़ातिब होकर कहा, "क़िबला! आज दीक्षित जी ग़ज़ल की दुनिया में आए हैं, कल बह्र में भी आ जाएँगे।"

इस घटना का ज़िक्र करना मैंने इसलिए भी मुनासिब समझा कि इस संकलन के सम्पादन के दौरान इन ग़ज़लों को पढ़ते हुए 'मुशीर' साहब का यह जुमला मुझे कई बार याद आया।

प्रत्येक शब्द का अपना एक अलग ब्रह्माण्ड होता है। अभी पिछले दिनों एक उर्दू पत्रिका में एक लेख छपा है, जिसमें 'फ़िराक़' गोरखपुरी की शायरी को साधारण दर्जे की शायरी सिद्ध करते हुए लेखक ने एक जगह एक वाक्य लिखा है, 'तुलसीदास ने राम और सीता की मुहब्बत का अपनी शायरी में वह बयान किया है कि 'फ़िराक़' उस मंज़िल पर पहुँचना तो दूर, सोच भी नहीं सकते।' मेरा मक़सद 'फ़िराक़' की शायरी के पक्ष या विपक्ष में अपनी राय ज़ाहिर करना नहीं बल्कि शब्द के सटीक प्रयोग करने के बारे में थोड़ा चर्चा करना है। इस वाक्यांश में राम और सीता के लिए 'मुहब्बत' शब्द कितना खटक रहा है। इसी प्रकार तुलसीदास की 'शायरी'। यानि 'रामचरित मानस' भी तुलसीदास की 'शायरी' हो गई। माना कि उर्दू में 'प्रेम' के लिए 'मुहब्बत' शब्द का प्रयोग किया जाता है, और 'कविता' के लिए 'शायरी'। लेकिन 'मुहब्बत' शब्द का प्रयोग लैला-मजनूं, शीरी-फ़रहाद इत्यादि के लिए तो जायज़ है, राम-सीता या राधा-कृष्ण के लिए क़तई नहीं। इसी प्रकार 'शायरी' शब्द का प्रयोग 'मीर', 'ग़ालिब', 'फ़िराक़'

आदि के कलाम के लिए तो उपयुक्त है, तुलसीदास, सूरदास, मीरा आदि के काव्य के लिए नहीं। काल और परिवेश के अनुसार प्रयोग किया गया शब्द ही अपना सार्थक प्रभाव छोड़ता है।

प्रत्येक भाषा का अपना एक विशिष्ट संस्कार भी होता है। एक फ़िल्मी डायरेक्टर ने अपनी अभिनेत्री बेटी की प्रशंसा में कहा था, **'Had she not been my daughter, I would have married her'.** क्या यह बात हिन्दी या उर्दू में कही जा सकती है? और संस्कृत में तो सोची भी नहीं जा सकती। भारतीय परिवेश में उक्त बेहूदा बात, निर्लज्जता पूर्वक सिर्फ़ अंग्रेज़ी में ही कही जा सकती है। पिता को अपनी लाड़ली बेटी की प्रशंसा यदि करनी ही पड़े, तो हिन्दी में यूँ की जाती है—

कुँवर मनोहर विजय बढ़ि कीरति अति कमनीय।
पावनहार विरंचिजन रचेहु न धनु दमनीय॥ (रामचरित मानस)

अपने भाषागत संस्कारों की सीमाओं के कारण ही हम अन्य भाषाओं के शब्दों और भावों को अपनी भाषा में ठीक वैसा ही व्यक्त कर पाने में असमर्थ होते हैं। इसी कारण भाषाएँ अन्य भाषाओं के शब्दों को ज्यों का त्यों अपने में समो लेती हैं। और यही दृष्टिकोण किसी भाषा के विकास में सहायक होता है। जैसे फ़ारसी शब्द 'ग़म' के लिए हिन्दी में शब्द नहीं है। और यह शब्द हिन्दी में अपने सटीक अर्थ में रच-बस गया है, तो इसके लिए हिन्दी में शब्द क्यों गढ़ा जाए? रेलगाड़ी को रेलगाड़ी न कहकर 'लौहपथगामिनी' कहने का आग्रह क्यों किया जाए? इसी प्रकार हिन्दी के अनेक शब्दों—धर्म, नयन, भक्त, संस्कार, आरती आदि के लिए उर्दू-फ़ारसी, अंग्रेज़ी ही क्या संसार की किसी भी भाषा में शब्द नहीं हैं। अंग्रेज़ी के 'कॉलगर्ल', सैक्स वर्कर', 'गुडआफ़्टर नून' आदि अनेक शब्दों के लिए हिन्दी-उर्दू में कोई शब्द नहीं है। अरबी-फ़ारसी के सैकड़ों शब्दों—'ईमान', 'वज़ू', क़ुर्बान आदि के लिए हिन्दी में शब्द नहीं हैं तो इन्हें ज्यों का त्यों प्रयोग क्यों न किया जाए?...और यही कारण है कि हिन्दी ने अरबी-फ़ारसी-अंग्रेज़ी आदि भाषाओं के लगभग सात हज़ार शब्दों को ज्यों का त्यों अपना लिया है।

एक बार अटल जी से उनके एक उर्दू-भाषी मित्र ने विनोदी लहजे में कहा, ''आपकी हिन्दी में तो 'ईमानदार' तक नहीं है।'' हाज़िर जवाब अटली जी ने उसी लहजे में कहा, ''हमारे यहाँ 'बेईमान' भी नहीं हैं।''

संसार की प्रत्येक भाषा ने अपने काल, परिवेश और संस्कारों के अनुरूप अपना विकास किया है। मनुष्य ने अपने जज़्बातो-अहसासात को अभिव्यक्त करने के लिए जितने भी माध्यम ईज़ाद किए उनमें भाषा/बोली सबसे अधिक कारगर तो है लेकिन कम्प्लीट नहीं है। हम अपने सुख-दुःख, हर्ष-विषाद, करुणा, प्रेम, क्रोध, ममता आदि अनुभूतियों को भाषा के माध्यम से अभिव्यक्त तो कर सकते हैं लेकिन एक हद तक। जैसे कोई व्यक्ति अपने सिर के दर्द को बताना चाहता है। तो वह दर्द की तीव्रता बताने के लिए अपने कथन में 'असहनीय', 'बहुत', 'भयंकर' आदि विशेषण तो लगा सकता

है लेकिन दर्द की वास्तविक अनुभूति जो उसे हो रही है, इन विशेषणों से परे है। फिर भी भाषा मनुष्य से मनुष्य तक विचारों, संवेदनाओं और भावनाओं को पहुँचाने का एक सशक्त माध्यम तो है ही।

अनेक विचार या भाव भाषातीत होते हैं। गुरुवर रवीन्द्रनाथ टैगोर ने अपने निधन से कुछ समय पूर्व कहा था कि "मुझे इतना सब कुछ लिखना ही इसलिए पड़ा कि मैं जो कहना चाहता था, बस वही नहीं कह पाया।" कहते हैं, सिद्धार्थ 'बुद्धत्व' को प्राप्त होने के पश्चात कभी बोले ही नहीं। अपने शिष्य आनन्द को मौन की भाषा में उपदेश दिया करते थे, जिनको आनन्द लोक-भाषा में अन्य लोगों को बताया करते थे।

बहरहाल... हम आमजन न तो 'बुद्ध' हैं और न ही 'आनन्द'। हमें तो अपनी बात भाषा के माध्यम से ही एक-दूसरे तक पहुँचानी होती है।

सबसे पहले तो मैं अपने उन हिन्दी ग़ज़लकार मित्रों से एक नम्र निवेदन करना चाहता हूँ जो बाक़ायदा 'हिन्दी-ग़ज़ल' का अभियान छेड़े हुए हैं, जिसके तहत हिन्दी-ग़ज़ल को उर्दू-ग़ज़ल से बहुत आगे बढ़ी हुई मानते हैं व प्रचारित करते हैं। दुष्यन्त कुमार चूँकि उर्दू अदब, विशेषकर ग़ज़ल-साहित्य से भली-भाँति परिचित थे, इसीलिए भरपूर तग़ज़्ज़ुल के साथ अपनी कालजयी ग़ज़लें कह पाए। अर्थात उर्दू-ग़ज़लों या उर्दू-गज़लकारों के प्रति उदासीनता या उपेक्षा-भाव रखने पर हम अपना ही नुकसान करेंगे। मेरा स्पष्ट मानना है कि यदि किसी को ग़ज़ल कहनी है, चाहे किसी भी भाषा में, तो उसे उर्दू-ग़ज़ल को गम्भीरता से पढ़ना/सुनना, और ग़ज़ल के मिज़ाज को समझना चाहिए। शे'र में बह्र (छन्द-विधान) की जानकारी के साथ-साथ शतुरगुर्बा, ज़म आदि दोषों और अन्य अनेक बारीकियों का ज्ञान हासिल करते रहने में कभी भी संकोच नहीं करना चाहिए।

दूसरा निवेदन उन उर्दू-ग़ज़लकार अग्रजों से है जो हिन्दी-ग़ज़ल यानि आम बोल चाल की भाषा में कही जाने वाली ग़ज़लों को, या कहिए ग़ैर-उर्दूभाषी ग़ज़लकारों द्वारा कही जाने वाली ग़ज़लों को हेय या तुच्छ दृष्टि से देखते हैं। दुष्यन्त कुमार द्वारा 'शह्र' को 'शहर' के वज़न (वज़्न) में बाँध देने मात्र से उनकी तमाम शायरी को सिरे से नकार देना ठीक नहीं है। आख़िर उर्दू ने भी हिन्दी और अन्य भाषाओं के शब्दों को अपनी सुविधानुसार बदल ही लिया है। 'ब्राह्मण' को 'बिरहमन', 'चन्द्र' को 'चन्दर', 'समुद्र', को 'समुन्दर' ही नहीं 'समन्दर' भी, 'सौक्रेटीज़' को 'सुकरात', 'एरिस्टोटल' को 'अरस्तू', 'अलैक्ज़ैण्डर' को 'सिकन्दर' आदि सैकड़ों शब्दों का उर्दूकरण किया जा सकता है तो 'शह्र' को 'शहर' या 'वज़्न' को 'वज़न' भी तोलने/लिखने, यानि कुछ अरबी-फ़ारसी शब्दों के हिन्दीकरण पर भी आपत्ति नहीं होनी चाहिए।

इस ग़ज़ल-संकलन के प्रकाशन के उद्देश्यों में एक उद्देश्य यह भी है कि उर्दू अदब के सुधी पाठक/समीक्षक सरल भाषा में कही जा रही आज की इन गज़लों को उदारता पूर्वक देखें/परखें। शायद उनका यह मुग़ालता दूर हो जाए कि ग़ैर-उर्दूभाषी ग़ज़लकारों द्वारा अच्छी ग़ज़लें नहीं कही जा रहीं। वहीं, दूसरी ओर उन हिन्दी-ग़ज़लकारों का भी

भ्रम दूर हो जिनकी निगाह में 'हिन्दी-ग़ज़ल' आज 'उर्दू-ग़ज़ल' को पीछे छोड़ चुकी है।

वैसे तो ग़ज़ल का मूल रस 'करुण' रस है। फिर भी ग़ज़ल के कथ्य को आमतौर पर तीन भागों में बाँटा जा सकता है। ग़मे-जानाँ, ग़मे-दौराँ और सूफ़ियाना (तसव्वुफ़)। यूँ तो हर दौर में तीनों ही प्रकार की शायरी में लाजवाब शायरी हुई है मगर काल, परिवेश और शायरों व सामईन के बौद्धिक स्तर एवं रुचि के अनुसार इन तीनों प्रकार की शायरी में संख्या के लिहाज़ से कमी या वृद्धि होती रही है। किसी भी शायर का कथ्य आमतौर पर इन्हीं तीनों सोपानों से होकर गुज़रता है। दुष्यन्त ने भी इश्क़िया शे'र कहे, मगर बहुत कम–

फिर मेरा ज़िक्र आ गया होगा
वो बरफ़-सी पिघल रही होगी

हमने भी पहली बार चखी तो बुरी लगी
कड़वी तुम्हें लगेगी मगर एक जाम और

लेकिन दुष्यन्त का असली तेवर उनके उन शे'रों में है जो उन्होंने आम आदमी की पीड़ा को अभिव्यक्त करते हुए तत्कालीन व्यवस्था के विरोध में कहे–

कहाँ तो तय था चराँग़ा हरेक घर के लिए
कहाँ चिराग़ मयस्सर नहीं शहर के लिए

•

कैसी मशालें ले के चले तीरगी में आप
जो रोशनी थी वो भी सलामत नहीं रही

•

कल नुमाइश में मिला वो चीथड़े पहने हुए
मैंने पूछा नाम तो बोला कि हिन्दुस्तान है

•

हो गई है पीर पर्वत सी पिघलनी चाहिए
इस हिमालय से कोई गंगा निकलनी चाहिए

इस तेवर के अनेक कालजयी शे'रों के कारण ही दुष्यन्त कुमार को हिन्दी ग़ज़ल का एक प्रकाश स्तम्भ माना जाता है। और ऐसा भी नहीं कि सिर्फ़ दुष्यन्त ने ही इस तेवर में ग़ज़लें कहीं। उनसे पहले और उनके समकालीन अनेक ग़ज़लकारों ने भी बहुत प्रभावशाली तरीक़े से इसी तेवर में शे'र कहे हैं। फ़र्क़ बस इतना है कि उन ग़ज़लों में प्रयुक्त भारी भरकम अरबी-फ़ारसी शब्दों को एक ख़ास वर्ग ही समझ पाता था।

हिन्दी-ग़ज़ल दुष्यन्त के बाद ही परवान चढ़ी। दुष्यन्त ने कहा था–

थोड़ी आँच बनी रहने दो, थोड़ा धुआँ निकलने दो
तुम देखोगी, इसी बहाने कई मुसाफ़िर आएँगे

सो, दुष्यन्त की उसी आँच और धुएँ की तपिश का फल है कि आज देश में सिर्फ़ कवि या ग़ज़लकार ही नहीं, आमजन भी जिनमें गृहणियाँ, डॉक्टर्स, इंजीनियर्स, वकील, जज, छात्र-छात्राएँ, किसान-मजदूर...यानि हर वर्ग का व्यक्ति अपनी अकुलाहट और बेचैनी को ग़ज़ल के माध्यम से व्यक्त कर रहा है। कुछ को इसमें कामयाबी मिली है और कुछ कामयाबी की ओर बढ़ रहे हैं। यहाँ ग़ज़ल-समीक्षकों से एक निवेदन करना चाहता हूँ कि कोई शे'र अच्छा या बुरा नहीं होता। शे'र तो बस होता है या नहीं होता। बक़ौल रमेश 'तन्हा'—

दिल के मौसम से इबारत है ये दुनिया वर्ना
आइना क्या है, नज़र क्या है, नज़ारा क्या है

रिवायती और जदीद शायरी के मामले में भी ऐसा ही है। एक ओर जहाँ 'मासूम' ग़ाज़ियाबादी कहते हैं—

जदीदाने-ग़ज़ल हम आपका सदक़ा उतारेंगे
ज़रा रूहे-ग़ज़ल की हिचकियाँ ख़ामोश हो जाएँ

वहीं दूसरी ओर 'अदम' गोंडवी साहब 'फ़रमाते हैं—

ग़ज़ल को ले चलो अब गाँव के दिलकश नज़ारों में
मुसलसल फ़न का दम घुटता है इन अदबी इदारों में

हर पाठक/श्रोता अपने संस्कारगत स्वभाव और दिल के मौसम के हिसाब से ही किसी शे'र को पसन्द या नापसन्द करता है। हिन्दी ग़ज़ल की समीक्षा के क्षेत्र में एक विडम्बना यह रही है कि ग़ज़ल के मिज़ाज और छन्द विधान से वाक़िफ़ योग्य और तटस्थ समीक्षकों का प्रायः अभाव ही रहा है।

निःसन्देह 'ग़ज़ल' हिन्दी की प्रकृति नहीं रही, जैसा कि डॉ. रामदरश मिश्र जी ने भी कहा है, लेकिन आज हिन्दी और उर्दू में मात्र लिपि के, और कोई ख़ास फ़र्क़ नहीं है। यही कारण है कि हिन्दी की प्रकृति में भी धीरे-धीरे ग़ज़ल विधा का समावेश हो रहा है।

ग़ज़ल का यह कारवाँ धीरे-धीरे ही सही, अपनी मंज़िल की ओर बढ़ रहा है। ग़ज़ल-यात्रा के इन तमाम मुसाफ़िरों की ओर से, नूरुल इस्लाम 'निश्तर' साहब के शब्दों में दुआ करता हूँ—

ऐ ख़ालिके-हुनर हमें इतना कमाल दे
दुनिया मिसाल दे तो हमारी मिसाल दे

—दीक्षित दनकौरी

76, डी.डी.ए. फ्लैट्स
मानसरोवर पार्क,
दिल्ली—110032
फ़ोन- 011-22586409

रामदरश मिश्र

जन्म	:	15 अगस्त 1924, डुमरी (गोरखपुर)।
शिक्षा	:	एम.ए., पीएच.डी.।
प्रकाशित	:	काव्य संग्रह-13, उपन्यास-12, कहानी संग्रह-14, ललित निबन्ध संग्रह-2, यात्रा वर्णन-3, आत्मकथा-1, संस्मरण-1, चुनी हुई रचनाएँ-1, आलोचना-9
सम्मान	:	शलाका सम्मान से विभूषित एवं देश की दर्जनों साहित्यिक संस्थाओं द्वारा सम्मानित/पुरस्कृत।
सम्प्रति	:	दिल्ली विश्वविद्यालय (हिन्दी विभाग) के प्रोफ़ेसर पद से सेवा-मुक्त।
सम्पर्क	:	आर-38, वाणी विहार, उत्तम नगर, नई दिल्ली—110059 फ़ोन-25638587

हम जहाँ से थे चले क्या फिर वहीं आना हुआ
यह अजनबी दृश्य कुछ लगता है पहचाना हुआ

याद सा आता है जंगल से कभी बिछुड़े थे हम
फिर शहर के बीच उससे आज याराना हुआ

तुम अकेले यों खड़े आवाज़ देते हो किसे
इन घनी आबादियों का मन है वीराना हुआ

आग की लपटों से पूछो आदमी के दिल का रंग
दर्द कल तक था कहीं, वह आज अफ़साना हुआ

पूछता फिरता है देखो फिर मुहब्बत का पता
फिर शराफ़त के शहर में कोई दीवाना हुआ

बाज़ार को निकले हैं लोग बेच के घर को
क्या हो गया है जाने आज मेरे शहर को

कितने हैं मेहरबान यहाँ के बहेलिये
कहते हैं परिन्दों से—'उड़ो' काट के पर को

गीला है कहीं सुबह की खुशियों का क़हक़हा
चुप-चुप कोई रोया है रात पिछले पहर को

चूल्हों में है बुझी हुई जलती है जिगर में
कैसी अजीब आग मिली ज़िन्दगी भर को

ठहरी हुई है भीड़ एक ऊबती हुई
लगता है कोई रहनुमा निकला है सफ़र को

महफ़िलें ज्यों-ज्यों हँसीं तनहाइयाँ बढ़ती गईं
आप ज्यों-ज्यों पास आए, खाइयाँ बढ़ती गईं

कौन सी है धूप इस माया नगर में दोस्तो
हम तो छोटे हो गए, परछाइयाँ बढ़ती गईं

उत्सवों में गूँज कर रोती हैं फिर लपटों के साथ
बेटियाँ जलती रहीं, शहनाइयाँ बढ़ती गईं

कुर्सियों के इस शहर में बह रही कैसी हवा
सुर्ख़रू होते गए, रुसवाइयाँ बढ़ती गईं

डालियों पर पंछियों का बैठना अब है मना
आशियाँ गिरते गए अमराइयाँ बढ़ती गईं

बनाया है मैंने ये घर धीरे-धीरे
खुले मेरे ख़्वाबों के पर धीरे-धीरे

किसी को गिराया न ख़ुद को उछाला
कटा ज़िन्दगी का सफ़र धीरे-धीरे

जहाँ आप पहुँचे छलाँगे लगा कर
वहाँ मैं भी पहुँचा मगर धीरे-धीरे

पहाड़ों की कोई चुनौती नहीं थी
उठाता गया यों ही सर धीरे-धीरे

गिरा मैं कहीं तो अकेले में रोया
गया दर्द से घाव भर धीरे-धीरे

देख ली दुनिया, तुम्हारी मेहरबानी देख ली
तुमने दी थी ओ खुदा, वह ज़िन्दगानी देख ली

फूल से बचपन के सिर देखा बुढ़ापे का पहाड़
आँसुओं की आँच में गलती जवानी देख ली

चीख़ती लपटें अचानक सामने उठने लगीं
जब किसी घर में कोई लड़की सयानी देख ली

माँ ने बचपन में सुनाया जिसको लोरी की तरह
अब हक़ीक़त में वो जंगल की कहानी देख ली

एक नन्हा ख़्वाब मेरा खो गया जाने कहाँ
गाँव देखा, शहर देखा, राजधानी देख ली

गोपाल दास 'नीरज'

जन्मतिथि : 4 जनवरी, 1925, पुरवली (इटावा), उ.प्र.

शिक्षा : एम.ए. हिन्दी

प्रकाशन : दो दर्जन से अधिक काव्य-संग्रहों के अलावा, आलोचना, अनुवाद एवं सम्पादन में अनेक पुस्तकें। अनेक राज्यों की पाठ्य पुस्तकों में रचनाएँ शामिल। फ़िल्मों में लगभग 150 गीत। अनेक पत्र-पत्रिकाओं में रचनाएँ प्रकाशित।

सम्मान : 'यश भारती' (उ.प्र.), 'पद्म श्री' (भारत सरकार), 'डी.लिट.' (मानद) (आगरा विश्वविद्यालय), 'फ़िल्म फ़ेयर एवार्ड', 'गीत सम्राट', रजत श्री (आस्ट्रेलिया), विद्यावाचस्पति, 'गीतऋषि' आदि उल्लेखनीय सम्मानोपाधियों सहित सैकड़ों संस्थाओं द्वारा सम्मानित।

सम्प्रति : पूर्णकालिक साहित्य साधना में रत।

सम्पर्क : जनकपुरी, मौरिस रोड, अलीगढ़-202001 (उ.प्र.) फ़ोन-2402605 मो.-9837061944

एक जुग बाद शबे-ग़म की सहर देखी है
देखने की न थी उम्मीद मगर देखी है

जिसमें मज़हब के हर इक रोग का लिक्खा है इलाज
वो किताब हमने किसी रिन्द के घर देखी है

ख़ुदकुशी करती है आपस की सियासत कैसे
हमने ये फ़िल्म नई ख़ूब इधर देखी है

दोस्तो! नाव को अब ख़ूब सँभाले रखियो
हमने नज़दीक ही इक ख़ास भँवर देखी है

उसको क्या ख़ाक शराबों में मज़ा आएगा
जिसने इक बार भी वो शोख़ नज़र देखी है

ख़ुशबू-सी आ रही है इधर ज़ाफ़रान की
खिड़की खुली है फिर कोई उनके मकान की

हारे हुए परिन्द ज़रा उड़के देख तो
आ जाएगी ज़मीन पे' छत आसमान की

बुझ जाए सरेशाम ही जैसे कोई चिराग़
कुछ यूँ है शुरुआत मेरी दास्तान की

ज्यों लूट लें कहार ही दुलहिन की पालकी
हालत यही है आजकल हिन्दोस्तान की

'नीरज' से बढ़के और धनी कौन है यहाँ
उसके हृदय में पीर है सारे जहान की

ज़िन्दगी से निबाह करना पड़ा
इसलिए ही गुनाह करना पड़ा

वक़्त ऐसा भी हम प' गुज़रा जब
आह भर भरके वाह करना पड़ा

उनकी महफ़िल में रोशनी के लिए
कितनों को आत्मदाह करना पड़ा

अर्थ-वेदी प' भावनाओं को
आँसुओं से विवाह करना पड़ा

चन्द गीतों की ज़िन्दगी के लिए
ज़िन्दगी को तबाह करना पड़ा

हम तेरी चाह में ऐ यार! वहाँ तक पहुँचे
होश ये भी न जहाँ है कि कहाँ तक पहुँचे

इतना मालूम है ख़ामोश है सारी महफ़िल
पर न मालूम ये ख़ामोशी कहाँ तक पहुँचे

वो न ज्ञानी, न वो ध्यानी, न बिरहमन, न वो शेख़
वो कोई और थे जो तेरे मकाँ तक पहुँचे

एक इस आस पे अब तक है मेरी बन्द जुबाँ
कल को शायद मेरी आवाज़ वहाँ तक पहुँचे

चाँद को छूके चले आए हैं विज्ञान के पंख
देखना ये है कि इंसान कहाँ तक पहुँचे

तमाम उम्र मैं इक अजनबी के घर में रहा
सफ़र न करते हुए भी किसी सफ़र में रहा

वो जिस्म ही था जो भटका किया ज़माने में
हृदय तो मेरा हमेशा तेरी डगर में रहा

तू ढूँढता था जिसे जा के बृज में गोकुल में
वो श्याम तो किसी मीरा की चश्मे-तर में रहा

वो और ही थे जिन्हें थी ख़बर सितारों की
मेरा ये देश तो रोटी की ही ख़बर में रहा

हज़ारों रत्न थे उस जौहरी की झोली में
उसे कुछ भी न मिला जो अगर-मगर में रहा

स्वामी श्यामानन्द सरस्वती
'रौशन'

शोध ग्रन्थ और एक-इक डिग्री, गंगाजी को अर्पित कर दी,
जो कुछ भेंट मिली ईश्वर से, ज्यों की त्यों कविता में धर दी।
तन का परिचय भी क्या देना, मेरी कृति है मेरा परिचय,
कितना शिक्षित हुआ हूँ अब तक, मेरी कृति से कर लो निर्णय।

अपनी मौज फ़कीरी है
छूती पाँव अमीरी है

मन है तुलसी जैसा तो
हर इक बोल कबीरी है

मस्ती का सागर दिल में
हर इस दर्द शरीरी है

मौज उड़ाते हैं मुझमें
क्या बचपन क्या पीरी है

ख़ूब तमाशा ये देखा
'रौशन' वो अशरीरी है

आए हो तो दुनिया में कुछ ऐसे निशाँ छोड़ो
हर आँख में आँसू हो, जब तुम ये जहाँ छोड़ो

क्या जिस्म पे इतराना, जो छोड़ के है जाना
इस पर भी ख़बर क्या है, कब और कहाँ छोड़ो

कुछ साथ वो ले जाओ, जो काम वहाँ आए
औ' याद करे दुनिया, कुछ ऐसा यहाँ छोड़ो

धरती हो कि अम्बर हो, खुशबू से महक उट्ठे
तुम चाहे जहाँ जाओ, कुछ ऐसा वहाँ छोड़ो

जो प्रेम की पावक में, पड़ जाए सुलगना तो
गरिमा का तकाज़ा है, किञ्चित न धुआँ छोड़ो

सहारे के लिए तिनका बहुत है
मुहब्बत का तो इक लम्हा बहुत है

भले ही मुँह से हम कुछ भी न बोलें
मगर दिल से तुझे चाहा बहुत है

बहुत ही कम तुझे देखा है हमने
मगर सच है तुझे सोचा बहुत है

सुनेगा वो अगर दिल से कहोगे
उसे इक बार ही कहना बहुत है

बहुत कुछ जानना बाक़ी है 'रौशन'
युँ अपने आप को जाना बहुत है

किसी दिल में ठिकाना हो गया है
विरोधी कुल ज़माना हो गया है

तुम्हारा आना-जाना हो गया है
ज़रूरी घर सजाना हो गया है

बिछुड़ती ही नहीं यादें तुम्हारी
तुम्हें बिछुड़े ज़माना हो गया है

मिले मोती हमें क्या आँसुओं के
हमारा दिल ख़ज़ाना हो गया है

तुम्हारा प्रेम खोकर सच है 'रौशन'
कठिन जीवन चलाना हो गया है

ज़िन्दगी हमसे ख़फ़ा हम ज़िन्दगी से
राज़ किस मुँह से कहें ये हम किसी से

रौशनी गणतन्त्र की कैसे मिलेगी
सूर्य घबराने लगा है यामिनी से

जो चला मंज़िल उसी को ही मिली है
पूछ लो चाहे समय से या नदी से

ज़िन्दगी उनसे ग़ज़ल को यूँ मिली है
विश्व को जैसे मिले सुर बाँसुरी से

क्या हुनर है जानना है जिसको 'रौशन'
वो गुज़र कर देख ले फ़न की गली से

राम प्रकाश गोयल

जन्मतिथि	:	30 जून, 1925, बरेली (उ.प्र.)
शिक्षा	:	बी.एस-सी., एल.एल.बी.।
प्रकाशन	:	दर्द की छाँव में (गीत, ग़ज़ल-संग्रह), एक समन्दर प्यासा सा (ग़ज़ल संग्रह), रिसते घाव (ग़ज़ल, गीत-संग्रह), 'सच्चे प्रेम पत्र' का संकलन व सम्पादन।
सम्मान	:	अनेक संस्थाओं द्वारा सम्मानित।
व्यवसाय	:	एडवोकेट।
निवास	:	जी-12, रामपुर बाग, बरेली (उ.प्र.) -243001 दूरभाष : 0581-2475074

जो नज़र नज़र से मिला सके, मुझे उस नज़र की तलाश है
हुई जिससे कोई ख़ता नहीं, मुझे उस बशर की तलाश है

मेरी ज़िन्दगी के सुख और दुख, ये तो रात दिन की तरह से हैं
जो न पहुँचे शाम तलक कभी, मुझे उस सहर की तलाश है

मुझे लग रहा है कि नाखुदा नहीं अपने होशो-हवास में
जो सफ़ीना पार लगा सके, उसी बाहुनर की तलाश है

कई मोड़ आए हयात में, कभी सुख मिला कभी दुख मिला
मैं हूँ आज ऐसे मक़ाम पर, जहाँ दीदावर की तलाश है

किए मैंने कितने गुनाह हैं, नहीं उसका कोई हिसाब है
जो मुआफ़ फिर भी मुझे करे, किसी उस नज़र की तलाश है

मैं भटक रहा हूँ इधर-उधर, कभी इसके दर कभी उसके दर
जो मिला सके मुझे मुझ ही से, उसी राहबर की तलाश है

इन्साँ हँसता है कभी, और कभी रोता है
वही होता है जो क़िस्मत में लिखा होता है

काम आ जाए किसी के तो ये जाँ हाज़िर है
यूँ तो हर आदमी बोझ अपना यहाँ ढोता है

मैं झुकूँगा न कभी जुल्मो-सितम के आगे
इम्तिहाँ मेरा तो हर पल ही यहाँ होता है

दुश्मनी करके भला किसने सुकूँ पाया कभी
बीज बर्बादी के इन्सान तो ख़ुद बोता है

मक़सदे-जीस्त है क्या किसको पड़ी जो सोचे
आदमी खाता है पीता है और सोता है

दिल में मेरे प्यार, लबों पर ताला है
मुझको सुख ने नहीं, दुखों ने पाला है

कैसे हो पहचान दोस्त और दुश्मन की
बाहर से है गोरा अन्दर काला है

हर इक है मजबूर परीशाँ ग़म से है
छुप-छुप के वो पीता ग़म का प्याला है

बोल रहा है मुझसे मीठी बोली जो
छुरा पीठ में वही भोंकने वाला है

मुँह से जपते राम, बग़ल में ईंटें हैं
आस्तीन में साँप, हाथ में माला है

जलते हुए दिल का मेरे मंज़र नहीं देखा
इस आग के दरिया ने समुन्दर नहीं देखा

क़िस्मत में लिखा जिसकी हो वीराँ में भटकना
जंगल के मुसाफ़िर ने कभी घर नहीं देखा

हर बात ही मुमकिन है जो हो पक्का इरादा
हमने कभी क़िस्मत का सिकन्दर नहीं देखा

फिर कैसे ख़ुदा तुमको मिले सोच लो साहिब
जब अपनी ख़ुदी को ही मिटाकर नहीं देखा

देता हो बुराई का भलाई से जो बदला
इस दौर में ऐसा कोई पैकर नहीं देखा

मुख़्तसर जीस्त का फ़साना है
जो भी आया है उसको जाना है

पहले अपनी ख़ुदी मिटाना है
फिर ख़ुदा के क़रीब जाना है

मैं जिसे ज़िन्दगी समझता हूँ
वह मिरी मौत का बहाना है

लोग अपनों से बैर रखते हैं
मेरा ग़ैरों से दोस्ताना है

बेवफ़ाई तो उसने की है मगर
बात दुनिया से यह छुपाना है

उदयभानु 'हंस'

जन्म : 2 अगस्त, 1926, दायरा दीन पनाह (मुलतान) वर्तमान पाकिस्तान।

शिक्षा : आरम्भिक शिक्षा उर्दू-फ़ारसी में।

प्रकाशन : हिन्दी, उर्दू, संस्कृत और 'सरायकी' (मुलतानी) लोकभाषा में लेखन। 'उदयभानु हंस रचनावली' चार खंडों में 1999 में प्रकाशित।

सम्मान : 'हरियाणा राज्य कवि' सहित अनेक पुरस्कारों से सम्मानित।

सम्प्रति : पूर्णकालिक साहित्य साधना में रत।

सम्पर्क : 202, लाजपत नगर हिसार (हरियाणा) 12500। फ़ोन-01662-237448

साँस जब चल पड़ी ढंग से, एक दिन ज़िन्दगी हो गई
जिस तरह बूँद बरसात में धीरे-धीरे नदी हो गई

मैं न मन्दिर न मस्जिद गया, कोई पोथी न बाँची कभी
एक दुखिया के आँसू चुने, बस मेरी बन्दगी हो गई

मेरे घर शादियाने बजे, लोग मातम मनाने लगे
मैं अँधेरों में घिरने लगा, उनके घर चाँदनी हो गई

क्या समय आ गया है, कोई दुख किसी का समझता नहीं
अपनी सूरत भी आईने में आजकल अजनबी हो गई

जो थे अमृत का सागर कभी, उन दिलों में ज़हर भर गया
हाय! गंगा मधुर प्रेम की अब तो ज्वालामुखी हो गई

मैंने भाषा को साधा नहीं, मैंने छन्दों को बाँधा नहीं
दर्द शब्दों में ढलने लगा, 'हंस' की शायरी हो गई

कब तक यूँ बहारों में पतझड़ का चलन होगा
कलियों की चिता होगी, फूलों का हवन होगा

हर धर्म की रामायण युग-युग से ये कहती है
सोने का हरिण लोगे, सीता का हरण होगा

जब प्यार किसी दिल का पूजा में बदल जाए
हर पल आरती होगी, हर शब्द भजन होगा

कहना है सितारों का, अब दूर नहीं वो दिन
कुछ ऊँची धरा होगी, कुछ नीचे गगन होगा

इन्सान की सूरत में जब भेड़िये फिरते हों
फिर 'हंस' कहो कैसे दुनिया में अमन होगा

मत जियो सिर्फ़ अपनी ख़ुशी के लिए
कोई सपना बुनो ज़िन्दगी के लिए

जिसके दिल में घृणा का हो ज्वालामुखी
वो ज़हर क्यों पिये ख़ुदकुशी के लिए

पतझड़ों में वो दिल किस से बहलाएगी
कुछ तो रहने दो काँटे कली के लिए

ऊब जाएँ ज़ियादा ख़ुशी से न हम
ग़म जरूरी है कुछ ज़िन्दगी के लिए

सब गलतफ़हमियाँ दूर हो जाएँगी
'हंस' मिल लो गले दो घड़ी के लिए

मन में सपने अगर नहीं होते
हम कभी चाँद पर नहीं होते

सिर्फ़ जंगल में ढूँढते क्यों हो
भेड़िए अब किधर नहीं होते

कब की दुनिया मसान बन जाती
उसमें शायर अगर नहीं होते

किस तरह वो ख़ुदा को पाएँगे
ख़ुद से जो बेख़बर नहीं होते

पूछते हो पता ठिकाना क्या
हम फ़क़ीरों के घर नहीं होते

आदमी खोखले हैं पूस के बादल की तरह
शहर लगते हैं मुझे आज भी जंगल की तरह

दर्द है दिल का अलंकार, कोई भार नहीं
झील में जल की तरह, आँख में काजल की तरह

जन्म लेती नहीं आकाश में कविता मेरी
फूट पड़ती है स्वयं धरती से कोंपल की तरह

पेट भर जाएगा जब मतलबी यारों का कभी
फेंक देंगे वे तुम्हें कूड़े में पत्तल की तरह

दिल का है रोग, भला 'हंस' बताएँ कैसे?
लाज होंठों को जकड़ लेती है साँकल की तरह

रमेश माहेश्वरी

नाम : रमेश माहेश्वरी

जन्मतिथि : 25 दिसम्बर, 1930

शिक्षा : मैट्रिक साहित्य रत्न

प्रकाशन : अनेक पत्र-पत्रिकाओं में रचनाएँ, गत अठारह वर्षों से साप्ताहिक प्रगतिशील मंच का सम्पादन, प्रकाशन। असहमति, गीता– आधुनिक सन्दर्भ में 'इकेबाना', तथा बिन्दु और आकाश 'बासन्तिका' तथा रूबाई संग्रह नाम से छः पुस्तिकाएँ प्रकाशित। कई साहित्यिक, सांस्कृतिक, सामाजिक संस्थाओं में सक्रिय भागीदारी।

सम्पर्क : ई 3/17 अरेरा कालोनी, भोपाल
दूरभाष : 2465235

इतने गीत दे दिए तुमने सारे दर्द वसूल हो गए
तेरे दिए हुए पीड़ा के यह पल भी अनुकूल हो गए

मेरा हृदय कि जैसे वीणा स्पर्श मात्र से होता झंकृत
झूलों से कटु दंश भी यहाँ सात स्वरों के फूल हो गए

फूलों की नगरी में पल पल पहरे बैठे हैं काँटों के
मन तो पीड़ित था पलाश से पर बदनाम बबूल हो गए

नदिया तो कल-कल छल-छल कर आगे ही बढ़ती जाती है
बाँहों तक आकर फिसली तो और तृषातुर कूल हो गए

आभारी हूँ निठुर तुम्हारा वाणी फिर से हुई प्रतिष्ठित
जबकि सभी संकेत समय के जीवन के प्रतिकूल हो गए

बारहा हर शख़्स करता है अमन की बात फिर
ऐसा लगता है कि हिंसा का हुआ है घात फिर

अपने दुश्मन हम ही ख़ुद फिर बन गए हैं आज से
अक़्ल पर हावी हुए हैं नासमझ जज़्बात फिर

आदमी लेकर निज़ामे-वक़्त अपने हाथ में
ख़ुद ख़ुदा बनने लगा करके ख़ुदा की बात फिर

तल्ख़ियाँ तैरें अगर आँखों में कंकर की तरह
हो सकेगी कैसे नज़रों से नज़र की बात फिर

पागलों की भीड़ में नासिह भी दीवाना हुआ
कौन बदलेगा बताओ वक़्त के हालात फिर

एक छलना ने भ्रमित कर काल को बिसरा दिया है
हाय अमृत के कलश में ढाल कर विष ला दिया है

भागते प्रतिबिम्ब के पीछे रहे हम मूढ़ से बन
लहर ने मदहोश कर जब चन्द्रमा लहरा दिया है

बादलों की छाँह में सोचा तनिक विश्राम कर लें
पर हवाओं ने उन्हें भी दूर तक छितरा दिया है

चाँदनी को ओढ़ कुछ सपने सजाना चाहते थे
पूर्णिमा को पर अमा ने राह में अटका दिया है

साथ में अपने बहाते ला रहे थे जो शिलाएँ
उन्हीं ने जलधारा को यों काँच सा बिखरा दिया है

चन्द क़तरे रोशनी के इस तरफ़ आने तो दो
घुप अंधेरे में हैं जो कुछ उनको अंगड़ाने तो दो

रोशनी से उनके हिस्से की चिराग़ा कब तलक
छीन लेंगे ख़ुद ज़रा बस आँख खुल जाने तो दो

क़ैद मन्त्रालय में कब तक रखोगे जम्हूर को
इन ग़ुलामों के लहू में कुछ उबाल आने तो दो

झूठ, मक्कारी, फ़रेबो-लूट ख़ुद होगी ख़मोश
बेज़बानों की ज़बाँ को बोलना आने तो दो

देखते ही देखते ख़ुद इन्क़िलाब हो जाएगा
नंगे भूखे जाहिलों तक उनका हक़ जाने तो दो

कितनी ग़लतफ़हमियों में हैं जीते हम सब
कुंठाओं का विष पग-पग पर पीते हम सब

क़दम क़दम पर छल-छल छलक-छलक जाते हैं
भरे-भरे से पर हैं कितने रीते हम सब

फूला-फूला अहम् बबूले जैसा व्यापक
क्षणभंगुर हैं किन्तु अमरता जीते हम सब

समय चक्र तो आख़िर चलता ही जाता है
आने वाले नहीं, मात्र क्षण बीते हम सब

शब्दों के पीछे प्राणों की शक्ति चाहिए
प्राणहीन स्वर बिना हैं गए बीते हम सब

अख़लाक़ सागरी

मूल नाम : अख़लाक़ अहमद ख़ान
जन्मतिथि : 30.1.1932
शिक्षा : मैट्रिक
प्रकाशन : 'रंगीनियाँ', 'इश्क़ में क्या बताएँ'। विभिन्न पत्र-पत्रिकाओं में गीत, ग़ज़लें, कविताएँ प्रकाशित। फ़िल्मों के लिए भी अनेक गीत लिखे। अनेक कैसेट निर्गत।
सम्मान : 'राष्ट्रीय युवा योजना चम्बल घाटी' मध्य प्रदेश, 'ललित कला मण्डल' सागर, 'नया सबेरा' कटनी, 'बदायूँ क्लब' आदि सहित देश भर की अनेक संस्थाओं द्वारा सम्मानित।
सम्प्रति : पूर्णकालिक साहित्य सेवा।
सम्पर्क : 12/104, शुक्रवारी हिल्स, सागर (म.प्र.) 470002
फ़ोन निवास—07582-235476

इश्क़ में क्या बताएँ कि दोनों किस क़दर चोट खाए हुए हैं
मौत ने उनको मारा है और हम ज़िन्दगी के सताए हुए हैं

एक आँसू न पलकों से टपके ये वफ़ा का तक़ाज़ा है वरना
दोस्तो हम भी आँखों में अपनी गंगा-जमना छुपाए हुए हैं

देख साक़ी तेरे मयकदे का कितना पहुँचा हुआ रिन्द हूँ मैं
जितने आए हैं मय्यत में मेरी सबके सब ही लगाए हुए हैं

अय लहद अपनी मिट्टी से कहदे दाग़ लगने न पाए कफ़न को
आज ही हमने बदले हैं कपड़े आज ही हम नहाए हुए हैं

उसने शादी का जोड़ा पहन कर सिर्फ़ चूमा था मेरे कफ़न को
बस उसी दिन से जन्नत में हूरें मुझको दूल्हा बनाए हुए हैं

ग़म तो ये है कि जिन शायरों की बात भी ज़िन्दगी भर न पूछी
बाद मरने के 'अख़लाक़' उनको लोग सर पे उठाए हुए हैं

कलयुग भी कितनी उल्टी गंगा बहा रहा है
माता-पिता को श्रवण ठोकर लगा रहा है

बूढ़े से ब्याह कर के सोने की लकड़ियों में
बेटी को बाप ख़ुद ही ज़िन्दा जला रहा है

कपड़े तो सभ्यता के उतरे पड़े हैं तट पर
सूखी नदी में मानव नंगा नहा रहा है

अब किसी के नाम कोई लिक्खेगा महाभारत
इस दौर का अर्जुन तो रिक्शा चला रहा है

अब कृष्ण से सुदामा की मित्रता हो कैसे
धनवान तो निर्धन को कच्चा चबा रहा है

भूख में कोई क्या बतलाये कैसा लगता है
सूखी रोटी का टुकड़ा भी तुहफ़ा लगता है

ये तो खिलौने वाले की मजबूरी है वरना
किस बच्चे का रोना उसको अच्छा लगता है

जब से छोड़ दिया है पैसा दो पैसा लेना
अब तो भिखारी भी कुछ इज़्ज़त वाला लगता है

यारो इसकी क़ब्र में दो रोटी भी रख देना
मरने वाला जाने कब का भूखा लगता है

महलों के गुन गाता भी तो कैसे अय 'अख़लाक़'
तू तो प्यारे फुटपाथों का राजा लगता है

दुनिया में चन्द लोग हैं अवतार की तरह
बाक़ी तो पिस रहे हैं गुनहगार की तरह

धनवान निर्धनों का लहू चूस-चूस कर
रोटी भी दे रहे हैं तो उपकार की तरह

इस दौर में तो ज़िन्दगी अपराध बन गई
इंसान जी रहा है सज़ावार की तरह

मुजरिम की हैसियत पे हैं क़ायम अदालतें
इंसाफ़ हो रहा है तो व्यापार की तरह

'अख़लाक़' उन ग़मों को कोई कैसे बाँट दे
तक़दीर से मिले हों जो उपहार की तरह

जिसका देखो फूस का घर है और तो कोई बात नहीं
बस्ती भर में आग का डर है और तो कोई बात नहीं

भूख में आख़िर कौन हँसेगा लेकिन वाह रे अय मज़दूर
तेरे ही बच्चों का जिगर है और तो कोई बात नहीं

अब इस शहर का हाल न पूछो अपने शहर में रहकर भी
हर इक शहरी शहर बदर है और तो कोई बात नहीं

आज का इंसा घर से निकलता है नंगी तलवार लिए
फिर भी अम्न का पैग़म्बर है और तो कोई बात नहीं

अपना हक़ अब छीन के ले लो वरना देने वालों का
यारों दिल क्या है पत्थर है और तो कोई बात नहीं

सियाराम प्रहरी

जन्मतिथि : 1 फरवरी, 1932, केशोपुर (जमालपुर) बिहार।

शिक्षा : एम.ए., डिप. इन. एड., साहित्यालंकार

मानदोपाधि : विद्यावाचस्पति (पीएच.डी.)

प्रकाशन : गूँजते स्वर (गीत संग्रह), ज्योति किरण (गीतिका), महासती शैव्या (खंड काव्य), बहुत उदास है मौसम (ग़ज़ल)। मेहंदी की छाँव (गीत संग्रह) शीघ्र प्रकाश्य। अनेक पत्र-पत्रिकाओं में गीत, ग़ज़ल, कविताएँ प्रकाशित।

सम्मान : 'कवि रत्न' सम्मान सहित अनेक प्रतिष्ठित साहित्यिक संस्थाओं द्वारा सम्मानित/पुरस्कृत।

सम्प्रति : शिक्षा सेवा से मुक्तोपरान्त स्वतन्त्र लेखन।

सम्पर्क : केशोपुर, ईदगाह रोड, जमालपुर, मुंगेर 811214 (बिहार)

जलन पीड़ा घुटन दर-दर, मैं जाऊँ किसके दर जाऊँ
छलावा ही छलावा है कहाँ जाऊँ किधर जाऊँ

कटीली डालियों पर सिसकता है भ्रमर का गुंजन
बहारों से कहूँ क्या क्या कहाँ जाकर ठहर जाऊँ

हवा भी साथ चलती है तो लेकर आग चलती है
नशेमन जल नहीं जाए इसे ले किस डगर जाऊँ

बहुत दहशत में जीता हूँ औ' हर पल ज़हर पीता हूँ
भला मौसम बिना बदले मैं कैसे उनके घर जाऊँ

समय का रुख़ बदल जाऊँ चमन का दुख बदल जाऊँ
यही हसरत है बस 'प्रहरी' कुछ ऐसी बात कर जाऊँ

घात पर घात है और मत पूछिए
क्या मुलाकात है और मत पूछिए

घर पहुँच भी न पाई कि दुल्हन जली
कैसी बारात है और मत पूछिए

बेटियाँ जल गईं या जलाई गईं
आपको ज्ञात है और मत पूछिए

और मत पूछिए और मत पूछिए
राज़ की बात है और मत पूछिए

ज़ख़्म देते हैं मरहम लगाते भी हैं
ख़ूब सौग़ात है और मत पूछिए

बहुत उदास आज मन कहो कहाँ जाएँ
बहुत जलन बहुत घुटन कहो कहाँ जाएँ

पवन चले सनन सनन सनन सन सन
उड़ा गया मेरा वसन कहो कहाँ जाएँ

सियाह रात में क़ातिल का भय सताता है
जला न दे कहीं चमन कहो कहाँ जाएँ

बदल गया भला है क्यों मिज़ाज मौसम का
हुई निगाह बदचलन कहो कहाँ जाएँ

कहे सुने कहाँ कहाँ करे तो क्या प्रहरी
यही यहाँ का है चलन कहो कहाँ जाएँ

मुझको देखे बिना मुझको जाने बिना
क्या कहे आईना मुझको जाने बिना

कौन सी भूल पर इतनी नाराज़गी
पाक दामन छिना मुझको जाने बिना

ख़ून में सनी हर हथेली यहाँ
चीख़ती है हिना मुझको जाने बिना

चुप नहीं गर रहे फिर कहे क्या कहे
हाँ कहे या कि ना मुझको जाने बिना

धर्म के नाम पर रंजना है लुटी
लुट गई मोहसिना मुझको जाने बिना

यह दुआ कीजिए सब सलामत रहे
आदमी के यहाँ आदमीयत रहे

प्यार ही प्यार हो और कुछ भी नहीं
बस यही चाहिए और कुछ मत रहे

इस नए दौर में कुछ नया चाहिए
सब बदलता रहे मत यथावत रहे

प्रार्थना क्या करें क्या इबादत करें
हम शरीफ़ों की दौलत शराफ़त रहे

तीर तलवार से बात बनती नहीं
तन जिगर प्राण मन में शहादत रहे

जीवन मेहता

जन्मतिथि	:	11 जुलाई, 1932, उदयपुर
शिक्षा	:	एम.ए. राजनीतिशास्त्र
प्रकाशन	:	ग़ज़ल संग्रह : 'यारो', 'आईना', 'दर्द का रंग', 'रंग-बेरंग' के साथ-साथ अनेक विधाओं की एक दर्जन से अधिक पुस्तकें प्रकाशित।
सम्मान	:	अनेक संस्थाओं द्वारा सम्मानित/पुरस्कृत।
सम्प्रति	:	सेवानिवृत्त प्राचार्य, वर्तमान में पूर्णकालिक राजदर्शन एवं साहित्य लेखन।
सम्पर्क	:	'मनहर' 35/2 काशीपुरी, भीलवाड़ा (राज.) 311001
दूरभाष	:	01482-227876

नाउम्मीदों की यारो एक जीती जागती उम्मीद हूँ मैं
होती नहीं जिनकी कोई ईद उनकी होती हुई ईद हूँ मैं

अँधेरों के बादलों में जो छिपा है नूरे उजाला बनकर यारो
उजालों का वह उजाला अज़ीम ख़ुरशीदों का वह ख़ुरशीद हूँ मैं

लैला की तलाश में भटका है जो मजनूं सा सदियो के सहरा में
मजनूँ की उस तलाशे-ज़िन्दगी का लैला का वो दीद हूँ मैं

नज़र आकर भी जो आता नहीं नज़र ढूँढने वालों को कभी
उस नूरे-इलाही का गवाह एक पुख़्ता यारो चश्मदीद हूँ मैं

जहाँ जिसके हुस्न से जगमगा रहा है एक कोहनूर की तरह
उस हुस्ने ख़ुदाई का यारो एक ख़ादिम एक आला मुरीद हूँ मैं

मिटा हो जो ख़ुद-ब-ख़ुद दीनो-ईमान पर ख़ुशी ख़ुशी
मुर्दा जिस्मों में जगाता ज़िन्दगी यारो वो ख़ूने-शहीद हूँ मैं

नहीं मिला अमृत तो हमने शुरू किया विष पीना
बेमक़सद जीना भी यारो है क्या कोई जीना

बक्तर पहन लिया करते हैं डर चोटों से लोग
हमने मगर खुला रक्खा है हरदम अपना सीना

लहरों को जो कुछ करना है कर ले साथ हमारे
बीच समुन्दर छोड़ दिया है हमने खोल सफ़ीना

मंज़िल मिल जाए तुमको तो होगा हमें न ग़म
पानी बन बह जाए चाहे अपना ख़ून-पसीना

ज़हर हमारे पीने का नहीं करें आप अफ़सोस
पीकर उसको सीख लिया है हमने जीवन जीना

चमन फिर गुलज़ार होगा बुलबुलें फिर गाएँगी
ख़िज़ाँ है आज तो फ़िक्र क्या बहारें फिर से आएँगी

दुल्हन सी सजेगी धरती रंगी आसमाँ होगा
सहरा फिर समुन्दर होगा लहरें गुनगुनाएँगी

वीराने आबाद होंगे नित नए शृंगार होंगे
मौत को देती शिकस्त ज़िन्दगी मुस्कराएगी

रंजो-ग़म के चीर बादल सूर्य उगेगा ख़ुशी का
सुबह नई इन्सानियत की रंग अपना दिखलाएगी

चले चलो फिर छोड़ चिन्ता मंज़िलों की यार अपनी
मंज़िलें पग को तुम्हारे मिली हैं, मिल जाएँगी

मौत नहीं डराती मुझको यारो ज़िन्दगी डराती है
मौत मरने पर मगर ज़िन्दगी मुझे ज़िन्दा ही जलाती है

मुहब्बत क्या है, यारी किस चिड़िया का नाम है
यह दुनिया न उसका मतलब न मक़सद कभी समझाती है

ज़ुल्म करने वालों को तो पूजती है यह ख़ुदा की तरह
ज़ुल्म मिटाने वालों को मगर यह जड़ से मिटाती है

बात यह कोई अभी की नहीं, बात यह हर समय की है
महल शोषकों के दुनिया शोषितों के ख़ून से चुनाती है

निज़ाम कोई भी हो तरीक़ा-ए-अमल उसका रहा है सदा यही
गुनहगारों के नाम पर दुनिया हमेशा बेगुनाहों को सताती है

उजाला भी वो क्या उजाला होगा
अँधेरे का जो नहीं पाला होगा

मज़ा क्या देगा ख़ुशी को वो टुकड़ा
ग़मे-दिल का नहीं जो निवाला होगा

चलने का मतलब पता सिर्फ़ उसको
पगतलियों में जिसके छाला होगा

बात में होगा वज़न सिर्फ़ उसकी
ख़ून में जिसके उबाला होगा

शक्ल नई देगा दुनिया को वो ही
आदमी जो कुछ निराला होगा

ओमप्रकाश चतुर्वेदी 'पराग'

जन्म तिथि : 4 मई, 1933, ग्राम जगम्मनपुर, जनपद जालौन (उ.प्र.)

शिक्षा : एम.ए. (हिन्दी), विशारद

प्रकाशन : 'धरती का क़र्ज़' (गीत-संग्रह), 'देहरी-दीप' (कविता-संग्रह)। 'विदुरा', 'नीराजन', 'निर्धन-विभा', 'भोर जगी कलियाँ' का सम्पादन। अनेक पत्र-पत्रिकाओं में रचनाएँ प्रकाशित।

सम्प्रति : साहित्य सृजन एवं स्वतंत्र पत्रकारिता।

संपर्क : विद्याविहार, के.सी.-119, कविनगर, ग़ाज़ियाबाद-201002 (उ.प्र.)

फूल जब भी सँवारे गए
टहनियों से उतारे गए

दर्द जब भी, जहाँ भी बँटे
बारहा हम पुकारे गए

हमसफ़र, दोस्त, हमराज़ थे
वक़्ते मुश्किल वो सारे गए

तुम मिले तो ये क्या हो गया
सब हमारे तुम्हारे गए

जो छलाँगों से छत पर चढ़े
सब से पहले उतारे गए

ग़ज़ल कुछ इस तरह से कह रहा हूँ
कि मैं हर शे'र में ख़ुद रह रहा हूँ

बला से ज़िन्दगी में हों अँधेरे
सृजन की चाँदनी में बह रहा हूँ

जला पाए न अंगारे ही तन के
न मन के दाह में ही दह रहा हूँ

मेरी फ़ितरत ज़माने से अलग है
ग़मों को भी ख़ुशी से सह रहा हूँ

बुलन्दी का यक़ीं है दुश्मनों को
नज़र में दोस्तों की ढह रहा हूँ

दिन क़यामत के टल नहीं सकते
ख़ुद को अब और छल नहीं सकते

इतने काले हुए अँधेरों में
रोशनी में निकल नहीं सकते

अपने ग़म में तो गल गए, लेकिन
तेरे साँचे में ढल नहीं सकते

पाँव बहके जो अपने आँगन में
तेरे दर पर सँभल नहीं सकते

अब शिकायत 'पराग' मत करना
यूँ मुक़द्दर बदल नहीं सकते

ज़मीं पे कुछ न सही, हाथ में अम्बर तो है
ख़ुशी मिले न मिले, ग़म मेरा सहचर तो है

बहार रूठ गई है तो कोई बात नहीं
मेरा रफ़ीक, मेरा हमसफ़र पतझर तो है

वो खाली हाथ तो आया नहीं है मेरे घर
भले न फूल, मगर हाथ में ख़ंजर तो है

सधे न शब्द, न मुखरित हुए हैं भाव मगर
मेरे वजूद में अहसास का अक्षर तो है

'पराग' दूर से देखी है जग की शोख़ी भी
पहुँच से दूर सही, प्यार का मंज़र तो है

ज़िन्दगी यूँ गुज़ार आया हूँ
जैसे इक दाँव हार आया हूँ

तुमने देखे न पाँव के छाले
आग के आर-पार आया हूँ

धर्म ईमान के, ख़ुशी ग़म के
क़र्ज़ सारे उतार आया हूँ

अब ये आलम है अपने दामन को
करके ख़ुद तार-तार आया हूँ

रोशनी छोड़ कर अँधेरे में
लौट कर बार-बार आया हूँ

महेन्द्र 'हुमा'

मूल नाम	:	महेन्द्र प्रकाश सक्सैना
जन्मतिथि	:	25.8.1933, मथुरा (उ.प्र.)
शिक्षा	:	स्नातक (अंग्रेजी साहित्य)
प्रकाशन	:	गत चालीस वर्षों से विभिन्न पत्र-पत्रिकाओं में रचनाएँ प्रकाशित। एक ग़ज़ल-संग्रह शीघ्र प्रकाश्य। मुकतक-काव्य 'प्यास'। ग़ज़ल के विभिन्न पहलुओं पर अनेक आलेख/'शिव विवाह' लेखन प्रगति पर।
सम्मान	:	अनेक संस्थाओं द्वारा सम्मानित
सम्प्रति	:	पूर्णकालिक साहित्य साधना में रत।
सम्पर्क	:	2807, वैराग पुरा, मथुरा (उ.प्र.) 281001, फ़ोन-0565-2402488

पहले तो एक उम्र उसे वर नहीं मिला
फिर वर मिला, मकान मिला, घर नहीं मिला

ग़ैरत-ज़दा तो डूब गया एक बूँद में
बे-ग़ैरतों को कोई समुन्दर नहीं मिला

कन्धे पे एक चेहरा मगर चेहरे के ऊपर
पगड़ी की लाज रख ले वही सर नहीं मिला

खद्दर की बात वो भी तुम्हारी जुबान पर
गाँधी के बाद जिस्म पे खद्दर नहीं मिला

गुस्ताख़ियाँ तो भूल ही जाता मगर उसे
तब ईंट के जवाब में पत्थर नहीं मिला

इस दौर में 'हुमा' वही ईमानदार है
जिसको कि बेईमानी का अवसर नहीं मिला

दे सको तो कहूँ और क्या चाहिए
साँस घुटती है ताज़ा हवा चाहिए

भीड़ में रास्ता मिल भी जाए तो क्या
भीड़ को भी तो ख़ुद रास्ता चाहिए

इस ज़माने में इंसान मिलता नहीं
क्या ग़ज़ब है तुम्हें देवता चाहिए

मेरा किरदारो-ईमाँ सलामत रहे
इससे बढ़के मुझे और क्या चाहिए

ऐ 'महेन्दर' प्रथाओं से हटकर लिखो
ये ग़ज़ल है इसे कुछ नया चाहिए

मुहब्बत की बाक़ी निशानी कहाँ
निज़ामे-यज़ीदी में पानी कहाँ

हर इक शख़्स ईमान का थोकदार
मेरे मुल्क में बेईमानी कहाँ

हवस पाल लेना अलग बात है
जवानी कहें वो जवानी कहाँ

खिलौनों के बदले में बारूद दी
कि बच्चों में अब गुलफिशानी कहाँ

जलाकर शमा पूछते हो 'हुमा'
पतंगों की अब ज़िन्दगानी कहाँ

अपनी सच्चाई को साबित कर गया
होठ अंगारों पे रख कर मर गया

बदलियाँ बरसीं कभी आँखें झरीं
अब के सावन हर तरह से तर गया

इससे ज़्यादा और क्या करता सपूत
घर की अँगनाई के टुकड़े कर गया

थे खिलौने और भी दूकान में
हाथ बच्चे का तमंचे पर गया

मेरी चादर कितनी ओछी है 'हुमा'
पैर गर ढाँकूँ तो मेरा सर गया

बस्ती को आग की ये क़बा कौन दे गया
बुझती नहीं है आग हवा कौन दे गया

इन्सान की तलाश में बस्ती के लोग थे
इन बस्तियों को इतने ख़ुदा कौन दे गया

सब का सफ़ेद ख़ून है ये तो बताइए
उनकी हथेलियों को हिना कौन दे गया

बेरोज़गारी, टीस, घुटन, दर्द औ' कसक
इन सबको मेरे घर का पता कौन दे गया

ऐ रहनुमाए-मुल्क अगर दे सको जवाब
हिन्दोस्तानियत को दग़ा कौन दे गया

म.ना. नरहरि

जन्मतिथि	:	12.6.1934, अमरोहा (उ.प्र.)।
प्रकाशन	:	अनेक पत्र-पत्रिकाओं में कहानी, गीत, दोहे, ग़ज़ल एवं समीक्षा आदि का प्रकाशन। कुछ कहानियों का अनुवाद अन्य भाषाओं में प्रकाशित। बाल-बन्धु सहित अनेक पत्रिकाओं का सम्पादन।
सम्प्रति	:	स्वतन्त्र लेखन, पत्रकार (टाइम्स ऑफ इंडिया ग्रुप, मुम्बई)
सम्पर्क	:	श्रीपाल-वन, 1 सी/जी-10, खारोडी नाका (बोलिंज) विरार (पश्चिमी) जिला-ठाणे, महाराष्ट्र—401303 फ़ोन : (0250) 2509319

पत्थर जो हो गया
कुछ बैर बो गया

ढूँढो हो तुम जिसे
था प्यार खो गया

ऐसा हुआ फ़रेब
आईना रो गया

यूँ देखना तिरा
ज़ख़्मों को धो गया

ख़ामोश आइना
शक्लें डुबो गया

कैसी है रौशनी
हर शख़्स सो गया

क़हर जुल्म यूँ हम पर ढाया गया है
ज़हर जैसे हमको पिलाया गया है

रुलाने को हम थे जो इतना रुलाया
बहानों से कैसे सताया गया है

अदावत मिरी किससे है किस तरह है
कहानी उसे क्यूँ बनाया गया है

इरादे न वादे फ़क़त आज धोखा
तसल्ली जो देकर सुलाया गया है

किताबों के पन्नों में पागल लिखा है
रक़ीबों को ऐसा बताया गया है

धूप में है कारवाँ तेरे बग़ैर
अब न होगा ये रवाँ तेरे बग़ैर

तू गया अपनी ख़ुशी ये है जरूर
छा गया मातम यहाँ तेरे बग़ैर

कौन रुक कर है गया रूठी बहार
ज़िन्दगी के दरमियाँ तेरे बग़ैर

कहकहे झूठे लतीफ़े बार बार
आज़माऊँ मैं कहाँ तेरे बग़ैर

तू गया टूटा मिरा अम्नो-अमान
जेल है ख़ाली मकाँ तेरे बग़ैर

मैं अकेला हूँ कि अब मैं क्या करूँ
तू सहारा है मिरा सोचा करूँ

ये भी मुमकिन मैं तुझे समझूँ ख़ुदा
मैं तुझे किस किस तरह देखा करूँ

ज़ख़्म इतने कौन सा दुखने लगे
आपको कैसे न जतलाया करूँ

क़ैद में हूँ आपकी बुलबुल हुआ
आपको सय्याद पहचाना करूँ

ख़ौफ़ है कैसा कि कुछ तो दे पता
मैं तुझे क्या क्या न बतलाया करूँ

पत्तों को हवाएँ छेड़ती हैं
शाख़ों को शरारत बाँटती हैं

आँधी में रहे बच्चे सलामत
माँओं की सदाएँ गूँजती हैं

माथे पर मिरे ईमाँ लिखा है
हाथों में दुआएँ खेलती हैं

पानी क्यों ये सूरज सोख़ता है
ये सच सारी नदियाँ जानती हैं

करतूतें ये काली शहर वाली
आँखों को भी अक्सर खोलती हैं

मदन मोहन उपेन्द्र

जन्मतिथि	:	8 सितम्बर 1934 (जलेसर एटा)
शिक्षा	:	बी.कॉम., साहित्य रत्न।
प्रकाशन	:	एक खंड काव्य, पाँच कविता संग्रह, दो कहानी संग्रह, एवं अन्य अनेक विधाओं में आधा दर्जन पुस्तकें। अनेक पत्रिकाओं का संपादन।
सम्प्रति	:	स्वतन्त्र लेखन तथा 'सम्यक' का सम्पादक एवं प्रकाशन।
सम्पर्क	:	संयोजक : सम्यक संस्थान, ए-10 शान्ति नगर (संजय नगर) मथुरा-281001

मौलवी पंडित परेशाँ आदमी हैवान है
मुल्क में चारों तरफ़ इन्सानियत हैरान है

काग़ज़ों के देश का नक़्शा बदलता जा रहा
किस क़दर टुकड़ों में बिखरा अपना हिन्दुस्तान है

फ़ासला बढ़ता नज़र आने लगा है किस तरह
फिर नई इक जंग की ख़ातिर सजा मैदान है

दब रहे आतंक में सब लोग इस्पंजी बने
कैसे कह दें रहनुमा हालात से अनजान हैं

सरफ़रोशी की जिन्होंने उनकी यादें रह गईं
आसनों पर वे हैं जिनकी कुर्सियाँ ईमान हैं

काँपती दीवार उड़ते कलेण्डर बतला रहे
साथियो! इस ओर कोई आ रहा तूफ़ान है

अपनों की पहचान ज़रूरी है
मन में भी अरमान ज़रूरी है

खोए-खोए रहने वालों में
जीने की भी शान ज़रूरी है

टूटे सपने जुड़ भी सकते हैं
सपनों में भी जान ज़रूरी है

बिछुड़न में मिलने की गर्मी हो
अपनेपन की आन ज़रूरी है

आँखों में आकर्षण भीतर अनगढ़ता
होने का भी भान ज़रूरी है

ग़म को पीकर लोग अब जीने लगे हैं
ख़ुद ब ख़ुद अपना क़फ़न सीने लगे हैं

एक ख़ामोशी अजब छाई हुई है
ख़ुद में खोने की सुरा पीने लगे हैं

इन्क़लाबे-जोश के मंज़र कहाँ अब
ज़ुल्म के सेलाब में जीने लगे हैं

सरे-महफ़िल बहकते भूखे क़दम जब
बोरियों पर कैसे तसमीने लगे हैं

और क्या ख़्वारी रही बाकी 'उपेन्दर'
जिसकी ख़ातिर ज़ुबाँ को सीने लगे हैं

सच्ची मानवता के रिश्ते कहीं खो गए हैं
दानवता की काली चादर ओढ़ सो गए हैं

मन की बातें कहीं हृदय में ठहर नहीं पातीं
राम नहीं रावण के वंशज स्वयं हो गए हैं

झूठों की है भीड़ बढ़ रही गली मोहल्लों में
मधुर सलोने सपनों में हम व्यर्थ खो गए हैं

कितने बदल गए दस्तूर आज की दुनिया के
फ़ैशन के प्रभाव विदेशी ज़हर बो गए हैं

रोम-रोम में पनप रही है कैसी मादकता
सम्बन्धों का रंग पुराना मित्र धो गए हैं

राजमहलों से उतर आई ग़ज़ल
झोंपड़ी के बीच बिरमाई ग़ज़ल

जाने कितने पथ भटक कर, तब कहीं
रास्ता यह कारगर पाई ग़ज़ल

गाँव देहरी-द्वार पर देती सदा
आम इन्साँ को नज़र आई ग़ज़ल

पायलों से घुँघरुओं से ऊब कर
खेत खलियानों में मस्ताई ग़ज़ल

आदमी के दर्द का एहसास बन
आदमी के सोच पर छाई ग़ज़ल

बालस्वरूप 'राही'

जन्मतिथि : 16 मई 1936, तिमारपुर, दिल्ली

शिक्षा : एम.ए. (हिन्दी)।

प्रकाशन : गीत, ग़ज़ल, बाल साहित्य आदि अनेक विधाओं के नौ संकलन/ 'हमारे लोकप्रिय गीतकार : बाल स्वरूप 'राही' (सं. शेरजंग गर्ग)। अनेक पत्र-पत्रिकाओं में रचनाएँ प्रकाशित। 'साप्ताहिक हिन्दुस्तान' में लम्बे समय तक चलने वाले स्तम्भ 'गपशप' का लेखन। बाल कविताओं का संकलन अंग्रेज़ी में 'व्हेन वी ग्रो अप'। अनेक भाषाओं में कविताएँ अनूदित। पाठ्यक्रमों तथा प्रतिनिधि संकलनों में रचनाएँ संकलित।

सम्मान : उत्तर प्रदेश सरकार, राष्ट्रीय पुरस्कार (एन. सी.आर.टी.), प्रकाशवीर शास्त्री पुरस्कार, समाज कल्याण मंत्रालय सहित अनेक साहित्यिक, सांस्कृतिक संस्थाओं द्वारा सम्मानित/पुरस्कृत।

सम्प्रति : पूर्णकालिक साहित्य साधना।

सम्पर्क : एफ़ 8/7, मॉडल टाउन I, दिल्ली-9
फ़ोन-27213716 (निवास)

ये महके जिस्म, बहके दिल बड़ी रंगत के दिन आए
हमारे दिन गए दुनिया में तब जन्नत के दिन आए

किसी महफ़िल, किसी जलवे, किसी बुत से नहीं नाता
पड़े हैं एक कोने में अजब फुर्सत के दिन आए

बुजुर्गों में हमारा नाम भी शामिल हुआ शायद
बड़ी बदनामियों के साथ ये शोहरत के दिन आए

खुले गेसू, खुले कन्धे, खुली बाँहें, खिले चेहरे
समुन्दर की हवा-सी बेझिझक चाहत के दिन आए

चलो 'राही' पुराने दोस्तों के पास हो आएँ
तसल्ली दिल की कुछ तो हो बड़ी आफ़त के दिन आए

वक़्त का आख़िरी फ़रमान अभी बाक़ी है
मेरे अंजाम का ऐलान अभी बाक़ी है

बेचकर ख़ुद को कई क़र्ज़ चुकाए तो सही
पर ख़रीदार का अहसान अभी बाक़ी है

मैं भी शायर था कभी याद दिलाने के लिए
एक टूटा-सा क़लमदान अभी बाक़ी है

किस तरह मुझको मिटाएँगे मिटाने वाले
एक अपना भी निगहबान अभी बाक़ी है

कट गई उम्र मगर कट न सकी जो 'राही'
मेरे सीने पे वो चट्टान अभी बाक़ी है

इतना बुरा तो तेरा भी अंजाम नहीं है
सूरज जो सवेरे था वही शाम नहीं है

पहचान अगर बन न सकी तेरी तो क्या ग़म
कितने ही सितारों का कोई नाम नाम नहीं है

ये शुक्र मना इतना तो इंसाफ़ हुआ है
तुझ पर ही तेरे क़त्ल का इल्ज़ाम नहीं है

मत सोच कि क्या तूने दिया तुझको मिला क्या
शायर है जमा-ख़र्च तेरा काम नहीं है

टपकेगा रुबाई से तेरा ख़ून या आँसू
'राही' है तेरा नाम तू ख़ैयाम नहीं है

किस महूरत में दिन निकलता है
शाम तक सिर्फ़ हाथ मलता है

एक धागे की बात रखने को
मोम का रोम-रोम जलता है

काम चाहे ज़ेहन से चलता है
नाम दीवानगी से चलता है

उसका कुछ तो इलाज करवाओ
उसके व्यवहार में सरलता है

याद आते हैं शे'र 'राही' के
दर्द जब शायरी में ढलता है

हम पर दुःख का परबत टूटा तब हमने दो-चार कहे
उस पे भला क्या बीती होगी जिसने शे'र हज़ार कहे

हमें ज़रा बनवास काटना पड़ा अगर कुछ दिन तो क्या
उसकी सोचो जो जंगल को ही अपना घर-बार कहे

सीधे-सच्चे लोगों के दम पर ही दुनिया चलती है
हम कैसे इस बात को मानें कहने को संसार कहे

अपना-अपना माल सजाए सब बाज़ार में आ बैठे
कोई इसे कहे मजबूरी कोई कारोबार कहे

शे'र वही हैं शे'र जो 'राही' लिखे ख़ून या आँसू से
बाक़ी तो बस अल्लम-ग़ल्लम कहे मगर बेकार कहे

'इन्तेज़ार' ग़ाज़ीपुरी

मूल नाम	:	इन्तेज़ार अहमद
जन्मतिथि	:	3.8.1936
शिक्षा	:	हाईस्कूल
प्रकाशन	:	'इन्तेज़ारे-सबा'। 'इन्तेज़ारे-मदीना' प्रकाशनाधीन।
सम्प्रति	:	कार्यालय अधीक्षक गवर्मेंट टी.बी. क्लीनिक इलाहाबाद से अवकाश प्राप्त। साहित्य सेवा में रत।
स्थायी पता	:	मुहल्ला सय्यद वाड़ा ग़ाज़ीपुर सिटी, उ.प्र.
सम्पर्क	:	बी-293/1, करेली कालोनी, इलाहाबाद, उ. प्र.-211016 फोन 2656495

दिल भी पत्थर सीना पत्थर आँख पे पट्टी रक्खी है
किसने यह पानी से बाहर रेत पे मछली रक्खी है

माना कि तामीर नहीं हो पाई इमारत रिन्दों की
चाँद पे रखने वाले की बुनियाद अभी भी रक्खी है

यह भी अनोखी बात है यारो मतलब कैसे समझा जाए
इमली के खट्टे पानी पर शहद की मक्खी रक्खी है

काले बादल का रिश्ता तो सूरज से नामुमकिन है
काली लड़की के होठों पर रात की रानी रक्खी है

कोशिश तो नाकाम रही है हिम्मत लेकिन रखता हूँ
ताक़ में दीपक कैसे जले अब घर में आँधी रक्खी है

क्या बोलेगा आज तराज़ू भेद अभी खुल जाएगा
इक पलड़े में सच रक्खा है एक में चाँदी रक्खी है

बिजलियों के रक़ीब होते हैं
चार तिनके अजीब होते हैं

यासो-उम्मीद हसरतो-अमाँ
ज़िन्दगी के नक़ीब होते हैं

जितने सय्याद है ज़माने के
आशियाँ के क़रीब होते हैं

दिल के ज़ख़्मों से खेलने वाले
दिल के बेहतर तबीब होते हैं

'इन्तेज़ार' इन्तेज़ार के लम्हे
दिल को मिसले-सलीब होते हैं

दुनिया से कौन जाता है अपनी ख़ुशी के साथ
वाबस्ता हो अगर न अज़ल ज़िन्दगी के साथ

बस इतनी रस्मो-राह है इस ज़िन्दगी के साथ
इक अजनबी सफ़र में मिला अजनबी के साथ

यूँ दुश्मनी भी चलती है अब दोस्ती के साथ
जैसे अँधेरा रहता है हर रोशनी के साथ

मिल जाए मुझको ख़ाक जो क़दमों की आप के
दिल क्या है मैं तो जान भी दे दूँ ख़ुशी के साथ

क्या तुझको ख़ौफ़ हश्र में पुरसिश का 'इन्तेज़ार'
तेरा तो हश्र होगा मुहिब्बे अली के साथ

न पूछो दोस्तो मैं किस तरह हँसता हँसाता हूँ
तवज्जो याद रखता हूँ तग़ाफ़ुल भूल जाता हूँ

मुझे तो याद है मैं आज तक भूला नहीं तुझको
बता भूले से तुझको भी कभी मैं याद आता हूँ

अगर माज़ी भूल बैठे तो अपना हाल क्या होगा
कहानी रात भर अहले चमन को मैं सुनाता हूँ

यह क्या कम है मेरे दिल में पिन्हाँ-दौलते ग़म है
मैं अक्सर अपनी पलकों को सितारों से सजाता हूँ

दिले-वहशत ज़द का 'इन्तेजार' अब तो यह आलम है
कि ख़ुद अपना नशेमन अपने हाथों से जलाता हूँ

कहीं शबनम, कहीं खुशबू कहीं ताज़ा कली रखना
पुरानी डायरी में क़ैद कर के ज़िन्दगी रखना

ग़ज़ल भी रोज़ बिकती है यहाँ बाज़ार में लोगो
हिफ़ाज़त में नहीं मुमकिन है फ़न्ने-शायरी रखना

जो चालाकी से पढ़ लोगे तो चेहरा सब बता देगा
मिलाओ हाथ जब उससे नज़र चेहरे पे भी रखना

जहाँ मस्जिद की बात आए, वहाँ खामोश हो जाना
हुकूमत चाहती है मुल्क़ में अब शान्ति रखना

ज़रा तुम 'इन्तेज़ार' ख़स्ता जाँ का हौसला देखो
उसे भाता है बारिश में लिबासे-काग़ज़ी रखना

गणेशदत्त सारस्वत

जन्मतिथि : 10 सितम्बर, 1936, बिसवाँ (सीतापुर) उ. प्र.

प्रकाशन : गद्य, पद्य एवं समालोचना। अनेक विधाओं में अनेक पुस्तकें प्रकाशित।

सम्मान : उत्तर प्रदेश हिन्दी संस्थान लखनऊ द्वारा साहित्य भूषण सम्मान सहित अनेकानेक संस्थाओं द्वारा पुरस्कृत एवं सम्मानित।

सम्प्रति : अध्यापन (पूर्व अध्यक्ष—हिन्दी विभाग, आर. एम.पी. स्नातकोत्तर महाविद्यालय, सीतापुर (उ.प्र.)

सम्पर्क : संपादक—'मानस-चन्दन' (त्रैमासिक) सिविल लाइन्स, सीतापुर-261001 (उ.प्र.)

सम्बन्धों का आज हो रहा ख़ून है
सर पर जाने कैसा चढ़ा जुनून है

हर ओर अराजकता ही करती राज्य है
ख़ुदग़र्जी की भेंट हुआ क़ानून है

प्यार वासना का हो रहा शिकार है
बन्द आयतों में सड़ता मजमून है

शान्ति-कपोती के ख़तरे में प्राण हैं
तोप घृणा की रही विश्व को भून है

तीखी चुभन, घुटन की नींव कँपा रही
नहीं मिल रहा खोजे कहीं सुकून है

नारों से आसमान गुँजाए हुए हैं लोग
गाँठें हवा में आज लगाए हुए हैं लोग

हड़ताल के इस दौर में हर ताल बेसुरा
बेपर की अपनी-अपनी उड़ाए हुए हैं लोग

क्षुब्ध आज लग रही सागर की हर लहर
सीने में अपने आग दबाए हुए हैं लोग

महँगाई की इस मार ने है तोड़ दी कमर
आश्वासनों का लेप लगाए हुए हैं लोग

सूरज तलाशने के लिए अन्धकार में
अन्धों की ही जमात जुटाए हुए हैं लोग

सूर्य लगता है कि धुँधलाया हुआ है
दृष्टि-पथ पर कोहरा छाया हुआ है

मान्यताएँ आज विष-दंशित हुई हैं
टूटता इन्सान घबराया हुआ है

नियति का तेवर चढ़ा है, क्या करेगा
अनिश्चय का सिन्धु उफनाया हुआ है

डूबती नैया, खिवैया सो रहे हैं
क्षुद्र लहरों ने कहर ढाया हुआ है

क्रूर नज़रें घूरतीं, इस मुल्क को जो
तप-निकष चढ़ कंचनी-काया हुआ है

विष घृणा का न घोलें, निवेदन यही
बोल कड़वे न बोलें, निवेदन यही

आग घर में लगी है बुझाएँ उसे
बन प्रभंजन न डोलें, निवेदन यही

आपके हैं सभी, ग़ैर कोई नहीं
निज हृदय को टटोलें, निवेदन यही

रक्त में है सने आपके हाथ जो
स्नेह-पानिप से धोलें, निवेदन यही

दूसरों को कहें बाद में हम बुरा
पहले अपने को तोलें, निवेदन यही

आज बोझिल-सा हुआ वातावरण है
तम-नहाई रोशनी की हर किरण है

राम के पुरुषार्थ को जाने हुआ क्या
रोज़ होता अवध में सीताहरण है

हाथ में माला, बगल में छुरा अब
मात्र इतना ही हमारा आचरण है

एक आशंका किसी भी हादसे की
हो रहा ज्वालामुखी का अवतरण है

शक्ति दे समवेत स्वर संसिद्धियाँ दे
डगमगाता लग रहा अंगद-चरण है

ओ३मप्रकाश मिश्रा 'कंचन'

जन्मतिथि : 5.10.1936

प्रकाशन : 'मायूस न हो दिल' (ग़ज़ल-संग्रह) सहित अन्य विधाओं में चार पुस्तकें प्रकाशित। सात पुस्तकें प्रकाशनाधीन। अनेक पत्र-पत्रिकाओं में रचनाएँ प्रकाशित।

सम्प्रति : अवकाश प्राप्त प्राचार्य एवं विभागाध्यक्ष (राज.शास्त्र), उपाध्यक्ष, संस्कार भारती, कानपुर प्रान्त।

सम्पर्क : 'मातृ छाया', 4/42, महादेव प्रसाद स्ट्रीट फ़र्रुख़ाबाद (उ.प्र.)
फ़ोन-223510

मन्दिर भी रहे मस्जिद भी रहे दोनों में से टूटे न कोई
गंगा भी बहे कावेरी भी दोनों में से सूखे न कोई

संगे-अस्वद हो या शिवलिंग सिजदे में तो इन्सान ही है
इन्सानी रिश्ते की पूँजी का कोष कभी लूटे न कोई

ग़ैरों की बातों में आकर अब और न बाँटो यह आँगन
एकता हमारी ताक़त है यह विजय-मन्त्र भूले न कोई

जग कहता भारतवर्ष जिसे यह उपवन है बहु रंगों का
कान्हा के इस वृन्दावन में विघटन बबूल बोए न कोई

मनु-मण्डल-निर्मित संविधान का शब्द-शब्द हो जन-जन का
हो शीशमहल या पर्ण कुटी 'कंचन' भूखा सोए न कोई

गो कई ख़ामियाँ हैं प्रजातन्त्र में
दर्जनों ख़ूबियाँ हैं प्रजातन्त्र में

है न जागृत जहाँ लोकमत बस वहीं
सारी दुश्वारियाँ हैं प्रजातन्त्र में

बदतमीज़ी पे आए उतर हैं सदन
बक रहे गालियाँ हैं प्रजातन्त्र में

अर्थ ही रह गया क्या चुनावों का जब
लुटती मतपेटियाँ हैं प्रजातन्त्र में

देश की दुर्दशा के लिए दोस्तो
दोषी सब पार्टियाँ हैं प्रजातन्त्र में

लोकतन्त्र-रथ ज्यों-ज्यों आगे बढ़ता चला गया
जन-गण-मन की भाव भूमि से हटता चला गया

आज़ादी का दीप लोक-देहरी पर नहीं जला
लोकास्था का नेह तभी तो घटता चला गया

मनु-मण्डल का सपना था चहुँदिशि प्रकाश फैले
किन्तु सूर्य एक ही कोण पर झुकता चला गया

वादी-प्रतिवादी-अनुवादी हुए सभी बौने
समवादी स्वर का क़द इतना बढ़ता चला गया

राजनीति जादूगरनी ने वह मन्तर फूँका
चमका शिखर मगर आधार दरकता चला गया

लाया यहाँ तलक जो सफ़ीना गुलाम है
यानी कि इस सदी में पसीना गुलाम है

जो ताज से जुड़ा वो कोहेनूर हो गया
बाग़ी जो हो गया वो नगीना गुलाम है

नाची जो इशारों पे राजनर्तकी बनी
घूँघट में जो रही वो हसीना गुलाम है

सदियों नचाया अपने इशारों पे मर्द ने
लेकिन नहीं वो आज ज़हीना गुलाम है

जो मस्त फिज़ाओं में जिया गीत-सा 'कंचन'
पर आज वो फागुन का महीना गुलाम है

तरुवर तो सब खड़े हैं परस्पर सटे हुए
ख़ेमों में मगर फूल हैं क्योंकर बँटे हुए

मुख-पृष्ठ चुम्बकीय है इस लोकतन्त्र का
भीतर निहारिए तो हैं पन्ने फटे हुए

कैसे सुदृढ़ रहेगा दुर्ग राष्ट्र धर्म का
हैं नींव के पत्थर ही जगह से हटे हुए

ये दो ग़रीब हाथ बताओ कहाँ रहें
जब अजगरों से हैं गली-कूचे पटे हुए

आँधी उठी उधर है बड़ी ज़ोर से, इधर
हैं एक दूसरे से सफ़ीने कटे हुए

चन्द्रसेन 'विराट'

जन्मतिथि	:	3.12.1936, इन्दौर जिला (म.प्र.)
शिक्षा	:	नागरी यान्त्रिकी में स्नातक
प्रकाशन	:	10 ग़ज़ल संग्रह-निर्वसना चाँदनी, आस्था के अमलतास, कचनार की टहनी, धार के विपरीत, परिवर्तन की आहट, लड़ाई लम्बी है, न्याय कर मेरे समय, फागुन माँगे भुजपाश, इस सदी का आदमी, हमने कठिन समय देखा है सहित 11 गीत संग्रह, 3 मुक्तक संग्रह के साथ-साथ अन्य सम्पादकों द्वारा कवि की प्रतिनिधि रचनाओं के 2 संकलन।
पुरस्कार	:	देश भर की प्रतिष्ठित साहित्यिक संस्थाओं द्वारा दो दर्जन से अधिक पुरस्कार/ सम्मान।
सम्पर्क	:	'समय' 121 वैकुण्ठधाम कॉलोनी, इन्दौर म.प्र. 452018 फ़ोन : (0731) 2562586, 2561423

अँधेरे के इलाक़े में किरण माँगा नहीं करते
जहाँ हो कंटकों का वन, सुमन माँगा नहीं करते

जिसे अधिकार आदर का, झुका लेता स्वयं मस्तक
नमन स्वयमेव मिलते हैं, नमन माँगा नहीं करते

परों में शक्ति हो तो नाप लो उपलब्ध नभ सारा
उड़ानों के लिए पंछी, गगन माँगा नहीं करते

जिसे मन-प्राण से चाहा, निमन्त्रण के बिना उसके
सपन तो ख़ुद ब ख़ुद आते, नयन माँगा नहीं करते

जिन्होंने कर लिया स्वीकार, पश्चात्ताप में जलना
सुलगते आप, बाहर से, अगन माँगा नहीं करते

रहे जो लोग पानीदार, वे पानी न माँगेंगे
भले मर जाएँ तृष्णा का, शमन माँगा नहीं करते

कवि! आवाज़ लगाते रहना
समय कठिन है गाते रहना

देश, समाज नहीं सो जाए
जगना और जगाते रहना

राजनीति भूले न नीति का
पाठ सतत दुहराते रहना

आँसू को तेज़ाब बनाकर
पत्थर को पिघलाते रहना

ठंडा मत हो जाने देना
अपना रक्त तपाते रहना

याद आई, तबीयत विकल हो गई
आँख बैठे बिठाए सजल हो गई

मिल गए आज तुम तो यही ज़िन्दगी
थी समस्या कठिन पर सरल हो गई

ख़ूब मिलता कभी था सही आदमी
मूर्ति अब वह मनुज की विरल हो गई

सत्य, शिव और सौन्दर्य के स्पर्श से
हर कला मूल्य का योगफल हो गई

रात अंगार की सेज सोना पड़ा
यह न समझें कि यों ही ग़ज़ल हो गई

अँधियारा, उजियारा लिख
आँसू को अंगारा लिख

महामृत्यु से जूझ रहा
जीवन अभी न हारा, लिख

जीवन ज़िन्दाबाद, मरण
जीवन का जयकारा लिख

सागर से प्यासा लौटा
लाख बड़ा हो, खारा लिख

ज़ोर ज़ुल्म के गालों पर
थप्पड़ एक करारा लिख

उस रूप को बाँध सकूँ, ऐसी कविताई दे
आँखों को मिले वाणी, वाणी को दिखाई दे

प्रतिकूल हों शब्द भले अनुकूल दें अर्थ मगर
ऊँची गहराई दे, गहरी ऊँचाई दे

मैं मात्र मनुष्य रहूँ, कहीं देव न हो जाऊँ
दे लाख भलाई पर, थोड़ी-सी बुराई दे

सुख दे जो बराबर से सब दुख स्वीकृत मुझको
दे धूप मुझे जितनी, उतना ही जुन्हाई दे

आँसू का न मूल्य किया, आदर न दिया दुख को
आशीष तुझे मेरा, प्रभु तुझको बिवाई दे

'अल्हड़' बीकानेरी

मूल नाम : श्यामलाल शर्मा
जन्मतिथि : 19.5.1937, गाँव बीकानेर (रेवाड़ी) हरियाणा
शिक्षा : मैट्रिक
प्रकाशन : ग़ज़ल-संग्रह 'ठाठ ग़ज़ल के' के अलावा पाँच काव्य-संग्रह प्रकाशित। एक ग़ज़ल-संग्रह शीघ्र प्रकाश्य। अनेक पत्र-पत्रिकाओं में रचनाएँ प्रकाशित। मूलतः व्यंग्य-कवि।
सम्मान : दिल्ली सरकार द्वारा 'साहित्यकार सम्मान', 'काका हाथरसी पुरस्कार' सहित अनेक संस्थाओं द्वारा अनेक सम्मानोपाधियाँ।
सम्प्रति : पूर्णकालिक साहित्य-साधना।
सम्पर्क : श्याम निकुंज, 9-सी,
पाकेट-बी, मयूर विहार-2,
दिल्ली-91
फ़ोन—22778485, 22778486

मरुस्थल तो मनाता है नदी को
तरस लेकिन कब आता है नदी को

जो पत्थर ख़ुद तराशा हो नदी ने
वो पत्थर भूल जाता है नदी को

किनारा ही तो बन्धन है नदी का
किनारा कब सुहाता है नदी को

चली आती है रौ में ख़ुद उमड़कर
समुन्दर कब बुलाता है नदी को

बरस कर क्यों कोई 'अल्हड़'-सा बादल
उफनती छोड़ जाता है नदी को

फ़ना की गोद में फूला-फला हूँ
तलातुम हूँ, भँवर हूँ, ज़लज़ला हूँ

निपट लूँगा अकेले ही मैं खुद से
मुसीबत हूँ, क़यामत हूँ, बला हूँ

धुएँ की शक्ल में मौजूद हूँ मैं
चिता में जल के भी मैं कब जला हूँ

न पनपा इक शजर, साए में जिसके
मैं उस बरगद के साए में पला हूँ

भले लोगों, तुम अपनी राह देखो
तुम्हें क्या, मैं बुरा हूँ या भला हूँ

मैं बिखर कर भी बिखरता ही नहीं
मुझमें वो क्या है जो मरता ही नहीं

अपना आशिक़ हूँ अज़ल से, यारो
मैं किसी और पे मरता ही नहीं

मैं धुआँ हूँ, मेरी मंज़िल है गगन
मैं ज़मीं पर तो ठहरता ही नहीं

चूम ले अर्श को इक बार कोई
फ़र्श पर फिर वो उतरता ही नहीं

मैं हूँ जनपथ का मुसाफ़िर, 'अल्हड़'
राजपथ से मैं गुज़रता ही नहीं

हम अपने आप से ग़ाफ़िल रहे हैं
बिछुड़ते वक़्त खुद से मिल रहे हैं

न बख़्शेगी हमारी रूह हमको
हम अपने जिस्म के क़ातिल रहे हैं

वो गुल हैं हम कि जिस टहनी से टूटे
उसी टहनी पे फिर से खिल रहे हैं

हम उस कश्ती को कैसे डूबने दें
कि जिस कश्ती के हम साहिल रहे हैं

हैं पढ़ने में बहुत आसाँ हम, 'अल्हड़'
समझने में ज़रा मुश्किल रहे हैं

मुझको गर्दिश में सँभाला होता
तू अगर चाहनेवाला होता

गाँठ लेता जो सियासी रिश्ते
मेरा रुत्बा भी निराला होता

आस्तीनें ही बज़िद थीं, वर्ना
मैंने साँपों को न पाला होता

ताजदारों की तवारीख़ में क्यों
हम फ़कीरों का हवाला होता

धूप महलों ने पचा ली, 'अल्हड़'
कैसे कुटिया में उजाला होता

शेरजंग गर्ग

जन्मतिथि : 29.5.1937, देहरादून (उत्तरांचल)

शिक्षा : एम.ए. (हिन्दी), पी एच.डी.।

प्रकाशन : ग़ज़ल-संग्रह 'क्या हो गया कबीरों को' सहित अनेक विधाओं में एक दर्जन पुस्तकें प्रकाशित। 'बीरबल ही बीरबल' सहित अनेक पुस्तकों का सम्पादन। अनेक पत्र-पत्रिकाओं में रचनाएँ प्रकाशित। एन. सी.ई.आर.टी. द्वारा दो पुस्तकें प्रकाशित।

सम्मान : 'गुलाबों की बस्ती' एवं 'शरारत का मौसम' के लिए हिन्दी अकादमी दिल्ली द्वारा पुरस्कार। अनेक साहित्यिक, सांस्कृतिक संस्थाओं द्वारा सम्मानित/पुरस्कृत।

सम्प्रति : निदेशक, हिन्दी भवन, 11, विष्णु दिगम्बर मार्ग, नई दिल्ली-110002

सम्पर्क : जी 34, साकेत (प्रथमतय)
नई दिल्ली 110017
फ़ोन-(का.)011-23234619,232334606
मो.-9811993230

सतह के समर्थक समझदार निकले
जो गहरे में उतरे गुनहगार निकले

बड़ी शानो-शौक़त से अख़बार निकले
कि आधे-अधूरे समाचार निकले

ये जम्हूरियत के जमूरे बड़े ही
कलाकार निकले, मज़ेदार निकले

बिकाऊ बिकाऊ, नहीं कुछ टिकाऊ
मदरसे औ' मन्दिर भी बाज़ार निकले

जिन्हें प्यार के अर्थ ही व्यर्थ लगते
वो इन्सानियत के ख़रीदार निकले

गुलाबों की दुनिया बसाने की ख़्वाहिश
लिए दिल में जंगल से हर बार निकले

आवाज़ आ रही है तुमने सुना तो होगा
मजबूरियों के हक़ में कुछ फ़ैसला तो होगा

विपरीत हैं हवाएँ, गुम हो गई दिशाएँ
जंगल के सिलसिलों में कोई रास्ता तो होगा

इतिहास ने कहीं भी जिनको जगह नहीं दी
कुछ मेहरबान उन पर जुगराफिया तो होगा

पूजाघरों में कैसे ये दाग़ दीखते हैं
ईश्वर भी कुछ क्षणों को थर्रा गया तो होगा

जो ज़िन्दगी के हक़ को नाहक बना रहे हैं
उनके मुक़ाबले में कोई खड़ा तो होगा

बुझ गई रोशनी रफ़्ता-रफ़्ता
खो गई हर ख़ुशी रफ़्ता-रफ़्ता

ढल गई शोख़ इश्तहारों में
वक़्त की सादगी रफ़्ता-रफ़्ता

मौत को हर लड़ाई में मारा
पर हुई ख़ुदकुशी रफ़्ता-रफ़्ता

बेरुखी, बेकली के जंगल में
जा फँसा आदमी रफ़्ता-रफ़्ता

दोस्ती की तरह चुभी दिल में
दुश्मनों की कमी रफ़्ता-रफ़्ता

मत पूछिये क्यों पाँव में रफ़्तार नहीं है
यह कारवाँ मंज़िल का तबलगार नहीं है

जेबों में नहीं, सिर्फ़ गरेबान में झाँको
यह दर्द का दरबार है बाज़ार नहीं है

सुर्ख़ी में छपी है, पढ़ो मीनार की लागत
फुटपाथ की हालत से सरोकार नहीं है

जो आदमी की साफ़-सही शक्ल दिखा दे
वो आईना माहौल को दरकार नहीं है

सब हैं तमाशबीन, लगाए हैं दूरबीन
घर फूँकने को एक भी तैयार नहीं है

नर्म रहकर न यहाँ बैठना-चलना होगा
वक़्त को सख़्त तरीक़ों से बदलना होगा

प्यार की बात अँधेरों में भटक सकती है
अब चिराग़ों को बहुत देर तक जलना होगा

जो हमारे लिए साज़िश में रचे दुनिया ने
उन खिलौनों से नहीं दिल का बहलना होगा

इक ज़रूरत है मेरी क़ौम का ज़िन्दा रहना
मौत के ख़ूफ़िया पंजों से निकलना होगा

देश के प्रेम का हम जाम पिएँ, ख़ूब पिएँ
जलने वालों को फ़क़त हाथ ही मलना होगा

रमेश नीलकमल

जन्मतिथि	:	21.11.1937, रामपुर डुमरा, पटना।
शिक्षा	:	बी.ए., एल.एल.बी., विशारद।
प्रकाशन	:	विभिन्न विधाओं की तेरह पुस्तकें प्रकाशित, पाँच प्रकाश्य। दस पुस्तकों का सम्पादन। पत्र-पत्रिकाओं में रचनाएँ प्रकाशित।
सम्मान	:	अनेक संस्थाओं द्वारा सम्मानित।
सम्प्रति	:	रेलवे से सेवा निवृत्ति के पश्चात पूर्णकालिक साहित्य साधना तथा 'शब्द कारख़ाना' का संपादन।
सम्पर्क	:	अक्षर विहार, अवन्तिका मार्ग, जमालपुर (बिहार) 811214 फ़ोन 06344-242373

आदमी हो, पर न लगते आदमी-से, आप नोखेलाल
क्या ग़ज़ब है, लग रहे हैं अजनबी-से, आप नोखेलाल

फ़ितरतें इतनी मग़ज़ में पालते हैं, कह रहे हैं लोग
बात क्या है, जी न सकते सादगी-से, आप नोखेलाल

आप कविता को बताते सिरफिरों का काम है—यह बात
हाशिए पर लिख ग़ज़ल फिर त्रासदी-से आप नोखेलाल

क्या बताना चाहते हैं—गीत का संगीत झूठा राग
फिर ग़ज़ल गा क्यों रिझाते चाँदनी-से आप नोखेलाल

बात है यह—गीत हो या हो ग़ज़ल कोई विधा संप्राप्त
यह हुनर है साधिए फिर रोशनी-से आप नोखेलाल

दर्द, घुटन, कुंठा की कील बनी जिन्दगी
बैठी कटघरे में वकील बनी जिन्दगी

बाज़ों के चंगुल में चाँदनी चमकती है
काट रही है चक्कर चील बनी ज़िन्दगी

आपका अँगूठा तो गिरवी है दिल्ली में
शहर-गाँव-जंगल में भील बनी ज़िन्दगी

मन्दिर की घंटी है मस्जिद की है अजान
गिरिजाघर की है कन्दील बनी ज़िन्दगी

ख़ुदग़र्ज़ी, इन्तक़ाम, गोली, गाली, गुरबत
अख़बारी शक्ल न्यूजरील बनी ज़िन्दगी

बरस रहे पत्थर ही पत्थर मेरे आँगन में
काँटे छितराए अँजुरी भर मेरे आँगन में

पाँव तोड़कर बैठी दुनिया प्यासी रही नदी
धूप पड़ रही कम से कमतर मेरे आँगन में

मैंने तो संसार लुटाया पीड़ा बहुत सही
मुझको मिला न एक हमसफ़र मेरे आँगन में

शब्दों के बारूद जलाकर बैठे कई अदीब
पास न आया कोई डरकर मेरे आँगन में

सारी दुनिया घूमघाम कर लौटा अपने गाँव
रहज़न मिले वहीं बन रहबर मेरे आँगन में

कहीं खाई कहीं गहरा कुआँ है
उजाले के लिए केवल धुआँ है

वतन यह जल रहा, मौसम बताता
समय यह साँप का काटा हुआ है

चुनावी गिरगिटों ने रंग बदले
बने सब मौसमी काका तुआ हैं

छिपा कुछ राज तो इसमें नहीं है
नमक के घोल में रखा पुआ है

ढमाढम ढोल की आवाज़ पर जो
अभी भी नाचता कैसा मुआ है

क्या बताएँ इस शहर का हाल इसका व्याकरण
दिन-ब-दिन है गढ़ रहा जंजाल इसका व्याकरण

नुक्कड़ों पर भीड़ लगती एकवचनों की यहाँ
बहुवचन की गल न पाती दाल इसका व्याकरण

संधि और समास की हर वक्त उड़ती धज्जियाँ
कर रहा है शहर को पामाल इसका व्याकरण

ओढ़कर चादर यहाँ कुछ खेलते हैं शब्द से
है नहीं करता कभी पड़ताल इसका व्याकरण

रंगदारों का शहर यह अब न सपना देखता
बैठता जिस पर कटे वह डाल इसका व्याकरण

भगवान दास जैन

जन्मतिथि : 1 मार्च, 1938, अहमदाबाद।

प्रकाशन : 'ज़िन्दा है आईना' एवं 'कटघरे में हूँ' ग़ज़ल-संग्रहों के साथ-साथ अन्य विधाओं में भी अनेक रचनाएँ प्रकाशित।

सम्प्रति : निवृत्त प्राध्यापक, सरदार वल्लभभाई आर्ट्स कालेज, अहमदाबाद।

सम्पर्क : बी-105, मंगलतीर्थ पार्क,
जशोदा नगर कैनाल के पास,
गौर का कुआँ, मणि नगर (पूर्व)
अहमदाबाद - 2382445

सितारा बुझ गया ज्यों ही दिले—नाकाम तक पहुँचा
मुक़द्दर यूँ हमारा गर्दिशे—अय्याम तक पहुँचा

अगर शौके-सुख़न है तो खुले दिल के दरीचे रख
नज़र को मीरो-ग़ालिब से उमर ख़य्याम तक पहुँचा

उसी की शायरी में रंगे-फ़न चमकेगा जो शायर,
दीवाने-ख़ास ठुकराकर दीवाने-आम तक पहुँचा

सलामत पैर हैं जब तक चलूँगा उम्रभर यूँ ही
बला से मैं न मंज़िल पर सुबह से शाम तक पहुँचा

तगय्युर सिर्फ़ ख़्वाबों से कभी आता नहीं ऐ दोस्त
उठा परचम तू हाथों में उन्हें अंजाम तक पहुँचा

हरेक सिम्त दहकते हुए सवाल तो देख
कभी उठा के नज़र ज़िन्दगी के हाल तो देख

अगर है इतनी जलन मेरे साफ़ दामन से
कभी जो मुझ पे भी कीचड़ ज़रा उछाल तो देख

बगैर सर के यहाँ सिर्फ़ धड़ चला करते
हमारे मुल्क का ऐ दोस्त यह कमाल तो देख

जिगर की चोट पे शायद कभी ये काम लगे
हमारी याद का मरहम जरा सँभाल तो देख

मिटेगी तीरगी इक रोज़ तू उदास न हो
हरेक दिल में सुलगती हुई मशाल तो देख

डूबा है यूँ ख़ुदी में तुझे क्या दिखाई दे
ख़ुद से निकल के देख तो दुनिया दिखाई दे

बेइन्तहा है रोशनी गुमराह हैं सभी
मद्धम तो कीजिए ज़रा रास्ता दिखाई दे

ऐबों को देखने में ही गुज़री हो जिसकी उम्र
कैसे उसे भला कोई अच्छा दिखाई दे

इंसानियत के क़त्ल का जारी है सिलसिला
हैरत है फिर भी आदमी ज़िंदा दिखाई दे

अपनी ग़ज़ल-सी ज़ीस्त के उस मोड़ पर हूँ मैं
मतले को देखता हूँ तो मक़्ता दिखाई दे

पहले तो आते हैं दिल का सोया दर्द जगाने लोग
वे ही झूठी हमदर्दी का आते स्वाँग रचाने लोग

कौन है अपना किस से कहिए अपने दिल का दर्द यहाँ
एक बात से गढ़ लेते हैं झूठे सौ अफ़साने लोग

चेहरे पढ़कर दिल की बातें इस युग में क्या समझोगे
दिल के तहख़ानों में रखते और कई तहख़ाने लोग

बस्ती जलकर ख़ाक हुई तो पानी लेकर आए हैं
ग़ौर करो आए थे यारो ये ही आग लगाने लोग

हमने अक्सर धोखा खाया पर इसका अफ़सोस नहीं
रंज है धोखा देने वाले थे जाने-पहचाने लोग

बेतहाशा लोग हैं नंगे बदन बाज़ार में
हर तरफ़ ले-दे मची है आदतन बाज़ार में

देखिए मायूस यौवन औ' बुढ़ापा बेसुकून
औ' कहीं मुहताज भूखा बालपन बाज़ार में

ज़िन्दगी का दोस्त सौदा कीजिए किससे यहाँ,
ओढ़कर बैठे शराफ़त राहज़न बाज़ार में

क्या ख़रीदोगे बताओ प्यार, ईमाँ या ज़मीर
बिक रहे हैं आदमी के जानो-तन बाज़ार में

घर से निकले थे खरीदेंगे, कोई शाही लिबास
बेच आए हम ख़ुद अपना पैरहन बाज़ार में

क़मर 'बरतर'

मूल नाम : क़मरउद्दीन सिद्दीक़ी
जन्मतिथि : 25.12.1938, ग्वालियर
शिक्षा : एम.ए. (फाइन आर्ट), एम.ए. (उर्दू)।
प्रकाशन : 'ख़ूनी लकीरें' (हिन्दी कहानी संग्रह), 'संगम' (सन् 1947 से 1997 तक ग्वालियर में ग़ज़ल का इतिहास, हिन्दी में), साहित्यिक पत्रिका 'फ़नकार' का प्रकाशन, सम्पादन जिसमें ग़ज़ल-विधा का प्रशिक्षण निरन्तर जारी। ग़ज़ल संग्रह, नज़्म, गीत, संग्रह, कहानी संग्रह, ग़ज़ल-विधा (सरल व्याकरण) शीघ्र प्रकाश्य।
सम्पर्क : क़मर 'बरतर', फ़नकार, लक्कड़खाना, ग्वालियर- 474001 (म.प्र.)

एक माला जो पिरोना थी, पिरो ली हमने
आसरे के लिए फैलाई न झोली हमने

हो 'सिकन्दर' भी तो जीतें उसे 'पौरस' की तरह
सीखी इस धरती से सम्मान की बोली हमने

जिस्म को धोने का गंगा में फ़क़त ढोंग किया
मन ये कहता है कि क्या आत्मा धो ली हमने

द्वार पर आई थी फूलों को लिए रुत कोई
दोष तो अपना है, साँकल ही न खोली हमने

फ़ायदा कम ही सही, चैन बहुत है 'बरतर'
झूठ के बाटों से सच्चाई न तोली हमने

माहौल किस क़दर है अँधेरा लिए हुए
हम चल पड़े चिराग़े-तमन्ना लिए हुए

मेरे लिए तो दोनों में कोई नहीं है फ़र्क़
काबा लिए हो तुम, वो शिवाला लिए हुए

प्यासी ज़मीन की ये तड़प रंग लाई है
मौसम उमड़ के आ गया बरखा लिए हुए

काँधा लगाए कौन, बुरा वक़्त आ गया
हर आदमी है अपना जनाज़ा लिए हुए

वो काँच कह रहे थे, समझ का यह फेर था
हालाँकि हम थे हाथ में हीरा लिए हुए

गर्मियों में हो शीत की ख़ुशबू
साथ है यूँ अतीत की ख़ुशबू

उनकी बातों में होती है महसूस
काव्य की गंध, गीत की ख़ुशबू

फूल सद्‌भाव के न खिल पाएँ
महके फिर क्या प्रीत की ख़ुशबू

पार जिसने न की हों बाधाएँ
क्या बताए, वो जीत की ख़ुशबू

क़द्र जिनमें है प्यार की 'बरतर'
वो समझते हैं मीत की ख़ुशबू

काटी है रात ग़म की ख़ुशियों का दिन मिला है
चट्टान तोड़कर ही झरना निकल सका है

हैं याद मुझको उसके सब मेहरबान साए
जिस पेड़ की जड़ों को दीमक ने खा लिया है

तामीर कर तो ली है, सपनों की इक इमारत
उसके भी टूटने का ख़तरा बना हुआ है

मोती वहीं मिलेंगे, सागर की तह में उतरो
पानी के ऊपर-ऊपर कचरा ही तैरता है

शीशे से लोहा 'बरतर' तुम काटने चले हो!
लोहे को जबकि 'बरतर' लोहा ही काटता है

एटमों का ख़तरा है, रात भारी-भारी है
आज ये ज़मीं मेरी, कितने दुख की मारी है

कौन इनको मानेगा, नाग काले काले हैं
अब तो डसने वालों की शक्ल प्यारी-प्यारी है

दोष क्या समुन्दर का, क्या ख़बर समुन्दर को
तुमने जो कुँए खोदे, पानी उनका खारी है

डुगडुगी बजी लेकिन, कोई भी नहीं आया
कोई क्यों नहीं आया, सोच में मदारी है

लोग उसको कहते हैं, अमृतों का दरवाज़ा
साँप ने जहाँ 'बरतर' कैंचुली उतारी है

मरयम 'ग़ज़ाला'

जन्मतिथि	:	23.3.1939
शिक्षा	:	एम.ए. (अंग्रेजी, मनोविज्ञान), एम.एड., डी. पी.एड.ए साहित्यरत्न।
प्रकाशन	:	'क्षितिज की दहलीज़ पर' एवं 'शबनमी लम्हे' (हिन्दी)। 'काँच की चादर' (उर्दू)। 'दर्पण ने पेले पार' (गुजराती काव्य-संग्रह), 'अतीतना अजवाला' (गुजराती सुभाषित संग्रह सम्पादित)। अनेक पत्र-पत्रिकाओं में रचनाएँ प्रकाशित।
सम्मान	:	अनेक संस्थाओं द्वारा सम्मानित।
सम्प्रति	:	अंग्रेजी प्रवक्ता पद से सेवा-निवृत्ति के पश्चात पूर्णकालिक साहित्य साधन में रत।
सम्पर्क	:	103ए गोपाल एपार्टमेंट, आनन्द कोलीवाड़ा, मुम्ब्रा-400612 (महाराष्ट्र) फ़ोन-25464161

ज़मीं अपनी नहीं तो क्या बनेगा आसमाँ अपना
यहाँ हर महरबाँ भी हो गया नामहरबाँ अपना

थे जब ज़िन्दा तो क्या पूछा ज़माने ने हमें आख़िर
लहद पर भी न तुम लिखना कोई नामोनिशाँ अपना

हमीं ने फूल बोए थे मिले काँटे हमीं को हैं
पराया इस क़दर कैसे हुआ यह गुलसिताँ अपना

ये रुसवाई ये बदनामी नहीं है बेसबब यारो
वही दुश्मन बना जो था कभी इक राज़दाँ अपना

ये हरियाली ज़माने की निगाहों का छलावा है
उसे सर सब्ज़ रखता है फ़क़त अश्के-रवाँ अपना

अपनी टूटी हुई कश्ती का सहारा हम थे
लोग जो देख रहे थे वह तमाशा हम थे

रात के बाद सहर होती है मालूम तो था
जो मगर डूब गया सुब्ह वो तारा हम थे

तेरी रहमत का है चर्चा भरी आलम में मगर
जो गया दर से तेरे ख़ाली वो कासा हम थे

काफ़िले वाले चले झूम के मंज़िल की तरफ़
राह के छोर पे जो रह गया तन्हा हम थे

अपनी फ़ितरत में नहीं था कि करें शिकवे गिले
सह गए ज़ुल्म जो चुपचाप 'ग़ज़ाला' हम थे

रेशमी ज़ुल्फ़ नहीं हम कि बिखर जाएँगे
आँधियाँ तेज़ चलेंगी तो सँवर जाएँगें

शब्द के घाव का मिलता नहीं कोई मरहम
देह के घाव तो औषध से भी भर जाएँगे

नाव में बैठे हुओं का तो नहीं मुझको पता
जो भी लहरों पे चले पार उतर जाएँगे

भीड़ में चलते हैं जो उनसे नहीं है मतलब
कारवाँ यूँ ही गुज़रते हैं गुज़र जाएँगे

ख़ुद से बिछड़ी है 'ग़ज़ाला' कई सालों पहले
हम भी लेने को किसी रोज़ ख़बर जाएँगे

मलाले-दिल से अभी तक वह आश्ना ही नहीं
मैं उससे रुठी हुई हूँ उसे पता ही नहीं

घने अँधेरों में मुझको दिखाएँगे रस्ता
मेरे नसीब का दीपक अभी बुझा ही नहीं

बड़े मज़े से गुज़ारी तेरे बग़ैर सफ़र
सज़ाएँ काट दीं लेकिन लगा सज़ा ही नहीं

रखे थे जाम भरे सामने मेरे लेकिन
बढ़ा के हाथ मैं ले लूँ ये हौसला ही नहीं

मैं उसके पार कहीं दूर देखती ही रही
'ग़ज़ाला' ऐसा लगा जैसे आईना ही नहीं

ज़रा सी धुंध थी जिसको मैं आस्माँ समझा
गुबारे-राह थी और उसको कारवाँ समझा

हज़ारों मील चला तब किसी ने कुछ न कहा
जो लड़खड़ाए क़दम सब ने नातवाँ समझा,

नए ही रूप में तारीख़ सामने आई
जिसे मैं भूली हुई एक दास्ताँ समझा

इसी वज़ह से ख़रोंचो का कोई ग़म न हुआ
मैं ख़ारज़ार को भी एक गुलसिताँ समझा

हज़ारों ज़ुल्म सहे और कुछ कहा भी नहीं
इसीलिए तो ज़माने ने बेज़ुबाँ समझा

रमेश 'राही'

मूल नाम : रमेश प्रसाद चौरसिया

जन्मतिथि : 25 अप्रैल, 1940, जबलपुर।

शिक्षा : एम.एससी. (अकार्बनिक रसायन शास्त्र)।

प्रकाशन : ग़ज़ल संग्रह 'यादों के नक़्श', गीत-संग्रह 'दर्द की दुल्हन', 'अभिव्यक्तियाँ' (मुक्तक, रूबाइयाँ, क़तआत का संग्रह)।

सम्प्रति : सेवा निवृत्त वरिष्ठ मुख्य रसायनिज्ञ, मध्य प्रदेश विद्युत, मण्डल कोरबा पूर्व।

सम्पर्क : क्वार्टर नं. सीनियर एम.आई.जी-34, नेहरू नगर, कोरबा (टी.एस.) 495681 म.प्र. फ़ोन : 07759-224499

बहार आई है उनको भी बुलाया जाए
दरो-दीवार को फूलों से सजाया जाए

रातरानी से महक उठता है ये घर-आँगन
ऐसे फूलों को तो दिन में भी खिलाया जाए

जो लिए रहती हैं पलकों पे मेरे अश्कों को
ऐसी आँखों को भला कैसे रुलाया जाए

कितनी मायूस हैं दीदार की प्यासी आँखें
अब रुख़े-यार से चिलमन को हटाया जाए

हौसले की नहीं हासिल जिसे पतवार कोई
ऐसी कश्ती को किनारे ही डुबाया जाए

जिसके अशआर में 'राही' है मुहब्बत की झलक
ऐसे शायद को कहाँ दिल से भुलाया जाए

बदली से ज़रा चाँद निकलने तो दीजिए
कुछ देर चाँदनी में टहलने तो दीजिए

बहकी निगाह, बहकी हुई ज़ुल्फ़ के सदके
बहके हुए क़दम हैं सँभलने तो दीजिए

अश्कों की ज़मीं पर तो गिरने भी न देंगे
आँखों से अश्क़ उनके निकलने तो दीजिए

खो जाएँगे आग़ोश में ताउम्र के लिए
और ज़रा कुछ रात को ढलने तो दीजिए

झुक जाएँगे 'राही' वो गुले-शाख़ की तरह
पलकों में आज ख़्वाब मचलने तो दीजिए

थाली सजा रहा था कि तुम याद आ गए
मंदिर को जा रहा था कि तुम याद आ गए

देवी को चढ़ाकर श्रद्धा के जब सुमन
मैं सर झुका रहा था कि तुम याद आ गए

मुरझा न कहीं जाएँ ये दर्द के कंवल
आँसू बहा रहा था कि तुम याद आ गए

अँधेरे में खो न जाए कहीं वजूद तेरा
मैं दिल जला रहा था कि तुम याद आ गए

ख़ुशबू तेरे बदन की साँसों में है 'राही'
मैं चमन में जा रहा था कि तुम याद आ गए

आँखों में दिलनशीन नज़ारे समेट लूँ
ये आसमाँ समेट लूँ तारे समेट लूँ

बचपन की बस्तियों में लो अब आ गया हूँ मैं
गलियाँ समेट लूँ कि चौबारे समेट लूँ

तुमको कहाँ पता है मेरी प्यास का आलम
दरिया समेट लूँ या किनारे समेट लूँ

कोयल की कुहुक या कि पपीहे की ये पुकार
मौसम के हर हसीन इशारे समेट लूँ

'राही' दुआ बुजुर्गों की और दोस्तों का प्यार
इस ज़िन्दगी के सारे सहारे समेट लूँ

भटका हूँ जिसके वास्ते दर-दर, नहीं मिला
बुतख़ाने में या काबे में अक्सर नहीं मिला

गिरजे में जाके देखा, मैं मस्जिद में भी गया
बाहर नहीं मिला मुझे अन्दर नहीं मिला

यारों हमारी प्यास का आलम तो देखिए
माँगी बहुत दुआएँ समुन्दर नहीं मिला

क़िस्मत के हाथों ज़िन्दगी मज़बूर हो गई
क़िस्मत बदल सके वो सिकन्दर नहीं मिला

नेकी बदी में फ़र्क़ बताते चलें यहाँ
'राही' के जैसा कोई क़लन्दर नहीं मिला

कुमार रवीन्द्र

जन्मतिथि : 10.6.1940

प्रकाशन : चार नवगीत संग्रह, तीन काव्य-नाटक और एक मुक्त छंद की कविताओं का संग्रह। 'राइटर वर्कशाप' द्वारा अंग्रेज़ी कविता-संग्रह प्रकाशित। अनेक पत्र-पत्रिकाओं में रचनाएँ प्रकाशित।

सम्मान : अनेक संस्थाओं द्वारा सम्मानित।

सम्पर्क : क्षितिज, 310, अर्बन एस्टेट-2, हिसार, हरियाणा।
फ़ोन-01662-247347

धुआँ है, शाख़ से चुपचाप झर रहे पत्ते
गुनाह शहर का, लेकिन हैं मर रहे पत्ते

नदी में आग लगी और आशियाँ टूटे
पुराने पेड़ से थक कर उतर रहे पत्ते

इन्हें बताएँ तो कैसे कि बावले हैं ये
सुलगते शहर में फिर पाँव धर रहे पत्ते

वहाँ गुम्बज में नए साल के जलसे होते
यहाँ खँडहर की जली कोख भर रहे पत्ते

नदी के पार के जंगल को कैसे समझाएँ
गली के मोड़ पर क्यों शोर कर रहे पत्ते

हमारी ग़ज़ल का यह शे'र दर्द में डूबा
बता रहा है कि आहट से डर रहे पत्ते

कितनी हरी है धूप यह बरखा के बाद फिर
सुख से भरी है धूप यह बरखा के बाद फिर

हैं बेख़ुदी में डूबे हुए रोशनी के पल
जल की परी है धूप यह बरखा के बाद फिर

उजली हुई ताल पे फैली हुई सुबह
कच्ची गरी है धूप यह बरखा के बाद फिर

ले जा रहे हैं खे के घटाओं के छोकरे
नभ की तरी है धूप यह बरखा के बाद फिर

यह पल उदास हो के नहीं, हँस के तुम जियो
जब सहचरी है धूप यह बरखा के बाद फिर

सभी हैं पूछ रहे यह किधर गया पानी
ख़बर मिली है कि बेमौत मर गया पानी

नदी के पास भी जाना नहीं रहा मुमकिन
सुना है आग किनारे पे धर गया पानी

बताएँ कैसे कि कल रात बाढ़ आई थी
गली के पास तक आकर गुज़र गया पानी

हवाओं में जो नमी है, वो अब भी काँप रही
महल में ज़श्न था, उससे ही डर गया पानी

नए जहाज़ में लाए हैं शाह जी पत्थर
ये देख नाव से फ़ौरन उतर गया पानी

साँझ के डूबे समय से बेसहारे हो गए
हम अधूरी आस्थाओं के किनारे हो गए

भोर के आकाश में जब-जब बुना हमने हृदय
धूप के संवाद रातों के सितारे हो गए

फूल की पगडंडियों पर पाँव हमने थे धरे
किन्तु काँटों की चुभन के हम दुलारे हो गए

गाँठ में लेकर चले थे अर्थ जीवन का कभी
आज सारे अर्थ सुविधा के सहारे हो गए

मित्र महफ़िल हो रहे थे धूप के वरदान में
किन्तु मिलने के तकल्लुफ़ आज सारे हो गए

हैं राख के समुन्दर, उनमें गड़े हैं लोग
जलते-हुए पुलों के नीचे खड़े हैं लोग

लपटों की इमारत है, मीनार धुएँ की
फूलों की बात करते ये, पागल बड़े हैं लोग

ज़श्नों में लाख-घर के शामिल हैं सब, हुज़ूर
दीवाल मोम की है, उस पर जड़े हैं लोग

चन्दन की हवेली में सुरंगें हैं आग की
उनमें जली परछाइयाँ ओढ़े पड़े हैं लोग

सारे शहर में पेड़ हैं नंगे बिला वजह
उनके तले बिछे ये बेमौसम झड़े हैं लोग

ब्रह्मजीत गौतम

जन्मतिथि : 28 अक्टूबर 1940, मथुरा (उ.प्र.)

शिक्षा : एम.ए., पीएच.डी.।

प्रकाशन : 1. कबीर-काव्य में प्रतीक-विधान, 2. कबीर-प्रतीक-कोश, 3. अंजुरी (काव्य-संग्रह)। अनेक पत्र-पत्रिकाओं में रचनाओं का प्रकाशन।

सम्मान : 'साहित्य श्री' सहित अनेक संस्थाओं द्वारा पुरस्कृत।

सम्प्रति : शासकीय स्नातकोत्तर महाविद्यालय, झाबुआ में हिन्दी विभाग में प्रोफ़ेसर।

सम्पर्क : 200, प्रोफ़ेसर्स कॉलोनी, झाबुआ (म.प्र.)

दूरभाष : 07392-243280

वक़्त कैसे दिल दुखाने वाले मंज़र दे गया
ज़िन्दगी भर के लिए ग़म का समुंदर दे गया

एक घर के वास्ते तरसा किए हम उम्र भर
पर मुक़द्दर घर के बदले एक खँडहर दे गया

लाएगा रौनक़, सुना था, आज़ादी का आफ़ताब
पर फ़कत धूलोंभरा वो तो बवंडर दे गया

दोस्ती के मायने क्या ख़ाक समझाएँ उसे
पीठ में पीछे आकर जो कि ख़ंजर दे गया

इस चमन के मालियों की नस्ल ऐसी हो गई
जो भी आया इस चमन को एक बंजर दे गया

मार बेकारी की ऐसी नौजवानों पर पड़ी
दौर ये बेवक़्त उनको अस्थि पंजर दे गया

सँभल के चलना नज़र जमाए रस्ते में
मौत खड़ी है घात लगाए रस्ते में

पता नहीं किस कोने से आकर गोली
दिल के आर-पार हो जाए रस्ते में

अविश्वास का कोहरा इतना घना हुआ
अपने भी दीखते पराए रस्ते में

मानवता का लहू पिएँ, मदमस्त बनें
नाच रहे रिंदों—से साए रस्ते में

ज्वालाओं में घिरा देख अपना उपवन
फूलों के चेहरे कुम्हलाए रस्ते में

कैसी ज़ोर ज़बरदस्ती है
रोक सके, किसी हस्ती है

रहें मेंमने कहाँ सुरक्षित
भरी भेड़ियों से बस्ती है

सारी चर्चा धरी रह गई
संसद में धींगामस्ती है

अग में-जग में पग-पग देखो
महँगाई कितनी सस्ती है

कौन लगाए उसे किनारे
तूफ़ानों में जो कश्ती है

फल रही है बेइमानी शान से
जा रही ईमानदारी जान से

चढ़ गया फाँसी सरे बाज़ार सच
घूमता है झूठ आनो-बान से

देखकर बेटी सयानी, बाप का
मन हुआ भारी अजीब थकान से

आदमी डरता कभी था धर्म से
धर्म डरता आज खुद इंसान से

उस खिवैये पर भरोसा क्या करें
सहज ही डर जाए जो तूफ़ान से

आप के नज़दीक जब से आ गए
महफ़िलों में बस हमीं हम छा गए

एक तिनके का सहारा क्या मिला
डूबने वाले किनारा पा गए

हाथ का मज़हब न पंछी देखते
जो भी दाना दे, खुशी से खा गए

ढूँढने जाता न प्यासे को कुँआ
प्यास वाले खुद कुँए पे आ गए

ज़िन्दगी है एक दरिया रेत का
ख़्वाब कितनों के यहाँ दफ़ना गए

उर्मिल सत्यभूषण

जन्मतिथि : 29.11.1940, दीनानगर (पंजाब)

शिक्षा : एम.ए. (हिन्दी एवं राजनीतिशास्त्र।)

प्रकाशन : 'दर्द के दरीचे' एवं 'तुम्हारे नाम' (ग़ज़ल-संग्रह), तीन कविता- संग्रह, कहानी एवं अन्य अनेक विधाओं की पुस्तकें। 'महाजन मित्र' मासिक पत्रिका का सम्पादन, 'परिचय साहित्य परिषद' की अध्यक्ष।

सम्मान : अनेक संस्थाओं द्वारा सम्मानित/ पुरस्कृत।

सम्प्रति : प्रवक्ता पद से सेवा निवृत्ति के पश्चात साहित्य साधना में रत।

सम्पर्क : 152 ए, पॉकेट-4, मयूर विहार फेज-1 दिल्ली फ़ोन-22714364

क्षितिज की दहलीज़ पर सूरज मचलता जाएगा
ताप पाकर दर्द का हिमखंड गलता जाएगा

इन दरख़्तों के तले बैठे हो क्यों थक हार कर
बरगदों का यह छलावा और छलता जाएगा

आँधियाँ तूफ़ान भी उसको बुझा सकते नहीं
आस का दीपक जलाओ, दीप जलता जाएगा

मंज़िलें हैं दूर कितनी, रास्ते धुँधला गए
बिजलियाँ पग में भरो तो पथ निकलता जाएगा

तम से घबराओ न 'उर्मिल', अब सहर आने को है
भोर का सूरज अँधेरों को निगलता जाएगा

आस्थाओ, न तुम डगमगाना कहीं
वक़्त की धार में खो न जाना कहीं

मेरी राहों में जलती हुई रेत है
पाँव रखना मगर जल न जाना कहीं

बरगदी छाँव, उसकी है, मोहक बहुत
देखना छाँव में सो न जाना कहीं

तुम हो योद्धा, तुम्हारी यही शान है
पीठ मैदान में न दिखाना कहीं

आस होगी तो इन्साँ जिएगा ज़रूर
जीत होगी, न 'उर्मिल' भुलाना कहीं

बाहर से चमक देखी है अन्दर नहीं देखा
इस घर का सुलगता हुआ मंज़र नहीं देखा

तुम ऊँचे महल में भी बहुत ख़ुश नहीं दिखते
तुमने कभी हम मस्तों का वो घर नहीं देखा

साहिल पे खड़े दूर से मौजों को गिना है
तुमने कभी उमड़ा हुआ सागर नहीं देखा

माली ने बगीचे में कई फूल खिलाए
पर प्यास से मरता हुआ तरूवर नहीं देखा

'उर्मिल' वो न समझेंगे हालात, जिन्होंने
शीशे की हवेली से उतर कर नहीं देखा

हाथों में यूँ तो उम्र के प्याला बक़ा का था
घेरे हुए था जो उसे, साया, कज़ा का था

मंज़िल क़रीब आई तो वह दे गया दग़ा
राहे वफ़ा में साथ किसी बेवफ़ा का था

उस मोड़ पर जिधर से गुज़रना था झूमकर
मंज़र तो दिल फ़रेब थे, ख़तरा बला का था

ज़ख़्मों को सेंकते रहे हम जिससे, उम्र भर
दर्दों की पोटली में असर तो दवा का था

मैं रेत की दीवार हूँ छेड़ो न...दोस्तो
पुख़्ता लगी, यह बाँकपन 'उर्मिल' अदा का था

मैं धुएँ की लीक बन आकाश में खो जाऊँगी
ज़ब पुकारोगे मुझे, मैं गीत बनके आऊँगी

मैं जहाँ में शब्द फूलों को रहूँगी बाँटती
एक खुशबू की तरह हर दिल को मैं महकाऊँगी

जगमगाऊँगी अँधेरे में मैं बन के रोशनी
आस्था का दीप बन हर द्वार पर जल जाऊँगी

देखना जब दर्द की लय में पुकारोगे मुझे
मैं पवन बनकर तुम्हारे संग गाने आऊँगी

बाँध पाओगी नहीं 'उर्मिल' को, वो फैलाव है
नील घन की नीलिमा में नील सी घुल जाऊँगी

राजेश 'राजे'

मूल नाम	:	राजेश चन्द्र शर्मा
जन्मतिथि	:	2.4.1941, आगरा (उ.प्र.)
शिक्षा	:	एम.ए. (हिन्दी, राज. शास्त्र), बी.टी.।
सम्प्रति	:	शिक्षा निदेशालय दिल्ली से प्रवक्ता पद से सेवा निवृत्ति के पश्चात पूर्णकालिक साहित्य साधना।
सम्पर्क	:	एफ-62ए, जी.टी.बी. एनक्लेव, दिल्ली-93
फ़ोन	:	22599240 (नि.)

इक पेड़ हरा हो तो ठहर जाएगी चिड़िया
सीमेंट के जंगल में तो मर जाएगी चिड़िया

ये घौंसला तिनकों का है, वो चाँदी का पिंजरा
आएगी इधर या कि उधर जाएगी चिड़िया

बच्चे उदास छोड़ के निकलेगी सुबह से
जाना नहीं चाहेगी मगर जाएगी चिड़िया

ज़ख़्मी हुए पंखों से उड़ेगी भी कहाँ तक
बेबस किसी कोठे पे उतर जाएगी चिड़िया

ये आग के क़िस्से, ये जला देने के चश्मे
सुनती रही ऐसे ही तो डर जाएगी चिड़िया

दुकानों में सजे दिखने लगे हैं
मसीहा आजकल बिकने लगे हैं

बो अब बेहद परेशानी में होगा
मेहरबाँ साथ जो इतने लगे हैं

सयाने हो गए हैं हाथ अपने
पराई आँच पर सिकने लगे हैं

न वो रोया न तुमने की शिकायत
तुम्हारे बीच हम पिसने लगे हैं

सियासत में रँगे खादी के कुरते
हमें अब केंचुली दिखने लगे हैं

भदरंग चुनरिया पे मोती से जड़े नारे
भूखे के कटोरे में दानों से बजे नारे

टाई की ख़िलाफ़त में अनमोल नज़र आए
खादी के हुए जब से, बेदाम बिके नारे

हर बार नया सपना, हर बार नया वादा
बदनाम हुए इतने बस नाम रहे नारे

माथे की लकीरों पर कोयले से लिखे दीखे
हाथों की उमर बीती अब तक न मिटे नारे

बँगलों में टँके दीखे, मखमल के ग़लीचों पर
गलियों में नज़र आए चिथड़ों पे लिखे नारे

सारे दिन तो जाल बुनेंगी अम्माँ जी
औ़र शाम को कथा सुनेंगी अम्माँ जी

वही पुरानी पिटी लकीरें पीटेंगी
वर्तमान से नहीं जुड़ेंगी अम्माँ जी

खुश होंगी तो जी भरकर आसीसेंगी
गुस्से में करतूत गिनेंगी अम्माँ जी

बेटी को माँ जैसी सास तलासेंगी
मगर बहू को सास रहेंगी अम्माँ जी

फ़ुरसत से देहरी पर आकर बैठ गईं
अब ताज़ा अख़बार बनेंगी अम्माँ जी

पर्वत की छत से उतरा, शाख़ों से खेला सूरज
ऊपर को जो उठा तो, दीखा अकेला सूरज

आँगन में भर दोपहरी पसरी थी आग जैसे
होते ही शाम छत ने सर से धकेला सूरज

चाँदी का एक रुपया, दिन भर में ख़र्च होके
सागर में जाके डूबा बाक़ी अधेला सूरज

करवट बदल-बदल के कोसा तपी उमर को
गोरी ने दोपहर भर मुश्किल से झेला सूरज

इतनी अँधेरी गलियाँ, इतने अँधेरे कोठे
किस-किस को रौशनी दे आख़िर अकेला सूरज

अश्वघोष

मूल नाम : ओम प्रकाश शर्मा

जन्मतिथि : 20 जुलाई 1941, रन्हेरा, बुलन्दशहर (उ.प्र.)

शिक्षा : एम.ए. (हिन्दी) पी एच.डी.।

प्रकाशन : 'जेबों में डर' (ग़ज़ल-संग्रह), दो खंड- काव्य, पाँच कविता-संग्रह, चार बाल काव्य-संकलन सहित अनेक पुस्तकें।

सम्मान : अनेक संस्थाओं द्वारा सम्मानित/ पुरस्कृत।

सम्पर्क : 7-अलकनन्दा एन्क्लेव, जनरल महादेव सिंह रोड, देहरादून-248001 (उत्तरांचल)

दूरभाष : (0135) 2625099

फ़ुरसत मिले तो तुम कभी मेरे भी भीतर देखना
पत्थरों पर सिर पटकता इक समुन्दर देखना

धूप, मिट्टी, खाद, पानी ने जिसे धोखा दिया
सब्ज़ धरती पर तड़पता तुम वो बंजर देखना

किस क़दर ख़ामोश लगती है हवा इस पल मगर
वक़्त आने पर कभी इसके भी तेवर देखना

जो तरसते ही रहे बस इक खिलौने के लिए
उन नरम हाथों में कल रंगीं कबूतर देखना

मेरे भीतर छा रही हैं क्यूँ अजब बेचैनियाँ
ख़्वाहिशों से जूझता ज़िद्दी मुक़द्दर देखना

तख़्ती-बस्ता अब तक मुझमें
एक मदरसा अब तक मुझमें

भरी भीड़ में चलता सँग-सँग
तन्हा रस्ता अब तक मुझमें

बहने को आतुर रहता है
सूखा दरिया अब तक मुझमें

बनते-बनते रह जाता है
घर का नक़्शा अब तक मुझमें

तड़प रहा है कोई परिन्दा
ऐसा लगता अब तक मुझमें

मंज़िल जब अनजानी होगी
हर पल इक नादानी होगी

यूँ तो याद पुरानी होगी
लेकिन नई कहानी होगी

मुक्त करो ये पंछी वरना
पिंजरे की मनमानी होगी

वो लाएगा कई किताबें
मेरी बात ज़बानी होगी

अपनी राह पकड़ के रखना
चलने में आसानी होगी

रोज़ होती है यहाँ हलचल कोई
टूटता है आइना हर पल कोई

राह भटके इन परिन्दों के लिए
ढूँढ़ना होगा नया जंगल कोई

नाच उठतीं काग़ज़ों की क़श्तियाँ
अब गया होता इधर बादल कोई

देश तो ये अब जलेगा शर्तिया
क्या करेगी आपकी दमकल कोई

बेवज़ह मत घूमिए यूँ 'अश्वघोष'
फाँस लेगी आपको दलदल कोई

बाहर एक नशा जीता हूँ
भीतर एक सज़ा जीता हूँ

तू ही तू जिसमें जीता है
ऐसी एक कथा जीता हूँ

हर मज़हब से रहूँ अछूता
ऐसी एक अना जीता हूँ

जिस पल तुमसे मिल जाता हूँ
वो पल बहुत बड़ा जीता हूँ

जीवन तो जीता हूँ लेकिन
सब से ज़रा जुदा जीता हूँ

रसूल अहमद 'साग़र' बक़ाई

जन्मतिथि : 24 जुलाई, 1941, रामपुरा (जालौन) उ.प्र.

शिक्षा : एम.ए., सी.टी.।

प्रकाशन : 1. अर्चना के गीत, 2. संवेदनाओं के क्षितिज, 3. सागर दोहावली, 4. माटी के मोती, 5. अन्वेषिका, 6. शब्द बोलते हैं, 7. सम सामयिक ग़ज़ल में जीवन दर्शन, 8. जनपद जालौन के प्रवासी कवि। अनेक पत्र-पत्रिकाओं में रचनाएँ प्रकाशित, अनेक संस्थाओं द्वारा सम्मानित/पुरस्कृत।

सम्प्रति : प्रधानाध्यापक (मध्यप्रदेश शासन) भिण्ड

सम्पर्क : रामपुरा (जालौन) उ.प्र.—285127
फ़ोन : (05168) 225461

हृदय-सरिता से जब भी प्रेम का मृदु-जल निकलता है
अमंगल की शिलाएँ तोड़कर मंगल निकलता है

लगा करते हैं जब उपकार में प्रतिपक्ष के पत्थर
बिरछ की देह से फल रूप में प्रतिफल निकलता है

प्रभावित ही नहीं होते कभी सज्जन कुसंगति से
जहाँ विषधर पनपते हैं वहीं सन्दल निकलता है

करो उत्पन्न दिलों में प्रेम, मन में आस्था पैदा
लड़ाई से भला कब मसअलों का हल निकलता है

टपकता है क़लम की कोर से जब दर्द का आँसू
बड़ा शीतल, बड़ा मीठा, बड़ा उज्ज्वल निकलता है

दमन विद्वेष से विद्वेष का होता नहीं 'साग़र'
सदा विद्वेष से विद्वेष का ही फल निकलता है

हमें अपने वतन में आजकल अच्छा नहीं लगता
हमारा देश जैसा था हमें वैसा नहीं लगता

मेरी ममता के महलों को किया खँडहर द्वेषों ने
यहाँ थी प्रेम की बस्ती कभी ऐसा नहीं लगता

भुलाए हमने सब आदर्श सीता-राम-लक्ष्मण के
हमारा आचरण रघुवंश के घर का नहीं लगता

मिलन के नाम पर त्यौहार और उत्सव नहीं होते
सभी धर्मों के सम्मेलन का अब मेला नहीं लगता

दिया विश्वास ने धोखा भरोसा घात कर बैठा
हमारा ख़ून भी 'साग़र' हमें अपना नहीं लगता

बचें कैसे कि पानी आ गया है सर के ऊपर तक
अमन के खा गए दाने, अमन के ही कबूतर तक

भलाई की करें उम्मीद क्या इन रहनुमाओं से
बुराई में सने बैठे हैं जब गाँधी के बन्दर तक

चलो, चलते रहो, चलने से ही गन्तव्य पाओगे
नदी बहती हुई इक दिन पहुँचती है समुन्दर तक

मुसलमाँ हूँ मगर अब्दुल हमीद ऐसा मुसलमाँ हूँ
मिरा ये क़ौल पहुँचा दो वतन के एक-इक घर तक

लगन हो, आस्था हो, प्रेम हो, विश्वास हो दिल में
ख़ुदा बनते नज़र आएँगे तुमको यार पत्थर तक

आदमी कब आह्लादित है
वासनाओं से पराजित है

एकता के नाम की क्षमता
जातिवादों में विभाजित है

नीतियाँ केवल नहीं दोषी
यज्ञशाला तक विवादित है

आस्था अब धर्म में कम है
सभ्यता धन से प्रभावित है

यदि हवाओं पर चलेंगे आप
आपका गिरना सुनिश्चित है

जगत में आज हाहाकार क्यों है, सोचना होगा
निरीहों पर ही अत्याचार क्यों है, सोचना होगा

कभी गौतम के आँगन में जहाँ अमृत बरसता था
वहीं अब बह रही विषधार क्यों है, सोचना होगा

नहीं है आचरण में मित्रता का भाव अब किंचित
हमारा मर गया किरदार क्यों है, सोचना होगा

चला करती थीं तलवारें जहाँ ईमानदारी से
वहीं की अब क़लम लाचार क्यों है, सोचना होगा

मनुज के प्रेम की संवेदनाएँ क्या हुईं 'साग़र'
हमारी सोच सब बेकार क्यों है, सोचना होगा

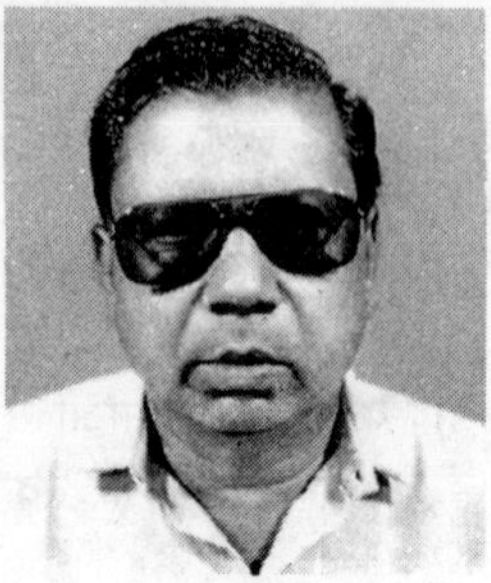

अक्षय गोजा

जन्मतिथि : 23.12.1941

शिक्षा : एम.ए. अंग्रेजी साहित्य।

प्रकाशन : 'अगले जनमों की बात करें' (ग़ज़ल संग्रह) 'ठहाके मार के हँसो', 'आप ही तो मेरे गुरु हैं', 'अपने-अपने चेहरे', 'हर पल महाभारत', 'भविष्य मेरी आँखों में', 'खुशबू अन्तहीन', 'तो अब चिन्ता क्या है'। पत्र-पत्रिकाओं रचनाएँ प्रकाशित।

सम्पर्क : चाँदपोल गेट के पास, जोधपुर 342001
फ़ोन : 0291-2644127

मौसम की चर्चा हुई पुरानी, भ्रष्टजनों की बात करें
देश की अखंडता ख़तरे में, उग्रजनों की बात करें

केवल रेतीले टीलों की मृगतृष्णाओं में जीते हैं
मरुभूमिवासी कभी-कभी तो कुछ गुलशनों की बात करें

झोंपड़ियों में रहनेवाले कीचड़ को जीवन कहते हैं
कभी बस दिल बहलाने को वे भव्य भवनों में बात करें

कभी है ग़म तो कभी ख़ुशी, और जीवन में होगा भी क्या
कुछ भी गर न बात बने तो महान जनों की बात करें

अतीत की महिमा ही गाएँ कि पश्चिम ही शिरोधार्य करें
जीवन को पूर्ण बनाने वाले महागुरुजनों की बात करें

भाई को भाई से प्रेम नहीं, देश-प्रेम की डींगें हाँकें
कुंठा, संत्रास, विकृति रटें कि उदाहरणों की बात करें

ज़िन्दगी लगे कभी इन्सानियत की तरह
कभी लगे ज़िन्दगी शैतानियत की तरह

सोचते हैं बचपन की बातें, क्रीड़ाएँ
ज़िन्दगी लगती है मासूमियत की तरह

फ़ैसले बहुमत से होते हों जब घर में
ज़िन्दगी लगती है जम्हूरियत की तरह

मुहब्बत न शिकायत न हुक्मपरस्ती यहाँ
ज़िन्दगी लगती है बेमुरव्वत की तरह

कामयाबियों का मुसल्सल सिलसिला चले
ज़िन्दगी लगे बेफ़िक्र शख़्सियत की तरह

रूठ कर चल देना उनके बेहिसाब हुए
हमारे ढंग मनाने के लाजवाब हुए

वे तो दिखने के साथ ही मुरझाने लगे
जहाँ में जाने कितने ऐसे शबाब हुए

पदविहीन रुतबा तो क़ायम रहे हमेशा
ऐसे रुतबे कम सही पर लाजवाब हुए

सपने अक्सर ही जँजाल हुआ करते हैं
लेकिन सच्चे भी कई हमारे ख़्वाब हुए

जिनकी शख़्सियतों से है रोशन सदा ज़माना
ऐसे ही शख़्सियतें सृष्टि की किताब हुए

हमें तो किस्से ढेर सारे सुनाने औरों के
नुस्ख़े जाने कितने ही आज़माने औरों के

जोड़ें बिछुड़ें तो चहकना-मटकना भूलते हैं
लगते हैं तब अपने ही आशियाने औरों के

कल के देवता आजकल पूजे नहीं जाते हैं
यारो, चल रहे हैं इन दिनों ज़माने औरों के

पूरी दुनिया ही हमारी तो लुट गई है, दोस्त
जिस दिन से वो हो गए हैं दीवाने औरों के

काम में न सही, बहानों में तो दिमाग़ लगाओ
सुना रहे हो सुने-सुनाए बहाने औरों के

प्रेम में सुख भी है तो दुख भी
दो बोल न कहे तो क्या जीए

कुछ खोएँ भी पाने के लिए
कष्ट नहीं सहे तो क्या जीए

कर्तव्य से जीवन-धार बने
धार में न बहे तो क्या जीए

सपना कोई तो सुहाएगा
कुछ भी ना कहे तो क्या जीए

दुनिया में क्यों आए, क्यों गए
अर्थ नहीं रहे तो क्या जीए

दिनेश 'तपन'

जन्मतिथि : 1.1.1942

सम्प्रति : प्राचार्य, इन्टर स्तरीय डी.पी. यादव उ. विद्यालय, घटवारी, मुंगेर से सेवानिवृत्त। पूर्णकालिक साहित्य साधना में रत्।

प्रकाशन : (1) अंगिका कथा (2) वामन के डेग (हिन्दी लघुकथा) (3) हम्मे बबूल छी (काव्य)। अनेक पत्र-पत्रिकाओं में रचनाएँ प्रकाशित।

सम्मान : अनेक संस्थाओं द्वारा सम्मानित/पुरस्कृत।

सम्पर्क : सम्पादक 'अंगराग' मोती मिश्र लेन, मिश्रा टोला, गुमटी नं. 3, भीखनपुर, भागलपुर-812401

अरे यह देह केवल है नहीं श्रृंगार के क़ाबिल
अभी तो जिस्म जोबन है किसी के प्यार के क़ाबिल

सजा तन मन को देकर क्यूँ क़फ़स की बन रही बुलबुल
अभी तो दिल जवाँ, मौसम भी है बहार के क़ाबिल

अगर अपना मुझे समझो तो खुद को पेश भी कर दूँ
भरोसा किस तरह से दूँ कि हूँ एतबार के क़ाबिल

अगर कुछ हो अजूबा तो रहेंगे सुर्ख़ियों में हम
शगूफ़ा भी मगर ऐसा जो हो अख़बार के क़ाबिल

बुरा मत मानना, बोसा उछाले दे रहा हूँ मैं
यक़ीनन तोहफ़ा है ये तेरे रुख़्सार के क़ाबिल

ज़िन्दगी से दूर हैं अब
ख़्वाब भी काफूर है अब

ताउमर जो चढ़ न पाए
सामने वह 'तूर' है अब

मर न पाए सख़्त जाँ थे
गिर के चकनाचूर हैं अब

बच गया अपराध कर जो
वह तो बेकसूर है अब

ऐ 'तपन' पीले ज़हर तू
सोच ले मजबूर है अब

तनहा ही चल पड़े हैं ऐ यार बेख़ुदी में
वादा था हम चलेंगे, मिलकर नई सदी में

हर सू हैं खुराफ़ातें, हर रोज़ हादिसे हैं
जीएगा किस तरह अब इन्सान त्रासदी में

तूफ़ान का है आलम, साहिल से दूर हैं हम
माँझी की बेबसी है, उफनी हुई नदी में

होता है क़त्ल कोई, इन्सानियत का ख़ूँ है
फ़ौजी सी ज़िन्दगी है हर गाँव सरहदी में

उजड़े दयार में भी ले आ 'तपन' बहारें
हाथों का रंग फिर से निखरेगा मेहँदी में

खो चुका है अस्मिता अब आदमी पहचान की
कीमतें क्या रह गई हैं मानवों की जान की

वादियाँ सूनी, नदी सूखी, निहंग पहाड़ हैं
बाढ़ बारिश मौसमों पर है पकड़ विज्ञान की

आपदाएँ दे गईं अक्सर हमें चेतावनी
चेत पाई ही नहीं बुद्धि अभी नादान की

ईश्वर कोई नहीं, जो थे अलोपित हो गए
तीर सारे चुक गए, ताकत न है वरदान की

एक थे बजरंगबली, भूमि हड़प में लग गए
मात्र पहरेदारियाँ हैं, अब 'तपन' हनुमान की

कर्ज़ा बहुत उधार लिया है क्या बोलें
झगड़ा सरे बाज़ार लिया है क्या बोलें

मूँछ पिजा के बाँह की मछली दिखलाता है
रुपिया सबका मार लिया है क्या बोलें

डर ही कहाँ है, हिम्मत और है बेशर्मी
टोके पर तक़रार लिया है क्या बोलें

दूर कहीं से आया एक था परदेशी
अब मालिक मुख़्तार लिया है क्या बोलें

बेरहमी फ़ितरती तौर पर है उसमें
कंस 'तपन' अवतार लिया है क्या उसे

बसंत देशमुख

जन्मतिथि	:	11 जनवरी, 1942, टिकरी, दुर्ग (छ.ग.)
शिक्षा	:	विज्ञान स्नातक
प्रकाशन	:	1. मुखरित मौन (काव्यसंग्रह) 2. गीतों की बस्ती कहाँ पर बसाएँ (काव्यसंग्रह) 3. सनद रहे (काव्यसंग्रह)
सम्प्रति	:	भिलाई इस्पात संयंत्र के अनुसंधान एवं नियंत्रण प्रयोगशाला से वरिष्ठ प्रबन्ध पद से सेनानिवृत्ति के उपरान्त सामाजिक एवं साहित्यिक गतिविधियों में सक्रिय।
सम्पर्क	:	'सौग़ात', जोन-1, सड़क 2 अ, न्यू आदर्शनगर, दुर्ग (छत्तीस गढ़)
दूरभाष	:	2352024 (निवास)

क्षोभ हुआ है अपनों के व्यवहार से
जी करता है उठ जाएँ संसार से

बेशरमी की सीमा तक जो जा पहुँचे
दूर रखे उनसे, विनती करतार से

एहसानों की भारी क़ीमत जो माँगें
बाज़ आइए ऐसे मददगार से

एक शहर मशहूर था जिसके नाम से
काँधा उसको मिला नहीं परिवार से

घर आँगन को बँटना है बँटवारे में
दिल बँटते क्यों पत्थर की दीवार से

क़स्बे सभी अब शहर हो गए हैं
यहाँ आदमी अब मगर हो गए हैं

हँसी बन्दिनी हो गई है कहीं पर
नयन आँसुओं के नगर हो गए हैं

कहो रोशनी से कि मातम मनाए
अँधेरे यहाँ के सदर हो गए हैं

विषपाइयों की पीढ़ी से कह दो
सुकरात मर कर अमर हो गए हैं

अब नहीं उनसे यारी रख
अपनी लड़ाई जारी रख

भूख ग़रीबी के मसले पे
अब इक पत्थर भारी रख

कवि मंचों पर बने विदूषक
उनके नाम मदारी रख

भीड़ भाड़ में खो मत जाना
अपनी अलग चिन्हारी रख

देखकर माहौल घबराए हुए हैं
इस शहर में हम नए आए हुए हैं

बोल दें तो आग लग जाए घरों में
दिल में ऐसे राज़ दफ़नाए हुए हैं

रोशनी की खोज में मिलता अँधेरा
हम हज़ारों बार आज़माए हुए हैं

दिन में वे मूरत बने इन्सानियत के
रात में हैवान के साए हुए हैं

दो ध्रुवों का फ़र्क़ है क्यों आचरण में
एक ही जब कोख के जाए हुए हैं

रुख़े-तूफ़ान वहशियाना है
शाख़े-नाज़ुक पे आशियाना है

मौत आई किराए के घर में
सिर्फ़ दो ग़ज़ पे मालिक़ाना है

ज़र्रे-ज़र्रे में जलजला होगा
ये ख़यालात सूफ़ियाना है

वक़्त सोया है तान के चादर
किधर है पाँव कहाँ सिरहाना है

सिरफिरे लोग जहाँ हैं बसते
उन्हीं के दरमियाँ ठिकाना है

लक्ष्मण

जन्म तिथि : 15.3.1942 (सिन्ध-पाकिस्तान)
शिक्षा : एम.ए. (हिन्दी-संस्कृत)।
रचनाएँ : तीन ग़ज़ल संग्रह 'कोई घर में ढूँढे घर' 'जो किनारा था कभी' एवं 'बेनाम चिट्ठियाँ'। 'मधु के द्वीप' (ऊमर ख़ैयाम की रूबाईयाँ), प्रकाशनाधीन- 'लक्ष्मण की ग़ज़लें'।
सम्मान : अनेक संस्थाओं द्वारा सम्मानित/ पुरस्कृत।
सम्प्रति : पूर्णकालीन काव्य-साधना।
सम्पर्क : 'काव्यम्' गांधारी गली, क़ाज़ी वाड़ा, जूनागढ़ - 362001 (गुजरात) फ़ोन : (0285) 2656035 - 2623818

•

इतने गहरे घाव कहाँ से आए होंगे
लगता है तूने भी मीत बनाए होंगे

अगर प्यार का दिलकश तोहफ़ा तुझे मिला है
ग़म, आँसू, तन्हाई भी तो पाए होंगे

मैं अपने ही घर में हाज़िर नहीं रहा हूँ
क़ासिद या पैग़ाम तो कितने आए होंगे

आँसू उसके अपने ग़म के थे आँखों में
मुझे लगा है मेरे लिए बहाए होंगे

वरना इतने थके-थके लाचार न होते
इन लोगों ने अपने फ़र्ज़ निभाए होंगे

आँसू हैं बेनाम चिट्ठियाँ क्या कीजै
पेड़ से टूटी खुश्क पत्तियाँ क्या कीजे

पहला पहला प्यार दीवाना होता है
जाने दो जो गई लड़कियाँ क्या कीजै

सूख गईं सारी नदियाँ अहसासों की
इतनी सारी सजी क़श्तियाँ क्या कीजै

हम छोटे लोगों की हँसी उड़ाती हैं
परबत जितनी बड़ी हस्तियाँ क्या कीजे

बिना दिलों के ज़िस्मों के बंजर देखो
हाड़-माँस की बसी बस्तियाँ क्या कीजे

हो सकेगी अब गुज़र लगता नहीं
और भी जीते मगर लगता नहीं

तोड़ डाली मैंने हर दीवार अब
घर के जैसा मेरा घर लगता नहीं

हम हक़ीक़त हैं तड़प हैं, दर्द हैं
कोई आएगा इधर लगता नहीं

मार डाली उसने सारी चाहतें
उसको अब कोई भी डर लगता नहीं

दोस्त अपना है सियासत का मरीज़
हो दवा कुछ कारगर लगता नहीं

मौन में भीगता सा कहूँ
क्या कहूँ, क्या कहूँ, क्या कहूँ

तुम अगर हो तो हो, ठीक है
क्या ज़रूरी है अच्छा कहूँ

सोचता ही रहा उम्र भर
क्या करूँ? चुप रहूँ या कहूँ

बस यही बात मुश्किल बनी
मैं तुम्हें किस तरह ना कहूँ

यार तुम खुद समझदार हो
और तो मैं भला क्या कहूँ

एक आवारा गया ईश्वर तलक
ले गई मुझको ज़रूरत घर तलक

क्यों नहीं जी पा रहा इक नेक शख़्स
जिस ज़मीं पर जी रहे विषधर तलक

ख़्वाहिशों की यार मायावी डगर
ले न जाए आपको बंजर तलक

योग्यता उनकी बताएँ किस तरह
मिल नहीं पाया जिन्हें अवसर तलक

क्या बताएँ कौन-सी मजबूरियाँ
लेके आई हैं तुम्हारे दर तलक

विनोद तिवारी

जन्मतिथि : 2.5.1942, ग्राम महुआ डावरा, नैनीताल।

शिक्षा : एम.ए. (हिन्दी)।

प्रकाशन : ग़ज़ल-संग्रह 'दर्द बस्ती का' एवं 'मोम के बुत' साहित बाल-साहित्य पर अनेक पुस्तकें प्रकाशित। 'शिवम्' मासिक का सम्पादन।

सम्प्रति : आकाशवाणी भोपाल के वरिष्ठ समाचार वाचक। स्वतन्त्र पत्रकारिता।

सम्पर्क : ए-462, शाहपुरा, सैक्टर-ए, भोपाल (म.प्र.) 462039
फ़ोन-0755-2420560

बाबूजी, बोलो ग़रीब का दुनिया में रखवाला कौन
हमदर्दी की भूख नहीं है, देगा हमें निवाला कौन

बाबूजी, हमने कोरट में हल्फ़ उठाकर सच बोला
पर बिन पैसे क़ानूनों का देता वहाँ हवाला कौन

बाबूजी, ये उजला सूरज भी कितना अन्यायी है
हर घर जाकर नहीं पूछता लेगा यहाँ उजाला कौन

बाबूजी, बस न्याय-धरम से कह दो है रोटी किसकी
मेहनत या पैसा दोनों में है असली हक़ वाला कौन

बाबूजी, अपने सब बैरी सावन भादों चैत बसाख
वर्ना यूँ मौसम बेमौसम देता देस निकाला कौन

सिद्धि के मंत्र निष्फल गए
स्वप्न तो स्वप्न थे, छल गए

आयु थी चार दिन की मगर
कल्प से मेरे पल-पल गए

ताल सुधियों के सूखे पड़े
दृश्य से दूर शतदल गए

मिट गई उर से संवेदना
सूखते हाय दृग-जल गए

वक्त़ की आँच के सामने
वज्र तक मोम से गल गए

खुदा जाने कहाँ पर खो गई हैं चाँदनी रातें
कि अब तो एक सपना हो गई हैं चाँदनी रातें

शहर में आजकल अपने अँधेरा ही अँधेरा है
परिन्दों सी सहम कर सो गई हैं चाँदनी रातें

सितारे हो गए हैं होटलों के साथ वाबस्ता
सुना है खूब मँहगी हो गई हैं चाँदनी रातें

वो लड़की रौशनी का नाम सुन कर काँप जाती है
ये किस दहशत के काँटे बो गई हैं चाँदनी रातें

भटकते फिर रहे हैं ज़िन्दगी के बीहड़ों में हम
नहीं लौटीं पलकर जो गई हैं चाँदनी रातें

चट्टानों में कठिन थी राह इठलाती हुई चल दी
बहुत ख़ामोश था जंगल नदी गाती हुई चल दी

ये मौसम जब झुलसती धूप का उपहार ले आया
नदी आकुल धरा की देह सहलाती हुई चल दी

किनारों ने नदी को बाँध लेने का भरम पाला
नदी बिफरी किनारे तोड़ मदमाती हुई चल दी

समर्पण में भी शायद सुख छिपा निर्वाण जैसा है
नदी सागर में एकाकार हो जाती हुई चल दी

ज़मीन पाँव तले आसमान सर पर है
हज़ारों साल से ये काफ़िला सफ़र पर है

इन्हें उम्मीद है महलों से दान पाने की
कि इनके सोच की सीमा बस एक छप्पर है

किसी ने भूख से फुटपाथ पे दम तोड़ दिया
जबाव दो कि ये इलज़ाम किस के सर पर है

भले ही रोज़ दिवाली मना के खुश हो लो
अँधेरा वास्तव में आदमी के भीतर है

विकास हो रहा है सच है मगर हम-वतनो
अभी तो देश का अधिकांश भाग बस्तर है

भगीरथ बड़ोले

जन्मतिथि : 6 जून, 1942, (प. निमाड़, म.प्र.)

शिक्षा : एम.ए. (हिन्दी), पी एच.डी.।

प्रकाशन : 'स्वातन्त्र्योत्तर हिन्दी उपन्यास में मानव मूल्य, 'गुड़िया का ब्याह' (बाल उपन्यास)। एक दर्जन से अधिक पुस्तकों में सहलेखन। सम्पादन-सहयोग भी। अनेक पत्र-पत्रिकाओं में रचनाएँ प्रकाशित।

पुरस्कार : अनेक प्रतिष्ठित संस्थाओं द्वारा सम्मानित/पुरस्कृत।

सम्प्रति : आचार्य, हिन्दी अध्ययन शाला एवं संकायाध्यक्ष (डीन) कला संकाय विक्रम विश्वविद्यालय, उज्जैन

सम्पर्क : 286, विवेकानन्द कालोनी, फ्रीगंज उज्जैन-456010,
दूरभाष : (0734) 2561624

पाबन्दियाँ हावी हुईं जब ज़िन्दगी की चाल पर
रोना पड़ा तूफ़ान को भी आदमी के हाल पर

हर चेहरे पर सलवटें ही सलवटें देखी यहाँ
शक सरसराते ही रहे हर रास्ते हर डाल पर

क्या है असल, क्या है नकल, हैं मुश्किलें ही मुश्किलें
टिकता नहीं कोई भरोसा अब किसी टकसाल पर

बेकार सब सपने हुए, बरबाद साँसें हो गईं
जाने नज़र किसकी लगी है रोशनी के ताल पर

सुनकर हमारा दर्द, आएगी कहीं से ताज़गी
हैरान है हर एक अपने आप ऐसे ख़याल पर

दिल से किसी सच के लिए उम्दा दलीलें पेश कीं
चुप्पी उभर आई लतीफ़े-झाड़ते चौपाल पर

कोई क़यामत से कहे किसके लिए ठहरी कहीं
मँडरा रहा चालाक साया खोखले कंकाल पर

रोज जज़्बात धुन रही दुनिया
जाल हर बार बुन रही दुनिया

वक़्त की नब्ज़ हुई बेक़ाबू
सिरफ़िरे साज चुन रही दुनिया

क़ायदे दूर छटपटाते हैं
फ़ायदे सिर्फ़ गुन रही दुनिया

शोर के बीच एक सन्नाटा
मुद्दतों बाद सुन रही दुनिया

आज बदहाल हुआ जीना भी
चाहतें रोज़ भुन रही दुनिया

अजीब दौर है, आवाज़ लगाएँ किसको
चाहतें साथ लिए आज जगाएँ किसको

असलियत देख बियावान जी रहे सारे
ज़लज़ले ज़ोर भरे, आज दबाएँ किसको

आपका इंतज़ाम देख लिया मौक़े पर
गुनहगार दे रहा है सज़ाएँ किसको

ज़िन्दगी एक तमाशा हुई हक़ीक़त में
बदनुमा दाम बेहिसाब, दिखाएँ किसको

जी न पाए नसीब, थे नसीब-वाले हम
ख़्वाब हैं बेशुमार, रोज़ भुलाएँ किसको

वक़्त मजबूर किए जाता है
रोशनी दूर किए जाता है

चाल चलने लगा ज़माना फिर
घाव, नासूर किए जाता है

कुछ पसीजा नहीं कहीं मौसम
चोट भरपूर किए जाता है

एक बदलाव बदमिज़ाज हुआ
रस्म बेनूर किए जाता है

रोज़ लाचार हुआ दिल कितना
दर्द मंजूर किए जाता है

सैकड़ों संकल्प सब को साधने हैं
एक सन्नाटा हमारे सामने है

दूरियों तक स्वप्न कैसे जी सकेंगे
हर किसी के पास गिनती की धुनें हैं

बढ़ रही है उम्र, घटता रोज़ पानी
झुनझुनों में खो रही ये धड़कनें हैं

छू चुके आकाश की ऊँचाइयाँ जो
वे परिन्दे आज कितने अनमने हैं

आग, पानी, नभ, हवा हर सार ओझल
आज हम सब सिर्फ़ मिट्टी के बने हैं

कुँअर 'बेचैन'

मूल नाम : कुँअर बहादुर सक्सैना
जन्मतिथि : 1 जुलाई, 1942
शिक्षा : एम.कॉम., एम.ए. (हिन्दी), पी एच.डी.।
प्रकाशन : 11 ग़ज़ल-संग्रह, 4 गीत संग्रह, 2 कविता संग्रह, 1 ग़ज़ल व्याकरण पर पुस्तक, 1 उपन्यास। पत्र-पत्रिकाओं में रचनाएँ प्रकाशित।
सम्मान : भारतश्री, साहित्यश्री एवं कवि रत्न उपाधियों सहित अनेक संस्थाओं द्वारा सम्मानित।
सम्प्रति : एम.एम.एच. कॉलिज, ग़ाज़ियाबाद से रीडर एवं अध्यक्ष (हिन्दी विभाग) पद से सेवा निवृत्ति के पश्चात् पूर्णकालिक साहित्य साधना में रत।
सम्पर्क : 2 एफ/51, नेहरू नगर, ग़ाज़ियाबाद-201001 (उ.प्र.)
फ़ोन : 0120-2793057, 2793248

गुलों में ज्यों चमन की ख़ुशबुएँ मौजूद रहती हैं
कहीं जाऊँ, वतन की ख़ुशबुएँ मौजूद रहती हैं

मैं अपने गीत गाता हूँ तो लगता है कि इनमें भी
तुम्हारे ही भजन की ख़ुशबुएँ मौजूद रहती हैं

अगर सच्ची मुहब्बत है तो फिर यह बात भी सच है
विरह में भी मिलन की ख़ुशबुएँ मौजूद रहती हैं

थकूँगा क्यों, मुझे जब ताज़गी देने को ही अक्सर
मेरी अपनी थकन की ख़ुशबुएँ मौजूद रहती हैं

मैं जब भी लड़खड़ाने को हुआ तो सामने मेरे
किसी पावन वचन की ख़ुशबुएँ मौजूद रहती हैं

मिलीं बचपन में लेकिन हममें अन्तिम साँस तक यूँ ही
'कुँअर' माँ के बदन की ख़ुशबुएँ मौजूद रहती हैं

फूल को ख़ार बनाने पे तुली है दुनिया
सबको अंगार बनाने पे तुली है दुनिया

मैं महकती हुई मिट्टी हूँ किसी आँगन की
मुझको दीवार बनाने पे तुली है दुनिया

हमने लोहे को गलाकर जो खिलौने ढाले
उनको हथियार बनाने पे तुली है दुनिया

जिनपे लफ़्ज़ों की नुमाइश के सिवा कुछ भी नहीं
उनको फ़नकार बनाने पे तुली है दुनिया

नन्हे बच्चों से 'कुँअर' छीन के भोला बचपन
उनको हुशियार बनाने पे तुली है दुनिया

दुलहिनों के भाल चिपकी बेंदियाँ अच्छी लगीं
फूल से लिपटी हुई ये तितलियाँ अच्छी लगीं

जब से मैं गिनने लगा इन पर तेरे आने के दिन
बस तभी से मुझको अपनी उँगलियाँ अच्छी लगीं

बन्द आँखों-सी किसी के ध्यान में डूबी हुईं
धीरे-धीरे जो खुलीं वो खिड़कियाँ अच्छी लगीं

प्यास के मिटते ही यह क्या है कि मर जाता है प्यार
जब बढ़ीं नज़दीकियाँ तो दूरियाँ अच्छी लगीं

फूल-जैसे सुर्ख़ होठों के निशाँ देने के बाद
ऐ 'कुँअर' जो उसने रख लीं चिट्ठियाँ अच्छी लगीं

कोई रस्ता है न मंज़िल न तो घर है कोई
आप कहिएगा सफ़र, ये भी सफ़र है कोई

'पासबुक' पे तो नज़र है कि कहाँ रक्खी है
प्यार के ख़त का पता है न ख़बर है कोई

रात-दिन अपने इशारों पे नचाता है मुझे
मैंने देखा तो नहीं मुझमें मगर है कोई

ठोकरें दे के तुझे उसने तो समझाया बहुत
एक ठोकर का भी क्या तुझपे असर है कोई

सारी दुनिया को लुटाता ही रहा प्यार अपना
इस ज़माने में बता तुझ-सा 'कुँअर' है कोई

तेरी हर बात चलकर यूँ भी मेरे जी से आती है
कि जैसे याद की खुशबू किसी हिचकी से आती है

बदन से माँ के आती है मुझे अक्सर वही ख़ुशबू
जो इक पूजा के दीपक में पिघलते घी से आती है

कहाँ से और आएगी मुहब्बत की वो सच्चाई
जो जूठे बेर वाली सरफिरी शबरी से आती है

हजारों खुशबुएँ दुनिया में हैं पर उससे कमतर हैं
जो भूखे को किसी सिकती हुई रोटी से आती है

ये माना आदमी में फूल-जैसे रंग हैं, लेकिन
'कुँअर' तहज़ीब की खुशबू मुहब्बत ही से आती है

डॉ. सुशील गुरु

मूल नाम	: सुशील जैन, अजितमल (इटावा) उ.प्र.
जन्मतिथि	: 6 सितम्बर 1942
शिक्षा	: एम. ए. (हिन्दी), पी एच.डी., स्नातक क़ानून, स्नातकोत्तर डिप्लोमा—श्रम कानून एवं औद्योगिक सम्बन्ध।
प्रकाशन	: कई कविता, ग़ज़ल संकलनों की समीक्षा एवं सम्पादन। 'अखिल भारतीय भाषा साहित्य सम्मेलन' (भोपाल सं भाग) के अध्यक्ष एवं अनेक साहित्यिक, सामाजिक संस्थाओं में सक्रिय भागीदारी।
सम्मान	: अनेक संस्थाओं द्वारा सम्मानित/पुरस्कृत।
सम्पर्क	: 53/बी सेक्टर, इन्द्रपुरी, भोपाल-462021 **मो.**—9425025430

दीप सागर की सतह पर रात भर जलता रहा
दर्द का सूरज़ हृदय की गोद में पलता रहा

आदमी से आदमी के बढ़ रहे हैं फ़ासले
आदमी देखा किया और आदमी जलता रहा

ज़िन्दगी की बहर में कोई न मिल पाया रदीफ़
शाइरी के नाम पर बस क़ाफ़िया चलता रहा

रात भर उड़ता रहा मन बादलों के साथ साथ
चाँदनी जलती रही औ' आसमाँ गलता रहा

नयन से समझा न पाई जानकी श्रीराम को
वेदना का शब्द उनके अधर पर पलता रहा

उम्र तो गुज़री मगर तू मुब्तदी निकला 'सुशील'
जुगनुओं के आसरे पर कारवाँ चलता रहा

खेतों से फिर आन मिली एक पगडण्डी खलिहान की
फिर से बातें शुरू हो गईं पूरे हिन्दुस्तान की

भ्रष्टाचारी के मसले में हम पिछड़े तो हैं लेकिन
इन्तज़ार है हमको पहले नम्बर के ऐलान की

चौराहों पर ठुकवा देंगे बुत हम देश के मारों का
आज की ख़ातिर जिनने नाहक यह धरती वीरान की

रूह आइने में रखने का फ़न आता शागिर्दी से
नहीं ज़रूरत होगी बाइबिल, गीता और कुरान की

रहे मुब्तदी चलन 'गुरु' छोटे सिक्कों का जारी है
शे'रो-सुख़न में दिलचस्पी रखना बस इत्मीनान की

उनके युगल कपोल अरुण हुए हल्के-हल्के
बात नयन से अधरों पर आई जब चल के

आँखें भरी-भरी अधरों पर भरी माधुरी
बिन्दिया के दर्पण में चित्र दिखें पल-पल के

भरा लबालब अन्तरघट में प्रेम सुधारस
माथे पर छलके, गालों, अधरों पर छलके

आभामय हो गया चन्द्र-सा आनन उनका
पलकों पर जब तिरे मिलन के स्वप्न मचल के

नुपूर, पायल, कंगन, झुमके जब जब खनके
मधुकूपों में खिलने लगते पुष्प कमल के

आपके नयनों की भाषा मोरपंखी गीतिका
सिलसिला है नेह से भीगी अनवरत प्रीति का

हिज्र का एहसास भी होता नहीं है रात भर
याद का मनहर तसव्वर है मृदुल संगीत का

वस्ल की उल्फ़त में चाहत हम नहीं करते हुज़ूर
हमको मालूम आख़िरी अन्ज़ाम इसकी रीति का

हर मोहब्बत बने दुल्हन यह कहाँ उसका नसीब
हर क़लम को नहीं आता है सलीक़ा गीत का

मुब्तदी होता है हर मज़नूं मोहब्बत में 'सुशील'
ज्योति से रिश्ता हुआ सदियों पुराना दीप का

शब्दों का हर अक्षर अक्षर चपल हो गया इतना
ज्यों नयनों का पल में खुलना, मुँदना, खुलना

भित्तचित्र के साथ घूमते रहे, धूप के कौतुक
छाया गिनते रहे विशद कौड़ी से योगी नयना

आँचल मुँह में, रज माथे पर धारे मुख यूँ बोला
पहली बार नयन ने पहना अभिनन्दन का गहना

सारा चित्र स्पष्ट हो गया ज्यों जल का प्रतिबिम्ब
बही नयन से मुखरित हो जब खारी गंगा यमुना

सच कुणाल पक्षी की आदत चोरों की होती है
उसकी जैसी आँखें जिसकी हों उसका क्या कहना

जलाल अहमद ख़ाँ 'तनवीर'

जन्मतिथि : 2-10-1942, जैसुखपुर, मवई बाराबंकी (उ.प्र.)

शिक्षा : 'साहित्य रत्न' बी.टी.सी.।

प्रकाशित : (1) गीत की बेल, (2) माटी का दीप, (3) बर्फ़ की चिनगारी (ग़ज़ल संग्रह)।

प्रकाशनाधीन : विभिन्न विधाओं की 7 पुस्तकें। अनेक पत्र पत्रिकाओं में रचनाएँ प्रकाशित।

सम्मान : 'काव्यश्री', 'साहित्यश्री', 'रम्भा श्री' 'काव्यमनीषी', 'कविरत्न' समाज-गौरव आदि अनेक सम्मानोपाधियाँ।

सम्प्रति : बेसिक शिक्षा परिषद् के अन्तर्गत प्रधान अध्यापक के पद पर कार्यरत।

सम्पर्क : द्वारा डाकपाल, पो. माँजनपुर जिला–फ़ैजाबाद (उ.प्र.)-225406

रो रहा हर एक रोना ज़िन्दगी का आजकल
आँसुओं से तर यहाँ, चेहरा सभी का आजकल

अब भरोसा ही यहाँ पर क्या किसी का आजकल
आदमी ही ख़ून पीता आदमी का आजकल

दीखता है चाँदनी का रंग फीका आजकल
हो गया फिर ख़ून शायद रोशनी का आजकल

गुलसिताँ की शाख़ का हर फूल मुझसे रोज़ ही
माँगता दिल, नाम लेकर आप ही का आजकल

जो हरित चूनर कभी ओढ़े हुए थी, दोस्तो
हो गया रँग लाल कैसे इस ज़मीं का आजकल

आदमी के तो नज़र आते बहुत से रूप हैं
पर न उनमें आदमीयत का सलीक़ा आजकल

वक़्त के पाँव विपरीत चलने लगे
रोशनी को अँधेरे निगलने लगे

जब अँधेरे में था लोग ख़ामोश थे
रोशनी क्या मिली, लोग जलने लगे

जिनका दावा था अमृत पिलाएँगे हम
बन के विषधर वही विष उगलने लगे

छेड़ दी शबनमी दास्ताँ अश्क ने
पत्थरों के हृदय भी पिघलने लगे

स्वर्ग धरती पे बस जाए 'तनवीर' यदि
न्याय का दीप हर सिम्त जलने लगे

होगी न वह निगाह मेह्रबान, चुप रहो
डूबा हुआ है स्वार्थ में इन्सान चुप रहो

क्यूँ कर रहे हैं आप बहारों की कामना
अपना तो गुलिस्तान है वीरान चुप रहो

छेड़ो न आज ज़ुल्फ़े-परीशाँ की दास्ताँ
दिल और हो रहा है परीशान चुप रहो

साहिल की चाह किस तरह कोई भला करे
हर मोड़ पे तैनात है तूफ़ान चुप रहो

क्यूँ पीटते हो ढोल यूँ इन्सानियत का आज
मानवता आज हो गई निष्प्राण चुप रहो

मिले संघर्ष से संबल सतत है
वही है धन्य जो संघर्ष-रत है

करो ऐश्वर्य की आराधना तुम
मेरा श्रम-नीर ही मुझको रजत है

न पूछो आँकड़े उपलब्धियों के
सुरक्षित फाइलों में परतिशत है

विकल हैं पुष्प, औ तरु-पात आकुल
दशा अब भी चमन की पूर्व-वत है

मुझे तक़दीर लाई किस भवन में
दरो-दीवार की कोई न छत है

हज़ारों रंग बदले फ़िक्र फ़न के
न बदले किन्तु दूषित भाव मन के

विषैला हो गया वातावरण अब
सियासत डँस रही है नाग बन के

जिसे निज राहबर समझा, वही अब
चुरा कर बेचता टुकड़े क़फ़न के

चुभन काँटों की हद से बढ़ गई अब
बगावत कर न बैठे गुल चमन के

ज़मीं पर ढंग जीने का न आया
चले हैं तोड़ने तारे गगन के

लक्ष्मी खन्ना 'सुमन'

जन्मतिथि : 16 नवम्बर, 1942

शिक्षा : एम.एससी. (भौतिक विज्ञान)।

प्रकाशन : 'दायरों के पार' एवं 'इस भरे बाज़ार में' (ग़ज़ल-संग्रह)। अनेक पत्र-पत्रिकाओं व संकलनों में रचनाएँ प्रकाशित।

सम्प्रति : कृषि

सम्पर्क : ए 20/4 फेज़ I डी. एल. एफ. सिटी गुड़गाँव (हरियाणा)

सम्पर्क : टी. 34, गोल मार्किट, रुद्रपुर, (ऊधमसिंह नगर) उत्तरांचल-263153

सूखी नीरस गर्म फ़ज़ाओं में इठलाती नागफ़नी
अद्भुत जीवट से जीवन का राग सुनाती नागफ़नी

सुख में दुख में हर मौसम में सम रह कर हँसती गाती
किस विश्वास से थोड़े जल में भी मुस्काती नागफ़नी

मिल न सकी जो ज़मीं भुरभुरी हिम्मत हार नहीं बैठी
जीवन के पथरीलेपन को गले लगाती नागफ़नी

कच्ची कली तोड़ने को जो वहशी हाथ बढ़े आगे
नाख़ूनों की धार दिखा कर दूर भागती नागफ़नी

अंग-अंग जो काट के गाड़े फिर-फिर फूट पड़ी भू से
और खिलूँगी इन जुल्मों से ये दिखलाती नागफ़नी

अनावृष्टि की कठिनाई में हर रेतीली गर्दिश में
आशा-अभिलाषा के दहके सुमन खिलाती नागफ़नी

याद भी, ख़्वाब भी, हकीकत भी
ज़िन्दगी जाम भी, मुसीबत भी

थे जो अपने मिली उन्हीं से ही
दोस्ती भी, औ कुछ अदावत भी

एक मासूम राह थी दिल की
बन गई आह भी, नसीहत भी

उन हसीं वादियों में खोने की
रोक भी है, जरा इजाज़त भी

सूख कर गुम हुआ किताबों में
जो सुमन था कभी अमानत भी

हो गए है अब दिलों में फासले क्यों इस क़दर
मंजिलों से भी अहम हैं रास्ते क्यों इस क़दर

ले गई छत को उड़ा कर सिर से ठंडी रात में
हो गए आँधी के ऊँचे हौसले क्यों इस क़दर

जो हवाओं को कुचलता यों न वहशत का धुआँ
सिसकियाँ भरती फ़ज़ाएँ मिल गले क्यों इस क़दर

गर्म होती जा रही थी जब फ़ज़ा उस आब की
छोड़ कर घर चल दिए थे बुलबुले क्यों इस क़दर

झूमते दिन के सुमन जब धूप की आगोश में
रात की आँखों में आँसू तब मिलें क्यों इस क़दर

फागुनी पाज़ेब की झंकार बन कर आ गई
उन लबों पर ज़िन्दगी इक़रार बन कर आ गई

पर्वतों पर बर्फ़ की औ' धूप की वो दोस्ती
मुस्कराती ज़िन्दगी की धार बन कर आ गई

खेत पर पकती सुनहरी बालियों की शुभ चमक
आस के इस दीप का उजियार बन कर आ गई

देख कर दुल्हन का मुख यों शर्म की लाली लिए
लब पे दूल्हे के झिझक-सी प्यार बन कर आ गई

तितलियों के पंख देखो शोख़ फिर होने लगे
फिर सुमन ऋतु बाजुओं के हार बन कर आ गई

बन गई क्यों सूर्य की ही हमसफ़र सूरजमुखी
क्या नहीं सुन्दर ज़मीं पर कोई वर सूरजमुखी

बस उजालों से सदा करती है आँखें चार तू
कुछ अँधेरों की भी तुझको है ख़बर सूरजमुखी

डूबता है सूर्य फिर भी ये उदासी किसलिए
और भी आगे कई होंगे सफ़र सूरजमुखी

है दमकता रूप मोहक पर न यो उसको निहार
लग न जाए सूर्य को तेरी नज़र सूरजमुखी

है अगर ख़ुश्बू न तुझमें हो नहीं मायूस तू
किस सुमन में है वफ़ा तुझ-सी मगर सूरजमुखी

किशन स्वरूप

जन्मतिथि	:	30.12.1942, भानऊँ, तमोटिया, अलीगढ़, (उ.प्र.)।
प्रकाशन	:	'संबोधन', 'संभावना', 'बूँद-बूँद सागर में', 'पंथ के पाँवड़े', 'ज़मीन की तलाश में', 'घुटन और घुटन', 'समेटे हुए पल', 'आसमान मेरा भी है', 'तन्हा सफ़र'। अनेक पत्र-पत्रिकाओं में रचनाएँ प्रकाशित।
सम्प्रति	:	उ.प्र. राज्य विद्युत निगम में महाप्रबन्धक के पद से सेवानिवृत्ति के पश्चात् साहित्य साधना में रत।
सम्पर्क	:	47, कल्याण नगर, गढ़ रोड, मेरठ (उ.प्र.) फ़ोन - 2603523

ज़िन्दगी की राहों में हर तरफ़ अँधेरा है
रोशनी के घर-आँगन जुगनुओं का डेरा है

रहबरों के साए में मंज़िलें नहीं मिलतीं
क़ाफ़िले की भीड़ों में हर कोई लुटेरा है

दर्द के पड़ावों पर है चुभन-सी पाँवों में
बाँटना भी मुश्किल है जो भी है सो मेरा है

कितने चुप-से रहते हैं, हर सुबह पखेरू भी
जागता नहीं सूरज, धुंध में सवेरा है

वक़्त के उजाले हैं, याद में उम्मीदें हैं
कल जो आनेवाला है, मेरा है कि तेरा है

आईनों के रूबरू नादान से टकरा गया
और अपनी ही नयी पहचान से टकरा गया

कश्तियाँ काग़ज़ की, लेकिन हौसले चट्टान के
मैं समुन्दर में उतर, तूफ़ान से टकरा गया

आदमी का दर्द सीने में लिए फिरता रहा
बेख़ुदी में, बेवज़ह इंसान से टकरा गया

मन्दिर-ओ-मसजिद में जब फ़रियाद सुनता ही नहीं
दर-बदर फिरता हुआ भगवान से टकरा गया

सर नहीं झुकता किसी कमज़र्फ़ के आगे 'स्वरूप'
बात है ईमान की, ईमान से टकरा गया

रहनुमाओं ने हमारा नाम प्रस्तावित किया
रच दिया षडयंत्र कोई और निष्काषित किया

भीड़ भर में था नहीं कोई कि परचम थाम ले
एक हम ही नासमझ थे, ख़ूब उत्साहित किया

छीनकर ख़ुशबू हवा से हर किरन से रोशनी
एक और तूफ़ान झंझावात आरोपित किया

साज़िशों पर मश्विरा करते रहे हैं रात-दिन
किन्तु कोई हल समस्या का न निर्धारित किया

है नहीं रोटी मयस्सर, जिस अभागी क़ौम को
बस उसी के वास्ते क़ानून संशोधित किया

हादसों से तुम अगर घबराओगे
एक दिन ख़ुद हादसा बन जाओगे

जानते हो पत्थरों का शहर है
किस गली से आईने ले जाओगे

देखा लेना तुम अगर मुन्सिफ़ बने
सच यही है सच नहीं कह पाओगे

बाँटते फिरते हो अपनापन मगर
अपनी तनहाई कहाँ ले जाओगे

आदमी से प्यार करना सीख लो
एक दिन वरना बहुत पछताओगे

वो भला क्यों किसी से डरता है
वक़्त की बेरुख़ी से डरता है

वो ख़ुदा से डरे, डरे न डरे
आदमी आदमी से डरता है

उम्र के हर मुक़ाम पर लेकिन
बेवज़ह ज़िन्दगी से डरता है

उसने पाया है उम्र-भर इतना
वो मगर मुफ़लिसी से डरता है

उसको अपनों ने ही सताया है
हर किसी अजनबी से डरता है

विनोद कुमार उइके 'दीप'

जन्मतिथि	:	1 जुलाई 1943
प्रकाशन	:	1. राष्ट्रीय गीत संग्रह (सम्पादित), 2. दर्द के सलीब पर (ग़ज़ल-संग्रह), 3. पीड़ा के पाहुन (काव्य संग्रह), 4. दर्द का सैलाब (कविता संग्रह), 5. साठोत्तरी हिन्दी ग़ज़लें (सम्पादित)। 1. पीड़ा की परतें (गीत संग्रह), 2. पीड़ा की परिणति (चतुष्पादिकाएँ), 3. एहसास का एहसास (ग़ज़ल संग्रह), 4. दर्द की देहरी पर (कविता संग्रह) प्रकाश्य।
सम्प्रति	:	वरिष्ठ परीक्षक, वायु शस्त्र निरीक्षण स्कन्ध, अम्बाझारी, नागपुर।
सम्पर्क	:	लक्ष्मण अपार्टमेंट्स कोहडे लेआउट खड़गाँव रोड, वाडी, नागपुर-440023 (महा.) फ़ोन : 07104-222904

दे-देकर क़समें रिश्तों की, ख़ूब निभाई लोगों ने
कहकर अपना, अपनों पर शमशीर चलाई लोगों ने

हाथ थामकर औरों का जो, चलते थे अँधियारों में
भोर हुई तो सम्बन्धों की ज्योति बुझाई लोगों ने

हम ही हैं जो अपने बल पर मक़सद तक हम पहुँच गए
वर्ना कब किसको मंज़िल की राह दिखाई लोगों ने

साँसों के उपवन में जब भी गए निराशाओं से घिर
हमें हथेली पर जीवन की रेख दिखाई लोगों ने

चिन्तन की गहराई अपनी सचमुच इतनी गहरी है
डूब गए पर भव सागर की थाह न पाई लोगों ने

अन्तर्मन का 'दीप' जलाकर अर्चन करने से पहले
मन मन्दिर में कामनाओं की आग लगाई लोगों ने

व्यथा हृदय में पाले होंगे
पग में उनके छाले होंगे

दाँव-पेच में फँसे हुए कुछ
मन के भोले-भाले होंगे

तन के ये जितने हैं उजले
मन के उतने काले होंगे

जिसने जीना सीख लिया हो
उसके ढंग निराले होंगे

फाँस तिमिर के, जले 'दीप' ने
अब तक कई निकाले होंगे

दूर हूँ सुख साधना से वेदना की भीड़ में
पीर का पाहुन, प्रणय के गीत का व्यवधान हूँ

हैं पथिक जो राजपथ के, दूर ही मुझसे रहें
क्यों भला हो मोह, मुझसे, मैं सड़क सुनसान हूँ

क्या करूँगा मैं समय का शामियाना तानकर
कल भी था मेहमान मैं, आज भी मेहमान हूँ

गिन रहा था उँगलियों पर, उम्र के बीते बरस
जी गया इतने बरस, यह सोचकर हैरान हूँ

व्यर्थ तिमिर से तंग होकर, मौन, बैठूँगा नहीं
फसलें किरणों की उगाता 'दीप' सा किसान हूँ

वेदना के अधर थरथराते रहे
पीर पीकर भी हम गुनगुनाते रहे

ढूँढने से भी मिलते नहीं आदमी
बनके हिन्दू-मुसलमाँ लुभाते रहे

धर्म-मज़हब की इतनी बढ़ी दूरियाँ
आदमी आदमीयत भुलाते रहे

रहनुमाओं की ख़ुदगर्जियाँ देखिए
नाम गाँधी का अक्सर भुनाते रहे

'दीप' हमने पिया ज़िन्दगी का ज़हर
क्यों क़दम आपके लड़खड़ाते रहे

यारों ने बात बातों में नश्तर चुभाए हैं
पत्थर ही नहीं फूलों से भी चोट खाए हैं

आँखें उठीं, पलकें गिरी, न हिली ही पुतलियाँ
ये कैसे-कैसे वक़्त ने मंज़र दिखाए हैं

गिर-गिर के उठे, उठ के गिरे, औ' सँभल गए
हाथों में ऐसे आपने परचम थमाए हैं

तहज़ीब सिखाने वो चले हैं, हमें ही आज
जिनको कि क़लम हमने पकड़ना सिखाए हैं

ए 'दीप'! तुमसे कब किसी ने की है याचना
तुमने स्वयं ही जल के उजाले लुटाए हैं

विज्ञान व्रत

जन्म : 17 अगस्त, 1943, तेड़ा (मेरठ)।

शिक्षा : एम.ए. ललित कला (चित्रकला) एवं पाँच वर्षीय डिप्लोमा (चित्रकला)।

प्रकाशन : तीन ग़ज़ल-संग्रह—'बाहर धूप खड़ी है', 'चुप की आवाज़' और 'जैसे कोई लौटेगा'। 'सप्तपदी' में 101 दोहे संकलित। देश की अनेक प्रमुख पत्र-पत्रिकाओं में रचनाएँ प्रकाशित। एक बाल-गीत संग्रह, दोहा-संग्रह, एक ग़ज़ल-संग्रह शीघ्र प्रकाश्य।

सम्मान : अनेक संस्थाओं द्वारा सम्मानित।

सम्प्रति : लेखन और चित्रकारी

सम्पर्क : एन 138, सैक्टर 25, नौएडा 201301
फ़ोन : 2535138

मुझको अपने पास बुलाकर
तू भी अपने साथ रहा कर

अपनी ही तस्वीर बनाकर
देख न पाया आँख उठाकर

बे-उन्वान रहेंगी वरना
तहरीरों पर नाम लिखा कर

सिर्फ़ ढलूँगा औज़ारों में
देखो तो मुझको पिघलाकर

सूरज बनकर देख लिया ना
अब सूरज-सा रोज़ जलाकर

और सुनाओ कैसे हो तुम
अब तक पहले जैसे हो तुम

अच्छा अब ये तो बतलाओ
कैसे अपने जैसे हो तुम

यार सुनो घबराते क्यूँ हो
क्या कुछ ऐसे-वैसे हो तुम

क्या अब अपने साथ नहीं हो
तो फिर जैसे-तैसे हो तुम

ऐशपरस्ती! तुमसे तौबा
मज़दूरी के पैसे हो तुम

मैं था तनहा एक तरफ़
और ज़माना एक तरफ़

तू जो मेरा हो जाता
मैं हो जाता एक तरफ़

अब तू मेरा हिस्सा बन
मिलना-जुलना एक तरफ़

यूँ मैं एक हक़ीक़त हूँ
मेरा सपना एक तरफ़

फिर उससे सौ बार मिला
पहला लमहा एक तरफ़

जुगनू ही दीवाने निकले
अँधियारा झुठलाने निकले

ऊँचे लोग सयाने निकले
महलों में तहख़ाने निकले

वो तो सबकी ही ज़द में था
किसके ठीक निशाने निकले

आहों का अन्दाज़ नया था
लेकिन ज़ख़्म पुराने निकले

जिनको पकड़ा हाथ समझकर
वो केवल दस्ताने निकले

मैं कुछ बेहतर ढूँढ रहा हूँ
घर में हूँ घर ढूँढ रहा हूँ

घर की दीवारों के नीचे
नींव का पत्थर ढूँढ रहा हूँ

जाने किसकी गर्दन पर है
मैं अपना सर ढूँढ रहा हूँ

हाथों में पैराहन थामे
अपना पैकर ढूँढ रहा हूँ

मेरे क़द के साथ बढ़े जो
ऐसी चादर ढूँढ रहा हूँ

आचार्य भगवत दुबे

जन्मतिथि : 18-8-1943

प्रकाशन : ग़ज़ल-संग्रह 'चुभन'। छन्दबद्ध कविता के सिद्धहस्त कवि, कुशल कहानीकार एवं समर्थ गद्यकार। 'दधीचि' महाकाव्य के अतिरिक्त विभिन्न विधाओं पर डेढ़ दर्जन से अधिक पुस्तकें प्रकाशित।

सम्मान : अनेक संस्थाओं द्वारा सम्मानित।

सम्पर्क : 1498, 'विमल स्मृति', पिसनहारी मढ़िया के पास, जबलपुर - 482003 (म.प्र.) फ़ोन-2492865

भूल से अपमान मत करना कभी नन्हे दियों का
सामना करना सिखाते हैं हमें ये, आँधियों का

यह सलीक़ा, है मुहब्बत का बताओ क्या उचित
कापियों में पत्र भेजा, क़त्ल करके तितलियों का

क्या कभी कड़वी सचाई आपने स्वीकार की है
सर क़लम करते रहे हो, स्वास्थ्यवर्धक ककड़ियों का

स्वावलंबन जब न बेटी को सिखाया आपने ख़ुद
हो तबाही का न क्यों, इल्ज़ाम तुम पर, लड़कियों का

काटकर, मतपत्र का जब दे दिया तुमने अँगूठा
अब बताओ, क्या करोगे इन अपाहिज अँगुलियों का

जंगलों का यूँ न क़त्ले आम करना दोस्तो तुम
बाद मरने के, पड़े टोटा न तुमको लकड़ियों का

दुश्मनों से छीनकर, वापस वतन देकर गए
मौत को, रणबाँकुरे वे, बाँकपन देकर गए

स्वर्ण तमगों से चुकेगा क़र्ज़ क्या उनका भला
राष्ट्र को निस्वार्थ जो मन-प्राण धन देकर गए

जो दिए, लड़ते गुलामी के अँधेरों से रहे
स्वाभिमानी सोच की, उजली किरण देकर गए

रोशनी की, थीं नहीं अभ्यस्त आँखें आपकी
इसलिए डरकर, उजालों को मरण देकर गए

घुट्टियों से दे गए, 'आचार्य' वे कैसी दवा
स्वस्थ बच्चों को हमारे, विषवमन देकर गए

युद्ध के परिणाम तो अब दुश्मनों से पूछिए
घाव अपनों के, शहीदी परिजनों से पूछिए

भाईचारे का कलेजा चीरकर तुमको भला
क्या मिला, सदियों पुराने बन्धनों से पूछिए

जब बघारा गोश्त, छीकें आईं, आँसू बह चले
प्याज किसकी कट गई, यह लहसुनों से पूछिए

भेड़िये से, एक बकरी किस तरह लड़ती रही
आग आँखों में लिए इन मेमनों से पूछिए

दोस्त दुश्मन के लहू में कौन-सा अन्तर मिला
क्या कहें 'आचार्य', बल्लम के फनों से पूछिए

बदनियत, स्वच्छन्दता के सिलसिले बढ़ने लगे
यूँ हुए आज़ाद हम, शिकवे गिले बढ़ने लगे

राजनैतिक खेल, सत्ता के लिए खेले गए
देश में, अपराधियों के दृढ़ किले बढ़ने लगे

बस्तियाँ गंदी, ग़रीबी यूँ हटाई देश से
हर तरफ़ विस्थापितों के क़ाफ़िले बढ़ने लगे

हो रही हिन्दी उपेक्षित, रौब इँगलिश का जमा
दिन ब दिन, कान्वेन्टों में दाख़िले बढ़ने लगे

यूँ तो मंगल, चाँद, सूरज से बढ़ीं नज़दीकियाँ
आदमी से आदमी के, फ़ासले बढ़ने लगे

संत इमाम मिलेंगे बिकते, बाजारों के बीच मियाँ
बोली लगती है ईश्वर की, व्यापारों के बीच मियाँ

शोषण भ्रष्टाचार ठगी से, भरे हुए सब कालम हैं
मानवता खोजे न मिलती, अख़बारों के बीच मियाँ

लज्जा, मर्यादा, संयम के, आभूषण जो पहने हैं
जाने कैसे लाज बचातीं, व्यभिचारों के बीच मियाँ

कमी नहीं है राजनीति में, चारण और भटैतों की
कुत्तों जैसी पूँछ हिलाते, दरबारों के बीच मियाँ

मानव सेवा के तमगे, जो लोग लगाए फिरते हैं
नाक बन्द करने लगते हैं, बीमारों के बीच मियाँ

रामकुमार कृषक

जन्मतिथि	:	1.10.1943, गुलड़िया (मुरादाबाद) उ.प्र.
शिक्षा	:	एम. ए. (हिन्दी)
प्रकाशन	:	ग़ज़ल-संग्रह 'नीम की पत्तियाँ' सहित अन्य अनेक विधाओं में एक दर्जन पुस्तकें प्रकाशित। पत्र-पत्रिकाओं में रचनाएँ प्रकाशित। 'अपयश अपने नाम' ग़ज़ल-संग्रह प्रकाश्य। 'अलाव' और 'नई पौध' का सम्पादन।
सम्मान	:	'प्रकाश वीर शास्त्री पुरस्कार,' हिन्दी अकादमी, दिल्ली, 'सारस्वत सम्मान', तथा 'इंडोएशियन लिटरेरीक्लब' सहित अनेक संस्थाओं द्वारा सम्मानित।
सम्प्रति	:	स्वतन्त्र लेखन और सम्पादन।
सम्पर्क	:	सी-3/59, नागार्जुन नगर सादतपुर विस्तार, दिल्ली-94 फ़ोन-22182096

बाख़बर हम हैं मगर अख़बार नहीं हैं
बाकलम ख़ुद हैं मगर मुख़्तार नहीं हैं

क्या कहा हमने भला इक शे'र कह डाला अगर
कट गए वो और हम तलवार नहीं हैं

आप चीज़ें चाहते हैं आपकी औक़ात है
हम कहीं तक शामिले-बाज़ार नहीं हैं

आज तक सूरज हमारी देहरी उतरा नहीं
हैं नहीं रौशन भले अँधियार नहीं हैं

हो गए हैं एक सच उघड़ा हुआ हम आजकल
चाहतों में हैं मगर स्वीकार नहीं हैं

घेर कर आकाश उनको पर दिए होंगे
राहतों पर दस्तखत यों कर दिए होंगे

तोंद के गोदाम कर लबरेज़ पहले
वायदों से पेट खाली भर दिये होंगे

सिल्क खादी और आज़ादी पहनकर
कुछ बुतों को चीथेड़े सी कर दिए होंगे

हों न बदसूरत कहीं बँगले-बगीचे
बेघरों को जंगलों में घर दिए होंगे

प्रश्नचिह्नों पर उलट सारी दवातें
जो गए-बीते वो संवत्सर दिए होंगे

राह चलते ही नई वारदात और हुई
एक लम्हे की जनी इक जमात और हुई

हमने माना हरेक शख़्स आदमी है, मगर
आप कुछ और अगर हों तो बात और हुई

हमारे द्वार वो आए तो आदमी थे हमीं
उनके द्वारे जो गए हम तो ज़ात और हुई

एक राजा को बचाने का खेल क्या कहिए
खप गयी फ़ौज शह बचे कि मात और हुई

हमारे हाथ से सूरज का क़त्ल तो न हुआ
हमारे वास्ते फिर कैसे रात और हुई

रोटियों का मुद्दआ दिल्ली से सुलझेगा नहीं
और भूखा इस बहस में और उलझेगा नहीं

भूख दिल्ली ने बढ़ायी और दिल्ली भूख ने
इस सचाई को मगर इतिहास उगलेगा नहीं

मुद्दतों से चाँद थाली में परोसा जा रहा
इस निरे बहकाव को अब कौन समझेगा नहीं

टोपियों के दंगलों में तो लँगोटी भी गयी
हादसा इससे बड़ा अब और गुज़रेगा नहीं

अब तो ख़ाली पेट में बारूद भरकर आदमी
गुम्बदों में जा फटेगा सिर्फ़ सुलगेगा नहीं

वक़्त है वक़्त की तेज़ रफ़्तार है
जो नहीं चल रहा वो गुनहगार है

वक़्त को काटना क्या हँसी-खेल है
वक़्त तो ख़ुद-ब-ख़ुद एक तलवार है

वक़्त को जाँच लें बाँध लें हाथ से
अन्यथा व्यर्थ जाएगा अख़बार है

वक़्त के हाथ में तो घड़ी ही नहीं
हर घड़ी वक़्त की ही तलबगार है

अपनी ख़ुद्दारियत ही ख़ुदा दोस्तो
वक़्त भी है ख़ुदा पर निराकार है

नरेन्द्र राय 'नरेन'

जन्मतिथि : 14.10.1943, हैदराबाद

शिक्षा : डिप्लोमा इन पेंटिंग, हायर डी. एम.टी.टी. सी.।

प्रकाशन : 'अँधेरों के ख़िलाफ़', 'कुहासे की धूप', 'रेखांकित रेखाएँ', 'चौपाल'। पत्र-पत्रिकाओं में रचनाएँ प्रकाशित।

सम्प्रति/सम्पर्कः आर्ट मास्टर, केशव मेमोरियल बायस हाई स्कूल, नारायणगुडा, हैदराबाद (आं.प्र.) 500 029

फ़ोन - 23227900 (का.),
24521246 (नि.)

अपनी बर्बादी पे हम आँसू बहाते रह गए
हम जले और उनके आँगन जगमगाते रह गए

रौशनी आने लगी तो खिड़कियों को बन्द कर
हम अँधेरों में फ़क़त दीपक जलाते रह गए

भेद के ख़ंजर हमारे हाथ औरों ने दिए
हम धरम के नाम पर बस ख़ूँ बहाते रह गए

बेचकर पतवार तूफ़ानों को पैसों के लिए
देश की नईया को ख़ुद माझी डुबाते रह गए

देश बिकता ही गया जनता बिकी नेता बिके
गीत फिर भी देशभक्ति के सुनाते रह गए

माँ बहन की आबरू लुटती गई लुटती रही
देखकर बेटे वतन के मुस्कुराते रह गए

धर्मो-मज़हब को दिमाग़ों से भुलाया जाए
आदमी को सही इन्सान बनाया जाए

बेड़ियाँ तोड़ दे नफ़रत की ज़माने भर में
ऐसा इक प्यार का हथियार बनाया जाए

कोई शिक्षा से जहाँ भेदभाव पैदा हों
ऐसे हर शब्द को पुस्तक से मिटाया जाए

हो कोई देश में रहकर जो करे गद्दारी
ऐसे हर शख़्स को सूली पे चढ़ाया जाए

देश का मान ही मज़हब हो हर किसी के लिए
सर झुकाना हो तो इस पर ही झुकाया जाए

कोई न कोई मेरे द्वार तक आया होगा
बन्द दरवाज़े को ग़म अपना सुनाया होगा

मेरी देहरी मुझे भीगी हुई सी लगती है
कोई आकर के यहाँ अश्क बहाया होगा

न जाने कौन था क्या चाहता था वो मुझसे
किसी ने बेवज़ह दिल उसका दुखाया होगा

न कोई दोस्त न अपना है मैं तो तन्हा हूँ
मेरे इस घर का पता किसने बताया होगा

किसी ने मेट दिए हैं पड़े क़दमों के निशाँ
कोई ख़ुद्दार ही होगा जो मिटाया होगा

ज़िन्दगी में जिसको चाहा इक ख़ुदा है और तू
हमको देते हैं सुकूँ इक मयकदा है और तू

ज़र ज़मीं दौलत गई अपने पराए सब गए
पास मेरे अपना कहने, दिल बचा है और तू

लड़खड़ाए वक़्त की ठोकर से जब-जब भी क़दम
थामते हैं मेरा दामन इक नशा है और तू

दौर था मेरा भी मैं था ज़माने के लिए
बीती यादों का ज़हन में सिलसिला है और तू

हादसे दुश्वारियाँ आईं गईं थककर 'नरेन'
साथ जाने किस फ़रिश्ते की दुआ है और तू

ओ जाने वाले तुम ज़रा मुड़कर तो देखते
मेरी तरफ़ को दो क़दम बढ़कर तो देखते

जानिब मेरी बढ़ा दिया काग़ज़ को मोड़कर
लिक्खा है इसमें क्या ज़रा पढ़कर तो देखते

परवाज़ में मैं साथ निभाता कहाँ तलक
इक बार मेरे साथ में उड़कर तो देखते

जो चाहते थे तुम मुझे सब कुछ क़बूल था
ऐ दोस्त अपनी बात पर अड़कर को देखते

थक हार कर न बैठिए यूँ राह में 'नरेन'
इस बेरहम जहान से लड़कर तो देखते

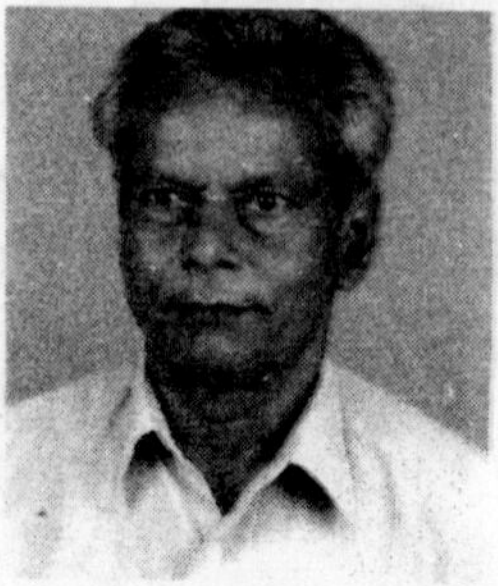

रवीन्द्र नाथ सिंह 'रवि'

जन्मतिथि : 1-3-1944, नौवागढ़ी, मुंगेर (बिहार)

शिक्षा : एम.एससी. कृषि (उद्यान शास्त्र), पीएच.डी. (शाक अभिजनन)।

मानद उपाधि : विद्या वारिधि (विक्रम शिला हिन्दी विद्यापीठ)।

प्रकाशन : मधु मालिनी (गीत संग्रह) एवं अनेक पत्र-पत्रिकाओं में रचनाएँ प्रकाशित।

सम्प्रति : वरीय प्राध्यापक, बिहार कृषि महाविद्यालय, सबौर, भागलपुर।

सम्पर्क : उद्यान विभाग, बिहार कृषि महाविद्यालय, सबौर, भागलपुर (बिहार) 813210

जिन्हें मिलता रहा है सुख किसी को ग़म देकर
बाज आएँगे वो भी क्या कभी सताने से

कहो जब मैल है बैठा हृदय के रग-रग में
भला वो जाएगा क्या कुम्भ भी नहाने से

बदन के चाम हैं उनके विशिष्ट गेंडों के
असर होगा भी क्या उनको सूई चुभाने से

दिल में जिनके न बची हो तनिक दया करुणा
बाज आएँगे वो क्या फिर लहू बहाने से

नियति आशिक़ का है जब शमा पर फना होना
बचाएगा भी उन्हें कौन झुलस जाने से

हार कर बैठना भी है रवि बुजदिल होना
पुरु दिल हारता नहीं है हार जाने से

सभ्यता खो गई शहर बन कर
महल की भीड़ में डगर बन कर

हर तरफ़ भाग, दौड़, शोर, कलह
आदमी रह गया कबर बन कर

मतलबी हो गया है हर रिश्ता
छल कपट फल रहे हुनर बन कर

बाँध कर धार क्या किया हमने
नदी ही खो गई नहर बन कर

अब तो जीना भी है 'रवि' मुश्किल
हवा जो बह रही ज़हर बन कर

जो होना था वही तो हो रहा है
मनुज भी अब ज़हर ही बो रहा है

लोक सत्ता है कौरव के हवाले
पार्थ लाक्षा गृह में सो रहा है

कौन अब कृष्ण को जाकर बुलाए
कंस का कोप जन-जन ढो रहा है

प्रेम का पौधा पनपेगा कहाँ से
मनुज दिल भी ज़हर से धो रहा है

'रवि' जीना है तो शिव बन के जीयो
ज़हर वातावरण ही हो रहा है

हम भी ये क्या गुमान रखते हैं
झूठे पौरुष की शान रखते हैं

बिक भी जाते हैं चन्द सिक्कों पर
हम भी ये क्या इमान रखते हैं

वो मसीहा बने जो फिरते हैं
दिल में नफ़रत की खान रखते हैं

बनते हैं अमन के पुजारी भी
छिपाकर लेकिन कृपाण रखते हैं

शर्म फिर भी हमें नहीं आती
हम भी ये क्या गुमान रखते हैं

कर रहा है ज़ुल्म करने दीजिए
और जन आक्रोश बढ़ने दीजिए

आपराधिक और सियासी दोस्ती
राज जनता को समझने दीजिए

हर क़दम पर आज है रावण का राज
एक लंका और जलने दीजिए

ये सियासी चोर खुद फँस जाएँगे
न्याय को परवान चढ़ने दीजिए

जब तलक ज़िन्दा हे जयद्रथ पालकी
ऐ 'रवि' सूरज न ढलने दीजिए

रामेश्वर हरिद

जन्मतिथि	:	15 जून, 1944
शिक्षा	:	कला स्नातक, साहित्यरत्न।
प्रकाशन	:	'काँटों में खुशबू' (ग़ज़ल-संग्रह), 'सारांश' (दोहा-संग्रह)। अनेक पत्र-पत्रिकाओं और संकलनों में रचनाएँ प्रकाशित।
सम्मान	:	अनेक संस्थाओं द्वारा प्रशंसित और उपाधियों से सम्मानित।
सम्प्रति	:	दूरसंचार विभाग (बी.एस.एन.एल.) में वरिष्ठ चयनश्रेणी दूर संकेतक, तार कार्यालय, खण्डवा (म.प्र.)

प्रकृति विजय कर चुके परिस्थितियों से लेकिन हारे लोग
कल हँसते थे आज रो रहे कैसे वक़्त के मारे लोग

ग़मों के आँसू में डूबे आकंठ नज़र न आएँ भले
प्रसन्नता की लहरें मुख पर सागर जैसे खारे लोग

जीवन एक विवशता जैसा जीएँ निरर्थक सालों साल
चिन्ताओं से चिन्तित रहते हरदम साँझ सकारे लोग

ख़ेमेबाजी, गुटबंदी है सिद्धान्तों की दीवारें
सभा, तालियाँ, भाषण, रेली उछलें जैसे नारे लोग

सभ्य, सुसंस्कृत, क्षमावान जो हमको दिखते ऊपर से
धैर्य त्याग कर बन जाते वे ही जैसे अंगारे लोग

धरा बिछौना अंबर ओढ़े यात्रा पाँवों में बाँधे
स्वप्न तोड़कर वर्तमान जीते जाते बंजारे लोग

अब तो एतबार करना हुआ है मुश्किल लोगो
मिले है चारों तरफ़ स्वार्थ की दलदल लोगो

रंग और रूप लिए दिखते झील की रौनक़
आधे हैं साफ़, आधे कीच में कँवल लोगो

जंगल की हिसंक हवा शहर में घुस आई है
कुछ तो बचाव के ख़ातिर करो पहल लोगो

सोने की ईंट जहाँ दिल वहाँ नहीं होगा
मिलेंगे ऐसे कई कुचक्र के महल लोगो

मालिक के हाथ वक़्त है तारीख़ फ़ैसला है
वहाँ नहीं चलती है किसी की भी दख़ल लोगो।

धन, हैसियत कुल और न पदनाम देखिए
आदमी को देखना है उसका काम देखिए

चाँदी की सूरत चाहिए न सोने का जिगर
इंसानियत की ख़ूबी बस तमाम देखिए

इस दौर में बदला है तेज़ी से हमारा सोच
किसको बनाएँ ख़ास किसे आम देखिए

जुगनू का सफ़र सुहाना लगता अँधेरे में
चन्द्रमा के सामने उसका अंजाम देखिए

हम लक्ष्मण रेखा पार करते अपनी भूल से
सोने के हिरण को करते बदनाम देखिए

स्वप्न सहारे ज़िन्दा लोग।
पर बिन, उड़ें परिन्दा लोग

राजनीति का गलियारा
दूषित हुए चुनिन्दा लोग

छोटों में ही भय संकोच
बड़े नहीं शर्मिन्दा लोग

लगे मुखौटे चेहरे पर
साधू हैं कि दरिन्दा लोग

वक़्त नहीं खुद को देखें
बैठ करें पर-निन्दा लोग

सबके पास सवाल उत्तर देगा कौन
हर सवाल विकराल उत्तर देगा कौन

सीधा सच्चा रास्ता चलने वाला तू
उनकी टेढ़ीचाल उत्तर देगा कौन

नाहक अच्छे जीवन स्तर की उम्मीद
है सत्ता कंगाल उत्तर देगा कौन

ऊँचे पद की छाया में अभियुक्त खड़े
कुर्सी बनती ढाल उत्तर देगा कौन

यहाँ उजाला करने का वायदा करके
घर ले गए मशाल उत्तर देगा कौन

निर्मल मिलिन्द

जन्मतिथि :: 24.9.1944
शिक्षा :: प्रशिक्षित स्नातक।
प्रकाशन :: क़त्ल का जश्न एवं काग़ज़ की खिड़कियाँ (ग़ज़ल संग्रह)। अन्य विधाओं की दर्जन भर पुस्तकें। अनेक पत्र-पत्रिकाओं में रचनाएँ प्रकाशित। बज्जिका की कविताओं और कहानियों के दो संकलन, धरती से गन्ध उठी (कविताएँ) और अनेक पत्र-पत्रिकाओं का सम्पादन।
सम्मान : अनेक संस्थाओं द्वारा सम्मानित/पुरस्कृत।
पता : साहित्यम् 1 एफ, सरस्वती नगर, टुइलाडुंगरी गोलमुरी, जमशेदपुर - 831 003
फ़ोन : (0657) 2438439

बेइंतहा यह धूप की बारिश है, ग़ज़ब है
दिल में सुलग रही है जो, आतिश है, ग़ज़ब है

चाहा था मैंने, चार दिन भी हों ख़ुशी के दिन
पर ज़िन्दगी में अपनी जो गर्दिश है, ग़ज़ब है

मौक़ा जिसे भी मिला, उसी ने सितम किए
हर सितमगर से मिलने की ख़्वाहिश है, ग़ज़ब है

पहले से ही सूखा था मेरे ख़्वाब का गुलशन
उसको भी जला देने की साज़िश है, ग़ज़ब है

जनतन्त्र है, पर होठ, क़लम, पेट, पाँव को
हर तरह से कसती हुई बन्दिश है, ग़ज़ब है

देकर के जान इन्क़िलाब लाने के लिए
जाँबाज परिन्दों की जो कोशिश है, ग़ज़ब है

आगे-पीछे कसाईखाने हैं
हम हैं, जीने की ज़िद्द ठाने हैं

अपना सीना है, उनका ख़ंजर है
शौक़ दोनों को आज़माने हैं

दिल में एक गुलमुहर है छोटा सा
हर तरफ़ आग के दहाने हैं

सिर्फ़ ठप्पों का काग़ज़ी रिश्ता
उनकी बातों में बस बहाने हैं

उनकी चालाकियों का क्या कहिए
हमीं हैं तीर, हम निशाने हैं

कुर्सियाँ मिल गई और वायदे काफ़ूर हुए
हमारे हाथ के तोते पकड़ से दूर हुए

कमाल कर गई आकर के यहीं जादूगरी
जो छुहारे थे, चार दिनों में अंगूर हुए

उनको हरगिज़ नहीं जल्दी कि ज़माना बदले
हमीं बेसब्र थे, दौड़े और थक के चूर हुए

यह सियासत भी कभी यूँ नहीं पलटती थी
पलक में कल्ह चुभे, आज नयन नूर हुए

कौन कह सकता भला ग़लत ख़तावारों को
जिसके मुंसिफ़ और मददगार ख़ुद हुज़ूर हुए

कहाँ का कुफ़्र हक़ीक़त में था बरपा उस दिन
शहर में हर के साथ हुआ हादसा उस दिन

हवस के हाथ मे बारूद के कनस्तर थे
मैं नहीं होता तो क्या होता या ख़ुदा उस दिन

सुना, शैतान भी घड़ियाल की तरह रोए
बिलख के रोया दौर-ए-ग़म में फ़रिश्ता उस दिन

काँच बिखरा था गली कूँचों में, देखा होगा
फ़िसल के टूटा था ख़्वाबों का आईना उस दिन

सबों की आँख से उठी थीं बस लपटें-लपटें
समूचे गाँव में फैला धुआँ-धुआँ उस दिन

आइए, कुछ सुनें-सुनाएँ मौलवी साहब
आपको अपना दिल दिखाएँ, मौलवी साहब

फटी कमीज़ के पैबन्द मुँह चिढ़ाते हैं
किस तरह साल भर चलाए , मौलवी साहब

बढ़ रही रोज़-रोज़ मँहगाई
रहें कैसे, भला क्या खाएँ, मौलवी साहब

वज़ह है क्या जो उमर छोड़े है करीमन को
ज़रा चलके पता लगाएँ, मौलवी साहब

नेक इन्सान को गुंडों ने बहुत पीटा है
उस बिरहमन को देख आएँ, मौलवी साहब

खुशीलाल 'मंज़र'

जन्मतिथि : 1.1.1945, मोहदीपुर (भागलपुर)

प्रकाशन : (1) पछिया पुकारे छै (अंगिका काव्य)
(2) शाम होने से पहले (हिन्दी काव्य)
(3) आँसू रो आकाश (अंगिका ग़ज़ल : यंत्रस्थ)। एँगना उतरलै चाँद (अंगिका काव्य संग्रह)
परिवर्तन (अनियतकालीन पत्रिका) का सम्पादन। समय के आईने में (हिन्दी ग़ज़ल) प्रकाशनाधीन।

सम्पर्क : संरक्षक,
समय साहित्य सम्मेलन, पुनसिया, बाँका (बिहार)

क्यों सताते हैं आप दिल जलाते हैं आप
सिर्फ़ आईने पर पत्थर चलाते हैं आप

बहुत चाहा था हमने मगर आपको
नाव काग़ज़ की फिर भी बनाते हैं आप

क्या भरोसा है एक पल की ज़िन्दगी का
फिर सही को ग़लत क्यों बनाते हैं आप

गर देखना है ज़ख़्म तो क़रीब आइए
क्यों दूर से ही मरहम लगाते हैं आप

ग़म के पाले पड़े हैं गर क़िस्मत पर मेरे
क्यों हँस-हँस के मुझको रुलाते हैं आप

हम ज़िन्दगी जीते रहे हैं
फटे कपड़ों सा सीते रहे हैं

सताया आपने भी कम नहीं है
फिर नसीहत क्यों देते रहे हैं

है हुकूमत आपकी तो क्या हुआ
हर रोज़ क़त्लेआम क्यों होते रहे हैं

फैलाकर दुश्मनी का ज़हर क्यों
बहती गंगा में हाथ धोते रहे हैं

होगी फ़जीहत आपकी भी एक दिन
क्यों कम्बल ओढ़ घी पीते रहे हैं

बेतरह से सताए हुए हैं हम
समय के मारे हुए हैं हम

ज़ख़्म क्या दिखाएँ आपको
ख़ुद लहू से नहाए हुए हैं हम

उड़ाई है हँसी आपने कैसी मेरी
फटे जिस्म को दबाए हुए हैं हम

हमारी उम्र का क्या भरोसा यारो
वैसे भी क़ब्र में लटके हुए हैं हम

कैसे कहें कि हम बेकुसूर हैं
कुसूर सिर्फ़ इतना कि सोए हुए हैं हम

हम तो हर शख़्स को आज़माते रहे हैं
अश्क से अश्क को धोते रहे हैं

कौन कहता है हमने दुश्मनी की है
सब दोस्त यूँ ही दामन छुड़ाते रहे हैं

गर्दिश के दिन भी आए तो कोई बात नहीं
ख़ुद अपने से अपनों को बहलाते रहे हैं

गर कोई गिला करे तो अलग बात है
हम तो अपनेपन को निभाते रहे हैं

यारों कभी आया था इस शाख़ पे 'मंज़र'
जिसे सपनों की तरह झुठलाते रहे हैं

दर्द को दिल से लगाए कहाँ चलें
दामन में कोई बात छुपाए कहाँ चलें

आने लगे हैं स्वप्न से प्रेम के प्रतीक
विरहा के कोई गीत सुनाए कहाँ चले

ढल चुकी है जब कहीं ज़िन्दगी की शाम
यादों में कोई दीप जलाए कहाँ चले

सोने चले हैं जब कभी ज़ुल्फ़ों के छाँव में
आँखों से कोई नींद चुराए कहाँ चले

क़ैद हो गए हैं मेरे गुफ़्तगू 'मंज़र'
मन में कोई आग लगाए कहाँ चले

देवकीनन्दन 'शान्त'

जन्मतिथि : 1 मार्च, 1945, मऊरानीपुर (झाँसी) उ.प्र.

शिक्षा : बी.एस सी., बी.ई.एस सी. (मेकेनिकल इंजी.) आनर्स सहित।

प्रकाशनाधीन : 'तलाश' ग़ज़ल संग्रह। विभिन्न प्रतिष्ठित साहित्यिक पत्र-पत्रिकाओं व समाचार पत्रों में रचनाएँ प्रकाशित। अनेक साहित्यिक संस्थाओं में सक्रिय भागीदारी।

सम्मान : अनेक संस्थाओं द्वारा सम्मानित /पुरस्कृत।

सम्प्रति : उ. प्र. पावर कारपोरेशन लिमिटेड लखनऊ से महाप्रबन्धक के पद से सेवा निवृत्त।

सम्पर्क : 'शान्तम्' 10/30/2, इन्दिरानगर, लखनऊ-226013

ढूँढने मंज़िल चले तो उम्र भर चलते रहे
हम तेरे साए की ख़ातिर धूप में जलते रहे

यूँ तो उसने हमको रह-रह के बहुत आवाज़ दी
ज़िन्दगी को हम मगर हर मोड़ पर छलते रहे

वो भी आज़िज़ आ के दामन को झटककर चल दिया
हम खड़े राहों में अपने हाथ ही मलते रहे

आँसुओं से दर्द के सहरा को हम सींचा किए
ग़म हमारे दिल ही दिल में फूलते फलते रहे

हमने भी छेड़ा न फिर पलकों पे बैठी नींद को
'शान्त' बच्चे की तरह कुछ ख़्वाब थे पलते रहे

यादों की एक हाट सी लगती है शाम से
बिकते हैं मेरे ग़म जहाँ गीतों के नाम से

मैं उसको ढूँढ तो लूँ मगर कुछ पता चले
आवाज़ उसने दी है मुझे किस मक़ाम से

केवल ख़ुशी को बढ़ के लगाया नहीं गले
मैं ग़म से भी मिला हूँ बड़े एहतराम से

मैं ज़िन्दगी के मोड़ पर पहुँचा कि तू मिला
घर से चला था वैसे किसी और काम से

रहता हूँ 'शांत' हर घड़ी ग़म के नशे में चूर
मुझको कहाँ है वास्ता मीना औ' जाम से

मुझसे चढ़ा न जाएगा, तू ही उतर के आ
जीवन में तुझसे मिलने की क्या शर्त है बता

दरिया की तरह तू तो बिखरता चला गया
क़तरे की तरह मैं मगर सिमटा हुआ रहा

सूरज को ढूँढते हुए तारों ने ये कहा
माना कि तू हसीन है लेकिन नज़र तो आ

मैं हर घड़ी बुलाया किया ध्यान में तुझे
अपने क़रीब तू भी कभी तो मुझे बुला

मेरे बग़ैर तू भी तो होगा अशान्त 'शांत'
अंधा है ज़िन्दगी का सफ़र रोशनी दिखा

रंग भरने से तो तस्वीर नहीं बोलेगी
मौत ज़िद्दी है बड़ी होंठ नहीं खोलेगी

जिसमें पासंग न हो ऐसा तराजू लाओ
ज़िन्दगी झूठ को अब और नहीं तोलेगी

मेरी आवाज़ में अमृत तो नहीं है लेकिन
मेरी आवाज़ कभी ज़ह्र नहीं घोलेगी

शोर सन्नाटे का सरगम में बदल जाए अगर
तेरी आवाज़ मेरे सुर के साथ हो लेगी

अच्छे शे'रों पे भी गर 'शांत' रही ये महफ़िल
ये ग़ज़ल जा के अकेले में कहीं रो लेगी

अगर पत्थर है तू मैं आईना हूँ, तोड़ दे मुझको
ख़ुदा के वास्ते वरना अकेला छोड़ दे मुझको

जुदाई ने तेरी इस दरजा तोड़ा जुड़ नहीं पाया
बुलालेपासयाफिरआकेमिलऔरजोड़देमुझको

नहीं मैं जानता इसमें ज़ह्र है या कि है अमृत
जिसे तूने गढ़ा मैं वो घड़ा हूँ, फोड़ दे मुझको

मैं चलता ही चला जाऊँगा जब तक 'शान्त' हैं राहें
तुझे खलने लगा हो ये सफ़र तो मोड़ दे मुझको

उपेन्द्र प्रसाद सिंह

जन्मतिथि : 1.6.1945, मुजफ़्फ़रगंज (मुंगेर)
प्रकाशन : 'मुट्ठियों में क़ैद सूरज' ग़ज़ल-संग्रह अनेक संकलनों में रचनाएँ प्रकाशित।
सम्मान : 'हिन्दी विद्यारत्न भारती सम्मान' सहित अनेक संस्थाओं द्वारा सम्मानित/पुरस्कृत।
सम्प्रति : डाक विभाग, बेगूसराय में कार्यरत
सम्पर्क : पोखड़िया (हरिजन स्कूल से दक्षिण), पोस्ट ज़िला—बेगूसराय (851101) बिहार,
दूरभाष : (06243) 229275, (कार्यालय) 222872

भावना-सदभावना-सुख-शान्ति के शोले लिखो
और तांडव सरहदों पर नृत्य बम-भोले लिखो

दुश्मनों ने गर मचाई धूम सीमा पार से
देश की ख़ातिर जवानों! सिर्फ़ हथगोले लिखो

ख़्वाब के सिंदूर हँसते दुल्हनों की माँग में
डोलियों में अर्थियों के पर न हिचकोले लिखो

बोरियाँ, मन के मुताबिक़ नोट भर-भर दे उन्हें
पर ग़रीबों के लिए कुछ अन्न के झोले लिखो

तोलने पर बाट ही जब है ग़लत बाज़ार में
स्वयं को वज़नी बहुत ही, किन्तु बिन तोले लिखो

चाँद सूरज की इबादत हो गई मेरी ग़ज़ल
लोग कहते हैं शरारत हो गई मेरी ग़ज़ल

प्यार का ही ताज जिनका प्यार की ही कुर्सियाँ
आज उनकी ही रियासत हो गई मेरी ग़ज़ल

दहशतों की छाँव में सहमे हुए जो लोग हैं
फ़क्र है उनकी हिफ़ाजत हो गई मेरी ग़ज़ल

वो चले दिल जीतने को आणविक हथियार से
बस इसी से तो ख़िलाफत हो गई मेरी ग़ज़ल

ज़िक्र भी पूरा 'भगत सिंह' के बिना होता नहीं
इसलिए नग्मे-शहादत हो गई मेरी ग़ज़ल

ईद का, बकरीद का, हर ओर होली का समाँ
सरहदों पर छा रहा है किन्तु गोली का समाँ

बेटियों की बाप को यूँ उलझनें आईं-गईं
अर्थियों में हो गया तब्दील डोली का समाँ

किस तरह प्यासा नदी के पास जाए, बोलिए
जब वहाँ पर हो रहा है ज़हर-घोली का समाँ

रहबरों की दोस्ती है रहज़नों से इस तरह
था सुना सम्बन्ध दामन और चोली का समाँ

गूँजता है बाँसुरी का स्वर न मधुवन में कहीं
पनघटों को चाहिए भोली ठिठोली का समाँ

सोचिए, बंधुत्व की पहचान को क्या हो गया
तत्वज्ञानी आदमी के ज्ञान को क्या हो गया

भीख से वंचित भिखारी द्वार से रोता गया
दानियों के देश की सन्तान को क्या हो गया

द्रौपदी की दिन-दहाड़े लाज लूटी जा रही
और खादी में खड़े भगवान को क्या हो गया

तीरगी का है कड़ा पहरा हमारे गाँव में
आपके पुरुषार्थ के दिनमान को क्या हो गया

वृत्तियाँ अपराध की तो आग जंगल की हुई
बोलिए नवहिन्द के अरमान को क्या हो गया

सिर्फ़ शबनम ही नहीं हम, आग भी अंगार भी
हम महज़ मलहम नहीं हैं, घाव भी तलवार भी

हौसलों से दिल भरा, लाली लहू में शेष है
मौत का हमदम बने तो, जीत भी जयकार भी

आपके इस बज़्म में तो एक भी श्रोता नहीं
हम बने पायल महावर पाँव भी झनकार भी

दिन दहाड़े वो किसी को भी उठा चलते बने
हस्तियाँ सब साथ उनके, कार भी सरकार भी

बाँसुरी का स्वर न मोहक, अब सुदर्शन चाहिए
आँधियाँ तूफ़ान हैं हम, नाव भी पतवार भी

रमा सिंह

जन्मतिथि : 17 अक्टूबर, 1945, उदयपुर (राज.)
शिक्षा : एम.ए. (हिन्दी), पीएच.डी.।
प्रकाशन : तीन ग़ज़ल-संग्रह 'सीपियाँ अहसास की', 'फ़ाइलों में बंद मौसम' व 'पलकों के साए' के साथ-साथ गीत, समीक्षा, दोहा आदि अनेक विधाओं में पुस्तकें प्रकाशित। अनेक पत्र-पत्रिकाओं, संकलनों में रचनाएँ प्रकाशित। अनेक काव्य-संग्रहों का सम्पादन।
सम्मान : अनेक साहित्यिक, सामाजिक व सांस्कृतिक संस्थाओं द्वारा सम्मानित/पुरस्कृत।
सम्प्रति : राणा शिक्षा शिविर पी.जी. कालेज, पिलखुआ (ग़ाज़ियाबाद) के हिन्दी विभाग में रीडर एवं अध्यक्ष के पद पर कार्यरत।
सम्पर्क : 'विश्रान्त' के.एम. 159, कविनगर, ग़ाज़ियाबाद - 201002
दूरभाष : (0120) 2752683

छोटे से इस पेट की ख़ातिर कितनी मारामारी है
ये जीना भी क्या जीना है जीने की लाचारी है

शीश उठाए खड़े हुए हैं देखो पेड़ बबूलों के
फूलों के हाथों में भी अब कितनी तेज़ दुधारी है

जो बिल में ही छुपे हुए हैं तुम उनसे बच कर रहना
भाव के कपड़े काट न दें मन खुली हुई अलमारी है

मानवता ने तोड़ लिए हैं सारी दुनिया से रिश्ते
आँसू भी ये सोच रहा है बस अब मेरी बारी है

'रमा' ज़िन्दगी की ग़ज़लों का 'मक़्ता' नहीं कहेगी अब
वर्ना लोग यही सोचेंगे चलने की तैयारी है

उनकी आँखों में जब भी जल देखा
एक खिलता हुआ कँवल देखा

धड़कनें जब कभी उदास हुईं
उनको कहते हुए ग़ज़ल देखा

दिल जलाना पड़ा हमें अपना
इन अँधेरों का ये ही हल देखा

ऐसा लगता है रात रोई है
वर्ना क्यूँ फूल को सजल देखा

जिसको चाहा 'रमा' न मिल पाया
हमने अपना ये राशिफल देखा

आँख में भरकर समुन्दर रख दिया
याद का खामोश मंज़र रख दिया

इस ज़माने की रवायत देख कर
मैंने अपने दिल पे पत्थर रख लिया

जो न काबू पा सका जज़्बात पर
उसने सारे घर को सर पर रख लिया

डर था पिंजरा खोल कर उड़ जाएगी
पंख चिड़िया का कतर कर रख लिया

बात उसकी जब 'रमा' गहरी लगी
मैंने उसका नाम सागर रख लिया

एक ज़िन्दा लाश ही वो बन गया होगा
सामने जब उसके उसका घर जला होगा

चुप्पियों में रह के कितना बोलता है वो
ज़िन्दगी का यह भी कोई फ़लसफ़ा होगा

पत्थरों के देश में शीशे के घर जैसा
एक पल हर एक पल से डर रहा होगा

राह पे चलने से पहले कब ये सोचा था
हर क़दम पर अपने कोई हादसा होगा

शहर सारा सो रहा होगा 'रमा' लेकिन
आँख में अब भी किसी की रतजगा होगा

अश्क को जिस दिन से पीना आ गया
बस! मुझे उस दिन से जीना आ गया

पोंछ ले तू अश्क अब तो मुस्करा
देख साहिल पे सफ़ीना आ गया

अपने माने लफ़्ज खुद देने लगे
ये समझ सोने पे मीना आ गया

इस जहाँ के सामने मैं क्यूँ कहूँ
दिल की मुँदरी में नगीना आ गया

ऐ 'रमा' जब से ग़ज़ल के साथ हूँ
बात करने का क़रीना आ गया

हस्ती

जन्मतिथि	:	11.3.1946, आमेट, राजसमन्द (राज.)
प्रकाशन	:	ग़ज़ल-संग्रह 'क्या कहें, किससे कहें' एवं 'कुछ और तरह से भी'। अनेक पत्र-पत्रिकाओं व संकलनों में रचनाएँ प्रकाशित। 'काव्या' का सम्पादन।
सम्मान	:	अनेक प्रतिष्ठित साहित्यिक संस्थाओं द्वारा सम्मानित।
सम्प्रति	:	व्यापार।
सम्पर्क	:	28, कालिका निवास, नेहरू रोड, सान्ताक्रुज (पूर्व) मुम्बई-400055

ख़ुशनुमाई देखना ना क़द किसी का देखना
बात पेड़ों की कभी आए तो साया देखना

ख़ूबियाँ पीतल में भी ले आती है कारीगरी
जौहरी की आँख से हर एक गहना देखना

झूठ के बाज़ार में ऐसा नज़र आता है सच
पत्थरों के बाद जैसे कोई शीशा देखना

ज़िन्दगानी इस तरह है आजकल तेरे बग़ैर
फ़ासले से कोई मेला जैसे तन्हा देखना

देखना आसाँ हैं दुनिया का तमाशा साहबान
है बहुत मुश्किल मगर अपना तमाशा देखना

दोस्ती, चाहत, वफ़ा इक हद तलक़
ये अदाकारी निभा इक हद तलक़

प्यार की दुनिया वो दुनिया है जहाँ
कर्ज़ होता है अदा इक हद तलक़

शोख़ियों का लुत्फ़ भी कुछ लीजिए
ठीक होती है हया इक हद तलक़

साफ़गोई, सादगी, दरियादिली
चलिए लोगों से जुदा इक हद तलक़

भूल मत 'हस्ती' दुआ माँ-बाप की
काम करती है दवा इक हद तलक़

पहले अपना मुआयना करना
फिर ज़माने पे तब्सरा करना

एक सच्ची पुकार काफ़ी है
हर घड़ी क्या ख़ुदा-ख़ुदा करना

जब भी चाहतें जगे समुन्दर की
इक नदी की तरह बहा करना

ग़ैर मुमकिन भी है गुनाह भी है
पर को परवाज़ से जुदा करना

आप ही अपने काम आएँगे
सीखिए ख़ुद से मशवरा करना

रास्ता किस जगह नहीं होता
सिर्फ़ हमको पता नहीं होता

जिस्म ऐसा लिबास है साहब
चाहने से नया नहीं होता

दूर बेटी हुई तो याद आया
फल कभी पेड़ का नहीं होता

एक नाटक है ये ज़माना यहाँ
कौन बहरूपिया नहीं होता

ख़ौफ़ राहों से किए लिए 'हस्ती'
हादसा घर में क्या नहीं होता

चाहे जिससे भी वास्ता रखना
मिलने जुलने में फ़ासला रखना

चाहे जितनी सजाओ तस्वीरें
आईने के लिए जगह रखना

घर बड़ा हो कोई ज़रूरी नहीं
ये ज़रूरी है दिल बड़ा रखना

अपने घर को सजाओ अपनी तरह
ख़ुद से पूछो कहाँ पे क्या रखना

वक़्त दस्तक नहीं दिया करता
अपना दरवाज़ा तुम खुला रखना

प्रियदर्शी ठाकुर 'ख़याल'

जन्मतिथि : 22 अगस्त, 1946, दरभंगा (बिहार)

प्रकाशन : ग़ज़लों और कविताओं के चार संकलनों 'टूटा हुआ पुल', 'रात गए', 'धूप तितली फूल' और 'यह ज़बान भी अपनी है' के साथ-साथ नवीं शताब्दी के प्रसिद्ध चीनी कवि बाई जुई की कविताओं के अनूदित दो संकलन 'तुम, हाँ बिल्कुल तुम' और 'बाँस की टहनियाँ' प्रकाशित। अनेक पत्र-पत्रिकाओं में रचनाएँ प्रकाशित।

सम्प्रति : अतिरिक्त सचिव, विदेश मंत्रालय, नई दिल्ली।

सम्पर्क : C-II/24, मोती बाग, नई दिल्ली-21
फोन—24102452, 26112458

निकल पड़े हो सफ़र को तो सोचना क्या है
जो है तो ठीक, नहीं है तो रास्ता क्या है

कहाँ तलाश करें और अपनी ख़ुशियों को
तुम्हारे पास नहीं अब तो ढूँढना क्या है

हुआ, तो कैसे किया? गर नहीं तो क्यों न हुआ?
ख़बरनवीस, बता तो ये माजरा क्या है

कोई भी साथ नहीं जब हसीन कहने को
नज़रनवाज़ नज़्ज़ारों का मर्त्तबा क्या है

'ख़याल' वादा करे वो तो कुछ न कहना तुम
हज़ार देखे हैं इक और बेवफ़ा क्या है

वो किया जो सही लगा मुझको
क्या ख़ता है मेरी बता मुझको

थोड़ी दूर और मेरा बोझ उठा
फिर तो ले जाएगी हवा मुझको

जो भी मालूम है, सो ग़ैरों से
आपने कुछ कभी कहा मुझको

आँख से आँख भी मिलाऊँगा
पहले इल्ज़ाम तो बता मुझको

याद हैं अपने सब गुनाह 'ख़याल'
जो मिले, कम है वो सज़ा मुझको

रात-दिन सुब्हो-शाम लिखता हूँ
और, बस तेरा नाम लिखता हूँ

मेरे माज़ी के गुमशुदा साथी
रोज़ तुझको सलाम लिखता हूँ

तेरी ख़ातिर है ख़ास कर ये ग़ज़ल
यूँ तो अशआर आम लिखता हूँ

ये इबारत सँभाल कर रखना
ज़िन्दगी तेरे नाम लिखता हूँ

वक़्त की रेत पर न जाने क्यों
मैं 'ख़याल' अपना नाम लिखता हूँ

खुली आँख और सपना है ये
मेरा नज़रिया अपना है ये

मैं हूँ इस तन्हाई का मालिक
और मुक़द्दर अपना है ये

दुःख की रात का एक सहारा
तारों का जो तकना है ये

किसने पढ़ी हैं कल की लकीरें
आज तो लेकिन अपना है ये

कै दिन दुनिया की आँखों में
और 'ख़याल' खटकना है ये

ख़ाली जगहें भरते रहना अच्छा है
काग़ज़ काले करते रहना अच्छा है

बातें-बातें करते रहना अच्छा है
पर ज़ालिम से डरते रहना अच्छा है

हासिल क्या लाहासिल क्या, ये कौन कहे
ठीक लगे सो करते रहना अच्छा है

जीने की ख़्वाहिश है बहुत दिल में लेकिन
यूँ जीते जी मरते रहना, अच्छा है

पंछी कोई कहाँ माने है ऐसे 'ख़याल'
इसके पंख कतरते रहना अच्छा है

प्रेम भारद्वाज

जन्मतिथि	:	25.12.1946
शिक्षा	:	बी.एससी. (आनर्स), एम.ए. (हिन्दी, समाजशास्त्र), एम.एड., एम फ़िल, पी एच. डी.
प्रकाशन	:	मौसम ख़राब है, कई रूप रंग, लोककथा मानस, मौसम मौसम।
सम्मान	:	पहाड़ी लेखन में राज्य स्तरीय पुरस्कार 'पहाड़ी गांधी' सम्मान से अलंकृत।
सम्प्रति	:	प्रशासनिक सेवा, हिमाचल प्रदेश।
सम्पर्क	:	बृज विहार, नगरोटा बगवाँ (काँगड़ा घाटी) हिमाचल प्रदेश।

साँझ ढले जो आते पंछी
चीर कलेजा जाते पंछी

कैसे जाल बिछाए हमने
नज़र नहीं अब आते पंछी

कर दें पूरा दाना पानी
तब खुलकर बतियाते पंछी

हम भी इनके पंख चुराते
पास अगर जो आते पंछी

मिलता चुग्गा चैन ठिकाना
गीत पुराना गाते पंछी

क्या अंगारे अब क्या शबनम
ठीक नहीं जब मन का मौसम

मजबूरी की थाप के आगे
हारी आदर्शों की सरगम

कुछ भी कह लो होता यह है
पूँजी चाबुक दुनिया टमटम

शल्य चिकित्सा करनी होगी
काम नहीं आया है मरहम

इतने उत्पीड़न के चलते
आँचल बन जाता है परचम

ऐश में एहसास की बातें चली
मैक़दों में प्यास की बातें चली

कीचड़ों ने कमल जब पैदा किए
देवियों के वास की बातें चलीं

जब कभी रावण के सिर आई है मौत
राम के बनवास की बातें चली

पतझड़ी संन्यास बस आया गया
जब कभी मधुमास की बातें चलीं

याद आया वह पहाड़ी हमसफ़र
आपसी विश्वास की बातें चलीं

आहों का है प्रासन यारो
चाहों को निर्वासन यारो

सभा वही प्रस्ताव वही हैं
बदले हैं बस आसन यारो

पुल से अभी न जाए कोई
हुआ नहीं उद्घाटन यारो

एक कन्हैया कितना दौड़े
गली गली दुःशासन यारो

हावी हैं शहरी तहज़ीबें
प्रेम कथा बनवासन यारो

छोड़ कर बरबाद सबको ख़ुद मज़ा ले जाएगा
देखना इक दिन सभी को वो दग़ा दे जाएगा

ख़ुद तो वह पहुँचेगा गंतव्यों में अपने यान में
आम लोगों को पहाड़ी रास्ता दे जाएगा

देखना वह रहनुमा ख़ुद लूटकर यह कारवाँ
जा के थाने में तुम्हारा ही पता दे जाएगा

छीनकर अधिकार उसके डाल अपनी जेब में
आदमी के पूजने को देवता दे जाएगा

पीढ़ियाँ अगली कहाँ उसमें रहेंगी 'प्रेम' से
वह उन्हें ऐसी हवाओं की फ़िज़ा दे जाएगा

चन्द्रप्रकाश 'माया'

जन्म तिथि : 2 जनवरी, 1947, नावानगर बाज़ार (मधुरापुर), वैशाली।

शिक्षा : एम.ए. (हिन्दी),।

प्रकाशन : फूल-पात (काव्य-संकलन), तुम्हारे नाम (काव्य संकलन), 'स्वरत्रयी' का सम्पादन। अनेक पत्र-पत्रिकाओं में रचनाएँ प्रकाशित, प्रेम-पूजन (खंड काव्य) सहित अनेक विधाओं में चार पुस्तकें प्रकाशनाधीन।

सम्मान : अनेक संस्थाओं द्वारा सम्मानित/ पुरस्कृत।

सम्प्रति : दैनिक हिन्दुस्तान के सम्पादन विभाग में कार्यरत।

सम्पर्क : दैनिक हिन्दुस्तान, बुद्ध मार्ग, पटना 800001

करती रही परेशाँ मुझको, मेरी अपनी बेबाकी
चढ़ा नज़र पर उनकी, जब से, सही गवाही में 'हाँ', की

क़ानूनों को झुठलाकर वे, सभी मुकदमे जीत गए
खारिज हुईं अपीलें मेरी, पूरी हुई कसर बाक़ी

बिके खेत सब पुश्तैनी अब, घर पर नज़र महाजन की
अपनी-अपनी मर्ज़ी से, सबने मेरी क़ीमत आँकी

धन के मद में धनवालों ने, ढाहा सितम ग़रीबों पर
होती रही गुहार, न आई काम कभी वर्दी ख़ाकी

यारों की खातिर अपनी तो रहती जान हथेली पर
'माया' को जब पड़ी जरूरत, यार गए देके फाँसी

हिन्दी की ग़ज़ल है, न यह उर्दू की ग़ज़ल है
कुदरत का तोहफ़ा है यह, जिगर की ग़ज़ल है

काटो न इसे बाँटो, तोड़ो न इसे मोड़ो
जज्बात से निकली हुई, शायर की ग़ज़ल है

मन्दिर की वन्दना नहीं, मस्जिद की इबादत
यह पूरी ज़िन्दगी के मंज़र की ग़ज़ल है

महलों में गर पली, तो कुटिया में भी खिली
बाग़ों की, बियाबाँ की, दर-ब-दर की ग़ज़ल है

'माया' जो सुनो ध्यान से, तो गुनगुना उठो
दिलदार-मिज़ाजी किसी दिलबर की ग़ज़ल है

चापलूसों से सजा दरबार है
किस क़दर मस्ती में बरखुरदार है

दोस्तो, जो थे मुलाज़िम कल तलक
देखिए, अब तो वही सरदार है

आप बस, तारीफ के पुल बाँधिए
आपका बेड़ा मज़े से पार है

कौन मेरे कत्ल का सनहा लिखे
मिल गया मुज़रिम से थानेदार है

हश्र क्या अब होगा 'माया' देश का
साधती चुप्पी अगर सरकार है

बनकर तुम हमसफ़र चले थे, पर तुम जो रहज़न निकले
हार समझकर गले लगाया, लेकिन तुम गेहुंअन निकले

सर-आँखों पर तुम्हें बिठाकर, तुम पर था विश्वास किया
सब पर पानी फेरा, कैसे दिल के तुम निर्धन निकले

जब-जब मौक़ा मिला, तो डसकर नस-नस में भर दिया ज़हर
तुममें मैं क्या पड़ूँ दिखाई, तुम गंदले दर्पण निकले

हवा का रुख़ है बदल गया कुछ, आसमान ग़मगीन हुआ
बुलबुल कहाँ बसेरा ले, जब उजड़े हुए चमन निकले

इस दुनिया में करना है, सो कर ले, वक़्त हुआ किसका
'माया' इस पिंजड़े का पंछी, पता नहीं किस क्षण निकले

अनजान हो गया हूँ, अपने ही गाँव में
चौपाल अब कहाँ है, बरगद की छाँव में

हर ओर गैरियत है, बस्ती बदल गई
हर आदमी लगा है, अपने ही दाँव में

साहिल से दूर जाकर, मौजों से खेलता
माँझी भी बेख़बर है, छोटी-सी नाव में

ठोकर है ठौर-ठौर में, कि आता न कुछ नज़र
उठने लगा दबा हुआ फिर दर्द पाँव में

चेहरे बदल-बदलकर, मिलने लगे हैं लोग
'माया' तू उनकी बात पर, बहना न भाव में

परशुराम शुक्ल

जन्मतिथि : 6.6.1947, कानपुर

शिक्षा : एम.ए. (समाजशास्त्र), पीएच.डी.।

प्रकाशन : शोधग्रंथ सामाजिक स्तरीकरण सहित बाल साहित्य पर आधा दर्जन पुस्तकें। पत्र-पत्रिकाओं में रचनाएँ प्रकाशित। अनेक कृतियों का अंग्रेज़ी, उर्दू, पंजाबी, सिंधी आदि भाषाओं में अनुवाद।

सम्मान : अनेक प्रतिष्ठित साहित्यिक, सामाजिक संस्थाओं द्वारा सम्मानित एवं पुरस्कृत।

सम्प्रति : अध्यक्ष, समाजशास्त्र विभाग, बुन्देलखंड कॉलेज, झाँसी (उ.प्र.)

स्थायी निवास : बी-20, नीलम कालोनी, जहाँगीराबाद, भोपाल (म.प्र.) 462008

सम्पर्क : 100, पंचशील नगर, सिविल लाइन्स, दतिया (म.प्र.) 2475661
फ़ोन-(07522) 236292

मुहब्बत इश्क़, नफ़रत और शरारत की बहुत तुमने
मगर इस मोड़ पर आकर तुम्हें कुछ जानना होगा

ये धन-दौलत, ये कोठी और बँगले जो तुम्हारे हैं
तुम्हारे कुछ नहीं हैं ये, तुम्हें अब मानना होगा

ज़ुल्म ढाए हैं तुमने बन के रुस्तम इस ज़माने पर
कभी सोचा है इक दिन मौत से भी सामना होगा

अहद कर लो कि जो कुछ हो गया सो हो गया यारो
तुम्हें हर हाल में नेकी का दामन थामना होगा

तुम्हारी आत्मा है उस परम परमात्मा का अंश
ये सच है और इस सच को तुम्हें पहचानना होगा

ये राम का वतन है, गौतम का ये चमन है
नानक की पाक धरती है, हिन्दोस्ताँ हमारा

ये मीर की ग़ज़ल है, मीरा का गीत है ये
है ये कबीर बानी, हिन्दोस्ताँ हमारा

बिस्मिल, सुभाष, नेहरू, अरविन्द और गाँधी
सब कह गए जहाँ से, हिन्दोस्ताँ हमारा

मन्दिर भी कह रहा है, मस्ज़िद भी कह रही है
ये चर्च कह रहा है, हिन्दोस्ताँ हमारा

हिन्दू का ये वतन है, मुस्लिम का ये वतन है
इन्साँ का ये वतन है, हिन्दोस्ताँ हमारा

ज़मीं पर देखकर तुझको, मेरे मासूम दिल को अब
ख़यालों में हसीनों के, बहक जाने की चाहत है

ग़ज़ब का क़हर ढाती हैं, ये हरजाई लटें ज़ालिम
तुम्हारी उड़ती ज़ुल्फ़ों में, उलझ जाने की चाहत है

न जाने ऐसा क्या तुझमें, कि उठती है हवस-सी इक
मरमरी देख तन तेरा, लिपट जाने की चाहत है

बहुत रोका मगर रोके, नहीं रुकते मेरे आँसू
इन आँखों को भी बदली बन बरस जाने की चाहत है

ये माना छोड़ दी पीना, पिलाना मैंने ऐ साक़ी
बहारें देख कर रंगी, बदल जाने की चाहत है

हिन्द के हिन्दू मुसलमाँ, फ़र्क़ रखते हैं नहीं
वो मगर दंगे कराते, और सब ख़ामोश हैं

हमको लेना क्या है हो काबा कहीं काशी कहीं
रोटियाँ नेता पकाते और सब ख़ामोश हैं

चूसते हैं लहू जनता का हमेशा जोंक से
ऐश करते ज़िन्दगी भर और सब ख़ामोश हैं

बढ़ रहा है क़र्ज़ भारत पर सुरसा की तरह
कह रहे हैं वो तरक़्क़ी और सब ख़ामोश हैं

हो चुकी आधी सदी आज़ाद भारत की मगर
सर पे हम मैला उठाते और सब ख़ामोश हैं

कल शाम को ही छूटा, बेख़ौफ हो के लूटा
क़ैदी ने एक थाना, ताज़ा ख़बर अख़बार की

सर्दी ने मारे नंगे, आसाम में भी दंगे
छै सौ मरे अभी तक, ताज़ा ख़बर अख़बार की

महंगी हुई दवाई, दो लाख की सगाई
सौ लाख का जनमदिन, ताज़ा ख़बर अख़बार की

भारत के गीत गाते, स्विस बैंकों में खाते
रखते हमारे नेता, ताज़ा ख़बर अख़बार की

नारी महान थी तब, नारी महान है अब
पर बिल अभी है बाक़ी, ताज़ा ख़बर अख़बार की

महेश प्रसाद सिंघल

जन्मतिथि : 22.6.1947

शिक्षा : एम.बी.बी.एस.।

प्रकाशन : ग़ज़ल की उड़ान। अनेक स्तरीय पत्रिकाओं, म.प्र. एवं देश के महत्वपूर्ण अख़बारों में ग़ज़लें प्रकाशित। कई महत्वपूर्ण संकलनों में ग़ज़लें प्रकाशित। 'ग़ज़ल ग़ज़ल के नाम' (ग़ज़ल संग्रह), 'यादों की टंकार' (कविता संग्रह) शीघ्र प्रकाश्य।

सम्प्रति : चिकित्सक

सम्पर्क : 21, गुरुद्वारा मार्ग, खरगोन (प. निमाड़) म. प्र.-451001

फ़ोन : (07282) 232316

अगर तू सुन ले तो मैं हाले-दिल बयाँ कर दूँ
ऐ चारासाज़ मैं इज़हारे-दर्दे-जाँ कर दूँ

ये दिल तुम्हारा है ये जान भी तुम्हारी है
जो तुम कहो तो मैं हस्ती धुआँ-धुआँ कर दूँ

ये बेरुख़ी की नज़र तुमने डाल दी जो इधर
क़सम तुम्हारी मैं ख़ुद को ही रायगाँ कर दूँ

ऐ मेरी जाने जिगर जो तुम कहो मैं करूँ
तुम एक तीर बनो ख़ुद को मैं कमाँ कर दूँ

मुझे यक़ीन है इन्साफ़ तो मिलेगा नहीं
जो तुम कहो तो 'महेश' फिर भी मैं फ़ुग़ाँ कर दूँ

नया सूरज उगाया जा रहा है
हमें अन्धा बनाया जा रहा है

मिलाकर हाथ अपने दुश्मनों से
नगर जयचन्द बसाया जा रहा है

लिखा है जिनकी पेशानी पे झूठा
उन्हें सच्चा बताया जा रहा है

ग़रीबी यूँ मिटाई जा रही है
ग़रीबों को मिटाया जा रहा है

जो इन्सानों को आपस में लड़ाए
उन्हें धर्मी बताया जा रहा है

जनवरी में बदल गया सूरज
देखो ठंडक में ढल गया सूरज

सुब्ह होते ही वक़्त से अपने
फिर सफ़र पर निकल गया सूरज

खुल गए जब बरस के बादल तो
कितने रंगों में ढल गया सूरज

रोशनी फिर से होगी आँगन में
फिर गहन से निकल गया सूरज

मुँह दिखाया न रात को अपना
शाम होते ही ढल गया सूरज

रिश्ते नातों को निभाकर तन्हा हूँ
अपनों से मैं रंज उठाकर तन्हा हूँ

ये ख़्वाब तुम्हारे सब मेरे साथी हैं
यादों के मैं दीप जलाकर तन्हा हूँ

यादों की है भीड़ बहुत और मैं
महफ़िल में भी आकर तन्हा हूँ

तुमसे बिछड़कर ऐसा लगा कि
ख़ुद अपने को मैं पाकर तन्हा हूँ

हिज्र की आतिश में जल-जल के 'महेश'
अरमानों की मैं राख उड़ाकर तन्हा हूँ

सच भी रख ले ज़रा दुकान में कुछ
दिल में कुछ है तेरी ज़ुबान में कुछ

ज़िन्दगानी की नाव डूबेगी
हो गया है जो बादबान में कुछ

तुझको ऊँचाईयों की हसरत है
हौसला रख ज़रा उड़ान में कुछ

गर्म झोंके हवा के थे फिर भी
फूल हँसते हैं फूलदान में कुछ

थोड़ी कोशिश करो ऐ चारागारों
जान बाक़ी है नीम जान में कुछ

राजगोपाल सिंह

जन्मतिथि : 1.7.1947, बिजनौर (उ.प्र.)

प्रकाशन : ग़ज़ल संग्रह 'ज़र्द पत्तों का सफ़र', 'खुशबुओं की यात्रा', 'बरगद ने सब देखा है'। अनेक पत्र-पत्रिकाओं, संकलनों में रचनाएँ प्रकाशित। 'हिन्दी की चर्चित ग़ज़लें' का सम्पादन।

सम्प्रति : सरकारी सेवा में कार्यरत।

सम्पर्क : एच-340, नानकपुरा, नई दिल्ली-110021 फ़ोन-24676871 (नि.)

अपनी बूढ़ी आँखों से कल बरगद ने सब देखा है
कहाँ गिरा लाजो का आँचल बरगद ने सब देखा है

तानों से तंग आकर आख़िर गाँव की मीठी पोखर ने
धीरे-धीरे ओढ़ी दलदल बरगद ने सब देखा है

मौसम जिन खेतों में आकर डेरा डाला करते थे
खेत हुए वो कैसे जंगल बरगद ने सब देखा है

कल तक सारे मज़हब जिसको अदब से शीश नवाते थे
किसने काटा है वो पीपल बरगद से सब देखा है

मुंसिफ़ बने हुए हैं कव्वे गिद्धों की पंचायत में
अपराधिन सी खड़ी है कोयल बरगद ने सब देखा है

गेहूँ बोए किन्तु खेत में फ़स्ल उगी बन्दूकों की
गाँव हो गए कैसे चम्बल बरगद ने सब देखा है

ना समुन्दर हूँ, ना मैं दरिया हूँ
भीगी पलकों में ठहरा लम्हा हूँ

खुश्बुओं के सहन में रहता हूँ
एक ताज़ा हवा का झोंका हूँ

मैं समझता हूँ रुख़ हवाओं का
गरचे, सूख हुआ सा पत्ता हूँ

जिनका परिचय है न पता कोई
मैं उन्हें रोज़ पत्र लिखता हूँ

मेरा परिचय है मित्र बस इतना
गीत बुनता हूँ, गीत जैसा हूँ

वो रोज़-रोज़ मेरा इम्तहान लेता है
कभी ज़मीन, कभी आसमान लेता है

खुदा के बाद मुझे बस तू ही डराता है,
तू सर झुका के मेरी बात मान लेता है

कहानी अपनी सुनाना मैं चाहता हूँ उसे
शहर में आ के कोई जब मकान लेता है

मैं जानता हूँ कि मुंसिफ़ का फ़ैसला क्या है
कहानी कुछ है, मगर कुछ बयान लेता है

मैं धूप चाहूँ तो बादल बिखेर देता है
मैं छाँव माँगू तेरा सायबान लेता है

चढ़ते सूरज को लोग जल देंगे
जब ढलेगा तो मुड़ के चल देंगे

गन्दले-गन्दले ये ताल ही तो तुम्हें
मुस्कराते हुए कँवल देंगे

मोह के वृक्ष मत उगा, ये तुझे
छाँव देंगे न मीठे फल देंगे

तुम हमें नित नई व्यथा देना
हम तुम्हें रोज़ इक ग़ज़ल देंगे

चूमकर आपकी हथेली को
हस्त रेखाएँ हम बदल देंगे

एक हरा अहसास जिया
मैं पेड़ों के पास जिया

यूँ उसका विश्वास जिया
जैसे इक संत्रास जिया

वो भी तो इक सागर था
एक मुक़म्मल प्यास जिया

अधरों पर मुस्कान रही
आँखों ने चौमास जिया

सीता संग तो राम रहे
उर्मिल ने बनवास जिया

महेश अनघ

जन्मतिथि : 14 सितम्बर, 1947

शिक्षा : एम.ए./साहित्य रत्न

प्रकाशन : घर का पता (ग़ज़ल संग्रह), महुअर की प्यास (उपन्यास) एवं विभिन्न पत्रिकाओं में रचनाएँ प्रकाशित।

सम्प्रति : लेखा परीक्षा कार्यालय में केन्द्रीय शासन की सेवा।

सम्पर्क : टाइप III/38 शास्त्री नगर, ग्वालियर-474011

फ़ोन : 0751-2343343

और हम ऐसी जगह पर आ गए हैं
रास्ते दीवार से टकरा गए हैं

इस गुफ़ा में वे हमें लाए टहलने
द्वार पर पत्थर मगर सरका गए हैं

पीढ़ियों तक चेतना सोती रहेगी
दवा कुछ ऐसी नशीली खा गए हैं

डायरी में क़ैद हैं अपने इरादे
हम इन्हें पढ़ते हुए शरमा गए हैं

आग को मौक़ा नहीं मिल पा रहा था
इसलिए बादल हमें झुलसा गए हैं

देखिए शायद हमारा कोई घर हो
वे हमें घर का पता बतला गए हैं

नाग-भूषण कंठ में डाले हुए हैं
फ़र्ज़ को हम इस तरह पाले हुए हैं

हृदय अपना है धुएँ की पत्र-पेटी
चाँदनी के पत्र भी काले हुए हैं

एक लम्बा सिलसिला है, और हम हैं
सोचकर मस्तिष्क में छाले हुए हैं

प्राथमिकता दें किसे, सब ही ज़रूरी
इसलिए हर दर्द को टाले हुए हैं

आत्म-विज्ञापन परोसे जा रहे हैं
इस तरह हम आबरू वाले हुए हैं

नाम करना है तो ऐसा काम कर
एक ऊँचे बाँस पर तू चढ़-उतर

भीड़ की संवेदना पी, वक़्त खा
चीख़ना मत घाव छिल जाएँ अगर

जिस तरफ़ कोई सयाना हो खड़ा
भूल कर उस तरफ़ मत करना नज़र

डरें वे जिनकी जड़ें हैं बरगदी
अधर में लटके हुए को क्या फ़िक्र

बहुत मुमकिन है कि कल हो तू ही तू
मान्यता कब बदल जाए क्या ख़बर

चेतना के हम सभी मारे हुए हैं
होश में हैं इसलिए हारे हुए हैं

फूट कर बहती नहीं गम्भीरताएँ
समुन्दर इस वज़ह से खारे हुए हैं

विश्व को परिवार जब से मान बैठे
और भी संकुचित घर द्वारे हुए हैं

अर्थ भी क्या है ग्रहण वाले उदय का
रात हो या दिवस स्वीकारे हुए हैं

रोज बोते हैं, कभी काटें नहीं हैं
प्रश्न हमको इस क़दर प्यारे हुए हैं

जो लिखा है पोंछ डालो भाल से
जूतियाँ गढ़ लो समय की खाल से

एक अदना आदमी था मर गया
लाश को ढँक दीजिए रूमाल से

यह समय है ज़ाल अपना डाल दो
मछलियाँ ऊबी हुई हैं ताल से

सिर्फ़ हीरे छाँटना भर है तुम्हें
आ गए ऊपर स्वयं भूचाल से

इस जगह पैदा हुए हो, सोच लो
वज्र बनते हैं यहाँ कंकाल से

गोविन्द व्यास

जन्मतिथि	:	30.9.1947
शिक्षा	:	एम.ए. (हिन्दी), पी एच.डी.।
प्रकाशन	:	'मेरे इस देश में' (काव्य-संग्रह)। अनेक पत्र-पत्रिकाओं में रचनाएँ प्रकाशित।
सम्मान	:	'काका हाथरसी पुरस्कार' एवं 'श्रेष्ठ व्यंग्य-कार पुरस्कार' सहित देश की अनेक प्रतिष्ठित साहित्यिक, सामाजिक एवं सांस्कृतिक संस्थाओं द्वारा सम्मानित। मूलत व्यंग्य कवि।
सम्प्रति	:	वरिष्ठ रीडर हिन्दी विभाग, दिल्ली कॉलेज ऑफ आर्ट्स एंड कॉमर्स, नई दिल्ली। आजीवन न्यासी एवं मंत्री, हिन्दी भवन (श्री पुरुषोत्तम हिन्दी भवन न्यास समिति) नई दिल्ली
सम्पर्क	:	बी-52, गुलमोहर पार्क, नई दिल्ली-49 दूरभाष-26519747, 26532636, मो.-9810153728, 31003223

उनसे भी शिकवा बहुत था, आपसे भी है मलाल
बरगदों ने कब रखा है पेड़-पौधों का ख़याल

जिसको भी करते हैं घोषित देवता मन्दिर का हम
आरती के बाद वो ही खींचता भक्तों की खाल

इस व्यवस्था से भी पाई क्या सुरक्षित ज़िंदगी
जिसको देखो कह रहा है बच गया मैं बाल-बाल

इस नमी में या तो कोई आग तुम पैदा करो
वरना फिर कहना पड़ेगा ठीक ही था रीतकाल

जिन सवालों की वज़ह से तुमको ये जनमत मिला
आज उस जनमत के आगे हो गए तुम ही सवाल

बस्ती बस्ती आग लगी है, आओ जंगल ढूँढें हम
जिस दलदल में सिर्फ़ कमल हों, ऐसी दलदल ढूँढे हम

पागल नदिया, घायल झरने, इतने व्याकुल कभी न थे
चलो चीख़ती घाटी में चल, इनकी कलकल ढूँढें हम

बहुत किए अहसान आपने एक ज़रा सा और सही
जिन लम्हों में हम न मरे हों, ऐसे कुछ पल ढूँढें हम

जूझे, लड़े, थके और टूटे अब वे जान गए होंगे
उनको अमृत नहीं मिलेगा, चलो हलाहल ढूँढें हम

भोगा स्वर्ग, नरक भी भोगा, फिर भी रहा अधूरापन
चलो पुराना बचपन वाला माँ का आँचल ढूँढें हम

आग सी लग गई है जंगल में
पेड़ सब फँस गए हैं दलदल में

देखिए इस नदी के चमचों को
आज को जी रहे हैं कल-कल में

लूट से क़त्ल तक ही छूट तुम्हें
रहनुमा सो रहा है कम्बल में

ध्यान जब से किया है मीरा का
स्वाद आने लगा, हलाहल में

मर गया कैसे आँख का पानी
कोई पूछे है मुझसे पल-पल में

वो जो खण्डहर सामने आता नज़र है
ये हमारे पूर्वजों का ही शहर है

जिस जगह पर ख़ून के धब्बे लगे हैं
अतिथियों का वो ही तो विश्राम घर है

चील, कौवे, गिद्ध बैठे हैं जहाँ पर
हाँ, वहीं पर ही हुआ अन्तिम समर है

हर तरफ़ काई या कीचड़ दिख रही हैं
एक झरना था, न जाने वो किधर है

ये भयानक चीख़, चिल्लाहट की प्रतिध्वनि
मुफ़लिसों की बददुआओं का असर है

वक़्त जब सजने का आया, तब ही टूटा आइना
पहले हम रूठे रहे, अब हमसे रूठा आइना

भीड़ से हटकर के भाई माँ से अपनी पूछता
किस तरह से चूसता था माँ अँगूठा आइना

हम भी आकुल, तुम भी व्याकुल उनका क्या होगा प्रभू
आख़िरी दम तक रहा था, जिनका खूँटा आइना

आज जो बतला रहे हैं सत्य का इसको प्रतीक
कल वही चिल्ला रहे थे कितना झूठा आइना

हंस जब कोशिश करेगा बाज़ बनने की कभी
टूट लेगा इस तरह से जैसे टूटा आइना

'अदम' गोंडवी

मूल नाम : राजनाथ सिंह

जन्मतिथि : 22.10.1947, आटा परसपुर, गोण्डा

शिक्षा : प्राइमरी

प्रकाशन : दो ग़ज़ल संग्रह प्रकाशित। अनेक पत्र-पत्रिकाओं में रचनाएँ प्रकाशित।

सम्मान : 'दुष्यंत अलंकरण 1998' सहित अनेक संस्थाओं द्वारा सम्मानोपाधियाँ एवं पुरस्कार।

सम्पर्क : आटा, परसपुर, गोण्डा (उ.प्र.)

ग़ज़ल को ले चलो अब गाँव के दिलकश नज़ारों में
मुसलसल फ़न का दम घुटता है इन अदबी इदारों में

न इनमें वो कशिश होगी, न बू होगी, न रअनाई
खिलेंगे फूल बेशक लॉन की लम्बी क़तारों में

अदीबों, ठोस धरती की सतह पर लौट भी आओ
मुलम्मे के सिवा क्या है फ़लक के चाँद-तारों में

रहे मुफ़लिस गुज़रते बेयक़ीनी के तजरबे से
बदल देंगे ये इन महलों की रंगीनी मज़ारों में

कहीं पर भुखमरी की धूप तीखी हो गई शायद
जो है संगीन के साए की चर्चा इश्तहारों में

चाँद है ज़ेरे क़दम, सूरज खिलौना हो गया
हाँ, मगर इस दौरे में क़िरदार बौना हो गया

शहर के दंगों में जब भी मुफ़लिसों के घर जले
कोठियों की लॉन का मंज़र सलौना हो गया

ढो रहा है आदमी काँधे पे, ख़ुद अपनी सलीब
ज़िन्दगी का फ़लसफ़ा जब बोझ ढोना हो गया

यूँ तो आदम के बदन पर भी था पत्तों का लिबास
रूह उरियाँ क्या हुई मौसम घिनौना हो गया

'अब किसी लैला को भी इक़रारे-महबूबी नहीं'
इस अहद में प्यार का सिम्बल तिकोना हो गया

काजू भुने पलेट में विस्की गिलास में
उतरा है रामराज्य विधायक निवास में

पक्के समाजवादी हैं तस्कर हों या डकैत
इतना असर है खादी के उजले लिबास में

आज़ादी का ये जश्न मनाएँ वे किस तरह
जो आ गए फुटपाथ पर घर की तलाश में

पैसे से आप चाहें तो सरकार गिरा दें
संसद बदल गई है यहाँ की नख़ास में

जनता के पास एक ही चारा है बग़ावत
यह बात कह रहा हूँ मैं होशोहवास में

न महलों की बुलंदी से न लफ़्ज़ों के नगीने से
तमद्दुन में निखार आता है घीसू के पसीने से

अब मर्क़ज़ में रोटी है, मुहब्बत हाशिए पर है
उतर आई ग़ज़ल इस दौर में कोठी के ज़ीने से

अदब का आइना उन तंग गलियों से गुज़रता है
जहाँ बचपन सिसकता है लिपट कर माँ के सीने से

बहारे-बेकिराँ में ता क़यामत का सफ़र ठहरा
जिसे साहिल की हसरत हो उतर जाए सफ़ीने से

अदीबों की नई पीढ़ी से मेरी ये गुज़ारिश है
सँजो कर रक्खें 'धूमिल' की विरासत को क़रीने से

आप कहते हैं सरापा गुलमुहर है ज़िन्दगी
हम ग़रीबों की नज़र में इक कहर है ज़िन्दगी

भुखमरी की धूप में कुम्हला गई अस्मत की बेल
मौत के लम्हात से भी तल्ख़तर है ज़िन्दगी

डाल पर मज़हब की पैहम खिल रहे दंगों के फूल
ख़्वाब के साए में फिर भी बेख़बर है ज़िन्दगी

रोशनी की लाश से अब तक जिना करते रहे
ये वहम पाले हुए शम्सो-क़मर है ज़िन्दगी

दफ़्न होता है जहाँ आकर नई पीढ़ी का प्यार
शहर की गलियों का वो गन्दा असर है ज़िन्दगी

मुकुन्द कौशल

जन्मतिथि : 7 नवम्बर, 1947, दुर्ग (छत्तीसगढ़)।

प्रकाशन : अनेक पत्र-पत्रिकाओं तथा अख़बारों में लेख, कहानियों एवं कविताओं का सतत् प्रकाशन। छत्तीसगढ़ी काव्य संग्रह 'भिनसार' प्रकाशित। हिन्दी काव्य संग्रह 'लालटेन जलने दो' प्रकाशित। साक्षरता गीतों का संग्रह 'शब्द क्रान्ति' प्रकाशित। मेरी ग़ज़ल तुम्हारे नग़में (ग़ज़ल संग्रह); गीतों का चन्दन वन, गूँज उठी बाँसुरी (गीत संग्रह)। छत्तीसगढ़ी—सूवा पाँखी, अंचरा, मया के मातर (काव्य संग्रह), कुसियार (छत्तीसगढ़ी ग़ज़ल संग्रह) प्रकाशनाधीन।

सम्मान : एक दर्जन से अधिक अलंकरण, सम्मान, पुरस्कार। अनेक साहित्यिक, सांस्कृतिक, सामाजिक संस्थाओं में सक्रिय भागीदारी।

सम्पर्क : एम.आई.जी./सी-516, साहित्यपथ, पद्नाभपुर दुर्ग (छत्तीसगढ़) 491001
दूरभाष : (0788) 2323346

कुछ नज़र आता नहीं है देखने के बावजूद
शक्ल क्यों दिखती नहीं है आइने के बावजूद

हर सड़क वीरान बस्ती की ज़ुबानें बन्द हैं
कोई कुछ कहता नहीं है पूछने के बावजूद

साँस में भूकम्प, दिल में गोधरा के ज़लज़ले
रौशनी है मन्द सुरमा आँजने के बावजूद

जो क़दम गुमराह हो जाते हैं कच्ची उम्र में
वो कभी रुकते नहीं है रोकने के बावजूद

बिन चले ही वो पहुँच जाते हैं मंजिल के क़रीब
हम पहुँच पाते नहीं हैं दौड़ने के बावजूद

सब मोहब्बत का दिखाते ही रहे 'कौशल' मगर
खुश्क हो जाते हैं रिश्ते सींचने के बावज़ूद

आज भी कल थे वहीं पर हम खड़े हैं दोस्तो
क्योंकि घर छोटे हैं लेकिन दिल बड़े हैं दोस्तो

पूछिए मत आप पानीदार लोगों के पते
आदमी इस दौर के कच्चे घड़े हैं दोस्तो

है कोई मंज़िल न कोई रास्ता मालूम पर
लोग इस अन्धे सफ़र में चल पड़े हैं दोस्तो

हमने तो बस ख़ून का मज़हब ही पूछा था मगर
हर ज़ुबाँ पर आज क्यूँ ताले पड़े हैं दोस्तो

कामयाबी मुफ़्त तो मिलती नहीं इसके लिए
दाम हर इन्सान को देने पड़े हैं दोस्तो

इस सदी की तेज़ लू में क्या हरा रह जाएगा
ज़ख़्म भर जाएँगे लेकिन कुछ बचा रह जाएगा

किस तरह भूलेगा कोई जंग की ये तल्ख़ियाँ
आग तो बुझ जाएगी लेकिन धुआँ रह जाएगा

तुम अगर मुँह फेर कर चलते रहे तो उम्र भर
हम सफ़र के दरमियाँ भी फ़ासला रह जाएगा

दुश्मनी पर आओ मिट्टी डालकर बातें करें
वरना ये बारूद ज़हनों में बिछा रह जाएगा

जब तलक ज़िन्दा रहें बाक़ी रहे अरमान भी
मिल गया सब कुछ अगर तो क्या बचा रह जाएगा

गर्द में डूबी हुई है वादियाँ
चल रही ऐसी यहाँ पर आँधियाँ

कल तलक थे एक जिनके दिल यहाँ
फ़ासला है आज उनके दरमियाँ

ख़ून का जो रंग था पानी हुआ
रह गई ख़बरों में सारी सुर्ख़ियाँ

लग रहा घाटी के इस हालात पर
रो पड़ेंगी पर्वतों की चोटियाँ

आप कुछ 'कौशल' दिखाते क्यों नहीं
इस तरह ख़ामोश क्यों हैं बोलियाँ

रोज़ के अख़बार में तू यूँ न ख़ुद को ही तलाश
जो तेरे हमदर्द हैं बार-वक़्त उनको भी तलाश

आदमी की बस्तियाँ हैं आदमी के गाँव हैं
हो रही है आदमीयत की जहाँ जंगी तलाश

क्या करें उम्मीद अब उनकी अदालत से जहाँ
ज़ुल्म ख़ुद ही कर रहा हो, अपना ही काज़ी तलाश

जल रहा हो घर पड़ोसी का मगर उस वक़्त भी
हैं यहाँ कुछ लोग जो करते हैं अक्सर घी तलाश

बाद-मुद्दत वो मिला मुझसे तो ग़ैरों सा मिला
वोमेराअपनाकि'कौशल'हमकोजिसकीथीतलाश

राजेन जयपुरिया

जन्मतिथि : 13 अगस्त 1948, जयपुर (कोरापुट) ओड़िशा।

शिक्षा : एम.ए. (हिन्दी), पी एच.डी.।

प्रकाशन : विभिन्न पत्र-पत्रिकाओं में रचनाएँ प्रकाशित। डेढ़ दर्जन से अधिक सहयोगी-संकलनों में रचनाएँ प्रकाशित।

सम्मान : देश की अनेक साहित्यिक संस्थाओं द्वारा सम्मानित।

सम्प्रति : ओड़िशा शिक्षा सेवा के अन्तर्गत हिन्दी अध्यापन।

सम्पर्क : अध्यक्ष, हिन्दी विभाग, विनायक आच.र्य कॉलेज, ब्रह्मपुर (ग) 760006
फ़ोन : 0680-2211691 (नि.)

ख़ौफ़ क्यूँ खाए किसी से आदमी की जात अब
जंग की हद तक बिगड़ जाएँ भले हालात अब

छीनने की बात ही हर वक़्त जो करते रहे
वक़्त ने बतला दिया उनको कि क्या औक़ात अब

दरमियाँ शतरंज के कैसे बचाएँ मोहरे
इक पियादा चल पड़ा, लो शाह को है मात अब

बारहा हम को डराया है सहर ने हर तरह
उन हदों से क्या निकल कर जा सकेगी रात अब

बच न पाई है किसी की जान दोनों ही तरफ़
कौन उठकर जाएगा करने सुलह की बात अब

अम्वाज के सहारे, शहतीर के सहारे
छोड़ा है नाख़ुदा ने, तक़दीर के सहारे

बुनयाद ढह गई है, फिर भी उम्मीद ये है
इस्तादा है इमारत, तदबीर के सहारे

फ़ितरत है अपनी ऐसी, इल्ज़ाम किस पे रखें
समझा न पाया कोई, तक़रीर के सहारे

दिल अपना है हमेशा अम्नो-अमाँ का शैदा
चलना पड़ा है लेकिन शमशीर के सहारे

'राजेन' इस जहाँ में, मिलता नहीं सुकूँ जब
बहलाए कोई क्योंकर तस्वीर के सहारे

हो गई कैसे ग़म से मुलाक़ात लिख
मुख़्तसर ही सही दिल के जज़्बात लिख

वादियों में न था बादलों का निशाँ
फिर हुई कैसे जमकर ये बरसात लिख

ख़त समुन्दर के उस पार से आए हैं
साथ तुझको मिली क्या है सौग़ात लिख

क्या ज़माने से लेना है हमको यहाँ
तू ही ख़ुद बढ़ के अपने ख़यालात लिख

रेत पर जो कि तूफ़ाँ से लड़ते रहे
उन निशानों के 'राजेन' हालात लिख

जब आदमी मुझे तन्हा दिखाई देता है
तो कितना लम्बा ये लम्हा दिखाई देता है

खड़ा हूँ ज़ख़्मी-जिगर लेके रहगुज़ार पे मैं
कि संगे-राह मसीहा दिखाई देता है

वफ़ा भी ख़ार की मानिंद अब लगे है मुझे
ख़ुलूस गोया तमाशा दिखाई देता है

उठा नकाब जो चेहरों से अपने लोगों के
तो ग़ैर भी मुझे अपना दिखाई देता है

जलाया किसने है 'राजेन' अपने दिल का चराग़
अँधेरे में भी उजाला दिखाई देता है

अजनबी हूँ मैं महज़ अपने वतन में
परकटे परवाज़ सा फिरता चमन में

ढो रही मजबूरियाँ ही ज़िन्दगी ये
गो कि अरमाँ हैं धरे सारे रहन में

था नहीं ताबीर ख़्वाबों की किसी के
होश भी रहता नहीं है अब ज़हन में

बारहा रुसवाइयाँ मिलती रही हैं
अब हयातों का दिखे पर्चम क़फ़न में

अब नहीं 'राजेन' कोई जुस्तजू है
आशिक़े-मग़रिब बना क़ैदी दकन में

श्यामसखा 'श्याम'

मूल नाम : एस. एस. मौदग्लय्
जन्मतिथि : 28.8.1948
शिक्षा : एम. बी. बी. एस., एफ. सी. जी. पी.।
प्रकाशन : लगभग पचास कहानियाँ, साठ-सत्तर ग़ज़ल-गीत, अनेक आलेख-व्यंग्य देश भर की प्रतिष्ठित पत्र-पत्रिकाओं में प्रकाशित। 'एक टुकड़ा दर्द' (काव्य), 'अकथ' (कहानी संग्रह)। एक उपन्यास, एक ग़ज़ल-संग्रह प्रकाशनाधीन।
सम्मान : अनेक पुरस्कार/सम्मान प्राप्त।
सम्प्रति : निजी नर्सिंग होम।
सम्पर्क : पलाश, 12, विकास नगर रोहतक-124001
फ़ोन : 01262-242930 (नि.),

जिसने ख़ुद को देख लिया
उसने सब को देख लिया

पूजे हो जो इन्साँ को
उसने रब को देख लिया

सबसे बचकर चलता है
शायद जग को देख लिया

आँखों में वीरानी है
क्या क़िस्मत को देख लिया

पगलाया फिरता है 'श्याम'
शायद 'तुझ' को देख लिया

जब भी मैं मुस्काने बैठा
आकर ग़म सिरहाने बैठा

याद सफ़र की सिर चढ़ बैठी
जब भी मैं सुस्ताने बैठा

कुछ और बढ़ी मेरी उलझन
जब-जब भी सुझलाने बैठा

फूलों की देकर कुरबानी
गुलशन को महकाने बैठा

ज़ख़्म पुराने उभरे 'श्याम'
जब भी दिल बहलाने बैठा

अब तक जितने घर देखे
सब में बैठे डर देखे

घूस मिली हर कुर्सी पर
जितने भी दफ़्तर देखे

जिसके सर पर छत न थी
उसने ही अम्बर देखे

जितने वे बाहर थे ना
उतने ही भीतर देखे

हम जैसे नादानों को
कोई समझा कर देखे

हम जैसों से यारी मत कर
ख़ुद से यह ग़द्दारी मत कर

तेरे अपने भी रहते हैं
इस घर पर बमबारी मत कर

आना जाना साथ लगा है
मन अपना तू भारी मत कर

हुक्म उदूली का ख़तरा है
फ़रमान कोई जारी मत कर

ख़ुद आकर ले जाएगा 'वो'
जाने की तैयारी मत कर

चाँद सितारे एक तरफ़
आप हमारे एक तरफ़

एक तरफ़ अपनी खोली
महल चुबारे एक तरफ़

बस तू इक मेरा हो जा
बाक़ी सारे एक तरफ़

मेहनतकश तो भूखे हैं
भरे भँडारे एक तरफ़

रूप तुम्हारा ख़ूब मगर
नैन कटारे एक तरफ़

शैलजा नरहरि

मूल नाम : शैलबाला नरहरि

जन्मतिथि : 8.9.1948, चन्दौसी (उ.प्र.)।

शिक्षा : एम.ए. (हिन्दी), बी.एड.।

प्रकाशन : स्तरीय साहित्यिक पत्र-पत्रिकाओं में रचनाएँ प्रकाशित।

सम्प्रति : हिन्दी प्रवक्ता—आर.डी. नेशनल कॉलेज, बान्द्रा, मुम्बई-400050

सम्पर्क : श्रीपाल-वन, 1 सी/जी 10 खारोडी नाका, बोलिंज, विरार (पश्चिमी) जिला-ठाणे, महाराष्ट्र-401303

न ये घर है न बसेरा, न आशियाँ
ज़िन्दगी खो गई है जाने कहाँ

किसने हक़ दे दिया उदासी को
रोक ले मुझको जब चाहे जहाँ

बासी खुशियों को कब तलक चाहें
रास्तों ने मिटा दिए हैं सारे निशाँ

बाँधकर हर उम्मीद मुट्ठी में
बन्द कर ली है उसने जुबाँ

चन्द आँसू उधार माँगे थे
ज़रा सी ज़िद ले गई कहाँ से कहाँ

यह तो साज़िश है सब्ज़ पत्तों की
वक्त से पहले दिखाएँ सहरे-ख़िज़ाँ

ऐसे बेजा उसूल मत रखना
हर हथेली पे फूल मत्र रखना

छाँव की है अगर उमीद तुम्हें
रास्तों में बबूल मत रखना

वो जो बिछुड़े हैं काश मिल जाएँ
ऐसी चाहत फ़िज़ूल मत रखना

क़ब्र में जिस्म काँप जाएगा
मेरी मिट्टी पे फूल मत रखना

फ़िक्र करना खुदा के बन्दों की
बन्दग़ी में रसूल मत रखनस

शाम मज़बूर लगने लगती है
जब अँधेरे पहनने लगती है

मेरी आँखों के भीगे मौसम में
तेरी परछाई हिलने लगती है

आस्माँ पर बिछा के कुछ बादल
चाँदनी भी सँभलने लगती है

ज़िन्दगी तन्ज़ करती है जब भी
मौत कमसिन सी लगने लगती है

सीढ़ी सीढ़ी चढ़ी है सुबह से
शाम को धूप थकने लगती है

बरसते रहना कि बादल तुम्हारा नाम रहे
सुबह की धूप रहे, गुनगुनाती शाम रहे

किसी ने कुछ न कहा, हम ठहर भी सकते थे
वैसे कहने को, हमें भी बहुत से काम रहे

हम तेरे ख़त, किताबें, फूल छोड़ आए हैं
अब ये चाहें तेरी दुनिया में आराम रहे

तेरी चाह तेरी नफ़रत हमारे बस में न थी
ये तो दुनिया है फ़रिश्ते भी यहाँ बदनाम रहे

अब ये बेहतर है मैं ख़ुद ही अपने साथ रहूँ
ऐसा होता ही नहीं सीता के साथ राम रहे

ख़ामशी पैरहन बदलती है
रात तनहाइयों में कटती है

आसमाँ जब उदास होता है
चाँदनी करवटें बदलती है

कौन सा घर पनाह देगा उसे
मुफ़लिसी दर-ब-दर भटकती है

कौन कब किसका साथ देता है
ये जो दुनिया है यूँ ही चलती है

अपने भीतर उतर के देख लिया
अब तबीयत नहीं बहलती है

कमलकान्त सक्सेना

जन्मतिथि : 5 अक्टूबर 1948, करैरा (शिवपुरी) म.प्र.।
प्रकाशन : ऋजुता (काव्य-संग्रह)। अनेक पत्र-पत्रिकाओं में रचनाएँ प्रकाशित। अनेक
सम्मान : संस्थाओं द्वारा सम्मानित/पुरस्कृत।
सम्पर्क : 118, 'वैभव' सुरेन्द्र प्लेस, होशंगाबाद मार्ग, भोपाल-462026
दूरभाष : 2573540, 2271791, 2783433

भोर से साँझ तक धूप पीता कमल
रात की याद में चिलचिलाता कमल

बात जब भी चली आपके नाम की
आँख में यार क्यों कुलबुलाता कमल

दूर जाने लगे जान कर आप क्या
सोचिए साथ है आत्मा सा कमल

मेघ का दर्द क्या आग थी पी गया
नीर में डूबता-तैरता सा कमल

आज भी पीर के गाँव में नेह की
चिट्ठियाँ बाँटता, बाँचता सा कमल

साँस की बाँसुरी बज रही है वृथा
मीत बिन गीत भी अधमरा सा कमल

यह हमारा घर, वह तुम्हारा घर
इस तरह बाँटा गया सारा शहर

क्यों भला मजबूर इतना हर नगर
मत नहीं, अभिमत नहीं देते अधर

आ गया मनमानियों का दौर अब
जल रहा है कायदा आठों पहर

अब नया इतिहास लिखना चाहिए
साहसी सूरज लिए मन की लहर

छोड़ देंगी चिमनियाँ भी चीख़ना
खेत की सौंधी हवा पी लें अगर

हर सुबह व्यापार जैसी ज़िन्दगी
साँझ है अख़बार जैसी ज़िन्दगी

शुष्क पत्ते ही तुम्हें बतलाएँगे
टूटते कचनार जैसी ज़िन्दगी

दर्पणों में दीखती है गुलमोहर
जबकि है तलवार जैसी ज़िन्दगी

लोग जीते हैं खिलौनों की तरह
खेलते संसार जैसी ज़िन्दगी

कीच में ऊगा 'कमल' ईश्वर बना
पूजिए अवतार जैसी ज़िन्दगी

कौन कहता है कि अपने ओंठ खोलो
मौन ही रहकर सुनो तुम और बोलो

हाँ, हृदय में चाह काफ़ी है किसी की
चाहना से चाहतों की चाह तो लो

एक मन है जो कभी बँधता नहीं है
बन्धनों से मुक्त रहकर नाच तो लो

प्यास की या तृप्ति की जब बात हो तो
आप तो बस मुस्करा के मौन हो लो

मन-कमल ये आपको अर्पित हुआ है
आप भी अर्पित कमल को या न बोलो

तू दिखा दे आज मुझको रूप अपना खोलकर
और ले सर्वस्व मेरा दो मिनिट हंस बोलकर

फिर घटा न श्याम होगी खिलखिलाएगा न मौसम
गीत दे-दे धड़कनों में, साँस अपनी घोलकर

सूर्य को यह पता है जल रही है चाँदनी
है गगन भी तप रहा बरसात तू अनमोल कर

छोड़कर मन का किनारा चुगलियाँ खाएँ लहर
तू न देना कान सागर प्यार के वश डोलकर

फूल काँटों में उलझकर रह गए वरना कभी
फूल ही वरदान होते गन्ध के भूगोल पर

नारायण दास 'निर्झर'

जन्मतिथि	:	शरद पूर्णिमा, 1948, शिकोहाबाद (उ.प्र.)
शिक्षा	:	एम.ए. (हिन्दी)।
प्रकाशन	:	दो ग़ज़ल-संग्रह 'मौन बोलता हुआ' व 'सीपियों में क़ैद लहरें। तीन उपन्यास के साथ-साथ 'भोर की किरण', 'रोशनी के बीज', 'ग़ज़ल' एवं 'गंध मकरन्द' का सम्पादन। अनेक पत्र-पत्रिकाओं में भिन्न-भिन्न विधाओं की रचनाएँ प्रकाशित।
सम्मान	:	'साहित्य-सौमित्र' की मानद उपाधि एवं अनेक संस्थाओं द्वारा सम्मानित/पुरस्कृत।
सम्प्रति	:	सौदामिनी संस्थान का संचालन।
सम्पर्क	:	गोयंका ब्रदर्स, कटरा बाज़ार, शिकोहाबाद (उ.प्र.) - 205135 फ़ोन (05676) - 235893 (निवास)

हमारे दर्द में, कोई कभी, गलने नहीं आया
कोई भी ज़ख़्म पर, मरहम मेरे, मलने नहीं आया

सभी मुझको पता देते रहे मंज़िल का आ-आकर
मगर कोई भी मेरे साथ में, चलने नहीं आया

मुझे जब भी मिला धोखा, मिला अपनों के द्वारा ही
पराया कोई भी मुझको, कभी, छलने नहीं आया

बहुत दिन बाद-सूखी डाल पर जो फूल आया वो
ये कह कर झर गया, 'मैं बहुत दिन खिलने नहीं आया'

जो आया वह फ़क़त मुझसे ही मिलकर हो गया रुख़सत
मगर अफ़सोस! 'निर्झर' से कोई मिलने नहीं आया

सिले थे होंठ, विवश था, न चीख़ सकता था
मगर मैं आँखें, भला कैसे मींच सकता था

बड़ा करम है तुम्हारा, जो बच गया क़तरा
तुम्हारी प्यास से सागर भी रीत सकता था

तुम्हारी याद के जुगनूँ जो संग नहीं देते
अँधेरा इतना घना था, मैं चीख़ सकता था

मैं यदि न हारता उससे, तो टूट जाता वो
हर एक चाल को वरना, मैं जीत सकता था

फ़क़त दो प्रेम के हाथों में बिक गया 'निर्झर'
ख़रीदने को जो दुनिया ख़रीद सकता था

धूप के बाद अगर चाँदनी नहीं होती
वो ख़ुशी मेरी भी, अर्द्धांगिनी नहीं होती

मौत होती न सच्चाई जो अटल, दुनिया की
ज़िन्दगी बुद्ध सी, संन्यासिनी नहीं होती

प्यार का राग न जो दिल में तुम्हारे होता
तो किसी साज़ में फिर रागिनी नहीं होती

जो न तक़दीर में बदली के अँधेरा होता
इतनी चमकीली कभी दामिनी नहीं होती

तुझको अपनों ने छला होता नहीं जो 'निर्झर'
ज़िन्दगी दर्द की अनुगामिनी नहीं होती

रंग बदलता पल-पल ज्यों सूरज ढलता है
जाने उस लड़की के मन में क्या चलता है

कभी हिरनियाँ जैसी, सहमी-सहमी दिखती
कभी आँख में उसकी, आखेटक पलता है

मेंहदी वाले हाथ, जलाकर सो जाते हैं
सारी रात अकेला फिर, दीपक जलता है

जादू है शायद, उसकी बाँकी चितवन में
बिना धूप के, हिम सा मन रह-रह गलता है

'निर्झर' तू योगी है; तुझको क्या लेना है
चलने दे, जो कारोबार यहाँ चलता है

कुटी में संत की महलों सा परकोटा नहीं होता
यहाँ पर शाह-सूफ़ी में, बड़ा-छोटा नहीं होता

ज़माने में भले दिखता हो अन्तर, आप में हम में
ये मन्दिर है, यहाँ कोई, खरा-खोटा नहीं होता

तिज़ारत कीजिए, यदि चाह हो, तुमको मुनाफ़े की
मोहब्बत के जुनूँ में, कुछ नफ़ा-टोटा नहीं होता

परीक्षा ज़िन्दगी की 'पास' करना है बहुत मुश्किल
कि इसमें एक भी उत्तर, रटा-घोटा नहीं होता

ये जैसी भी है 'निर्झर' ओढ़ ले 'क़बिरा की चादर' को
जुलाहे की चदरिया पर जरी-गोटा नहीं होता

अमरेन्द्र

जन्मतिथि : 5.1.1949, रूपसा, (भागलपुर) बिहार।
शिक्षा : एम.ए. (हिन्दी) पी एच.डी.।
प्रकाशन : हिन्दी एवं अंगिका में अनेक विधाओं की एक दर्जन से अधिक पुस्तकें प्रकाशित अनेक संकलनों का सम्पादन। 'आंगिप्रभा' का सम्पादन/पत्र-पत्रिकाओं में रचनाएँ प्रकाशित।
सम्मान : अनेकं संस्थाओं द्वारा सम्मानित।
सम्पर्क : लाल खाँ दरगाह लेन, सराय, भागलपुर-812002 (बिहार)
दूरभाष : 2428067

यह नहीं कि नाज़ो-नख़रा और नज़ाकत है ग़ज़ल
ज़िन्दगी की साफ़ तस्वीरे-हक़ीक़त है ग़ज़ल

तुम कहो औ दूसरा समझे नहीं उस बात को
ऐसे तर्ज़े-कवत से सीधी बग़ावत है ग़ज़ल

जिसके सीने में नहीं जलती मुहब्बत की है आग
वह नहीं समझेगा इसको कि मुहब्बत है ग़ज़ल

लोग लिखकर गीत को कहते ग़ज़ल पढ़ते भी हैं
तब ग़ज़ल के वास्ते होती मुसीबत है ग़ज़ल

अब हिफ़ाज़त से इसे रखना तुम्हारा काम है
मेरी उम्मीदो-तमन्ना की वसीयत है ग़ज़ल

कह नहीं सकता ग़ज़ल किसकी किसे कैसी लगी
पर सुनी अमरेन्द्र की जो वह क़यामत है ग़ज़ल

अलग हैं चाहने वाले कई तो घर उठा लाए
जिन्हें यह रास न आया तो वो ख़ंजर उठा लाए

सुना था चाँद पर दादी वहाँ तकली चलाती है
वहाँ पहुँचे भी तुम लेकिन यहाँ पत्थर उठा लाए

बड़े ही शौक से अपना ये दिल दे आए थे तुमको
तुम्हारी बेरुख़ी ही देख कर आख़िर उठा लाए

मेरी वीरानगी दिल की न जानी थी न जाएगी
मेरे क्यों वास्ते तुम स्वर्ग का मंज़र उठा लाए

बिगाड़ेगा ही महफ़िल को कहेगा बेतुकी ग़ज़लें
तुम्हें लाना 'अनल' को था ये 'अमरेंदर' उठा लाए

जो जितना ही ऊपर से दीखता निडर था
सचाई थी भीतर से उतना ही डर था

न ईंटा न पत्थर न पाया न छप्पर
जिसे तुमने देखा वह मेरा ही घर था

न कहते न हँसते बस चलते सभी थे
यक़ीं मानो क़स्बा न गाँव था—नगर था

सभी तो वहाँ थे जब अमरित पिया था
अभी लोग कहते हैं वह तो ज़हर था

मरा जा रहा था जो अपने किए पर
तो मेरी ही ग़ज़लों का उस पर असर था

ग़ज़ल कहो आसान नहीं है
बच्चों का सामान नहीं है

ग़ज़ल बयाँ की बारीकी है
रुक्नों का अरकान नहीं है

अपना दुख तो कलियुग जैसा
दो दिन का मेहमान नहीं है

जब तक चाहो सुख से रह लो
दिल अफगानिस्तान नहीं है

मारोगे तो रोएगा ही
'अमरेन्दर' भगवान नहीं है

काग़ज़ पे अब न तेरी जवानी लिखूँगा मैं
जलती हुई दुनिया की कहानी लिखूँगा मैं

प्यासी हुई ये रेत ये सूखी हुई नदी
तुम आग ही लिक्खो यहाँ पानी लिखूँगा मैं

जिस चीज़ को तू मान लिया है अजर अमर
मैं जानता हूँ फ़ानी है फानी लिखूँगा मैं

मिलजुल के लिखें, तुम तो लिखो मुस्कराहटें
ये दाग़ दिल के, दिल की निशानी लिखूँगा मैं

'अमरेन्द्र' तुमने जुल्म जो यारों के झेले हैं
ज़िन्दा रहा तो उसकी कहानी लिखूँगा मैं

जगन्नाथ 'विश्व'

जन्मतिथि : 20 जनवरी, 1939

प्रकाशन : विभिन्न विधाओं की अनेक पुस्तकें प्रकाशित। अनेक पत्र-पत्रिकाओं में रचनाएँ प्रकाशित।

सम्प्रति : लेखन, पत्रकारिता।

सम्पर्क : 25, एम.आई.जी. हनुमान नगर, नागदा (म.प्र.)

जीवन के रंगमंच से अभिनय हटाइए
मनुज का मनुजता से परिचय कराइए

फूलों की लाश देखकर के बाग रो दिया
फिर से कोई चट्टान पे कोंपल उगाइए

अकड़ रहा अँधेरा चन्द्रमा को घेरकर
घोर काली रात में दीपक जलाइए

कर लेना बाद में कभी बलिदान की बातें
पहले किसी के घाव पे मरहम लगाइए

सृजन की पहली शर्त है तस्वीर बदलना
साहस जुटा के सूर्य से आँखें लड़ाइए

सबसे बड़ी है पूजा सबसे बड़ा धरम
गिरते किसी की आँख से आँसू उठाइए

प्रसंग उठ रहे हैं प्रिय लाजवाब से
मीत मन मुखर हुए खिलते गुलाब से

चटक रहा है अंग-अंग नव-उमंग में
ये कर गया है क्या कोई मेरे जनाब से

संकेत ही संकेत में बतिया रहे नयन
राज खुल गए कोई चंचल किताब से

छू गया है उम्र को अब साल-सोलवाँ
देह ही गई सुरा चढ़ते शबाब से

लगने लगी है रेशमी रूमाल ज़िन्दगी
नशा चढ़ा है ऐसा रंगीन ख़्वाब से

नक्षत्र लो उदित हुआ आकाश में नया
इक पृष्ठ और जुड़ गया इतिहास में नया

हिंसा के बवंडर ने बुझाया चिराग़ तो
हमने दिया जला दिया आवास में नया

जिसको पिलाया दूध उसी नाग ने डसा
विष-दंश दे गया कोई विश्वास में नया

बारूद से जली है एकता-अखंडता
आतंक और बढ़ गया संत्रास में नया

अब डगमगाएगी नहीं ये नाव ज्वार में
सौभाग्य से केवट खड़ा है पास में नया

बातों बातों में यूँ नई तकरार हो गई
लगता है दिल के शीशे में दरार हो गई

मर मर के जी रहे जो सहमे डरे-डरे
अब रोटियाँ उनके लिए तलवार हो गई

बहने लगा हर ओर लाल ख़ून देखिए
दुनिया ये किस क़दर गुनहगार हो गई

मरते हैं आज भी कई सुकरात की तरह
नेकी सचाई सादगी शिकार हो गई

अपनों में फिर प्रसाद आप बाँटने लगे
सुनते हैं अब जनाब की सरकार हो गई

मस्ती में चले आइए फागुन के रंग में
एकता के गीत गाइए फागुन के रंग में

रंग में रंगने चली रंगीन टोलियाँ
मस्त भाँगड़ा रचाइए फागुन के रंग में

टेसू का रंग चढ़ गया परवान देखिए
मन-वृन्दावन बनाइए फागुन के रंग में

किसने लगाया गाल पर गुलाल प्यार से
प्रिय हमसे भी लगाइए फागुन के रंग में

झील सी आँखों में तैरती कोई ग़ज़ल
नज़र से नज़र मिलाइए फागुन के रंग में

ज्ञानप्रकाश विवेक

जन्मतिथि : 30.1.1949, बहादुरगढ़ (हरियाणा)

प्रकाशन : ग़ज़ल संग्रह : 'धूप के हस्ताक्षर', 'आँखों में आसमान', 'इस मुश्किल वक्त में', 'गुफ़्तगू अवाम से है' सहित 6 कहानी संग्रह एक उपन्यास, एक कविता पुस्तक। विभिन्न पत्र-पत्रिकाओं में रचनाएँ प्रकाशित।

सम्प्रति : ओरिएंटल इंश्योरेंस कंपनी, 86, जनपथ नई दिल्ली में कार्यरत्।

सम्पर्क : 9/508 पुराने सिविल अस्पताल के पास क़िला मोहल्ला, बहादुरगढ़ - 124507 (हरियाणा)

दिन का था कभी डर तो कभी रात का डर था
इस बात का डर था, कभी उस बात का डर था

जो भीग चुका वो भला किस बात से डरता
जो घर में खड़ा था उसे बरसात का डर था

धनवानों की महफ़िल में सभी बोल रहे थे
वो चुप था कि उस शख़्स को औक़ात का डर था

ऐ दोस्त मैं हैरान नहीं तेरे अमल पर
जो तूने दिया है उसी आघात का डर था

जिन्सों का तो बाज़ार में बिकना था ज़रूरी
बाज़ार में बिकते हुए जज़्बात का डर था

तेज़ बारिश हो या हल्की, भीग जाएँगे ज़रूर
हम मगर अपनी फटी छतरी उठाएँगे ज़रूर

दर्द की शिद्दत से जब बेहाल होंगे दोस्तो
तब भी अपने-आप को हम गुदगुदाएँगे जरूर

इस सदी ने जब्त कर ली हैं जो नज़्में दर्द की
देखना, उनको हमारे ज़ख़्म गाएँगे जरूर

बुलबुलों की ज़िन्दगी का है यही बस फलसफा,
टूटने से पेशतर वो मुस्कराएँगे जरूर

आसमानों की बुलन्दी का जिन्हें कुछ इल्म है
एक दिन उन पक्षियों को घर बुलाएँगे जरूर

पता नहीं कि वो किस ओर मोड़ देगा मुझे
कहाँ घटाएगा और किसमें जोड़ देगा मुझे

मैं राजपथ पे चलूँगा तो और क्या होगा
कोई सिपाही पकड़ के झिंझोड़ देगा मुझे

पतंग की तरह पहले उड़ाएगा ऊँचा
फिर उसके बाद वो धागे से तोड़ देगा मुझे

अमीर-शहर के बरक्स तन गया था मैं
वो अब कमान की मानिन्द मोड़ देगा मुझे

वो इत्र बेचनेवाला बड़ा ही ज़ालिम है
मैं फूल हूँ तो यक़ीनन निचोड़ देगा मुझे

ऐसे क़र्फ़्यू में भला कौन है आनेवाला
गश्त पे एक सिपाही है पुराने वाला

सामने शहर का जलता हुआ मंज़र रखके
कितना बेकैफ़ है तस्वीर बनाने वाला

वक़्त, मैं तेरी तरह तेज़ नहीं चल सकता
दूसरा ढूँढ कोई साथ निभाने वाला

मोम के तार में अंगारे पिरो दूँ यारो
मैं भी कर गुजरूँ कोई काम दिखाने वाला

एक काग़ज़ के सफ़ीने से मुहब्बत कैसी
डूब जाएगा अभी तैर के जाने वाला

तमाम घर को बयाबाँ बनाके रखता था
पता नहीं वो दीए क्यों बुझा के रखता था

बुरे दिनों के लिए तुमने गुल्लकें भर लीं
मैं दोस्तों की दुआएँ बचा के रखता था

हमेशा बात वो करता था घर बनाने की
मगर मचान का नक्शा छुपाके रखता था

वो तितलियों को सिखाता था व्याकरण यारो
इसी बहाने गुलों को डरा के रखता था

वो संगसार न होता तो और क्या होता
हुज़ूरे-ख़ास में सर को उठा के रखता था

'शैलेश'

मूल नाम : शशिवर्धन शर्मा
जन्मतिथि : 8.4.1949, मवाना कलाँ (मेरठ)
शिक्षा : एम.ए. (हिन्दी), पी एच.डी.
प्रकाशन : उपन्यास-6, कथा संग्रह-दो खंड, काव्य संग्रह-3, अनेक संकलनों, पत्र-पत्रिकाओं में रचनाएँ प्रकाशित।
सम्प्रति : ऑर्डनैन्स फ़ैक्ट्री, अम्बाझरी, नागपुर में तकनीकी चार्जमैन के पद पर कार्यरत।
सम्पर्क : 'प्रशान्त निकेतन' जूनियर कॉलेज के पीछे, आठवाँ मील, अमरावती रोड, नागपुर-440023
दूरभाष : (07104) 221219

मैं अकेला था सफ़र में और अकेला चल रहा हूँ
इसीलिए तो दोस्तों की भी नज़र में खल रहा हूँ

एक नया है पाठ पढ़ाया दुनिया ने हर दिन, हर पल
मानवता का ह्रास देखकर मन ही मन जल रहा हूँ

वर्तमान की तुष्टि से ही पतन आरम्भ हुआ ही जानो
लक्ष्य भेदने की अड़चन को हल करने पर अटल रहा हूँ

किसने भला सुनी आज तक दिल टूटने की आवाज़ें
उजड़ी है दुनिया जिनकी उनका बीता कल रहा हूँ

उड़ने वाले सुनो पखेरू सीमा का परित्याग न करना
देख हौसला तेरा मैं भी मन ही मन मचल रहा हूँ

हौसले कमज़ोर हुए पीछे घूम कभी नहीं देखा
दृढ़ निश्चय संजोकर मन में 'शैलेश' सा अटल रहा हूँ

बातें बहुत बड़ी न करना
तुम कोई गड़बड़ी न करना

तुम उनसे जाकर मिलने पर
बातें बड़ी-बड़ी न करना

स्वीकृति अपनी व्यक्त करो पर
शर्तें बहुत बड़ी न करना

मैंने तो प्रस्ताव किया है
मनन करो हड़बड़ी न करना

प्रेम की खुश्बू महक उठे तब
बातें सड़ी-सड़ी न करना

मैंने तुमसे अपने मन की बात कही है
तुम भी सोचो वही कहो जो बात सही है

कुछ भी कहकर अपने मन को समझा लो तुम
सच का सूरज अभी सामने उगा नहीं है

उसने तुममें, तुमने उसमें जो भी देखा
बीती बातें याद दिलाना उचित नहीं है

वर्तमान व पूर्वजों की पीढ़ी में अन्तर है
कुछ बातों में समानता, कुछ में मेल नहीं है

आस्तीन में साँप पाले हैं कुछ दोस्तों ने
दिल से दिल का मेल हो सम्भव नहीं है

दाग़ मैंने स्वयं लगाया ज़िन्दगी को
एक खिलौना स्वयं बनाया ज़िन्दगी को

भगवान को दे धन्यवाद क्योंकि उसने
एक कविता सी है बनाया ज़िन्दगी को

हर ख़ुशी में बात ग़म की मत करो तुम
फूल-सी महके बना लो ज़िन्दगी को

इन क्षणों को मत करो बरबाद ऐसे
बात का रस भी पिला दो ज़िन्दगी को

कैसे होता है प्रदर्शन भावना का
एक नग्मा ही सुनो दो ज़िन्दगी को

मैं कहीं कमजोर होता जा रहा हूँ
ज़िन्दगी से बोर होता जा रहा हूँ

बन सकें मजबूत निश्चय के इरादे
इस आस्था के साथ बढ़ता जा रहा हूँ

एक दिन आएगा मंजिल पा ही लूँगा
यह सोचकर सँभालता जा रहा हूँ

आनेवाला कल मेरा है, विश्वास है
क्यों व्यर्थ में मायूस होता जा रहा हूँ

कोई तो आकर मुझे उम्मीद दे दे
ठीक रास्ते पर मैं बढ़ता जा रहा हूँ

रामसनेही लाल शर्मा
'यायावर'

जन्मतिथि : 5 जुलाई, 1949, तिलोकपुर (फ़िरोजाबाद) उ.प्र.।

शिक्षा : एम.ए. (हिन्दी), पी एच.डी., डी.लिट्.।

प्रकाशन : (1) मन पलाशवन और दहकती सन्ध्या (नवगीत व ग़ज़ल संग्रह), (2) गलियारे गन्ध के (प्रणयपरक नवगीत संग्रह), (3) पांखुरी-पांखुरी (मुक्तक संग्रह), (4) सीप में समन्दर (ग़ज़ल संग्रह)। अनेक विधाओं की दर्जनों पुस्तकों में सहभागिता। 'हिन्दी सुकवि सुधा', 'चिट्ठियाँ बोलती हैं' तथा 'उ. प्र. के प्रतिनिधि हिन्दी कवि' का सम्पादन।

सम्मान : अनेक संस्थाओं द्वारा सम्मानित

सम्प्रति : एस.आर.के. (पी.जी.) कालेज, फ़िरोजाबाद के शोध एवं स्नातकोत्तर हिन्दी विभाग में रीडर।

सम्पर्क : 86, तिलक नगर, बाई पास रोड, फ़ीरोजाबाद-283203 फ़ोन : 281486

भूख बिठाकर घर में उसका यार हुआ है घूरेलाल
जैसे कोई पढ़ा हुआ अखबार हुआ है घूरेलाल

कभी मिले फुटपाथ, पटरियाँ, रैन-बसेरे नहीं मिले
नित्य नई साज़िश का एक शिकार हुआ है घूरेलाल

एकलव्य की तरह साधना करता रहा अकेले में
फिर भी दान अँगूठा दे बेकार हुआ है घूरेलाल

बारह वर्ष बाद शायद अपने भी दिन फिर जाएँगे
इन्तज़ार करते-करते बेज़ार हुआ है घूरेलाल

बिना काम के गुज़र रही ज़िन्दगी बिना उद्देश्य यहाँ
जैसे कोई दफ़्तर का इतवार हुआ है घूरेलाल

सदियों से है धरे पीठ पर पूरा भवन व्यवस्था का
तुम मानो या मत मानो, आधार हुआ है घूरेलाल

क्रन्दन, हाहाकार मिला है सुबह-सुबह
ख़ून-सना अख़बार मिला है सुबह-सुबह

जब भी कुछ माँगा बेदर्द ज़िन्दगी से
घाटे का व्यापार मिला है सुबह-सुबह

संवेदन को लेकर जब-जब निकला हूँ
खुला हुआ बाज़ार मिला है सुबह-सुबह

मैंने जब मानव बनकर जीना चाहा
जगह-जगह धिक्कार मिला है सुबह-सुबह

अपनी पूरी ग़ज़ल तुम्हारे नाम लिखूँ
बस इतना अधिकार मिला है सुबह-सुबह

जाने कैसे अजब तमाशे करता है मौसम
भूखे हाथों पर अंगारे धरता है मौसम

मेरे घर पर आती कोई किरन-परी कैसे
सूरज की आँखों में स्याही भरता है मौसम

अपनी नंगी पीठों के ये घाव भरें कैसे
आवारा यादों के साथ उतरता है मौसम

रोज सवेरे क्रान्ति करें, हर शाम करे वादा
एक नया नारा बन रोज़ उभरता है मौसम

शो केसों में धरे क़ुरान, बाइबिल औ' गीता
काम-सूत्र पर ही बातें अब करता है मौसम

यूँ तो नहीं निशाना चूका, जब भी उठ कर हुए खड़े
लेकिन हमने रख छोड़े हैं तीर-कमान दुकानों पर

रामकृष्ण, ईसा, मूसा, गुरु नानक और मुहम्मद भी
इन तक को रख कर बैठे कुछ बेईमान दुकानों पर

या तो ईंटें ही कच्ची थीं या मिट्टी तैयार न थी
लगता है करना ही होगा नव-निर्माण दुकानों पर

शो केसों में धरे-धरे क्यों तलवारों में बदल गए
आदि ग्रन्थ, रामायण, गीता और क़ुरान दुकानों पर

द्वार खिड़कियाँ तोड़ घुस गया है बारूदी धुआँ यहाँ
रात-रात में आया कैसा यह तूफ़ान दुकानों पर

धूप को अँधियार के घर पर सुलाया जाएगा
गाँव में यों भोर का अहसास लाया जाएगा

इस तरह कुछ स्वाद में रंगीनियाँ आ जाएँगी
मछलियों को तितलियों के साथ खाया जाएगा

तुम मरुस्थल को बढ़े बेख़ौफ़ तो यह जान लो
साथ में चलकर तुम्हारे एक साया जाएगा

शीशमहलों के कँगूरे हाथ से हमने गढ़े
सामने इनके न हमसे सर झुकाया जाएगा

अब तो 'यायावर' करो प्रस्थान की तैयारियाँ
तुम जहाँ ठहरे हो वह घर भी जलाया जाएगा

भँवरलाल उपाध्याय

जन्मतिथि : 11.7.1949, निमाज (पाली) राज.।

शिक्षा : बी.कॉम., हिन्दी विद्वान।

प्रकाशन : अनेक पत्र-पत्रिकाओं में रचनाएँ प्रकाशित। अनेक साहित्यिक, राजनैतिक व सामाजिक संस्थाओ में सक्रिय भागीदारी।

सम्प्रति : लिपिक श्रेणी, प्रथम, भारतीय रिजर्व बैंक, हैदराबाद

सम्पर्क : म.न. 15-7-35717, दूसरी मंज़िल कश्मीर हौज के ऊपर, बेगमबाज़ार, हैदराबाद - 500 012 (आं.प्र.)
फ़ोन : 24611893 (नि.)

सुनकर औरों की व्यथा जब नेत्र हो जाते सजल
तब मेरे भावुक हृदय से फूट पड़ती है ग़ज़ल

हर बार कोई छीन कर ले जाता है मेहनत का फल
इस बार किस उम्मीद में फिर उसने बोई थी फ़सल

भूगर्भ से जब भी उठा ज्वालामुखी तो समझ लो
विद्रोह शोषण के विरुद्ध तब हो गया कोई सफल

पत्थरों को साक्ष्य रखकर रो लिया करते हैं हम
अरे देवता होते तो उनका दिल न जाता था दहल

परिणाम की चिन्ता नहीं बलिदान की जब ठान ली
मैं नहीं करता तो कोई और करता था पहल

तुच्छ हूँ यह जानकर मुझको न ठुकराना कभी
झोपड़ों ने ही बनाए और गिराए हैं महल

आज जिनके रक्त रंजित हाथ है
ये ज़माना बस उन्हीं के साथ है

तृणमूल से सन्तुष्ट कब वनराज था
आखेट ही उसका रहा पुरुषार्थ है

जो भी आए पास उसको भस्म कर दे
एक सा व्यवहार अग्नि का सभी के साथ है

सफल शासक को भले तुम क्रूर कह लो
सहज कब किसने झुकाया माथ है

शक्ति संचय क्यों न फिर करते 'भँवर'
गाण्डीव बिन पूजा गया कब पार्थ है

जीवन में जो संघर्ष से परिचित नहीं होता
वह व्यक्ति कभी इतिहास में चर्चित नहीं होता

परिपक्वता ही है कसौटी विद्वता की
आलोचना से विज्ञ तो विचलित नहीं होता

बादलों के झुंड ने उत्पात कितने ही किए
सूरज का संयम देखिए क्रोधित नहीं होता

हैं छुरे के घाव पूरी पीठ पर मेरे मगर
मुझसे किसी भी मीत का अनहित नहीं होता

प्रखरता आ ही नहीं सकती 'भँवर' उद्‌गार में
सुख सुविधा से जब तक कवि वंचित नहीं होता

वो गिराएगा तुम्हें कल, आज जो छूता चरण है
राजनीति का समझ लो सरल सा यह व्याकरण है

मारता है डंक वो जिसको बचाया डूबने से
सद्‌गुणों का दुष्ट में होता कहाँ से संचरण है

कल कौन किसके साथ होगा और क्यों
उपदेश के विपरीत सबके आचरण है

व्यक्तित्व पढ़ना और दूभर हो गया है
सबके चेहरों पर यहाँ अब आवरण है

भ्रष्ट शासक से बचा ले देश को
चाणक्य बिन सम्भव कहाँ जनजागरण है

मान्यताएँ अब बिखरने को अड़ी है
संक्रमण की स्थिति दर पर खड़ी है

त्रस्त भौतिकता से अब हर आत्मा
रुग्ण होकर मृत्यु शय्या पर पड़ी है

संयम समझ से दूर यह दिग्भ्रान्त पीढ़ी
उग्र होकर आज करती गड़बड़ी है

हमको परहित पर हमेशा गर्व था
स्वार्थ ने उस पर लगा दीं हथकड़ी है

जड़ संस्कृति को अब तरंगित कीजिए
क़लमकारों आज संकट की घड़ी है

अशोक सक्सेना 'अनुज'

जन्मतिथि : 12 अगस्त 1949, मैनपुरी, उ.प्र.।
शिक्षा : इंटरमीडिएट।
प्रकाशन : 'अंगारे' व 'चिनगारियाँ'।
सम्प्रति : जिला न्यायालय भोपाल में वरिष्ठ निजी सहायक।
सम्पर्क : एफ 5/रामनगर कालोनी शाहजहाँबाद, भोपाल-462001 म.प्र.

ख़िज़ाँ भी उदासी हटा ले अपनी, नज़र तुम अपनी उधर जो कर दो
यही ये पत्थर भी कर रहे हैं, बन जाएँ शमाँ जो कर तुम नज़र दो

पिया है जिसने भी जाम इनसे, उसी के दिल को यकीं दिया है
छुपा है इनमें सुकून साकी कहती, ये है मानो यकीं गर अगर हो

तुम्हारी वफ़ा से है सागर भी छोटा, न दामन से कुछ भी बड़ा है ये आलम
जिसने भी माना है जीता है वह ही, वफ़ा को साक़ी तुम तो वो डगर हो

नज़रे-इनायत जिस पर भी कर दो माने है वो ही रब के करम को
उठा के नज़रें जो फिर झुका दो तो सह जाएँ हँसते हर एक कहर को

जुस्तजू थी जिसकी वो हमने पाया, लबों की थिरकन ये कह रही है
सिला ही जो दे रहे हो साक़ी, तो वफ़ा हमारी न ये बेअसर हो

तसल्ली दे सको तो दो गर करो याद मुझे
पर इल्ज़ाम तो न दो करके बरबाद मुझे

बेआबरू क्यों किया अपनी निगाहों से तुमने
महरूम कहता है दिल इतनी तो बताओ बात मुझे

आसाँ नहीं है यों कोई मुहब्बत का दाग़ मिटाना
याद आती होगी तुम्हें भी गर आती है याद मुझे

शाद होता हूँ देखता हूँ जब मैं लबों पे हँसी
दिल देख के रोता हूँ किया जिसने बरबाद मुझे

शाद न हो देख के ग़म तुम भी ऐ हमसफ़र मेरे
दफ़ना दो अपने हाथों से पर न करो बरबाद मुझे

जब भी खयाल तेरा मेरे दिल में आ गया
आँखों को मेरी अश्कों का प्याला पिला गया

तुझको न पा सका तो बहुत सोचता रहा
शायद इसी तुफ़ैल में मैं रब को पा गया

अपनों के सितम सह-सहकर चूर-चूर तो हुआ
लेकिन यक़ीन ग़ैर पर करना तो आ गया

तेरी सलामती की दुआ मैं माँगता रहा
अन्दाज़े-बयाँ मेरा यूँ ही रंग ला गया

तू हँसता रहे ये ही मेरी आरज़ू है 'अनुज'
मैं तेरे लिए माँगता सब कुछ चला गया

आपका चेहरा जब भी उदास होता है
वक़्त को दर्द का तभी एहसास होता है

रुक-रुक के पूछती हैं दर्द मुझसे फ़िज़ाएँ
जवाब क्या दूँ मन भी उदास होता है

गरदिशे-दौराँ दास्ताँ न कहना भूलें
क्योंकि दिल आपके ही आसपास होता है

कोई तो जादू किया है आपकी नज़रों ने
वफ़ा का तब ही नहीं पर्दाफ़ाश होता है

पूछने से दिल से अहसास आप होगा 'अनुज'
कि वफ़ा में वफ़ा का बड़ा ही राज़ होता है

दिल के मेरे ज़ख़्मों को आहों से नज़र करना
अपने दिल को तो न अपने ही हरर करना

हर रोज़ हर लम्हे नाम तुम्हारा था लबों पर
नाम था ग़म में नहीं मेरी ख़ुशी में नज़र करना

ख़ंजर भी चलाया जिसने मुझसे खुशी लेकर
उनको भी सीखा है मेरे दिल ने अमर करना

लब ये कहेंगे क्या ज़माने से ज़माने की बातें
मैंने हर लम्हे में सीखा ख़ुदा है शुकर करना

वक़्त इम्तिहाँ का नहीं है आज़माने का 'अनुज'
पछताया है सीखा है जो न नज़र से नज़र करना

परमानन्द अश्रुज

जन्मतिथि : 15 सितम्बर, 1949
शिक्षा : एम.ए. (हिन्दी), बी.एड.।
प्रकाशन : 'होठों पर प्यास के मरूस्थल हैं', 'ओस की बूँदें कमल की पंखुरी पर', 'हरे ठूँठ मधुमास', 'जन्मे आज़ादी में हम लोग'। अनेक पत्र-पत्रिकाओं में रचनाएँ प्रकाशित।
सम्प्रति : प्राचार्य—रानी नीमा बाई उच्च मा. विद्यालय, खलरी सिहोरा (म.प्र.)
सम्पर्क : टोला, उमरियापान, जबलपुर 483332

क्यूँ विषैला हो गया वातावरण
अब नहीं दिखती कहीं कोई किरण

रीतियाँ बदली हुई पथभ्रष्ट हैं
और परिवर्तित हुए सब व्याकरण

सभ्यता के पाँव में छाले पड़े
संस्कृति का हो गया असमय मरण

पार्थ उठ! पाञ्चजन्य को स्वर दे नया
है प्रतीक्षारत अभी तक जागरण

एक अंधे खेल में हम पिट गए
और अंधों का ही 'अश्रुज' अनुकरण

चीर दो ये अँधेरों का खम दोस्तो
इक सुनहरी सुबह की क़सम दोस्तो

किससे पूछें ये राहें कहाँ जाएँगी
लुट गया हौसलों का हरम दोस्तो

हो गए राहबर रहज़नी में मगन
ये सियासत का रहमो-करम दोस्तो

जो खड़े थे समुन्दर उन्हें खा गया
चल के देखा तो पानी था कम दोस्तो

इतनी चुप्पी कभी ठीक होती नहीं
मन में पाले हुए हो क्यों भ्रम दोस्तों

रोते-रोते ही सो गया कान्हा
उफ! कि जंगल में खो गया कान्हा

दूध रोटी के गाँव में पल कर
भूखा प्यासा ही सो गया कान्हा

माँ! तेरे दूध की दुहाई है
नैन सबके भिगो गया कान्हा

ज्ञान गीता का बाँटकर जग को
फिर न आया कि जो गया कान्हा

कल भी आया नहीं अगर 'अश्रुज'
सारी दुनिया डुबो गया कान्हा

आदमी को डस गईं परछाइयाँ
साँप तुम ढोते रहे रुसवाइयाँ

आदमी बहरा हुआ है शोर से
महफ़िलों को खा गईं तनहाइयाँ

हैं मशीनी सभ्यता के वन खड़े
अब कहीं गाती नहीं अमराइयाँ

उम्र भर अभिशाप संग चलता रहा
भाग्य में लिक्खी हैं बस रूसवाइयाँ

मत करो आलोचना 'अश्रुज' की
आज का आदर्श है चिकनाइयाँ

कुछ ज़मीं खा गई कुछ गगन खा गया
वक़्त तू जाने कितने किशन खा गया

कैसे कैसे सिकन्दर मिले धूल में
है हक़ीक़त ये रामो-लखन खा गया

आदमी तेरी फ़ितरत ने ये क्या किया
सत्य खाया अहिंसा अमन खा गया

यह धरा बेच दी बेच डाला गगन
आदमी बेच गंगो-जमन खा गया

तू जिया न्याय पर धर्म पर सत्य पर
तुझको 'अश्रुज' समय का चलन खा गया

मुरलीधर पाण्डेय

जन्म : 7 अक्टूबर, 1949

शिक्षा : एम.ए. (हिन्दी), राष्ट्रभाषा कोविद, राष्ट्रभाषा रत्न एवं डी.आई.एम.एस.।

प्रकाशन : संयोग प्रकाशन से 10 पुस्तकें प्रकाशित। सम्पादक 'संयोग साहित्य'। अनेक विधाओं में एक दर्जन से अधिक पुस्तकें प्रकाशित। अनेक पत्रिकाओं में रचनाएँ प्रकाशित। अनेक संस्थाओं में सक्रिय सदस्य।

सम्प्रति : अक्षरांकन (डी.टी.पी. सेन्टर) हिन्दी, मराठी, गुजराती, अंग्रेज़ी।

सम्पर्क : 9/ए, चिन्तामणि एपार्टमेंट (काशी विश्वनाथ मंदिर के सामने) शिव मंदिर रोड, आर.एन. पी. पार्क, भायन्दर (पूर्व) 401105 (महाराष्ट्र)
फ़ोन : (022) 28151737

रात मिल के बिछड़ने का ग़म खा रहा
आज उनके मचलने का ग़म खा रहा

कैसे कह दूँ मुहब्बत का अंजाम ये
साथ जीने को मेरी क़सम खा रहा

नाम ले के न हमको पुकारा कभी
रात दिन का यही बस वहम खा रहा

जोश-ए-दरिया के तूफ़ाँ से कैसे लड़ूँ
प्यार का बस यही है भरम खा रहा

आँख भी ना लगी रात उनके लिए
राज़ ऐसा कि दिल पे सितम ढा रहा

ज़िन्दगी में कोई भी शाद नहीं
ज़िन्दगी की कोई ईजाद नहीं

हम तो अपना हिसाब रखते हैं
चाहिए आप से फ़साद नहीं

दोष क्यों दे रहा मुकद्दर को
तुझे ख़ुद अपने गुनाह याद नहीं

उड़ के वापस ज़मीं पे आती हैं
बुलबुलें आज भी आज़ाद नहीं

मैं तो बस, अपनी धुन में बैठा हूँ
कौन गुज़रा इधर से याद नहीं

आदमी ज़मीं का नूर है
कभी पास, कभी सुदूर है

कभी फ़रिश्ता, कभी आइना
कभी सिन्दूर, कभी कपूर है

कभी क्रूर कभी विनम्र
कभी सब्र, कभी गुरूर है

जानें क्या-क्या आदमी
कभी गुलाब, कभी धतूर है

रंग भी बदलता है ये
कभी फ़क्र, कभी खजूर है

भीतर-भीतर शोध रहा हूँ
मैं तो ख़ुद को खोज रहा हूँ

भीतर का आकाश बड़ा है
बैठे-बैठे सोच रहा हूँ

कितने सुन्दर महल, अटारी
पर मैं घर को लौट रहा हूँ

बिना साज के राग सजा है
सुन-सुन कर मैं सोच रहा हूँ

सोकर भी वो जाग रहा है
मैं सोया-सा रोज़ रहा हूँ

प्यार को पी लिया
सच को जी लिया

बोलता था बहुत
होंठ सी लिया

क़र्ज़ ले-ले के
देसी घी पी लिया

काम का नहीं रहा
सेवा व्रत भी लिया

अमृत तो मिला नहीं
ज़हर पी लिया

किशन तिवारी

जन्मतिथि : 14 अक्टूबर, 1949, भोपाल

शिक्षा : एम.ए. पीएच.डी. (हिन्दी), डिप्लोमा इन मेकेनिकल इंजी.।

प्रकाशन : 'भूख से घबराकर' (ग़ज़ल संग्रह), 'आपकी जेब में' (ग़ज़ल संग्रह), 'सोचिए तो सही' (ग़ज़ल संग्रह)। विभिन्न पत्र-पत्रिकाओं, समाचार-पत्रों एवं संग्रहों में ग़ज़लें, समीक्षाएँ, प्रकाशित।
'भेल भारती' का सम्पादन।
उपाध्यक्ष—जनवादी लेखक संघ भेल भोपाल

सम्मान : अनेक संस्थाओं द्वारा सम्मानित/पुरस्कृत।

सम्प्रति : बी.एच.ई.एल. (भेल) भोपाल में प्रबन्धक।

सम्पर्क : 34 सेक्टर 9 ए, साकेत नगर, भोपाल-462024 दूरभाष : 2488159

जुल्म की दास्ताँ, सोचिए तो सही
आदमी बेज़ुबाँ, सोचिए तो सही

आए साहिल पे हम, मुश्किलों से मगर
डूबती कश्तियाँ, सोचिए तो सही

चाल उनकी थी, वो रोज़ चलते रहे
हम बने गोटियाँ सोचिए तो सही

बिजलियाँ मज़हबों की चमकने लगी
जल गई बस्तियाँ, सोचिए तो सही

रोशनी दे रही, दस्तकें द्वार पर
खोलकर खिड़कियाँ, सोचिए तो सही

हाथ बाँधे खड़े, किसने बाँधा तुम्हें
भींचकर मुट्ठियाँ, सोचिए तो सही

कब कहाँ फ़ैसला हुआ कैसे
कोई छोटा बड़ा हुआ कैसे

ये ज़मीं आसमाँ हवा सबकी
इन पै हक़ आपका हुआ कैसे

साथ सच्चाइयों का दे लेकिन
कोई इन्साँ, बिका हुआ कैसे

ख़ून पीने का है नशा उसको
मय से उसको नशा हुआ कैसे

जो है मुज़रिम यहाँ वही सबसे
पूछता हादसा हुआ कैसे

यूँ न नज़रें झुका कर कहें,
सत्य को सर उठाकर कहें

आप सीधी सरल बात को
व्यर्थ है यूँ घुमाकर कहें

तोलना है अगर बात को
आइनों को सुनाकर कहें

आप क्यूँ इतने नाराज़ हैं,
जो कहें मुस्कराकर कहें

हम ज़माने के दुख-दर्द को
गीत में गुनगुनाकर कहें

जब भी सर को उठा के चल देंगे
हम हवाओं के रुख़ बदल देंगे

प्यार बच्चों के दिलों में भरना
पेड़ बनकर ये हमें फल देंगे

आदिवासी का घर नहीं छीनो
ये सुरक्षित हमें जंगल देंगे

छीनकर मेरे घर के आँगन को
पाँच तारों की वे होटल देंगे

थाम लो हाथ, हाथ में कसकर
वरना वे एक दिल कुचल देंगे

हमको आना है हम आएँगे
धूप बनकर बिखर जाएँगे

एक दिन बादलों की तरह
गीत सावन के बरसाएँगे

फिर अँधेरे पे लिख रोशनी
बन के सूरज उतर आएँगे

ये घृणा द्वेष ये नफ़रतें
इस जहाँ से मिटा जाएँगे

प्यार बस प्यार ही प्यार है
ये सभी को बता जाएँगे

मुनव्वर अली 'ताज'

जन्मतिथि : 10 नवम्बर, 1949, राधौगढ़ (गुना) मध्यप्रदेश

प्रकाशन : पत्रिकाओं एवं विभिन्न राष्ट्रीय समाचार पत्रों में रचनाएँ प्रकाशित। 'चाह से आह तक' (प्रकाशनाधीन)।

स्थायी पता : 116 ई. डब्ल्यू. एस. साड़ा कालोनी, राधौगढ़ ज़िला गुना (म.प्र.)

सम्पर्क : सबजेल शुजालपुर सिटी, ज़िला- शाजापुर (म.प्र.) 465331
फ़ोन : (07360) 245506

इस तरह हिन्दोस्ताँ को अम्न का पैग़ाम दो
हिन्दुओं को दो खुदा और मुस्लिमों को राम दो

कामयाबी के लिए गर हो सके इन्सान की
आरज़ू को हौसला दो हौसले को काम दो

इक नया सूरज उगाओ आज अपने देश में
मेहनतों को दो सवेरा और थकन को शाम दो

ज़िन्दगी खुद आदमी की आरज़ू करने लगे
इस सलीक़े से सदा हर काम को अन्जाम दो

'ताज' ने तो मंज़िलों का रास्ता दिखला दिया
आप अपनी कोशिशों को नित नया आयाम दो

बेहतर है हर बशर से समझता है आदमी
कितने मुग़ालतों से गुज़रता है आदमी

ये जिस्म ज़िन्दगानी की ऐसी सराय है
जिसमें बिना किराया ठहरता है आदमी

लाता है शादमानी के गौहर निकालकर
गहराइयों में ग़म की उतरता है आदमी

पहले बनाना पड़ता है मुंसिफ़ ज़मीर को
तब जाके अपने आप सुधरता है आदमी

मिलती है 'ताज' दर्द की शिद्दत को इन्तहा
तब जाके आदमी से निकलता है आदमी

कैसा है, क्या है, क्यों है सवालों का हल नहीं
ग़म को समझना दोस्तो इतना सरल नहीं

ग़म गैस नहीं, ठोस नहीं और तरल नहीं
ग़म को परखने में कोई अब तक सफल नहीं

खुशियाँ ही दे हमेशा मगर ग़म कभी नहीं
आदि से अन्त तक कोई ऐसी ग़ज़ल नहीं

मैं पी चुका हूँ दर्द के सागर को इसलिए
ग़म के दबाव से मिरी आँखें सजल नहीं

जो 'ताज' है उसी पे ही उठती हैं उँगलियाँ
कीचड़ बिना खिले कोई ऐसा कमल नहीं

जुल्मतकदे को नूर बना तो सही कभी
सूरज की तरह ख़ुद को जला तो सही कभी

बस जाएगी किनारों प' उल्फत की बस्तियाँ
दरिया बना के खुद को बहा तो सही कभी

बोलेंगी अपने आप तवाजुन की ग़ल्तियाँ
अपना कलाम खुद को दिखा तो सही कभी

बेहद लज़ीज़ होते हैं लुक़्मे हराम के
ख़ुद को शिकम केशर से बचा तो सही कभी

मायूसियों को 'ताज' तबस्सुम में ढालकर
नाकामियों को धूल चटा तो सही कभी

फ़न वाले में फ़न को देख
बेफ़न हो तो मन को देख

काग़ज़ की थाली में रखके
फ़नकारों के धन को देख

साँसों की नगरी में फैले
एहसासों के वन को देख

कब का देना भूल चुका है
तन मन धन इस जन को देख

'ताज' सदफ़ में जो मोती हैं
उसके जन गण मन को देख

रोहिताश्व अस्थाना

जन्मतिथि	:	1.12.1949, अटवा अली मर्दनपुर हरदोई, उ.प्र.
शिक्षा	:	एम.ए. (हिन्दी), बी.एड., पी एच.डी.।
प्रकाशन	:	बाल साहित्य की दो दर्जन पुस्तकें, हिन्दी ग़ज़ल : उद्भव और विकास (शोधग्रन्थ) बाँसुरी विस्मित है (ग़ज़ल संग्रह), माँझी (खंडकाव्य), जलतरंग बजते हैं (गीत संग्रह—शीघ्र प्रकाश्य)। अनेक पत्र-पत्रिकाओं रचनाएँ प्रकाशित। नवीनतम हिन्दी ग़ज़लें, प्रतिनिधि हिन्दी ग़ज़लें, बहुरंगी हिन्दी ग़ज़लें, इन्द्रधनुषी हिन्दी ग़ज़लें, हिन्दी ग़ज़ल पंचदशी (पाँच खंडों में) का सम्पादन।
सम्मान	:	अनेक संस्थाओं द्वारा सम्मानित/पुरस्कृत।
सम्प्रति	:	अध्यापन
सम्पर्क	:	ऐकान्तिका, निकट बावन चुंगी हरदोई-241001 (उ.प्र.) फ़ोन : 05852-232392

पत्थरों का शहर, पत्थरों की जुबाँ
तुम को पूछें कहाँ, तुमको ढूँढें कहाँ

तुमको देखा तो सौ-सौ बहारें खिलीं
तुम हो जाने-ग़ज़ल, या कोई कहकशाँ

दर्द देकर हमें तुम हुए लापता
किससे पूछें तुम्हारी सनम दास्ताँ

हर अदा पर तुम्हारी, हुए हम फ़िदा
है क़सम अब न लो तुम मेरा इम्तिहाँ

आँसुओं का समुन्दर है इस आँख में
बनके कश्ती उतर आओ जाने जहाँ

हम तरसते रहेंगे यूँ ही प्यार को
इस जहाँ, उस जहाँ, और जाने कहाँ

दर्द का इतिहास है हिन्दी ग़ज़ल
एक शाश्वत प्यास है हिन्दी ग़ज़ल

प्रेम, मदिरा, रूप की बातों भरी
अब नहीं बकवास है हिन्दी ग़ज़ल

आदमी के साथ नंगे पाँव ही
ढो रही संत्रास है हिन्दी ग़ज़ल

हर बहर, हर छन्द में, नव कथ्य का
दे रही आभास है हिन्दी ग़ज़ल

काव्य की चर्चित विधा बन जाएगी
एक दृढ़ विश्वास है हिन्दी ग़ज़ल

सड़कें वही हैं और मकानात हैं वही
मेरे शहर में आज भी हालात हैं वही

जारी है आज भी वही रोटी की इक बहस
दिल पे सभी के दर्द के आघात हैं वही

रूपा का रूप ले गया ग्रसकर कोई ग्रहण
पर पेट के प्रसंग सवालात हैं वही

दिल ढूँढता फिरा न मिली उसकी इक झलक
उसको तलाश करने को जज़्बात हैं वही

नाराज़ हो गए हैं सभी दोस्त 'रोहिताश्व'
सच बोलने के अपने तो आदात हैं वही

दिन चले, सुबह चले, शाम चले
हम तमाम उम्र बिना काम चले

हमने उनके भी बहुत काम किए
जिनसे अपने न कोई काम चले

दिल न देना इसे हर्गिज़ यारों
वर्चली है ये, यहाँ दाम चले

हमने उनकी भी रखी है इज़्ज़त
रू-ब-रू जिनके हो बदनाम चले

गीत के गाँव, ग़ज़ल की गलियाँ
हों जहाँ, हम तो उसी धाम चले

आप जब-जब भी मुस्कराती हैं
दिल पे सौ बिजलियाँ गिराती हैं

आपके गेसुओं की छाया में
हसरतें आशियाँ बनाती हैं

आपका आगमन जहाँ हो जाए
महफ़िलें झूम-झूम गाती हैं

आपके रूप की नुमाइश में
बस्तियाँ दिल की जगमगाती हैं

आपको जितना भूलना चाहा
आप उतना ही याद आती हैं

महाश्वेता चतुर्वेदी

जन्मतिथि : 2.2.1950, इटावा जनपद (उ.प्र.)

शिक्षा : एम.ए. (अंग्रेजी-संस्कृत-हिन्दी), साहित्याचार्य, संगीत प्रभाकर, डिप्लोमा जर्नलिज्म, एल.एल.बी., पी एच.डी., डी. लिट्।

प्रकाशित : तीन ग़ज़ल संग्रह 'पत्थरों की कोख', 'भीगती पलकें बुलाती', 'धूप के शहर में' के अतिरिक्त हिन्दी में भिन्न-भिन्न विधाओं में 22 पुस्तकें, अंग्रेजी में 8 काव्य संग्रह प्रकाशित। संस्कृत में 2 पांडुलिपि। 250 से अधिक शोध पत्रों, दो दर्जन से अधिक देशी-विदेशी सन्दर्भ ग्रन्थों में उल्लेख।

सम्मान : अनेक संस्थाओं द्वारा पुरस्कार/सम्मान।

सम्पर्क : प्रोफ़ेसर्स कालोनी, श्यामगंज, बरेली 243005 (उ.प्र.)
फ़ोन : (0581) (नि.) 2470758

बोलो तुमने उड़ता पंछी पत्थर मार, गिराया क्यूँ
चन्दा के उजले दामन पर ख़ूँ का दाग़ लगाया क्यूँ

होश ओ हवास में तुमने मुझको, खुशियाँ अपनी दान करीं
रात ढली तो तन्हाई में बोलो मन पछताया क्यूँ

ताक़ में रक्खे गुड्डे गुड़िया, आग में जलकर राख हुए
ईर्ष्या द्वेष भरी नगरी में घर का हार सजाया क्यूँ

गलियों कूचों पर पहरा है व्यभिचारी अँधियारों का
ऐसे में, घर की खिड़की पर तुमने दीप जलाया क्यूँ

यदि जगती तो, जन्म मरण के सारे बन्धन कट जाते
मार के मन को, एक जोगी ने घर घर अलख लगाया क्यों

हर मौसम शाख़ों पर काँटे, फूलों में ज़हरीली गन्ध
कच्चे आँगन में ऐ 'श्वेता' ऐसा पेड़ लगाया क्यूँ

जो भी हों हालात उनसे दिल लगाना चाहिए
ज़िन्दगी का बोझ हँस हँसकर उठाना चाहिए

उम्र के हर दौर में हैं उलझनें ही उलझनें
ज़िन्दगी से प्यार का एक पल चुराना चाहिए

आ रहा है शोर बच्चों का गली के मोड़ से
ढल चुकी है धूप, अब पर्दा उठाना चाहिए

छल प्रपंचों की उगी है नागफनियाँ हर तरफ़
कीमती है पैराहन दामन बचाना चाहिए

ख़्वाब में कल रात 'श्वेता' थी गुलाबों की महक
सोचती हूँ अब मुक़द्दर जगमगाना चाहिए

भूले बिसरे हुए कुछ दृश्य झलक आए हैं
बात इतनी है कि कुछ लोग नज़र आए हैं

दिन में लूटा है जिन्हें, रात उन्हें क्या देगी
राह चलते हुए ये प्रश्न उभर आए हैं

सामने आज नहीं है तो कोई फ़र्क नहीं
हम तेरी छाँव में पलभर तो ठहर आए हैं

ढूँढना होगा मुझे फिर से बहाना कोई
किसी की याद में यह नयन जो भर आए हैं

जिसने भेजे थे हमेशा से बुलावे हमको
आज 'श्वेता' उसी उम्मीद के घर आए हैं

अँधेरों के लिए एक चाँद धरती पर उगाना है
हर एक दहलीज़ को सतरंगी किरनों से सजाना है

है जो विश्वास तो चट्टान से निकलेगी जलधारा
मगर है शर्त पैरों को भी लोहे का बनाना है

हमें पुरुषार्थ के बल से समय के पार जाना है
उठा कर आग सूरज से, इसे पथ से डिगाना है

सुखों की नींद में जो बेख़बर बारूद पर सोया
ऋचाओं के ही भैरव से उसे हमको जगाना है

दुःशासन है अभी ज़िन्दा, निशाचर मुक्त है अब तक
हमें सन्तान को 'श्वेता' वही अर्जुन बनाना है

थे थके फिर भी हमें चलना पड़ा
साथ सूरज के हमें ढलना पड़ा

बर्फ़ के उस गुनगुनाते जिस्म को
धूप के एक शहर में गलना पड़ा

था महकना एक रेगिस्तान में
पत्थरों की कोख में पलना पड़ा

वह बहाकर अश्क आख़िर सो गया
बस दिए को रात भर जलना पड़ा

ज़िन्दा रहने का इरादा देख कर
'श्वेता' दर से मौत को टलना पड़ा

'कुँवर' कुसुमेश

जन्मतिथि	:	3.2.1950
सम्पर्क	:	एम.एससी. (गणित)।
प्रकाशन	:	ग़ज़ल-संग्रह 'अँधेरे भी उजाले भी'। दोहा-संग्रह 'पर्यावरणीय दोहे' प्रकाशित। अनेक सहयोगी-संकलनों एवं पत्र- पत्रिकाओं में रचनाएँ प्रकाशित। 'हरित वसुन्धरा' में सम्पादन सहयोग।
सम्मान	:	रोटरी क्लब, लखनऊ, लौ प्रकाशन कुरासिया, ध्रुव प्रकाश अहमदाबाद सहित अनेक संस्थाओं द्वारा सम्मानित।
सम्प्रति	:	प्रशासनिक अधिकारी भारतीय जीवन बीमा निगम, लखनऊ।
सम्पर्क	:	4/738, विकासनगर, लखनऊ-226022 फ़ोन- (0522) 276191 (नि.)

तड़पता आदमी सब्रो-क़रार क्या जाने
जो नफ़रतों में पला हो वो प्यार क्या जाने

चमन की बात ही करना है तो चमन से करो
ख़िजाँ ख़िजाँ है महकती बहार क्या जाने

दिलों के बीच में उठती दिखाई देती है
उठाई तुमने कि हमने दिवार क्या जाने

मिले हैं अपने पराए सभी से जिसको फ़रेब
भरोसा कैसे करे, ऐतबार क्या जाने

बिखरना, टूटना सीखा है तड़पती शै ने
ये दिल है, ये भला बातें हज़ार क्या जाने

न जाने दोस्त समझता है या कोई दुश्मन
करे 'कुँवर' कोई किस में शुमार क्या जाने

ख़िजाँ में ख़ुशनुमा मौसम तलाश करता हूँ
पनपते ज़ख़्म का मरहम तलाश करता हूँ

बदलता वक़्त तुम्हें दे रहा है आवाज़ें
कहाँ हो ईसा-ओ-मरियम तलाश करता हूँ

किसी ग़रीब के आँसू ही पोछ लें दामन
नज़र में क़तरा-ए-शबनम तलाश करता हूँ

ज़माने भर को जो दे अम्नो-प्यार का पैग़ाम
गगन में फिर वही परचम तलाश करता हूँ

ग़ज़ल-ग़ज़ल में 'कुँवर' एकता की बात लिए
तमाम धर्म का संगम तलाश करता हूँ

कब, कहाँ किसका ठिकाना आजकल
आ गया कैसा ज़माना आजकल

है लिखा इन्सान की तक़दीर में
रात दिन आँसू बहाना आजकल

एक गर मजबूर है, मज़लूम है
दूसरा बेहद सयाना आजकल

फिर उजालों पर अँधेरों की नज़र
फिर वही क़िस्सा पुराना आजकल

आलमे-गर्दिश में यारों को 'कुँवर'
है हमें भी आज़माना आजकल

हर शाम छलकते हैं पियाले कहीं-कहीं
दो वक़्त की रोटी के हैं लाले कहीं-कहीं

मुश्किल है तन का ढकना ग़रीबों के वास्ते
गुर्बत है इक पड़ाव-सा डाले कहीं-कहीं

मुद्दत से अँधेरों को है बदनामियाँ हासिल
डसने के वास्ते हैं, उजाले कहीं-कहीं

मस्जिद को उस गली में है दंगाइयों से डर
ख़तरे में इस गली में शिवाले कहीं-कहीं

क्या ख़ाक़ रहबरों पे भरोसा करें 'कुँवर'
इनके भी हैं शौक़ निराले कहीं-कहीं

आकर चले गए तमाम इस जहान से
इठला रहा है वक़्त मगर इत्मिनान से

ग़ैरों के घर की आग बुझाने में जो लगा
उठने लगा धुवाँ है उसी के मकान से

हैरत है देख-देख के ख़ंजर की तश्नगी
अब तो ख़ुदा के वास्ते निकले न म्यान से

ये वक़्त है बेइन्तिहा ताक़त है इसके पास
लड़ना पड़ेगा फिर भी इस पहलवान से

माना क़दम-क़दम पे है दुश्वारियाँ 'कुँवर'
डरना नहीं है फिर भी किसी इम्तिहान से

जानकी प्रसाद शर्मा

जन्मतिथि : 5.3.1950ण जनपद विदिशा (म.प्र.)

शिक्षा : एम.ए., पीएच.डी., अदीब

प्रकाशन : ग़ज़ल संग्रह 'जलते सहराओं में नंगे पाँव' (1988) के बाद अब तक कोई ग़ज़ल नहीं कही 'उर्दू साहित्य की परम्परा' के अतिरिक्त आलोचना की तीन पुस्तकें। उर्दू से हिन्दी में लगभग तीन दर्जन पुस्तकों के अनुवाद प्रकाशित।

सम्प्रति : रीडर (हिन्दी), लाजपतराय पी.जी. कालेज, साहिबाबाद (ग़ाज़ियाबाद)

सम्पर्क : बी-330, अशोक नगर, दिल्ली-110093
फोन (नि.) 22594717

अपनी क़ैदों को रिहाई में बदलता क्यों नहीं
इस क़फ़स को तोड़कर बाहर निकलता क्यों नहीं

इसमें पोशीदा हैं कितने सूरजों की गर्मियाँ
ये समुन्दर बाद इसके भी उबलता क्यों नहीं

सायबानों में नहीं मिलती निजाते-ज़िन्दगी
जलते सहराओं में नंगे पाँव चलता क्यों नहीं

क़ैद है सदियों से तहख़ानों के अन्दर रोशनी
इन घरों में एक चराग़े-शाम जलता क्यों नहीं

एक चुप्पी सी ठहर कर रह गई है हर जगह
शहरगो में आज फिर तेज़ाब ढलता क्यों नहीं

यक-ब-यक उठने लगा हर शाख़ से काला धुआँ
बर्क़ का ख़तरा चमन के सर से टलता क्यों नहीं

बाढ़ में उफने हुए दरिया पे ही बरसा न कर
तू जो बादल है तो सहराओं को अनदेखा न कर

धूप ही अपने सफ़र का एक सरमाया है बस
आसमाँ तू मेरे सर पर अब्र का साया न कर

उसकी यादों से ख़याल आते हैं क्या क्या जेहन में
उस शहर का नाम मुझसे बारहा पूछा न कर

खालीपन का भी भला उभरा है कोई नक्शो-अक्स
आईने के सामने एक और आईना न कर

देखना है रंगो-बू तो खोल दरवाज़ों के कुफ़्ल
बन्द घर में बैठकर मौसम का अन्दाज़ा न कर

मैं अपनी मेज़ पर बैठा हूँ बन्द कमरा है
कोई नहीं है मगर फिर भी कोई लगता है

तुम्हें शहर ये शहर सा अगर लगे तो लगे
मेरे लिए तो महज़ ख़ामुशी का दरिया है

मैं अपने घर से इसे साथ ले के चलता हूँ
ये बदनुमा ही सही फिर भी मेरा चेहरा है

ये रोशनी भी मेरे काम जब नहीं आती
मेरा वजूद मुझे आईना दिखाता है

मैं अपनी मुट्ठियाँ कसता हूँ ठहर जाता हूँ
इस आईने से मेरा अन्दरूनी रिश्ता है

चलो तलाश करें कोई और छत लोगों
नहीं टिकेगी बहुत दिन ये इमारत लोगों

जमी हुई हैं किताबों पे धूल की परतें
समझ में आती नहीं साफ़ इबारत लोगों

वो एक हाथ उठाते हैं समर्थन के लिए
दूसरे हाथ से करते हैं बगावत लोगों

ये राजपथ है महज़ उनकी सैर की ख़ातिर
इस पे चलने की नहीं तुमको इजाज़त लोगों

बिछे हुए हैं अंगारे शहर की सड़कों पर
करोगे किस तरह तलुवों की हिफ़ाज़त लोगों

अजीब हादसे घर में गुज़र रहे हैं आज
चिराग़ रौशनी देने से डर रहे हैं आज

शहर को गर्म हवाएँ झुलस गईं यारो
सभी मकानों के चेहरे उतर रहे हैं आज

नसीब सारे शहर का है उनके हाथों में
तमाम लोग उन्हें सजदे कर रहे हैं आज

क़फ़स थी सख़्त सलाखों से झाँकने के बाद
ख़्याल ज़ेहन में क्या-क्या उतर रहे हैं आज

दरख़्त सूखे हुए और थमी हुई सड़कें
हरेक सिम्त ये मंज़र बिखर रहे हैं आज

विजय राठौर

जन्म तिथि : 15.3.1950, जाँजगीर (छत्तीसगढ़)

शिक्षा : बी.एससी.।

प्रकाशन : ग़ज़ल-संग्रह 'मेरा और तुम्हारा चाँद' सहित तीन पुस्तकें प्रकाशित। तीन काव्य-संग्रह प्रकाश्य। अनेक पत्र- पत्रिकाओं में रचनाएँ प्रकाशित।

सम्मान : 'राष्ट्रीय विश्व हिन्दी सम्मान' दिल्ली, सहित अनेक संस्थाओं द्वारा सम्मानित।

सम्प्रति : सहायक मत्स्य अधिकारी के रूप में सेवारत।

सम्पर्क : गट्टानी स्कूल के सामने जाँजगीर, ज़िला जाँजगीर-चाम्पा (छत्तीसगढ़) फ़ोन-07817-222311

गूँगे बहरों की बस्ती में जलसे का अंजाम हुआ
मेरे सभी कलाकारों का, निर्मम क़त्लेआम हुआ

तय था जिस दिन, गली-गली में होंगी ज्योति की यात्राएँ
यह कैसा संयोग नगर में उस दिन चक्का जाम हुआ

उन्हें बचाया क्रूर बाज़ से, मैं उस दिन गुमनाम रहा
फटा दुपट्टा जिस दिन उनका, उस दिन मैं बदनाम हुआ

नेता रहे सुरक्षित अपने, परकोटों के भीतर ही
हम आपस में ही कट मर गए, कुछ ऐसा संग्राम हुआ

जब तक दवा कराई तब तक घावों ने विस्तार किया
वैद्य बुलाना बंद किया तो, थोड़ा सा आराम हुआ

ईश की वंदना के लिए प्रार्थनाएँ बचाकर रखें
प्रेम के गीत लिखना है तो कुछ व्यथाएँ बचाकर रखें

होगा बनवास हमको तो हो, राज तो राज जैसे चले
शासनाधीन निष्ठा रहे, पादुकाएँ बचाकर रखें

पश्चिमी हो रहा है चलन, राष्ट्रवादी नहीं सोच है
पीढ़ियों के लिए ग्रंथ की कुछ ऋचाएँ बचाकर रखें

लाख अँधियार पसरे यहाँ, लाख शंका के बादल घिरें
फिर भी दिनमान उग आएगा, घोषणाएँ बचाकर रखें

थपकियाँ देके बचपन में वो, दादियाँ जो सुनाती रहीं
अपने बच्चों की ख़ातिर वहीं कुछ कथाएँ बचाकर रखें

काँच के घर में रहनेवाला, पत्थर का व्यापारी है
दर्पण है, चेहरा भी है, पर बीच में पर्दादारी है

अग्नि परीक्षाओं से अब भी गुज़र रही हैं सीताएँ
इस युग में भी राम के आगे यह कैसी लाचारी है

अपने जाए सौ पुत्रों की देख न पाए करतूतें
इसीलिए आँखों पर पट्टी बाँध रही गांधारी है

सावित्री फाँसी में झूली, माला झुलसी आग से
आज ज़हर पीकर मरने की दमयंती की बारी है

अपनी सीमा दरवाज़े तक, भीतर जाना वर्जित है
तिकड़म सीख लिया जिसने वह संसद का अधिकारी है

जरा-सी आँधियों में गिर पड़ूँ वो घर नहीं हूँ मैं
कि जो दब जाए मिथ्या शोर से वो स्वर नहीं हूँ मैं

मेरे मुँह पर न बाँधो पट्टियाँ चुप हो न जाऊँगा
किसी की क़ब्र के सिरहाने का पत्थर नहीं हूँ मैं

बहुत-सा दर्द, थोड़ी-सी हँसी, हाथों में कुछ गुनाह
सभी कुछ मुझमें, मैं इन्सान हूँ ईश्वर नहीं मैं

करो कुछ बात गुल की, गुलिस्ताँ की और बुलबुल की
अभी सरसब्ज हूँ, गिरता हुआ खँडहर नहीं हूँ मैं

किसी का भाई हूँ, बेटा किसी का, दोस्त भी हूँ मैं
मुझे मत छेड़ना उन्माद का उत्तर नहीं हूँ मैं

जिसको भोग चढ़ाया मैंने श्रीफल का
निकला प्रेत वो मरघट वाले पीपल का

संत बना फिरता है, जो अब शहरों में
गाँव का जोगी बना जोगड़ा था कल का

सना रहा है ओ आजीवन पापों से
विक्रेता है वही आज गंगा-जल का

भीतर तार-तार है जिनकी मौलिकता
बाहर पहने झक-झक कुर्ता मलमल का

सभी सहारा लेते हैं व्यवहारों में
नरो-कुन्जरो वाले कृष्णा के छल का

सलीम अख़्तर

जन्म : 25 मई, 1950

शिक्षा : मैट्रिक

प्रकाशन : 'काली नदियाँ पीले लोग', 'हर बार यही होता है'। अनेक पत्र-पत्रिकाओं में रचनाएँ प्रकाशित।

सम्प्रति : साईन बोर्ड पेंटिंग

सम्पर्क : वहीद मंजिल, सुभाष प्राइमरी स्कूल के पीछे, अंसारी वार्ड गोंदिया - 441601
दूरभाष 232228

चेहरा-चेहरा है मक्कारी, गंगा तेरा क्या होगा?
पत्थर हल्के, फूल हैं भारी, गंगा तेरा क्या होगा?

तूने जिनको प्यार से सींचा, वह भी निकली ज़हरीली
उसकी सरसों, मेरी ज्वारी, गंगा तेरा क्या होगा?

लोभी-लम्पट, कामी-पापी, तूने सबके पाप हरे
जब आएँगे खद्दरधारी, गंगा तेरा क्या होगा?

तेरी अक़ीदत, तेरी इनायत, लूट के सब ले जाएँगे
साधू के मेकअप में मदारी गंगा तेरा क्या होगा?

दूध कबूतर, सुर्ख़ इबादत, 'काली नदियाँ-पीले लोग'
भगवा ख़ंजर, हरी कटारी, गंगा तेरा क्या होगा?

अंतड़ियों को दे दिलासा, यार सुन
मुफ़लिसी की मौन गाथा, यार सुन

सीढ़ियों ने की बग़ावत जब कभी
हो गई मीनार तन्हा, यार सुन

अब सँवारे से सँवरता ही नहीं
उम्र का गडमड ये खाता, यार सुन

चीख़ने पर है यहाँ पाबन्दियाँ
चुप्पियों की धूर्त भाषा, यार सुन

रहता है वो आसमानों में कहीं
तेरा रब, मेरा विधाता, यार सुन

रख दीजिए झिझोड़कर होशो हवास तक
लेकर ग़ज़ल की जाइए पत्थर की प्यास तक

लौटी है साथ ले के समुन्दर की आदतें
पहुँची है जो भी बूँद तुम्हारे गिलास तक

कैसे है नशा सुब्ह का उस रात से पूछो
बाधाएँ पार करके जो पहुँची उजास तक

तैयार छलकने को है सावन के कटोरे
पहुँचा दे ये ख़बर कोई धरती की प्यास तक

कलियों का फूल होना बड़ी बात है मगर
रस्ता बहुत कठिन है सुमन से सुवास तक

इक किनारा बह रहा है चीख़िए
शुभ का तारा बह रहा है चीख़िए

चुप्पियों का होंठ से अनुबन्ध है
दिल हमारा कह रहा है चीख़िए

शब्द ही संवेदना के शून्य का
दर्द तन्हा सह रहा है चीख़िए

कह रहे जलजात, तट के मालिकों
नित सिकुड़ता ढह रहा है चीख़िए

बच रहा है आवरण ही आवरण
कुछ तो भीतर ढह रहा है चीख़िए

जागरण की ये मशालें कुम्भकरण तक ले चलो
भूख, पीड़ा, बेबसी, संसद भवन तक ले चलो

जीत की शहज़ादियाँ मिलती नहीं ख़ैरात में
जीतनी हो ज़िन्दगी तो सिर क़फ़न तक ले चलो

सिर्फ़ मिट्टी की महक काफ़ी नहीं परदेश में
साथ परिचय के लिए गंगा-जमुन तक ले चलो

लील न जाएँ नपुंसकता दिलों की आग को
एक तीली नन्हीं-सी रावण दहन तक ले चलो

कर रही है जानकी आज फिर रघुवरी से
प्यार की सरयू को तुम राधा-रमण तक ले चलो

सार्थ

मूल नाम : शिव उदय भान सिंह चन्देल

जन्मतिथि : 3.6.1950

शिक्षा : एम.ए. (दर्शन, हिन्दी साहित्य), बी.टी.सी., बी.एड.

प्रकाशन : अनेक विशेषांकों, समवेत ग़ज़ल संकलनों तथा काव्य-संकलनों में रचनाएँ प्रकाशित।

सम्प्रति : सहायक अध्यापक—प्राथमिक विद्यालय अलियापुर, वि.क्षेत्र मैथा, जनपद कानपुर देहात (उ.प्र.)।

सम्पर्क : धरमंगदपुर, भाऊपुर होकर, कानपुर नगर-209307 (उ.प्र.)
फ़ोन-0512-2762125

रात तो काली है ही, दिन भी काला-काला है
याद किसी की है जो पथ में किए उजाला है

रूप किसी का तुमको बस इक बोतल लगता है
रूप किसी का हमको तो पूरी मधुशाला है

कैसे-कैसे रोड़े डाले तुमने आपस में
मेरे मन में वही है बरगद, वही शिवाला है

पत्थर लेकर घूम रहा है दोनों हाथों में
सोच ठहर कर, तेरा भी घर शीशे वाला है

खड़ा करेगी जनता यारों इक दिन सड़कों पर
'सार्थ' समझता है सब कुछ अब किससे पाला है

किसके लिए है मेरा दिल बेक़रार अब तक
साँसों का सिसकता है कोई सितार अब तक

धँस के ही रह गई है दिल में कहीं कटारी
क्यों हो नहीं रही है ये आर-पार अब तक

हम पहुँचे शायरी तक भरने के एक भ्रम में
लेकिन नहीं भरी है दिल की दरार अब तक

ऐसा कोई शिकारी सब में छिपा है जिसके
तुम भी शिकार अब तक हम भी शिकार अब तक

उगते तो पूर्व में ही डूबे हैं 'सार्थ' पश्चिम
देखे हैं बहुत सूरज हमने भी यार अब तक

प्रेम का पुजारी हूँ झूठ कहा क्या
दिल की बीमारी हूँ झूठ कहा क्या

आदमी को सम्प्रदाय कहते हैं जो
मैं उन्हें कटारी हूँ झूठ कहा क्या

धरती-भर के असत्य दृष्टि में मेरी
कवि क्या ऐय्यारी हूँ झूठ कहा क्या

आदमी की पर्त-पर्त खोल रहा हूँ
ज़हर की पिटारी हूँ झूठ कहा क्या

सब अपनी पारी को 'सार्थ' टालते
मैं सबकी पारी हूँ झूठ कहा क्या

कौन कहता है कि अवसर आप को मिलते नहीं
राह क़दमों के तले है आप ही चलते नहीं

भूमि आँखों की है बंजर या नमी की है कमी
ख़्वाब आँखों में किसी के इसलिए पलते नहीं

कोई दुख से है दुखी तो कोई सुख से ही दुखी
नेत्र, सत-चित से भरे आनन्द में खुलते नहीं

बाट तर्कों के चढ़ाकर एक पलड़े पर उचित
भावना जीवन-तराजू पर कभी तुलते नहीं

है नहीं परिणाम केवल आदमी प्रारब्ध का
'सार्थ' तरु पुरुषार्थ के सींचे बिना फलते नहीं

दिल की पाई नहीं ख़बर साथी
मुफ़्त में जाए ये उमर साथी

शब्द की मार कठिन होती है
किस पे कितना हुआ असर साथी

मृत्यु का गान नहीं सुनता है,
कौन होगा यों बेख़बर साथी

जिस्म वालों का है बाज़ार गरम
रूह की बात नहीं कर साथी

कितनी नज़दीक 'सार्थ' मंज़िल है
कितना लम्बा तेरा सफ़र साथी

अनिरुद्ध प्रसाद विमल

जन्मतिथि : 18.6.1950, मिर्ज़ापुर (बाँका) बिहार

प्रकाशन : नाटक, कहानी, उपन्यास, कविता, लघुकथा, गीत, ग़ज़ल विधाओं में दर्जन भर पुस्तकों सहित 'अंगिका' में भी कई पुस्तकें प्रकाशित। 'समय' कविता पत्रिका एवं शुद्ध कहानी पत्रिका का संपादन। अनेक पत्र-पत्रिकाओं में रचनाएँ प्रकाशित। दो दर्जन अप्रकाशित पुस्तकें।

सम्मान : बलिनारायण पुरस्कार, रेणु, पुरस्कार, अभिनव घनानंद पुरस्कार, पत्रकार श्री, साहित्य शिरोमणि, अंगिकामणि आदि उल्लेखनीय सम्मानोपाधियों सहित देश भर की अनेक साहित्यिक संस्थाओं द्वारा सम्मानित/पुरस्कृत।

सम्प्रति/सम्पर्क: संस्थापक महामंत्री, समय साहित्य सम्मेलन, पुनसिया, बाँका (विहार) 813109

शायद मन से थिरक गया है
हल्का थोड़ा बहक गया है

चाहा था दुनिया यह बदले
पर दर्पण यह दरक गया है

शोला कब से छुपा हुआ था
हवा मिली तो लहक गया हे

दुःख से दोज़ख़ में मन बिलखो
यह कहते मन बिलख गया है

सबकी आँखों में आँसू हैं
दर्द 'विमल' का छलक गया है

पहले कुर्सी देकर देखो
फिर मेरी मनमानी देखो

तुमसे लेकर तुमको देता
मेरे जैसा दानी देखो

आगे पत्थर पीछे पत्थर
बिल्ली हुई सयानी देखो

मेरा बन्दर मुझे सिखाता
कितना है अभिमानी देखो

गरज रहा वो मेघों जैसा
करतब है बचकानी देखो

दिल का हाल सुनाया था
आँसू भर-भर आया था

जीवन क्या समझौता है
यौं सबने समझाया था

किसकी बात करोगे तुम
दुःख में सभी पराया था

मरने तक जिसको चाहा
उसने मुझे भुलाया था

गुज़री सूने में यारो
अपना ही हमसाया था

संकट का कैसा यह क्षण है
बिच्छू काटे-सा यह मन है

राज हुआ अपनों का फिर भी
शोषण का घनघोर चलन है

बदला नया बनाकर भेजा
फिर भी जारी चीर हरण है

परिभाषा जो गढ़ता निशिदिन
वो ही करता नीति क्षरण है

'विमल' बता कैसे अब होगा
केवल उलझन ही उलझन है।

मरघट का सा अँधेरा है
मातम ने डाला डेरा है

मुमकिन नहीं भुलाना तुमको
फिर-फिर यादों ने घेरा हे

हाँक लगाकर थका बटोही
मुझ पर यह कैसा पहरा है

पीछे तो ज़ालिम दुनिया है
आगे कुआँ भी गहरा है

बस्ती 'विमल' बसाना चाहा
ख़ुद उजड़ गया घर मेरा है

अनामिका रिछारिया

जन्मतिथि : 27 जून, 1950 भोपाल (म.प्र.)

शिक्षा : एम. बी. बी. एस., डी.जी.ओ.।

प्रकाशन : अनेक संकलनों में रचनाएँ प्रकाशित।

सम्मान : बुन्देलखंड शोध संस्थान द्वारा 'सारस्वत' सम्मान, नवचेतना साहित्य संस्था झांसी द्वारा 'काव्य कला कौमुदी'।

सम्प्रति : चिकित्सा अधीक्षिका, ज़िला महिला अस्पताल, झाँसी (उ.प्र.)

सम्पर्क : बी-3/4 ऑफ़ीसर्स कॉलोनी, एल. आई. सी. के पास सीपरी रोड, झांसी (उ.प्र.)

हमने भी परखा है मित्रों को यहाँ संसार में
जीत का हमको मज़ा आने लगा अब हार में

रंग बदलें गिरगिटें होता नहीं अचरज हमें
देखते हैं फ़ायदा ही लोग अब तो प्यार में

है किसे फ़ुरसत, सुकूँ से बैठ ले जो दो घड़ी
ख़र्च करते हैं समय को पूँजी ज्यों व्यापार में

चाहतों के हैं समुन्दर, वक़्त की किश्ती भी है
देखना है, दम है कितना साँस की पतवार में

जोड़ना मुश्किल बहुत है, तोड़ना आसान है
हो सके तो इसको शामिल कीजिए व्यवहार में

झूले डले आम्रकुंजों में याद दिलाते बचपन की
भीगी ऋतु में कोई संदेसा मेघदूत दे जाएगा

आधा सावन बीत गया, बेबस मन व्याकुल रहता है
बाबुल के घर ले जाने को शायद बीरन आएगा

वो ही झूले, वो ही सावन, वैसा ही रक्षाबन्धन
नहीं आएगा बीरन तो फिर राखी कौन बँधाएगा

आज सवेरे से मुँड़ेर पर काँव-काँव कागा बोले
द्वार तकूँ भीगे नयनों से, हरकारा तो आएगा

मन का आसमान है धुँधला, बादल काले छाए हैं
रिमझिम अँखियाँ बरसेंगी, फिर इन्द्रधनुष खिल जाएगा

दर्द सभी का अपना अपना सहना पड़ता है
बात गुज़र जाए जब हद से कहना पड़ता है

कभी शिकायत थी तुमको, पर आज गिला हमको
भीड़ भरे मौसम में तनहा रहना पड़ता है

उजले चेहरे वालों के मन होते काले हैं
मुस्कानों से षड्यन्त्रों को ढँकना पड़ता है

दोस्त और दुश्मन में कैसे फ़र्क़ करे बोलो
ग़द्दारों के बीच हमें तो रहना पड़ता है

जन्म किसी धरती पर लेते, गीत कहीं के गाते
ऐसे बेटों का बोझा भी माँ को ढोना पड़ता है

आती नहीं हँसी किसी बात पर तेरी
तेरी ख़ुशी की ख़ातिर फिर भी हँस रहा हूँ मैं

वादा था साथ चलने का, ऐ बेवफ़ा सनम
छोड़ा है साथ तूने सज़ा पा रहा हूँ मैं

झूठी कहानियों पे क्यों एतबार हो
नज़रें चुराने की वजह पा रहा हूँ मैं

लानत है तुझपे, की जो मुझसे बदज़ुबानियाँ
तोहफ़ा समझ के वापिस लौट रहा हूँ मैं

हम जैसा दोस्त ज़िन्दगी में शायद कभी मिले
बढ़के रोक ले चौखट से तेरी जा रहा हूँ मैं

रिश्तों की छाया में ढूँढे हम अपनी परछाई को
कड़वाहट की कड़ी धूप में कैसे पाटें खाई को

जिनकी अँगुली पकड़ पकड़ कर हमने चलना सीखा था
झुके हाथ से चरण हटाते देखा है परजाई को

आँगन में जो सँग सँग खेले अब वो आँख चुराते हैं
भर आती थीं जिनकी आँखें देख के पीर पराई को

साथ साथ हँसते रोते थे, साथ खड़े पर तन्हा हैं
मन में उगी दीवारें इतनी पीते अब तन्हाई को

बँटा बँटा है मन का आँगन, साँझा चूल्हा ख़त्म हुआ
रहते हैं एक छत के नीचे डरते जगहँसाई को

शिवनन्दन सिंह

जन्मतिथि : 17.7.1950, खम्हार (बेगूसराय) बिहार

शिक्षा : स्नातकोत्तर

प्रकाशन : ग़ज़ल संग्रह—फिर धूप बोली, फिर नदी दर्पण हुई

1. एक दीया और, 2. आकाश भर आँगन (लघुकथा संग्रह), 3. समय-सुरभि (साहित्यिक पत्रिका त्रै.मा.), 4. धूप आयी सीढ़ियों तक (ग़ज़ल संग्रह) का सम्पादन।

सम्मान : अनेक पत्र-पत्रिकाओं में रचनाएँ प्रकाशित। अनेक संस्थाओं द्वारा सम्मानित/पुरस्कृत।

सम्प्रति : शिक्षण।

सम्पर्क : सर्वोदय नगर, बेगूसराय (बिहार) - 851129

दूरभाष : (06243) 223486

सितारों को सितारों के हमेशा पास रहने दो
अरे! आकाश तो आकाश है, आकाश रहने दो

सुनहरी बात होगी और मौसम भी हरा होगा
यही विश्वास है विश्वास को विश्वास रहने दो

न छप्पर है न दीवारें मगर बेघर नहीं हैं हम
खुला आवास है, आवास को आवास रहने दो

दिवाली—देवता, दौलत—दवा, दिल्ली—दलाली भी
महज अनुप्रास है, अनुप्रास को अनुप्रास रहने दो

हवा ने ली ज़रा अँगड़ाइयाँ शहनाइयाँ गूँजी
जगा अहसास है, अहसास को अहसास रहने दो

हो गया यूँ अत्यधिक अपनत्व उनका
देह, सपने, साँस पर स्वामित्व उनका

धूप पीकर चाँद ने शोले गिराए
है जगा शायद अभी पुरुषत्व उनका

सच कहा शतरंज का मुहरा बना वह
याद मत कुछ भी दिला दायित्व उनका

आम-जन में किस तरह अमृत बँटा है
सुन चुके उस 'राहु' से देवत्व उनका

छिन अगर जाए यक़ीनन वो मरेंगे
कुर्सियों में है छिपा अमरत्व उनका

एक पुतला जला चौक पर आज भी
फिर जला बेवज़ह गाँव-घर आज भी

आँख से आँख की बात नभ में हुई
और तारे गिरे टूट कर आज भी

काँच की कोठरी, पत्थरों का शहर
रह रहा एक शायर निडर आज भी

खाइयाँ आ गईं, फ़ासले बढ़ गए
हम तड़पते इधर, तुम उधर आज भी

कौन कहता सफ़र तय किया एकला
थी किसी की दुआ रात भर आज भी

बात बचपन की पुरानी, दर्ज़ है
हर खुशी थी जाफ़रानी, दर्ज़ है

वो सुनहरे पल, अदा मासूम-सी
ख़्वाब अपने आसमानी दर्ज़ है

फूल तो मदहोशियों में था मगर
तितलियाँ निकली सयानी, दर्ज़ है

बेख़बर ये मछलियाँ फँसती रहीं
आपकी हर सावधानी दर्ज़ है

ओ धनुर्धर! मत अकड़ कुरुक्षेत्र में
कब हुआ है ख़ून पानी, दर्ज़ है

इस ग़ज़ल को गुनगुना तो लीजिए
एक शायर की दुआ तो लीजिए

फूल को मालूम शायद हो नहीं
ख़ार से मेरा पता तो लीजिए

दीप हूँ, कब से पड़ा हूँ राह में
इस अँधेरे में जला तो लीजिए

रात पलकों पर उठाना हो न हो
शाम को रिश्ता निभा तो लीजिए

इन दहकते दिन, सुलगती रात से
प्यार का लम्हा चुरा तो लीजिए

जहीर क़ुरेशी

जन्मतिथि	:	5 अगस्त, 1950 ई. चन्देरी (गुना, म.प्र.)
प्रकाशन	:	लेखनी के स्वप्न, एक टुकड़ा धूप, चांदनी का दुःख, समंदर ब्याहने आया नहीं है, भीड़ में सबसे अलग
सम्पर्क	:	समीर-कॉटेज, बी-21, सूर्य नगर, शब्द-प्रताप आश्रम के पास, ग्वालियर- 474012 (म.प्र.) फ़ोन : 0751-2380303

घर के अन्दर देख कर या घर के बाहर देख कर
थक गया है आदमी ख़ुद को निरन्तर देख कर

न्याय-घर में भी बदल जाते हैं 'दर्पण' के बयान
मूल अपराधी के संकेतों में 'पत्थर' देख कर

चीख़ने की भी यहाँ पंछी को आज़ादी नहीं
चाकुओं के हाथ में अपने कटे 'पर' देख कर

उसको तालाबों के क़िस्सों में मज़ा आता नहीं
जो अभी लौटा है अपने घर, समुन्दर देख कर

दोस्तों से राय लेना व्यर्थ लगता है मुझे
दोस्त मुझको राय देते हैं, मेरा 'स्वर' देख कर

बातों से सिर्फ़ बातों से ऐसा किया गया
लोगों के सामने उसे नंगा किया गया

इस 'राजनीति' द्वारा महज़ वोट के लिए
जलते हुए सवालों को पैदा किया गया

वो भीख माँगता ही नहीं था इसीलिए
उस फूल जैसे बच्चे को अंधा किया गया

तालाब तल की कलमुँही कीचड़ को छेड़कर
उस स्वच्छ जल को व्यर्थ ही गन्दा किया गया

पत्थर विरोध करने से डरते हैं, आज भी
जिन पत्थरों पे चाक़ू को पैना किया गया

वो घुप अँधेरे में ये भी कमाल कर देखे
पुरानी यादों के जुगनू निकाल कर देखे

वो सोन-मछली स्वयं चाहती है फँस जाना
कोई तो उसके लिए जाल डाल कर देखे

गवाह से वो उगलवा सका न वो उत्तर
वकील ने यूँ हजारों सवाल कर देखे

मैं किसके साथ रहूँ, इतने फ़ैसले के लिए
तमाम लोगों ने सिक्के उछाल कर देखे

मिलेंगे लाखों जहाजों के शव समुन्दर में
अगर समुद्र को कोई खँगाल कर देखे

अनुभवों की पाठशाला ने सिखाया है बहुत
जो सिखाया है, वो मेरे काम आया है बहुत

लाख रुपए में खरीदा था पिता ने मेरा 'वर'
वो मेरा 'सर्वांग' होकर भी, पराया है बहुत

आप जिसकी धीरता....गम्भीरता पर मुग्ध हैं
उस समुन्दर ने जहाजों को डुबाया है बहुत

आज भी तो है सियासत एक गणिका की तरह
इस सियासत ने मुझे भी आज़माया है बहुत

अब वो पंछी ही नहीं आज़ाद होना चाहता
मैंने उस पंछी को पिंजर से उड़ाया है बहुत

हैं थके-सोए हुए ये लोग
आत्म-शव ढोए हुए ये लोग

ओढ़ लेते हैं सुबह मुस्कान
रात भर रोए हुए ये लोग

रह गए हैं गुमशुदा होकर
खुद में ही खोए हुए ये लोग

तारकोली बात करते हैं
दूध के धोए हुए ये लोग

चाहते हैं फ़स्ल आमों की
नीम-फल बोए हुए ये लोग

चन्द्रभाल 'सुकुमार'

जन्मतिथि : 1.9.1950, वाराणसी।

प्रकाशन : 'नदी के निकट', 'नीरगंधा', 'आपके पास से गुज़रता है', 'मेरे लिए सफ़र है आज की ग़ज़ल', 'कण्ठ नीला हो गया है'। अनेक पत्र-पत्रिकाओं में रचनाएँ प्रकाशित।

सम्प्रति/सम्पर्क: अपर जनपद न्यायाधीश
जे-8, जज कम्पाउण्ड आगरा - 282002
दूरभाष : 0565-2403444

धूप में, जल में, हवाओं में ग़ज़ल
अनकही संवेदनाओं में ग़ज़ल

मंदिरों में, मस्जिदों में, चर्च में
प्रार्थना-पूजा-दुआओं में ग़ज़ल

है हक़ीक़त आज के इन्सान की
अब नहीं जँचती कथाओं में ग़ज़ल

खुद भगीरथ बन रहे हैं आजकल
बन्द है जिनकी जटाओं में ग़ज़ल

लेखनी नम हो भले 'सुकुमार' की
खौलती तो है शिराओं में ग़ज़ल

राशिफल की बात मत कर
आज कल की बात मत कर

जो लिखा पर गा न पाया
उस ग़ज़ल की बात मत कर

अब मुनादी हो चुकी है
अब महल की बात मत कर

तू सरोवर के लिए है
तू कमल की बात मत कर

कंठ है नीला अभी तक
फिर गरल की बात मत कर

चूँदरी धानी नहीं है
खेत में पानी नहीं है

आपकी कोई कृपा है
यह परेशानी नहीं है

है महाभारत मगर, वह
कर्ण-सा दानी नहीं है

मन नहीं है कुछ सफ़र का
राह अनजानी नहीं है

मंच, स्मारक, सदन, उत्सव
सूर की बानी नहीं है

है घटा छाई सुहानी लीजिए
इन्द्र धनुषों की निशानी लीजिए

मन नहीं लगता किसी भी बात में
ढूँढकर चिट्ठी पुरानी लीजिए

तरसते थे एक घर को गाँव में
अब समूची राजधानी लीजिए

पाँव छू यमुना घटेगी आपके
हो गई आकाशवानी लीजिए

रात भर लम्बा मरुस्थल का सफ़र
साथ में कोई कहानी लीजिए

दंश के शौक़ीन हैं हम
बीन के आधीन हैं हम

पुरातनता के पुजारी
किन्तु नित्य नवीन हैं हम

विश्व-मेलों में प्रदर्शित
विक्रयार्थ मशीन हैं हम

ज़िन्दगी काँटा अगर तो
पाँखुरी रंगीन हैं हम

मुद्रिका मन में छिपाए
मृग-कथा के मीन हैं हम

अंसार क़म्बरी

जन्मतिथि	:	3.11.1950, कानपुर (उ.प्र.)
शिक्षा	:	स्नातक
प्रकाशन	:	देश की प्रमुख पत्र-पत्रिकाओं में रचनाएँ प्रकाशित। एक ग़ज़ल-संग्रह 'सलीबों के क़रीब' तथा एक दोहा-संग्रह प्रकाशनाधीन।
सम्मान	:	उत्तर प्रदेश हिन्दी संस्थान द्वारा सौहार्द सम्मान से पुरस्कृत तथा देश की अनेक साहित्यिक एवं सांस्कृतिक संस्थाओं द्वारा सम्मानित।
सम्प्रति	:	उद्योग निदेशालय, कानपुर में कार्यरत।
सम्पर्क	:	'ज़फ़र मंज़िल' 11/116, ग्वालटोली, कानपुर-208001 फ़ोन : (0512) 2531469

धूप का जंगल, नंगे पाँवों, इक बन्जारा करता क्या?
रेत के दरिया, रेत के झरने, प्यास का मारा करता क्या

बादल-बादल आग लगी थी, छाया तरसे छाया को
पत्ता-पत्ता सूख चुका था पेड़ बेचारा करता क्या

सब उसके आँगन में अपनी राम कहानी कहते थे
बोल नहीं सकता था कुछ भी घर-चौबारा करता क्या

तुमने चाहे चाँद-सितारे, हमको मोती लाने थे
हम दोनों की राह अलग थी साथ तुम्हारा करता क्या?

ये है तेरी और न मेरी, दुनिया आनी-जानी है
तेरा-मेरा इसका-उसका फिर बँटवारा करता क्या

टूट गए जब बन्धन सारे और किनारे छूट गए
बीच भँवर में मैंने उसका नाम पुकारा करता क्या

मुझे वो ऐसे अक्सर तोड़ता है
के आज़र जैसे पत्थर तोड़ता है

उसे भूला तो खो जाऊँगा मैं भी
मेरी हिम्मत को ये डर तोड़ता है

बस इक रिश्ता है जो जोड़े है सबको
अगर बिगड़े वही घर तोड़ता है

बनाए जो महल ख़्वाबों में उसने
उन्हीं महलों को दिन भर तोड़ता है

कोई बच्चा नहीं है 'क़म्बरी' अब
जो आईने से पत्थर तोड़ता है

जहाँ पर आपका आभास होगा
वहाँ पतझर भी मधुमास होगा

यूँ ही होता नहीं लहरों में कंपन
कोई प्यासा नदी के पास होगा

मेरे घर मन्थरा है, कैकेयी है
मुझे भी एक दिन बनवास होगा

जो हम लड़ते रहे भाषा को लेकर
कोई ग़ालिब न तुलसीदास होगा

अगर होंगी कहीं वैभव की बातें
कटे हाथों का भी इतिहास होगा

मुझपे वो मेहरबान है शायद
फिर मेरा इम्तेहान है शायद

उसकी ख़ामोशियाँ ये कहती हैं
उसके दिल में ज़बान है शायद

उसके जज़्बों की क़ीमते तै हैं
उसका दिल भी दुकान है शायद

मेरे दिल में सुकून पाएगा
दर्द को इत्मेनान है शायद

बात सीधी है और गहरी भी
'क़म्बरी' का बयान है शायद

हमसे मत पूछिए अब किधर जाएँगे
थक गए हैं बहुत अपने घर जाएँगे

कितने प्यासे हैं हम, ये बता दें अगर
बहते धारे नदी के ठहर जाएँगे

शीशमहलों में हमको न ले जाइए
आईने देख लेंगे तो डर जाएँगे

मौत के डर से नाहक परेशान हैं
आप ज़िन्दा कहाँ हैं जो मर जाएँगे

'क़म्बरी' आपका इक ठिकाना तो है
जिनका घर ही न हो वो किधर जाएँगे

अशोक गीते

जन्म तिथि	:	3.11.1950, (दीवाल) खण्डवा
शिक्षा	:	स्नातकोत्तर।
प्रकाशन	:	'अधूरे सवालों के घेरे में' एवं 'धूप में झुलसती तितलियाँ' ग़ज़ल-संग्रहों सहित सात पुस्तकें प्रकाशित। दोहा-संग्रह 'सूरज मले गुलाल' प्रकाश्य। साहित्यिक पत्रिका 'अभिव्यक्ति' का संपादन। अनेक पत्र-पत्रिकाओं में रचनाएँ प्रकाशित।
सम्मान	:	विभिन्न संस्थाओं द्वारा सम्मानोपाधियाँ।
सम्पर्क	:	194, साँई सदन, रामनगर, जसवाड़ी रोड, खण्डवा (म.प्र.) 450001 फ़ोन (0733)-221171

सूरज आया द्वार कि अब तो जागो तुम
धूप चढ़ी मीनार कि अब तो जागो तुम

मौसम लेता अँगड़ाई अब खेतों में
फ़सलों की झंकार कि अब तो जागो तुम

इन्द्रधनुष हँसता जब सावन आता है
गाए गगन मल्हार कि अब तो जागो तुम

बीच समुन्दर होश न अपने खो देना
हाथ लिए पतवार कि अब तो जागो तुम

ऊँच-नीच का भेद मिटा दो आज सखे
तोड़ो ये दीवार कि अब तो जागो तुम

अपना-अपना सूरज ले क्यों बैठे हो
सबका है उपहार कि अब तो जागो तुम

बहते आँसू खारे हैं
राख दबे अंगारे हैं

चढ़ना टेढ़ी खीर मगर
पार वहाँ उजियारे हैं

जीवन ज्यों बहती नदिया
हम भी तो बंजारे हैं

साथ समय के सदा चलो
हर इक तरफ़ इशारे हैं

ज़हर हवा में फैल रहा
पेड़-पेड़ पर आरे हैं

सच को तुम आधार बना लो
सर्जन को शृंगार बना लो

बहरों के दरबार में अपनी
वाणी को अंगार बना लो

खुशियाँ घर में किधर से आएँ
तोरण वाले द्वार बना लो

जग-पीड़ा को अपनी समझो
ऐसे ही संस्कार बना लो

जाने कब मिल जाए अँधेरा
हर पल को उजियार बना लो

दबी चीख़ जयकारों में
डूबा पथ अँधियारों में

आदर्शों की महबूबा
चुनवा दी दीवारों में

कभी जुर्म में अन्दर थे
पहुँचे हैं दरबारों में

झूठ, कपट के ऊँचे बोल
लगते हैं बाज़ारों में

जनसेवक को जगह नहीं
सत्ता के गलियारों में

हवाओं की ख़बर रखना
बहारों पर नज़र रखना

घुटे दम इन अँधेरों में
कि दीपक हर डगर रखना

रही है संग काली रात
कि रस्ते में सहर रखना

बहुत रोई हैं आँखें वे
हँसी अब हर अधर रखना

उन्हें मिलता रहे अमृत
मेरी ख़ातिर ज़हर रखना

जितेन्द्र 'धीर'

मूल नाम : जितेन्द्र कुमार श्रीवास्तव

जन्मतिथि : 19.3.1951, जौनपुर (उ.प्र.)

शिक्षा : स्नातक, डिप्लोमा इन सेल्स मेनेजमेंट।

प्रकाशन : 'इन्द्रधनुषी रंगों का सच' काव्य-संग्रह। अनेक पत्र-पत्रिकाओं में रचनाएँ प्रकाशित। जनसंचार (साप्ताहिक) साहित्य-संस्कृति स्तम्भ का 5 वर्षों तक एवं 'वार्षिक' का 5 वर्ष तक सम्पादन। अनेक ग्रन्थों, दैनिक समाचार पत्रों का सहसम्पादन। अनेक साहित्यिक संस्थाओं से सम्बद्ध। ब्यूरो चीफ, 'विचार दृष्टि'।

सम्मान : 'मानस संगम सारस्वत सम्मान', 'हिन्दी गरिमा सम्मान' सहित अनेक सम्मानोपाधि।

सम्प्रति : स्वतन्त्र लेखन व पत्रकारिता।

सम्पर्क : सम्पादक, शब्द संस्कृति (त्रैमासिक) क्यू 283, मुदियाली रोड, गार्डेन रीच, कोलकाता - 700024

फ़ोन : 4692624/3098

बादल जो बिना बरसे टल जाए तो क्या कहिए
हरियाली उमीदों की जाल जाए तो क्या कहिए

विश्वास करे कैसे अब कोई किसी पर भी
जिस पर हो भरोसा वो छल जाए तो क्या कहिए

अनुभूति के आँगन में आकाश उतरा है
वो ख़्वाब जो शब्दों में ढल जाए तो क्या कहिए

पूजा व इबादत से इनकार कहाँ किसको
इस बात पे लाठी भी चल जाए तो क्या कहिए

हर हाल में सच कहना तो 'धीर' की आदत है
ये बात अगर उनको खल जाए तो क्या कहिए

इस ज़माने का चलन इस दौर का मंज़र तो देख
धूप में झुलस हुए चेहरे सुलगते घर तो देख

क्या नहीं महसूस कुछ होता या उठती पीर सी
आदमी औ आदमी के बीच का अन्तर तो देख

रात काली सुबह अन्धी धुंध है चारों तरफ़
जूझते इन जुगनुओं के दल के दल लश्कर तो देख

आँख पर चश्मा दिये मत नाप मौसम का मिज़ाज
सुन धमक बढ़ते पगों की ये उमड़ते स्वर तो देख

कल तलक जो बात साक़ी जाम तक सीमित रही
'धीर' उसने रूप बदले ये नया तेवर को देख

जवाँ था हौसला टूटा नहीं था
भँवर था सामने रस्ता नहीं था

शजर सूखा था और पत्ता नहीं था
तो पत्थर एक भी आया नहीं था

निशाँ मंज़िल का था वो शख़्स लेकिन
किसी ने हाल तक पूछा नहीं था

मेरे साए में तो बैठे सभी थे
मेरे सर पर मगर साया नहीं था

समझते थे सभी को 'धीर' अपना
किसी से रेशमी रिश्ता नहीं था

बात यूँ तो आप करते हैं बहुत अच्छी जनाब
आपकी बातें नहीं पर आप सी लगतीं जनाब

ज़िन्दगी अन्धी भिखारिन दर-ब-दर काँसा लिए
पत्थरों में आदमी को ढूँढती फिरती जनाब

सख़्त पहरे में समुन्दर है नज़र बेचैन है
जलजलों के दौर में है दीखता धरती जनाब

रास्ता जो भी दिखा अन्धी गली से जा मिला
काली आँधी दूर तक है धुन्ध सी लगती जनाब

तालियों के शोर में हर बात खोकर रह गई
सिर्फ़ कहने से नहीं, कुछ बात बनती है जनाब

कल तलक जो नामवर थे गुम हुए और खो गए
देखिए भी तो सही क्या लोग थे क्या हो गए

सोच की जो बात कल करते दिखे थे मंच पर
बात जब आई पहल की बन्द घर में हो गए

क्या यक़ीं किस पर यक़ीं कैसे यक़ीं कोई करे
कल लगे थे जो मसीहा, क़ातिलों में हो गए

ये नई साज़िश नहीं बस रूप है बदला हुआ
अपने मतलब के लिए कुछ लोग काँटे बो गए

कौन है ऐसा सफल मंज़िल जिसे मिलती नहीं
ये अलग सी बात है कुछ दूर चलकर सो गए

अहद प्रकाश

जन्मतिथि : 17.6.1951, बरेली (रायसेन) म.प्र.।

प्रकाशन : विगत 30 वर्षों से लेखन कार्य। उर्दू, हिन्दी और मराठी में प्रकाशन। कहानीकार, कवि और बाल साहित्यकार के रूप में पहचान।

सम्प्रति : भारतीय खाद्य निगम भोपाल में कार्यरत।

सम्पर्क : एम.आई.जी., 304 पुष्पम् एपार्ट मैंट, भारत टाकीज के पास, भोपाल (म.प्र.)

सब के सब लोग समुंदर से भी गहरे निकले
हर तरफ़ शोर मचा, लोग ही बहरे निकले

ख़ुद को एक बूँद की मानिंद लरज़ता पाया
जितने सूरज थे सभी काठ के चेहरे निकले

हमने उम्मीद की शम्मा है जला रक्खी है
वरना शायर के यहाँ ज़ख़्म ही गहरे निकले

एक नाजुक सा सुबक-सा तेरा एहसास 'अहद'
इसी एहसासे-मौहब्बत पे सौ पहरे निकले

यह दिल ख़मोश अकेला हवा से काँपता है
समुंदरों में जज़ीरा हवा से काँपता है

अकेलेपन की सज़ा झेलता है हर बच्चा
शजर पे नन्हा परिंदा हवा से काँपता है

हम अपने दोस्त की बातें बयान तो कर दें
मगर ये ज़र्फ़ हमारा हवा से काँपता है

सभी तो अपने हिसारों में क़ैद लगते हैं
सभी का उभरा सितारा हवा से कापता है

हमारे ख़्वाब तुम्हारी नशीली आँखों में
पुराना भूला सा क़िस्सा हवा से काँपता है

नामावर लौट के आया नहीं क़िस्सा क्या है
मैंने उस ख़त में मेरे दोस्त को लिक्खा क्या है

इसमें न रंग, न खुश्बू, न हक़ीक़त कोई
रेत पर फूल बनाने का तमाशा क्या है

आदमी जैसे किसी फूल पे शबनम चमकी
ज़िन्दगी धूप है फिर आप में रक्खा क्या है

अपनी ग़लती पे बहुत दाँत दिखाता है 'अहद'
ख़ुद में कुछ ऐसा मेरे दोस्त ने देखा क्या है

अपनी आँखों में नए ख़्वाब सजा कर रखना
अपने घर द्वार को घर द्वार बना कर रखना

आँख से बढ़ के नियामत नहीं दुनिया में कोई
तंग नज़री से इसे अपनी बचा कर रखना

शाम होते ही चले जाना किसी मैख़ाने में
चाँदनी रात को फिर छत पे बुला कर रखना

नाज़ुकी दिल की न पूछो कि तड़क जाएगा
इसको कमज़र्फ़ हसीनों से बचा कर रखना

बाद मुद्दत के मिला और यह पूछा मुझसे
किस से सीखा है मियाँ खुद को छुपाकर रखना

शहर वालों से पूछा जा रहा है
अंधेरा गाँव तक क्यों आ रहा है

सुनो! मुद्दत से बिछुड़ा मिल गया है
मगर वह बाप से कतरा रहा है

फ़रिश्तो, ऐशो-इशरत भूल जाओ
बहुत उल्टा ज़माना आ रहा है

न बदलोगे तो रोओगे यक़ीनन
बहुत उल्टा ज़माना आ रहा है

हवाओं बादलों को ले उड़ो बस
लहू इनसे टपकता जा रहा है

उर्मिलेश

जन्मतिथि : 6 जुलाई, 1951, बदायूँ (उ.प्र.)

शिक्षा : एम.ए. (हिन्दी), पीएच.डी.।

प्रकाशन : तीन समीक्षा पुस्तकों के अतिरिक्त 'धुआँ चीरते हुए' (ग़ज़ल संग्रह), 'सोत नदी बहती है' (गीत संग्रह) 'डॉ. उर्मिलेश की ग़ज़लें (ग़ज़ल संग्रह), घर बुनते अक्षर (मुक्तक संग्रह)। चार काव्य संग्रह शीघ्र प्रकाश्य। अनेक पत्र-पत्रिकाओं में रचनाएँ प्रकाशित। 'मंच' नाम से त्रैमासिक पत्रिका का तीन वर्ष तक सम्पादन।

सम्मान : अनेक संस्थाओं द्वारा सम्मानित।

सम्प्रति : रीडर एवं अध्यक्ष, हिन्दी विभाग, नेहरू मेमोरियल शिव नारायण दास स्नातकोत्तर महाविद्यालय, बदायूँ।

सम्पर्क : 'सृजन' प्रोफ़ेसर्स कालोनी, बदायूँ (उ.प्र.) फ़ोन : (05832) 224673 (नि.), 224417 (महाविद्यालय)

हाथ अपनी भूल पर कुछ तुम मलो, कुछ हम मलें
हर तपन मिट जाएगी कुछ तुम ढलो, कुछ हम ढलें

बेवज़ह बनकर चटानें क्या हमें हासिल हुआ
बर्फ़ की मा़निंद अब कुछ तुम गलो, कुछ हम गलें

नफ़रतों के ये अँधेरे ख़ुद-ब-ख़ुद मिट जाएँगे
मोम-धागे की तरह कुछ तुम जलो, कुछ हम जलें

वो जो होली-ईद पर मिल-बैठ के चखते थे हम
चटपटे वो ज़ायके कुछ तुम तलो, कुछ हम तलें

जंग के हथियार देकर अम्न जो सिखला रहे
उनके मुँह कालिख चलो, कुछ तुम मलो, कुछ हम मलें

जो विरासत में मिली वो राह ख़ुद गुमराह थी
अब तो नूतन राह पर कुछ तुम चलो, कुछ हम चलें

तू जला वो भी ग़लत था, मैं जला ये भी ग़लत
हौसला वो भी ग़लत था, हौसला ये भी ग़लत

उसने मन्दिर तोड़ डाला तूने मस्जिद तोड़ दी
ज़लज़ला वो भी ग़लत था, ज़लज़ला ये भी ग़लत

इस सियासत ने महज़ हिन्दू-मुसलमाँ मानकर
तू छला वो भी ग़लत था, मैं छला ये भी ग़लत

पहले मज़हब फिर सियासत ने बढ़ाया जो यहाँ
फ़ासला वो भी ग़लत था, फ़ासला ये भी ग़लत

प्यार के उन रास्तों को छोड़कर ऐ, 'उर्मिलेश'
तू चला वो भी ग़लत था, मैं चला ये भी ग़लत

हादसों पर फ़िदा हो गई
ज़िन्दगी क्या से क्या हो गई

अब तो आँसू भी आते नहीं
दर्द की इन्तिहा हो गई

फूल इतने कँटीले हुए
सारी ख़ुशबू हवा हो गई

जब बुलाओ तो आती नहीं
मौत भी बेवफ़ा हो गई

कान जब से सियासी हुए
शायरी बेमज़ा हो गई

पहले पता करो कि शुरुआत किसने की
फिर तय करो कि ऐसी ख़ुराफ़ात किसने की

नज़रें धुआँ-धुआँ हैं नज़ारे धुआँ-धुआँ
मैं पूछता हूँ दिन में यहाँ रात किसने की

इस शहर के सब लोग जो आशिक़ मिज़ाज थे
नफ़रत से भरी फिर ये करामात किसने की

जिस्मों से, लिबासों से और नामों से सब मिले
दिल होते हुए दिल से मुलाक़ात किसने की

कल जिसको फ़तह करने थे दुश्मन के मोर्चे
वो फ़ौज़ अपने दरमियाँ तैनात किसने की

तेरे-मेरे, उनके-इनके
सब रिश्ते नाते पल-छिन के

वो चेहरे दिखते न कहीं अब
कभी रहे हम आशिक़ जिनके

ये ग़रूर-अभिमान कुछ नहीं
नख़रे हैं भोली कमसिन के

सुख के पीछे भाग न पगले
सुख हमराह हुए हैं किन के

'उर्मिलेश' अब काम न देंगे
शे'र मीर-ग़ालिब-मोमिन के

रंजना अग्रवाल

जन्मतिथि : 20.7.1951, मुरादाबाद (उ.प्र.)
शिक्षा : एम.एस.सी., पी.एच.डी.।
प्रकाशन : दो काव्य संग्रह–'भीगी पलकें' एवं 'भीड़ से हटकर'। अनेक पत्र-पत्रिकाओं में रचनाएँ प्रकाशित।
सम्मान : भारतीय साहित्य सम्मेलन, प्रयाग द्वारा उत्तर प्रदेश की प्रतिनिधि कवयित्री सम्मान, 'हिन्दी अकादमी' दिल्ली द्वारा साहित्य कृति सम्मान सहित अनेक संस्थाओं द्वारा सम्मानित।
सम्प्रति/सम्पर्क: प्रधान वैज्ञानिक एवं विभागाध्यक्ष,
भारतीय कृषि सांख्यिकी अनुसंधान संस्थान,
लायब्रेरी ऐवेन्यू, नई दिल्ली-110012
फ़ोन : (का.) 25783398, (नि.) 25756791

कभी यूँ भी चले आओ ये क्या ज़िद है पयाम आए
कभी ख़ुद भी झुका दो सर ये क्यूँ ज़िद है सलाम आए

ये क्यूँ छल-छल गिरे आँसू ये क्यूँ मासूम-सा मन है
चलो चलते चले यूँ ही ज़रूरी क्या मकाम आए

सुना है हँस लिया करता ज़माना मेरे ज़ख़्मों पर
चलो अच्छा है ये हम भी जहाँ के कुछ काम तो आए

अजब ऊबी हुई धड़कन अजब ठहराव साँसों में
मुसलसल रात रहती है सहर आए न शाम आए

मैं पत्थर हूँ मुझे मौजें भला क्या तोड़ पाएँगी
गए हैं लौट टकरा कर यहाँ तूफ़ाँ तमाम आए

माना कि झुक चली है कमर अब थकान से
सर तो उठा हुआ है मगर स्वाभिमान से

हिन्दू है कोई सिख है मुसलमान है कोई
इन्साँ को ढूँढ लाएँ भला किस जहान से

हम ही ज़मीं से दर्द मिटाएँगे दोस्तो
उतरेगा फ़रिश्ता न कोई आसमान से

मज़िल मिले मिले न मिले कोई ग़म नहीं
थकते नहीं हैं दोस्त परिन्दे उड़ान से

टिक पाएँगी कहाँ ये अँधेरों की साज़िशें
कुछ रोशनी मिलेगी अगर हर मकान से

कभी खुद से बाहर निकलकर तो देखो
किसी ग़ैर के ग़म में जलकर तो देखो

तुम्हें ज़िन्दगी खूबसूरत लगेगी
ज़रा सोच को कुछ बदल कर तो देखो

सहारा मिलेगा यक़ीनन कहीं से
ज़रा खुद भी थोड़ा सँभल कर तो देखो

अगर जानना है हक़ीक़त तो आओ
क़दम-दो-क़दम साथ चलकर तो देखो

ज़माने से शिकवे किए पर कभी ख़ुद
ज़रा ख़ुद के साँचों में ढल कर तो देखो

क्या ख़बर थी कि वो हर बात मुकर जाएँगे
वक़्त आएगा तो हालात से डर जाएँगे

है नहीं ख़ौफ़ हवाओं की शरारत का हमें
हम नहीं ताश का इक घर जो बिखर जाएँगे

हमने सीखा ही नहीं डर के बदलना राहें
ख़ुद ही शरमा के ये तूफ़ान ठहर जाएँगे

दर्द की ज़िद है कि छीनेगा मेरे दिल का सुकूँ
है यक़ीं अपना कि हम और निखर जाएँगे

उनके चेहरों पे नक़ाबों को पड़ा रहने दो
वरना वो अपनी ही नज़रों से उतर जाएँगे

भीड़ का साथ निभाने की ज़रूरत क्या है
लोग पत्थर हैं, मनाने की ज़रूरत क्या है

अपने क़दमों पे भरोसा तो करो ऐ हमदम
अपने क़दमों को ज़माने की जरूरत क्या है

आओ हम तल्ख़ हक़ीक़त से निभाना सीखें
यूँ हक़ीक़त को भुलाने की ज़रूरत क्या है

बढ़ के साहिल को भी आईना दिखा दें आओ
इस क़दर आँख चुराने की ज़रूरत क्या है

ज़िन्दगी अपनी, क़दम अपने, हैं मंज़िल अपनी
राह चलने को बहाने की ज़रूरत क्या है

हरेराम 'समीप'

जन्मतिथि : 13.8.1951, मेख (नरसिंहपुर), म.प्र.

शिक्षा : स्नातक (वाणिज्य एवं विधि)।

प्रकाशन : तीन ग़ज़ल-संग्रह 'हवा से भीगते हुए', 'आँधियों के दौर में' व 'कुछ तो बोलो' सहित अन्य विधाओं दोहा, कहानी, उपन्यास आदि में रचनाएँ। विभिन्न पत्र-पत्रिकाओं में रचनाएँ प्रकाशित।

सम्मान : हरियाणा साहित्य अकादमी एवं अनेक संस्थाओं द्वारा सम्मानित व पुरस्कृत।

सम्प्रति : लेखाधिकारी, जवाहरलाल नेहरू स्मारक निधि, तीन मूर्ति भवन, नई दिल्ली।

सम्पर्क : 550, सैक्टर-10, हाउसिंग बोर्ड कॉलोनी, फ़रीदावाद-121006
फ़ोन-2290258 (नि.)

क्या हुआ! उपवन के क्यों सारे शजर लड़ने लगे
आँधियाँ कैसी हैं जो ये घर से घर लड़ने लगे

एक ही मंज़िल है उनकी एक ही है रास्ता
क्या सबब फिर हमसफ़र से हमसफ़र लड़ने लगे

एक तो मौसम की साज़िश मेरे घर बढ़ती रही
फिर हवा यूँ तेज़ आई बामो-दर लड़ने लगे

मेरा साया तेरे साए से बड़ा होगा यहाँ
बाग़ में इस बात पर दो गुलमुहर लड़ने लगे

एक ईश्वर है सभी का और है सबके 'समीप'
प्रार्थना कैसी हो, सब इस बात पर लड़ने लगे

आए जब भी सवाल काग़ज़ पर
कह गए मेरा हाल काग़ज़ पर

बाढ़, सूखा, अकाल काग़ज़ पर
हम हुए मालामाल काग़ज़ पर

लाइनें थीं जहाँ मरीज़ों की
था वहाँ अस्पताल काग़ज़ पर

जिनका हर शब्द ठोस होता था
आज वे हैं निढाल काग़ज़ पर

शायरी का यही है वक़्त 'समीप'
तू जला एक मशाल काग़ज़ पर

काम जिनके अमीर जैसे हैं
देखने में कबीर जैसे हैं

दिल के हालात क्या बताऊँ मैं
आजकल काश्मीर जैसे हैं

दीनो-मज़हब के क़ैदख़ानों में
आज हम सब असीर जैसे हैं

साथ चलने से दिल बहल जाए
हम सभी राहगीर जैसे हैं

शेर कहना 'समीप' क्या जाने
ये तो गूँगे की पीर जैसे हैं

तुम्हें ख़ूब उड़ने का अधिकार होगा
शिकारी की इच्छा के अनुसार होगा

विलायत से मुस्कानें आयात करके
तुम्हारी उदासी का उपचार होगा

वो इस शर्त पर मुन्सफ़ी पा गया है
कि वो हाकिमों का मददगार होगा

हमें क्या पता था कि अपना मसीहा
परत-दर-परत यूँ गुनहगार होगा

सभी इस प्रतीक्षा में बैठे हुए हैं
नहीं जो हुआ है वो इस बार होगा

मेरा घर नक्शे में है
और नक्शा सपने में है

बरगद का नन्हा पौधा
पेड़ों के साए में है

सच कहना आसान, मगर
मुश्किल सच सुनने में है

लड़ने वाले ये भी देख
तू किसके ख़ेमे में है

जीवन देकर प्यार मिले
तो भी ये सस्ते में है

सुरेन्द्रलाल साहु 'निर्विकार'

जन्मतिथि	:	14.9.1951, ग्राम खटोला, मंडला (म.प्र.)
शिक्षा	:	एम.बी.बी.एस., एम.एस. (नेत्र विज्ञान)
सम्प्रति	:	नेत्र विशेषज्ञ, जिला चिकित्सालय, दतिया (म.प्र.)
सम्पर्क	:	शासकीय आवास, बड़े पोस्ट आफिस के पास, नजयाई, दतिया (म.प्र.)
दूरभाष	:	(07522) 233147

कोई भी हो शासन, या कोई भी दल
सबके हैं ध्येय एक, सभी रहे हैं छल

गद्दी पर बैठाकर, देख लिया सबको
वायदा जो करते थे, परिवर्तन का कल

धार्मिक सहिष्णुता, मिटा रहे हैं सभी
निरपेक्षता का नाम ले, वे सभी बड़े खल

शासन में रही नहीं न्याय की अवधारणा
किसी को भी चुनो तुम, रहना है हाथ मल

मृग मरीचिकाएँ हैं बनी, योजनाएँ सारी
तृषित जन भाग रहे, मरुथल को मान जल

हो गई हैं क्यों हवाएँ आज भारी
दम घुटाती हैं हवाएँ आज सारी

साँस लेने जाएँ कहाँ हम कौन देश
पीछा करती हैं हवाएँ आज सारी

मुक्त बढ़ने का यहाँ एहसास बाक़ी
बौने बनाती हैं हवाएँ आज सारी

उड़ें तो कैसे उड़ें हम निर्भय होकर
यहाँ दबाती हैं हवाएँ आज सारी

सन्नाटा कैसा खिंच गया चारों ओर
यहाँ डराती हैं हवाएँ आज सारी

शब्द केवल शेष, है कहाँ पर व्याकरण
अर्थ को तो खा गए, हैं हमारे आचरण

ये यहाँ बदनाम जो, गली गली औ रास्ते
कर रहे हैं वे गली का, आज बैठे नामकरण

झोपड़ी से ले गए हैं, ज़िन्दगी की सौध में
मौत को है छोड़कर, करने यहाँ हमको वरण

गद्दियों पर है जमे, राम बनकर आज भी
वेश धारण कर यहाँ, जिनने किया सीताहरण

बुद्धि का ठेका लिया है, राम को वनवास दे
अलख जगाते फिर रहे, हैं यहाँ पर कुम्भकरण

हृदयेश 'मयंक'

जन्मतिथि : 18.9.1951, नोकरा, जौनपुर।

शिक्षा : एम.ए.

प्रकाशन : 'मैं शहर और सूरज', 'सायरन से सन्नाटे तक', 'युद्ध में शामिल नहीं थीं चिड़ियाँ', 'अपने हिस्से की धूप' (ग़ज़ल-संग्रह)। अनेक पत्र-पत्रिकाओं में रचनाएँ प्रकाशित। 'चिन्तन दिशा' का सम्पादन-प्रकाशन। 'स्वर-संगम' का संयोजन-संचालन।

सम्मान : अनेक संस्थाओं द्वारा सम्मानित।

सम्प्रति : सदस्य, केन्द्रीय परिष्द, जनवादी लेखक संघ व सचिव, महाराष्ट्र इकाई।

सम्पर्क : 203-ए, अरुणोदय एपार्टमेन्ट, घोड़देव नाका, भायंदर (पूर्व)-401105 (महाराष्ट्र), फ़ोन—28165435

जब भी देखा उसे जुदा पाया
मैंने हर बार इक ख़ुदा पाया

जाने कब जागती वो सोती है
जब भी देखा उसे जगा पाया

जब भी लौटा कहीं से नाउम्मीद
उसमें उम्मीद को बचा पाया

उसको देखा जहाँ भी जैसे भी
मैंने बस दूध में धुला पाया

माँ सा चेहरा कोई नहीं होता
जब भी देखा तो हौसला पाया

धूप चाहे जहाँ नज़र आए
एक टुकड़ा तो मेरे घर आए

लम्हे तारीकियों के आदम क़द
कौन जाने कि कब सहर आए

जिनको चाहा था ख़ूब शिद्दत से
शाम आए न दोपहर आए

एक पुल है तुम्हारी आँखों में
एक मंज़र मुझे नज़र आए

अपने हिस्से की धूप छाँव 'मयंक'
क्यों कहीं जाए अपने घर आए

दिल के हर ज़ख़्म में नमी निकली
कितनी मजरुह ज़िन्दगी निकली

कोई इल्ज़ाम क्यों दू क़िस्मत को
कोशिशों में ही कुछ कमी निकली

जिनको चाहा था दोस्तों की तरह
हमसे क्यों उनकी दुश्मनी निकली

मेरी मुस्कान हर ख़ुशी मेरी
मेरे होठों की बेबसी निकली

धूप अटकी थी बादलों में 'मयंक'
बाद अरसे के रोशनी निकली

सूरज में आग दिल में बग़ावत नहीं रही
ये सच है आज सच की रिवायत नहीं रही

मुमकिन है इस फ़रेब में शामिल हों और लोग
पहले सी अब वतन से मुहब्बत नहीं रही

इज़्ज़त किसी ग़रीब की महफ़ूज़ भी रहे
ऐसी तो इस शहर की शराफ़त नहीं रही

कुछ रोटियों के मोल बिके बेटियों के जिस्म
दावा कि इसमें कोई तिजारत नहीं रही

हम ख़ुद ही गुनहगार हैं, हैं मुद्दई भी ख़ुद
इसमें किसी ख़ुदा की इनायत नहीं रही

बिकने खरीदने में रुकावट नहीं रही
हम सब हुए गुलाम कि आहट नहीं रही

कुछ लोग झुग्गियों को परेशाँ हैं देखकर
पहले सी शहर की जो सजावट नहीं रही

चेहरों की झुर्रियों में है तस्वीर देश की
कहता है कौन साफ़ लिखावट नहीं रही

वे लोग जो मरे थे दवाओं के ज़हर से
तहक़ीक़ में दवा के मिलावट नहीं रही

सूरज को बादलों से निकलने की देर थी
धरती पे तीरगी की बुनावट नहीं रही

यादराम शर्मा

जन्मतिथि : 12.10.1951, फ़रीदपुर, अलीगढ़ (उ.प्र.)

शिक्षा : एम.एससी., बी.एड.।

प्रकाशन : ग़ज़ल-संग्रह 'कल की तलाश' एवं 'कहना मुश्किल है' सहित अनेक विधाओं की 6 पुस्तकें प्रकाशित। विभिन्न पत्र-पत्रिकाओं में रचनाएँ प्रकाशित।

सम्पर्क : पैंठ बाज़ार, नई कॉलोनी, कासिमपुर, (पा. हा.), अलीगढ़ (उ.प्र.) 202127
फ़ोन 0571-2482322

हमारी पीठ में ख़ंजर किसी का गर लगा होगा
न कोई और होगा वो, हमारा हमनवा होगा

लिए दिल मे रहा जो तल्ख़ियाँ ही तल्ख़ियाँ हरदम
कहूँ कैसे, किसी के साथ वो मिलकर चला होगा

सलामत आज भी ईमान है दौरे-सियासत में
किसी अख़बार में शायद कभी पहले पढ़ा होगा

कि कितनी चोट होती है ज़रा सी बात से दिल पर
पता होगा तुम्हें भी ज़ख़्म गर गहरा हुआ होगा

न होते प्यार के किस्से यूँ ही बदनाम बस्ती में
यक़ीनन बेवफ़ा कोई मुहब्बत में रहा होगा

भले ही ख़ौफ़ से रुसवाइयों के कुछ नहीं बोले
कभी तो प्यार से उसने मुझे अपना कहा होगा

ढो रहा है मुश्किलें जब आदमी थोड़ी बहुत
ग़मज़दा होगी यक़ीनन ज़िन्दगी थोड़ी बहुत

हो न जाए सिर्फ़ मुट्ठीभर घरों में क़ैद ये
चाहिए सब के लिए हो रोशनी थोड़ी बहुत

दे रही है जो युगों से जल समुन्दर के लिए
बह रही है हर नदी ले तिश्नगी थोड़ी बहुत

मिल रहे हैं वे भले ही ख़ास अपनों की तरह
क्या ज़रूरी है न होगी बेरुख़ी थोड़ी बहुत

कह रही है ये ज़मीं, ये आसमाँ हमसे यही
साथ में लेकर चलें हम सादगी थोड़ी बहुत

ग़मज़दा ज़िन्दगी हो गई
आँसुओं की नदी हो गई

झूठ बोला नहीं जो कभी
बस यही तो कमी हो गई

देश से तो ज़ियादा बहुत
आज कुर्सी बड़ी हो गई

सच कहा तो मिला ये सिला
दोस्ती दुश्मनी हो गई

सभ्यता को हुआ क्या भला
जाने क्यों दोगली हो गई

साज़िशों का शहर है, सँभल के चलो
हर क़दम पर क़हर है, सँभल के चलो

तंग-दिल बस्तियों का भरोसा नहीं
कौन जाने किधर है, सँभल के चलो

नफ़रतों का घना कोहरा हर तरफ़
कहने भर को सहर है, सँभल के चलो

अपने ही अपनी जाँ के लुटेरे हुए
सुर्ख़ियों में ख़बर है, सँभल के चलो

साथ ले बेरुख़ी, तल्ख़ियाँ, धमकियाँ
क़ातिलाना नज़र है, सँभल के चलो

कह रहा हर शख़्स अब तो बस यही, ऐसा लगा
राम जाने आज ये कैसी लगी बहने हवा

हर क़दम पर बस सज़ा-ए-मौत ही मिलती रही
सच कहा मैंने, कहा जो भी यही मेरा ख़ता

धुन्ध नफ़रत की हवा में इस क़दर घुलने लगी
वो भले ही साथ है लेकिन नहीं, दिल ने कहा

बस यही की है तरक्की आजकल हमने बड़ी
आदमी होने लगा अब आदमीयत से बड़ा

दूसरों के काम आने की ललक बाक़ी रहे
काश! दे जाए कोई आकर मुझे दिल से दुआ

राकेश 'राज़'

जन्मतिथि : 13.3.1952

शिक्षा : स्नातक होम्योपैथ

प्रकाशन : ग़ज़ल-संग्रह 'राज़ की बात' एवं 'इन्क़लाब आएगा' काव्य-संग्रह। अनेक पत्र-पत्रिकाओं में रचनाएँ प्रकाशित। अनेक चिकित्सकीय पुस्तकें प्रकाशित।

सम्मान : मध्य प्रदेश हिन्दी साहित्य सम्मेलन, ग्वालियर द्वारा सम्मानित।

सम्प्रति : चिकित्सा

सम्पर्क : 7/4, ठाठीपुर कालोनी रामकृष्ण पुरी, ग्वालियर-474011
फ़ोन-2230788

आप यूँ आए चमन में हर कली शरमा गई
आपकी रंगत से रंगत फूल की शरमा गई

उसने गेसू अपने चेहरे पर हटाए इस तरह
चौदहवीं की रात में भी चाँदनी शरमा गई

कारवाँ तो मन्ज़िले-मकसूद अपनी पा गया
राहबर की रहज़नी से रहज़नी शरमा गई

दिल के क़िस्से आँखों-आँखों में बयाँ होते रहे
महवे हैरत थी कुछ ऐसी ख़ामुशी शरमा गई

'राज़' आख़िर ज़िन्दगी का राज़ अफ़शा हो गया
चश्मे-बीना से जो देखा ज़िन्दगी शरमा गई

गुल ने न ये सुलूक किया है न ख़ार ने
दामन को तार-तार किया है बहार ने

दौरे ख़िज़ां के ख़ौफ़ से रहता है बे—नयाज़
क़िस्मत कुछ ऐसी पाई है गुलशन में ख़ार ने

सारे जहाँ के ग़म, मेरी झोली में भर दिए
क्या कुछ नहीं दिया मुझे परवरदिगार ने

अय दोस्त तेरे ग़म की इनायत के मैं निसार
हस्ती संवार दी तेरे दो दिन के प्यार ने

अब 'राज़' और किस पे भरोसा करूँ बता
अफ़शा किया है राज़ मेरे राज़दार ने

पास अपने बुला रहा है मुझे
फिर कोई याद आ रहा है मुझे

अपनी हस्ती में खो गया हूँ मैं
अब कोई याद आ रहा है मुझे

तर्क उसने ताल्लुकात किये
और मुज़रिम बना रहा है मुझे

अब नहीं जामे-मय से कुछ मतलब
वो नज़र से पिला रहा है मुझे

राज़ नफ़रत की इन्तिहा कर के
प्यार कितना जता रहा है मुझे

मौत से जो उलझ रहा होगा
उसको दुनिया का ख़ौफ़ क्या होगा

उनकी जानिब निगाह से पहले
अपनी जानिब भी देखना होगा

मैं कहाँ जाऊँ किसे अपना कहूँ
कौन दुनिया में आप सा होगा

अज़्मो-हिम्मत से काम लेना है
हौसला हारने से क्या होगा

'राज़' जिसकी वफ़ा पे नाज़ाँ थे
क्या ख़बर थी वो बे—वफ़ा होगा

अँधेरों से परे अब ज़िन्दगी हो
हो जैसे भी दिलों में रौशनी हो

नज़र आए अगर वो चाँद मुझको
निगाहों की हदों तक चाँदनी हो

फ़ज़ाए-अम्न तो हो जाय क़ायम
मगर इन्सान पहले आदमी हो

मुहब्बत में ये कैसी परदादारी
हटे चिलमन तो फिर कुछ बात भी हो

गुलों से बदगुमाँ है 'राज़' गुल्चीं
तो फ़िर कैसे चमन में दिलकशी हो

शिव ओम अम्बर

जन्मतिथि : 23 सितम्बर, 1952

शिक्षा : एम.ए. (हिन्दी), बी.एड. पीएच.डी.।

प्रकाशन : आराधना अग्नि की (ग़ज़ल संग्रह) : 'शिव ओम अम्बर की चुनी हुई ग़ज़लें' सम्पादित। ग़ज़ल संग्रह 'काँटों का सफ़र', 'आस्था की रेखाएँ'। विविध समवेत संग्रहों में रचनाएँ समाहित।

सम्प्रति : न्यू. इण्टर कॉलेज फतेहगढ़ में हिन्दी प्रवक्ता।

सम्पर्क : 4/10, नुनहाई, फ़र्रूख़ाबाद (उ.प्र.) - 209625

दूरभाष : (05692) 222067

जो किसी का बुरा नहीं होता
शख़्स ऐसा भला नहीं होता

दोस्तों से शिकायतें होंगी
दुश्मनों से गिला नहीं होता

हर परिन्दा स्वयं बनाता है
अर्श पे रास्ता नहीं होता

इश्क़ के क़ायदे नहीं होते
दर्द का फ़लसफ़ा नहीं होता

फ़ितरतन ग़ल्तियाँ करेगा वो
आदमी देवता नहीं होता

ख़त लिखोगे हमें कहाँ आख़िर
जोगियों का पता नहीं होता

आसमाँ से भी ज़मीं से भी लड़े हैं
जन्म से ही हम बबूलों में खड़े हैं

कल तलक जो थे बग़ावत के पुरोधा
शायिका पे आज सुविधा की पड़े हैं

प्यास को इनका पता लिखवा न देना
ये कला के कीर्ति-मण्डप के घड़े हैं

मुद्दतें बीतीं तिजोरी में तिमिर की
धूप के कंगन अभी गिरवी पड़े हैं

अश्क बन बाहर इन्हें आना पड़ेगा
ख़्वाब मेरे मेरी आँखों से बड़े हैं

दिल से ज़ख़्मों का वास्ता रखना
ये बग़ीचा हरा-भरा रखना

घर के दरवाज़े बन्द रखना पर
खिड़कियों को ज़रा खुला रखना

उनके हाथों में लाख पत्थर हों
अपने होटों पे तुम दुआ रखना

मिलना-जुलना हरेक से तुम लेकिन
मिलने-जुलने में फ़ासला रखना

सबकी पगड़ी उछालने वालो
अपने आगे भी आईना रखना

जिसे सारा ज़माना पूजता है
उसी का आइना उससे ख़फ़ा है

पलटता है उसूलों की किताबें
अभी वे इस इलाक़े में नया है

कभी फ़ाक़े कभी कोड़े मिलेंगे
क़लम की जन्मपत्री में लिखा है

रखे हैं ताक़ पे सारे खिलौने
नया बचपन गुलेलें माँगता है

उन्हें दरकार क्यों हो बादशाहत
फ़क़ीरों पे करम अल्लाह का है

कि अगले ही क़दम पे खाइयाँ हैं
बहुत अभिशप्त ये ऊँचाइयाँ हैं

यहाँ से है शुरू सीमा नगर की
यहाँ से हमसफ़र तनहाइयाँ हैं

हुईं किलकारियाँ जब से सयानी
बहुत सहमी हुई अँगनाइयाँ हैं

किसे जाकर नमन दें मन्दिरों में
हमारी ही वहाँ परछाइयाँ हैं

नियति में आपकी विषपान होगा
ज़ुबाँ पे आपकी सच्चाइयाँ हैं

सुशील सरित

जन्मतिथि	:	30.9.1952, कानपुर
शिक्षा	:	एम.ए. (मनोविज्ञान)
प्रकाशन	:	गीत, ग़ज़ल, बाल-गीत, शिशु गीत, वैज्ञानिक उपन्यास, यात्रा वृत्तान्त आदि विषयों पर एक दर्जन पुस्तकें।
प्रकाशनाधीन	:	अनेक विधाओं की एक दर्जन से अधिक पुस्तकें।
सम्पादन	:	काव्य कुंज अग्रवन के, संस्मृति।
सम्मान	:	विभिन्न स्तरीय, राष्ट्रीय एवं प्रादेशिक 14-15 साहित्यिक संस्थाओं द्वारा सम्मानित /पुरस्कृत।
सम्पर्क	:	36, अयोध्या कुंज, 'ए', आगरा, 282001 (उ.प्र.) फ़ोन : 2303653

नफ़रत की तो गिन लेते हैं रुपया आना पाई लोग
ढाई आखर कहने वाले मिले न हमको ढाई लोग

जहाँ बन्द है हँसी प्यार, उन गुप्त ठिकानों की चाबी
घूम रहे हैं लिए जेब में नफ़रत के सौदाई लोग

पश्चिम की आँधी ने इतने ज़ख़्म हमें दे डाले हैं
कैसे कर पाएँगे अब इन ज़ख़्मों की भरपाई लोग

'स्वागत है तुम आओ आगे' कहते हैं पर सच यह है
क़दम क़दम फैलाते चलते सबके आगे काई लोग

परदा शब्दों का, रिश्तों का, नातों का, व्यवहारों का
लेकिन हर पर्दे के पीछे देखो खड़े कसाई लोग

महानगर के इन्द्रजाल ने ऐसा भरमाया
भूल गया मन, गाँव, नदी तट, बरगद की छाया

कोलाहल कानों में लगता पिघले लावे सा
विरहा चैती का सुर बुधवा लगा नहीं पाया

पहले छैः छैः पृष्ठ लिखे लेकिन अब बरसो से
कुशल-पैलगी दो शब्दों से चिट्ठी भर पाया

ग़बरू एक ही झटके में क्यूँ बूढ़ा बैल हुआ
दरपन देख बिचारा कारन समझ नहीं पाया

निंदिया टूटी, सपने टूटे, मन भी टूट चला
यह तिलिस्म कैसे टूटेगा समझ नहीं पाया

जिस में हो प्यार मैं वो नज़र ढूँढता रहा
इस शहर में मैं अपना शहर ढूँढता रहा

बिन ईंट और गारे की दीवार थी खड़ी
सब थे उधर मगर मैं इधर ढूँढता रहा

मंज़िल निगाह में थी मगर सूझता न था
कैसे शुरू हो अपना सफ़र ढूँढता रहा

अपने बहुत क़रीब हो, सबको लगे अज़ीज़
मैं अपनी ग़ज़ल में वो बहर ढूँढता रहा

मेला हो, मयकदा हो, कि मंदिर हो या हरम
अपने ही को मैं सारी उमर ढूँढता रहा

ये गवाही दे रही हैं सुर्ख़ियाँ अख़बार की
इस शहर में है निज़ामत माफ़िया सरदार की

'घर में पिटते थे' मगर देखे बिना कब चैन था
अब कहाँ मिलती है नौटंकी वो नम्बरदार की

इससे अच्छा और क्या इन्साफ़ होगा देश में
झोपड़ी तक कुर्क़ करवा दी सही हक़दार की

शह्र में जिस दिन से नेताजी का दौरा हो गया
ख़त्म उस दिन से तिजारत हो गई बटमार की

की सुरक्षा ख़ूब लेकिन लुट गए कल हम 'सरित'
चौकसी कर ही न पाए क्योंकि चौकीदार की

उनसे ही कुर्सी वालों के नाते हैं
जिनके हाथों में भारी सौग़ातें हैं

जीत हमेशा सच्चाई की ही होगी
ये बातें तो महज़ किताबी बातें हैं

अगर सफलता पानी है, तिकड़म सीखो
सभी सयाने हमको यही बताते हैं

जो दिल की आवाज़ नहीं झुठला पाते
लोग उन्हीं के अफ़साने दुहराते हैं

ऐजूकेशन यही हमारी क्या कम है
पापाजी के सुइस बैंक में खाते हैं

कुँवर बिहारी सक्सेना 'लोचन'

जन्मतिथि	:	31.10.1952,
शिक्षा	:	एम.ए. (हिन्दी)
प्रकाशित	:	कविताओं की पांच पुस्तकें प्रकाशित। उपन्यास 'संस्कार'। 'जुगनू', 'कला कलश', 'चतुर्यग' कर सम्पादन। अनेक पत्र-पत्रिकाओं में उपसम्पादन। कथा-पटकथा लेखन।
सम्मान	:	विश्व हिन्दी सम्मेलन (नई दिल्ली) में शताब्दी पुरस्कार।
सम्प्रति	:	मालिक-'कला कलश प्रकाशन'
सम्पर्क	:	2, सागरिका सोसायटी पैट्रोल पंप के सामने, होटल सी प्रिसेस के निकट, जुहूतारा रोड, मुम्बई-49 फ़ोन-26606871 (नि.) 22624737/747, 22626800/900 (का.)

कुछ तो है तेरी आँखों में जिसने मुझको बाँध लिया
कुछ तो है तेरी बातों में जिसने मुझको बाँध लिया

साँसों में फूलों सी ख़ुशबू, तन है ताजमहल जैसा
रूप कहाँ ऐसा लाखों में जिसने मुझको बाँध लिया

पहले भी सावन आता था, लेकिन अबके ग़ज़ब हुआ
शोले बरसे बरसातों में जिसने मुझको बाँध लिया

तेरी मेरी क़िस्मत-रेखा इक दूजे के हाथों में
कुछ तो है तेरे हाथों में जिसने मुझको बाँध लिया

तेरा साथ रहे तो 'लोचन' खुद को जन्नत में समझें
फ़र्क़ नहीं फिर दिन-रातों में जिसने मुझको बाँध लिया

थीं नवाबों की महफ़िलें ही सही माने में
दिल से पीते थे शराबें शराबखाने में

अब कहाँ पीने-पिलाने में मज़ा पहले सा
था मज़ा पीने का ख़य्याम के ज़माने में

शराब असली खोजने को हम जो निकले तो
मिली जनाब वो ग़ालिब के ही अफ़साने में

होता जब शाम को उमराव जान का मुजरा
साथ अंगूर की बेटी भी रही गाने में

ये है आवाज़ देवदास के दिल की 'लोचन'
है मददगार मय तो दिल के ग़म भुलाने में

मतला हैं लब तुम्हारे, सारा बदन ग़ज़ल
मक़्ता मुझे बना के सनम साथ-साथ चल

रहना तमाम ज़िन्दगी है साथ में हमें
सुख के साथ-साथ दुःख के काफ़िए में ढल

बन के रदीफ़ साथ निभाएँगे हमेशा
है आज भावना जो, वो ही रहेगी कल

रिश्ते सभी जुदा हैं, शे'रों की तरह से
रिश्ते को देख अपना रुख़ तो ज़रा बदल

कुछ बोलने से पहले 'लोचन' विचार लो
बोलो अगर तो शब्द-शब्द से झरें कँवल

कान्हा सी नटखटता वाले कहाँ गए वो दिन
सखा सभी गोकुल के ग्वाले कहाँ गए वो दिन

चंदा बन के रोटी पहुँची आसमान पे अब
माँ के हाथों मिले निवाले, कहाँ गए वो दिन

किल-किल काँटे, गिल्ली-डंडा, गेंद और गोली
हो जाते थे हम मतवाले, कहाँ गए वो दिन

राम, अली, गीता कुरान पढ़कर भी याद करें
गिनती गिनते भोले-भाले कहाँ गए वो दिन

'लोचन' सभी सखाओं ने जग भले न देखा था
मगर न होते थे मन काले, कहाँ गए वो दिन

दिल ही नहीं मिले तो मुलाक़ात क्या करें
अब बात करें भी अगर तो बात क्या करें

पाकर भी कभी पा न सके हम सनम तुम्हें
ये ही लिखा नसीब में हालात क्या करें

कोई ख़ुशी नहीं बनी है प्यार से बड़ी
सिक्कों के महल में ये जज़्बात क्या करें

काफ़ी है एक चाल सनम मात के लिए
खेले न तुमसे खेल कभी मात क्या करें

'लोचन' वो परेशाँ हैं आज रात इसलिए
उस रात साथ प्यार था, इस रात क्या करें

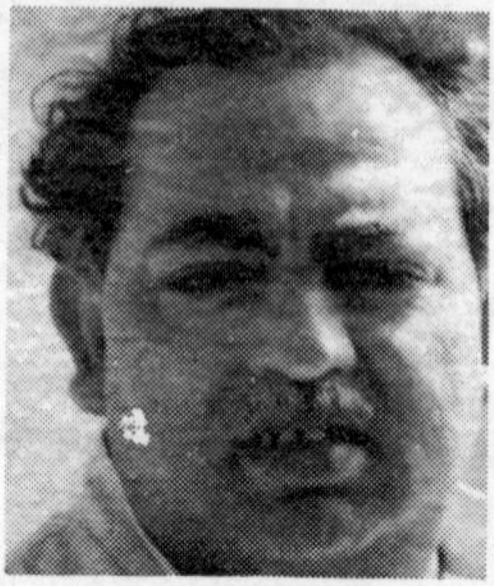

मुनव्वर राना

मूल नाम	:	सय्यद मुनव्वर अली
जन्मतिथि	:	26.11.1952, रायबरेली (उ.प्र.)
शिक्षा	:	बी.कॉम.
प्रकाशन	:	'ग़ज़ल गाँव', 'मोर पंख', 'पीपल की छाँव', 'सब उसके लिए', 'नीम के फूल', 'बग़ैर नक़्शे का मकान', 'कहो जिल्ले इलाही से', 'मशगला', 'मैंने इंसान से मुहब्बत की है', 'गुज़र औक़ात', 'बार बरदारी', 'बदन सराय'।
सम्प्रति	:	निजी व्यवसाय।
सम्पर्क	:	10-सी, बोलाई दत्त स्ट्रीट, कोलकता-700073 फ़ोन—22350901, 4230, 3859, 7941 मो.—9838052784, रोमिंग—9839050450

मोहब्बत करने वाला ज़िन्दगी भर कुछ नहीं कहता
कि दरया शोर करता है समन्दर कुछ नहीं कहता

तो क्या मजबूरियाँ बेजान चीज़े भी समझती हैं
गले से जब उतरता है तो ज़ेवर कुछ नहीं कहता

बड़ा गहरा नशा होता है मैदानों में मरने का
कि जाँ देते हुए लशकर का लशकर कुछ नहीं कहता

हमारी इलतिजाएँ बेज़बाँ बच्चों की जैसी हैं
बज़ाहिर तो किसी से रेत का घर कुछ नहीं कहता

हमेशा सब्र को रुस्वा किया है भीगी आँखों ने
ज़रूरत चीख़ पड़ती है गदागर कुछ नहीं कहता

मुसलसल गेसुओं की बरहमी अच्छी नहीं होती
हवा सबके लिए ये मौसमी अच्छी नहीं होती

न जाने कब कहाँ पर कोई तुमसे ख़ूँ बहा माँगे
बदन में ख़ून की इतनी कमी अच्छी नहीं होती

ये हम भी जानते हैं ओढ़ने में लुत्फ़ आता है
मगर सुनते हैं चादर रेशमी अच्छी नहीं होती

ग़ज़ल तो फूल से बच्चों की मीठी मुस्कुराहट है
ग़ज़ल के साथ इतनी रुस्तमी अच्छी नहीं होती

'मुनव्वर' माँ के आगे यूँ कभी खुलकर नहीं रोना
जहाँ बुनियाद हो इतनी नमी अच्छी नहीं होती

जहाँ तक हो सका हमने तुम्हें पर्दा कराया है
मगर ऐ आँसुओ तुमने बहुत रुस्वा कराया है

चमक ऐसे नहीं आती है ख़ुद्दारी के चेहरे पर
अना को हमने दो दो वक़्त का फ़ाक़ा कराया है

बड़ी मुद्दत प खाई हैं ख़ुशी से गालियाँ हमने
बड़ी मुद्दत प उसने आज मुँह मीठा कराया है

बिछड़ना उसकी ख़्वाहिश थी न मेरी आरज़ू लेकिन
ज़रा-सी ज़िद ने इस आँगन का बटवारा कराया है

कहीं परदेस की रंगीनियों में खो नहीं जाना
किसी ने घर से चलते वक़्त ये वादा कराया है

तुझ से बिछड़े तो बिछड़ कर ज़िन्दगी मँहगी पड़ी
उम्र भर रोना पड़ा इतनी हँसी मँहगी पड़ी

चाँद को छूने की ख़्वाहिश भी बड़ी मँहगी पड़ी
बुझ गईं आँखें हमारी, रौशनी महँगी पड़ी

एक ख़्वाहिश के लिए क्या क्या बिका मत पूछिए
मुख़तसर ये है कि चादर रेशमी मँहगी पड़ी

ख़्वाब सब जुल्फ़े-परेशाँ से उलझ कर रह गए
उस को अपने गेसुओं की बरहमी मँहगी पड़ी

सर छुपाना वो भी इस बस्ती में कोई खेल है
क्या ख़बर तुमको कि कितनी ओढ़नी मँहगी पड़ी

शरीफ़ इन्सान आख़िर क्यों एलेक्शन हार जाता है
किताबों में तो ये लिक्खा था रावन हार जाता है

जुड़ी हैं इससे तहज़ीबें सभी तस्लीम करते हैं
नुमाइश में मगर मट्टी का बरतन हार जाता है

मुझे मालूम है तुमने बहुत बरसातें देखी हैं
मगर मेरी इन्हीं आँखों से सावन हार जाता है

अभी मौजूद है इस गाँव की मट्टी में ख़ुददारी
अभी बेवा की ग़ैरत से महाजन हार जाता है

अगर इक क़ीमती बाज़ार की सूरत है ये दुनिया
तो फिर क्यों काँच की चूड़ी से कंगन हार जाता ह

प्रेम किरण

जन्मतिथि : 15.1.1953

प्रकाशन : 'आग चखकर लीजिए' (ग़ज़ल-संग्रह)। देश की प्रतिष्ठित पत्र-पत्रिकाओं में कहानी, कविता, गीत, ग़ज़ल, संस्मरण, साक्षात्कार, पुस्तक-समीक्षा, कला- समीक्षा, साहित्यिक आलेख, फ़ीचर आदि प्रकाशित। 'समय सुरभि' के ग़ज़ल अंक का सम्पादन।

सम्प्रति : 'शिक्षा-दीक्षा डाइजेस्ट' में सहायक सम्पादक।

सम्पर्क : कमला कुंज, गुलज़ारबाग, पटना - 800 007

अब के मायूस ही लौटा है खिलौने वाला
एक बच्चा न मिला गाँव में रोने वाला

कम से कम क़त्ल का मंज़र तो न देखा उसने
जागने वालों से अच्छा रहा सोने वाला

माँ के आँचल पे है बच्चों के लहू का छिड़काव
कोई आँसू नहीं इस दाग़ को धोने वाला

हम तो आराम से पत्थर पे भी सो जाते हैं
गोलियाँ नींद की खाता है बिछौने वाला

ये क़लम, ये किताबें, ये समाज और कुम्बा
है मेरी तरह कोई बोझ को ढोने वाला

जुस्तजू फूलों को कैसे न 'किरन' की होती
वो था पैराहने-मौसम को भिगोने वाला

ऊपर-ऊपर सर्द ख़मोशी अन्दर-अन्दर आग
सागर-सागर, जंगल-जंगल, पत्थर-पत्थर आग

बाहर तो महफ़ूज़ नहीं थे, घर में भी बेचैन
अफ़वाहों की शबनम टपकी ख़ंजर-ख़ंजर आग

बस्ती-बस्ती, आँगन-आँगन नफ़रत की दीवार
रेज़ा-रेज़ा बिखरे हम सब टक्कर-टक्कर आग

बहू-बेटियाँ फूँकी जाएँ घर-आँगन शमशान
इन्सानों से काँप रही है थरथर-थरथर आग

घर के ख़र्चे, बच्चों की ज़िद, बाज़ारों के क़र्ज़
ज़ह्न में सबके सुलग रही है दफ़्तर-दफ़्तर आग

सैकड़ों उन्वान देकर इक फ़साना बँट गया
अब तो पुरखों का मकाँ भी ख़ाना-ख़ाना बँट गया

आज से पहले कभी आबो-हवा ऐसी न थी
दिल बँटा, फिर दर बँटा, फिर आशियाना बँट गया

शाम थी तो साथ थे सब दिन निकलते क्या हुआ
पेड़ के हर इक परिन्दे का ठिकाना बँट गया

सुब्ह बीती, दोपहर भी, शाम भी ढलने को है
ज़िन्दगी का तीन टुकड़े में ज़माना बँट गया

आसमाँ को घर के आँगन से ज़रा देखो 'किरन'
ऐसा लगता है कि वो भी ख़ाना-ख़ाना बँट गया

दुखों के बोझ से बिखरे शबाब को देखा
झुलसती धूप में मैंने गुलाब को देखा

सती की रस्म का मंज़र है अपनी आँखों में
चिता में जलते हुए माहताब को देखा

वो आँख जिसमें कि महरूमियों का साया है
उसी में पलते हुए इन्क़लाब को देखा

ये हुक़्मराँ का क़रम है कि जल गई बस्ती
अँधेरी रात में रौशन अज़ाब को देखा

'किरन' ख़ुदा भी जो ख़ाना-ख़राब है तो रहे
ख़ुदा ने कब किसी ख़ाना-ख़राब को देखा

बच्चों से जो है प्यार निगाहों को खुला रख
मासूम-से इन फूलों को आँधी से बचा रख

अनजान है रस्ता तो मुसाफ़िर भी बहुत हैं
मिलना है तुझे किससे कोई नाम-पता रख

भर देगा किसी रोज़ दुआओं से वो दामन
फल-फूल भी आएगा मगर पेड़ हरा रख

ग़ैरों को भी तू फूलने-फलने दे ख़ुदारा
तू वाक़ई बरगद है तो साया भी बड़ा रख

इन्सान के जज़्बात से खिलवाड़ न कर तू
बेहतर है कि मज़हब को सियासत से जुदा रख

सत्य प्रकाश उप्पल

जन्म तिथि : 14.8.1953, मोगा (पंजाब)

प्रकाशन : काव्य संकलन–रथ बदलो, लहू का एक मौसम, आकाश घर नहीं है। अनुवाद–टूटते हुए संस्कार (के.एल. गर्ग), प्लेटफ़ार्म नम्बर ग्यारह (बलदेव सिंह)। अनेक पत्र-पत्रिकाओं में रचनाएँ प्रकाशित

पुरस्कार : सरकारी व ग़ैर-सरकारी अनेक संस्थाओं द्वारा सम्मानित/पुरस्कृत।

सम्प्रति : भारतीय स्टेट बैंक, मोगा में कार्यरत

निवास : W-31/126 एरिया मेहला सिंह, मोगा 142001
दूरभाष : 01636-228718

सोचते कुछ हो मगर कुछ और कहते हो मियाँ
कौन सी दुनिया में आख़िर आप रहते हो मियाँ

मौन की चट्टान तोड़ो चीख़ का आदर करो
क्यों भला चुपचाप अत्याचार सहते हो मियाँ

उस तरफ़ तो एक सागर है कोई सहरा नहीं
जिस दिशा में तुम नदी के साथ बहते हो मियाँ

ज़हर के प्याले सलीबें मुन्तिज़र हैं आपकी
मानता हूँ आप सच्ची बात कहते हो मियाँ

वक़्त के रथ में जुते चुपचाप तुम चलते रहो
किस लिए हर बात पर नाराज़ रहते हो मियाँ

कोमल स्वर हूँ सुर मद्धम हूँ
मैं किस दरिया की सरगम हूँ

झरनों की रुनझुन सुनता हूँ
ख़ामोशी की मैं छम छम हूँ

पत्ती पत्ती होकर बिखरे
सुरभित फूलों का मातम हूँ

मैं इक सूरज ढूँढ रहा हूँ
तम हूँ लेकिन पावनतम हूँ

आओ मुझमें डुबकी ले लो
अगिनित नदियों का संगम हूँ

सभी संकेत पहले दे गई थी
हवा परचम उड़ा कर ले गई थी

सफ़र में रास्ते की धूल उड़ कर
यक़ीनन दूर तक पीछे गई थी

किसी सूखी नदी की प्यास था मैं
पहाड़ों तक मुझे जो ले गई थी

हमारी जागती आँखों में डर था
हमें भी नींद धोखा दे गई थी

बहुत ऊँचा उड़ा मैं इस ख़ला में
नज़र पाताल से नीचे गई थी

नाप कर तोल कर कुछ कहा कीजिए
आप मद्धम सुरों में रहा कीजिए

आग की इस नदी में नहाने चलें
कुछ भी मुश्किल नहीं हौसला कीजिए

न्याय की यह तुला डगमगाने लगी
कटघरे में न्यायालय खड़ा कीजिए

खोलकर मौत का एक अध्याय भी
चुपके चुपके ज़रा सा पढ़ा कीजिए

ज़िन्दगी जी रहे हो ये माना मगर
आप जीने का हक़ भी अदा कीजिए

अँधेरे में नहीं कुछ भी दिखाई दे
सुनो तो एक सन्नाटा सुनाई दे

लहू में धँस गया है प्रेम का पहिया
उठाकर हाथ अपने अब दुहाई दे

मचलती है सुलगती प्यास अधरों पर
कहीं जो रेत का दरिया दिखाई दे

परन्दा क़ैद में क्या चहचहाएगा
बदन का खोल दे पिंजरा रिहाई दे

वही मुंसिफ़ उसी के हाथ में ख़ंजर
हमारे सामने अब क्या सफ़ाई दे

सविता चड्ढा

जन्म : 28.8.1953

शिक्षा : एम.ए. (हिन्दी, अंग्रेज़ी), पत्रकारिता विज्ञापन एवं जनसम्पर्क में डिप्लोमा।

प्रकाशित : पत्र कारिता, कहानी, उपन्यास, कविता आदि अनेक विधाओं में एक दर्जन से अधिक पुस्तकें प्रकाशित। विभिन्न पत्र-पत्रिकओं में रचनाएँ प्रकाशित।

सम्मान : 'हिन्दी सेवा सम्मान' सहित अनेक प्रतिष्ठित संस्थाओं द्वारा सम्मानित/पुरस्कृत।

सम्प्रति : प्रवन्धक (राजभाषा विभाग) पंजाब नेशलन बैंक प्रधान कार्यालय, नई दिल्ली।

सम्पर्क : 899, रानी बाग दिल्ली-110034

आँधियों का दौर था तूफ़ान भी पलता रहा
इक दिया फिर भी फ़िज़ाओं में कहीं जलता रहा

रफ़्ता रफ़्ता दूर मुझ से हर कोई होता गया
क़तरा क़तरा आस का सूरज मेरा ढलता रहा

मेरी धुन के सामने ठहरा न अ.ख़िर वक़्त भी
हादसों की शक्ल में आता रहा टलता रहा

हमने माना वक़्त भी छलिया है लेकिन देखिए
आदमी को आदमी ही आज तक छलता रहा

वेल सच की हर कहीं कटती रही 'सविता' मगर
झूठ का पौधा जहां में फूलता फलता रहा

जो चाक न हो वो भी गिरेबान नहीं है
है कौन जो दुनिया में परेशान नहीं है

समझे थे कि मुश्किल नहीं इस दौर में जीना
अब बात ये समझे हैं कि आसान नहीं है

जी जान से दुनिया में निभाई है मुहब्बत
इस भूल पे दिल फिर भी पशेमान नहीं है

मालूम नहीं शहर में क्या हादसा गुज़रा
होंठों पे किसी शख्स के मुस्कान नहीं है

'सविता' ने बहुत पास से देखा है जहाँ को
हर बात समझती है वो अनजान नहीं है

धूप का मौसम है लेकिन दूर तक साया नहीं
ये अकेलापन किसी सूरत मुझे भाया नहीं

पतझड़ों को बाग से रुख़सत हुए मुद्दत हुई
क्यों बसन्ती चुलबुला मौसम अभी आया नहीं

दूसरों का दर्द सहकर जी रहे हैं आज तक
दिल ने लेकिन आज तक भी चैन क्यों पाया नहीं

उसको अब तो आप भी कहने लगे हो बेवफ़ा
ज़ुल्म जिसने आप पर इक बार भी ढाया नहीं

हैं अभी 'सविता' बहुत से फूल आफ़सुर्दा मगर
क्यों किसी की आँख में इक अश्क भी आया नहीं

सुनो तुम जैसे-जैसे उम्र ढलती जा रही है
दिलों में आरज़ू जीने की पलती जा रही है

अभी कुछ लोग हैं जो ज़िन्दगी को जानते हैं
कयामत बस उन्हीं के दम से टलती जा रही है

जहाँ में झूठ के सब राज़ खुलते जा रहे हैं
सच्चाई चोट खा कर फिर सँभलती जा रही है

कोई छुक छुक, न सीटी है धुआँ न कोई सिगनल
ये गाड़ी वक़्त की चुपके से चलती जा रही है

मैं 'सविता' किस तरह ये मान लूँ कि इस जहाँ में
निरंतर झूठ ही की बेल फलती जा रही है

कौन कहता है कि मिट्टी है धुआँ है ज़िन्दगी
नूर में डूबा हुआ सारा जहाँ है ज़िन्दगी

ये अगर चाहें तो धारे वक्त के सब मोड़ दें
किस तरह हम मान लें कि नातवाँ है ज़िन्दगी

ज़िन्दगी ज़िन्दा दिली का नाम होता था कभी
आजकल क्यों आँसुओं की दास्ताँ है ज़िन्दगी

ज़िन्दगी के रास्ते में फूल भी हैं ख़ार भी
हर क़दम रखना सँभल कर इम्तहाँ है ज़िन्दगी

ज़िन्दगी से रूठकर 'सविता' न हम खुश रह सके
हैं मज़े में लोग जिन पर मेहरबाँ है ज़िन्दगी

मृदुला अरुण

जन्मतिथि	:	23.10.1953
प्रकाशन	:	ग़ज़ल-संग्रह 'सफ़र बाक़ी है'। अनेक पत्र-पत्रिकाओं में रचनाएँ प्रकाशित। 'समय सन्दर्भ में' मुक्त छन्द।
सम्प्रति	:	साहित्य लेखन।
सम्पर्क	:	ई-21/503, रामप्रस्थ, ग़ाज़ियाबाद। फ़ोन-2623541

शाख़ से पत्ता अगर कोई जुदा हो जाएगा
हादसों का फिर शुरू इक सिलसिला हो जाएगा

मुझको शिकवे तो बहुत से हैं मगर तुझसे नहीं
इस शहर में जो रहेगा बेवफ़ा हो जाएगा

और कुछ दिन तक अगर तूफ़ान यह आता रहा
याद का सूखा हुआ ग़ुंचा हरा हो जाएगा

रंजिशें हों या हों ख़ुशियाँ झूठ या कोई गुनाह
कितना भी पर्दा करें उसको पता हो जाएगा

गन्ध कस्तूरी हिरन में है या बाहर क्या पता
इस विषय पर बात करिए फ़लसफ़ा हो जाएगा

इक दफ़ा हिम्मत जुटा और अपने मन की कर गुज़र
चन्द दिन चर्चे रहेंगे और क्या हो जाएगा

रंजिश से मोहब्बत से या कभी गुमान से
मत खेलिए हुज़ूर मेरे स्वाभिमान से

हम आपके हमदम हैं इशारों में समझिए
यह बात हम कहेंगें न अपनी ज़ुबान से

वो मेरे जनाज़े में भी शामिल न हो सके
घर मेरा बहुत दूर था उनके मकान से

शायद मैं कामयाब हो रही हूँ दोस्तो
दुश्मन भी हो रहे हैं बहुत मेहर्बान से

मन्दिर का हो सवाल या मस्जिद का प्रश्न हो
मज़हब कोई बड़ा नहीं हिन्दोस्तान से

बीच सागर में किसी इक बूँद सा खो जाइए
अब तो जी करता है जैसे गुमशुदा हो जाइए

कल न जाने किन पहाड़ों में बनानी हो सड़क
है मिली गर छाँव तो कुछ देर को सो जाइए

आने वाली पीढ़ियाँ खाएँगी इस बगिया के फल
इसमें कुछ आदर्श कुछ जज़्बात भी बो जाइए

ज़ुल्म जब करते हैं ये कहते हैं वो हर मर्तबा
यह भी कोई बात है हर बात पर रो जाइए

अँधेरी गलियाँ नगर सुनसान चेहरे अजनबी
घर से तो निकले हैं लेकिन अब किधर को जाइए

चन्द लम्हे मुस्कराहट दे के मुझको डर गया
हर नया परिचय मुझे कुछ और तन्हा कर गया

कैसा यह तूफ़ान आया शहर में पिछले दिनों
मेरा घर पतझड़ की सूखी आहटों से भर गया

मेरे पुरखों ने मेरे आँगन में सींचा था जिसे
आख़िरी पत्ता भी उस तुलसी का अब तो झर गया

नाम ही सुनते रहे देखा नहीं कैसी है वो
घर के आगे से ख़ुशी का क़ाफ़िला अक्सर गया

वो सच्चाई का मसीहा उम्र भर मुफ़लिस रहा
नाम पर उसके बहुत जलसे हुए जब मर गया

आँच देंगे सर्द मौसम में दुशालों की तरह
टूटने मत दीजिए सम्बन्ध प्यालों की तरह

झील की खामोश गहराई इसे दरकार है
प्यार वह क्या जो हो लहरों की उछालों की तरह

काँपती लौ की तरह जल कर बुझे बुझ कर जले
वो जिन्हें हसरत थी जलने की मशालों की तरह

हसरतों को गहरे दफ़्ना दीजिए वर्ना हुज़ूर
फैलती जाएँगी ये मकड़ी के जालों की तरह

याद तेरी जब भी आ जाती है मेरे हमनवाँ
फूटने लगता है कुछ तन मन में छालो की तरह

शिवा कनाटे

जन्मतिथि : 6.11.1953

शिक्षा : एम.बी.बी.एस.

प्रकाशन : 'नदी के तट की बालू पर' (ग़ज़ल संग्रह) 'शब्दोत्सव' (मुक्तक संग्रह)। अनेक पत्र-पत्रिकाओं एवं संकलनों में रचनाएँ प्रकाशित।

सम्प्रति : कर्मचारी राज्य बीमा निगम बड़ौदा में चिकित्सा अधिकारी।

सम्पर्क : 203, टॉवर-3, साईनाथ स्क्वेयर, मदर्स स्कूल के पीछे
जलाराम सोसायटी के पास, वड़ोदरा - 390021

फ़ोन : (0265) 22313595

मुसाफ़िर, मुश्किलों में ही तुझे फिर ढूँढ़ना होगा
तेरी उलझन का भी आख़िर कोई तो रास्ता होगा

ये कलियाँ, फूल इतनी जल्द बनकर खिल नहीं पातीं
ख़यालों में निगाहों में इन्हें उसने छुआ होगा

ज़रा चलने से पहले देख ले कश्ती अरे माँझी
बहुत मुमकिन है सागर में कोई तूफ़ाँ उठा होगा

तुम्हीं क्यूँ बाढ़ में बेघर हुए दूजा नहीं कोई
नदी के तट की बालू पर तुम्हारा घर रहा होगा

तजुर्बा है मुझे इसका, कभी भी आज़मा लेना
भरोसे में लुटे भी तो तुम्हारा फ़ायदा होगा

मुझे लगता है जाने क्यूँ, ख़ुदा को देखने वाला
कोई बूढ़ा नहीं होगा, कोई बच्चा रहा होगा

मैंने तो उम्र भर नहीं देखा
आदमी-सा ज़हर नहीं देखा

देख डाला क़ज़ा से आगे भी
ज़िन्दगी को मगर नहीं देखा

आप ग़मगीं हैं, आपने शायद
प्यार में डूबकर नहीं देखा

यूँ कई बार हुस्न देखा है
आँख-भर, चाह-भर नहीं देखा

ज़िन्दगी भी नशा है सुनते हैं
पर कभी झूमकर नहीं देखा

ख़ाकसारों का मुक़द्दर देखने की चीज़ है
बेसरोसामाँ सिकन्दर देखने की चीज़ है

खंडहर जो दिल हुआ जज़्बात के तूफ़ान में
ख़ूबसूरत हो न हो पर देखने की चीज़ है

मेरी हस्ती के बिखरने पर तुम्हें अफ़सोस क्यों
ये तबाही मुस्कुराकर देखने की चीज़ है

ढंग से इक बूँद पानी की कभी देखी नहीं
लोग कहते हैं समुन्दर देखने की चीज़ है

तुम किताबों में न ढूँढो, किस तरीक़े से जिएँ
ज़िन्दगानी आज़माकर देखने की चीज़ है

वक़्त की नज़रे-इनायत हो गई
हादसे सहने की आदत हो गई

दुनियादारी सीखने के दौर में
बेवफ़ाई में महारत हो गई

सीखचों में क़ैद ईमाँ हो गया
बेईमानी की ज़मानत हो गई

रहनुमा को एक मौक़ा फिर दिया
फिर अमानत में ख़यानत हो गई

बह रहा है मुल्क़ तिनके की तरह
नाबदानों-सी सियासत हो गई

अपने दिल से न बनेगी तो किधर जाऊँगा
टूट जाऊँगा मैं टुकड़ों में बिखर जाऊँगा

मिला न धूल में मुझको गिरा के आँसू-सा
रहा जो आँख की सीपी में सँवर जाऊँगा

तेरी रातों पे रहेगा मेरी यादों का नशा
ये और बात कि हर सुबह उतर जाऊँगा

राह की तरह निकल जाओगे तुम तो आगे
और मैं मोड़ की मानिन्द ठहर जाऊँगा

मुझे पता है मिलेगा मुझे न घर मेरा
मगर मैं गाँव-गाँव, शहर-शहर जाऊँगा

अशोक रावत

जन्मतिथि : 15 नवम्बर, 1953, मथुरा (उ.प्र.)

शिक्षा : बी.ई. (सिविल इंजीनियरिंग)

प्रकाशन : अनेक पत्र-पत्रिकाओं एवं संकलनों में ग़ज़लें/समीक्षाएँ प्रकाशित।

सम्प्रति : भारतीय खाद्य निगम में अधिकारी

सम्पर्क : 222, मानसनगर, शाहगंज, आगरा (उ.प्र.)
फ़ोन : (निवास) 2313133, (कार्यालय) 2523593, 2354789

दोस्त मेरे जो मुझे घर से बुलाकर ले गए
क्या पता क्यूँ रास्ता इतना घुमाकर ले गए

लाश टुकड़ों में मिली है उसकी जंगल में कहीं
कल पुलिस वाले जिसे घर से उठाकर ले गए

मंज़िलों पर रहबरों ने घेर कर लूटा हमें
क़ाफ़िला हम रहज़नों से तो बचाकर ले गए

जालसाज़ों के लिए वो मुख़बरी करते रहे
हम जिसे भी हमसफ़र अपना बनाकर ले गए

ख़ुशबुओं से आज भी मेरा चमन आबाद है
तुम भले फ़स्लें गुलाबों की चुराकर ले गए

हो गया मुश्किल छलकते आँसुओं को रोकना
रूठने वाले हमें जब ख़ुद मना कर ले गए

हमको मंजूर था ज़ख़्म खाते रहे
दोस्तो को मगर आज़माते रहे

वो बुझाएँ दिए, उनका ये शौक़ था
हमको ये शौक़ था हम जलाते रहे

कोई रिश्ता तो तुमने बनाए रखा
चाहे दुश्मन समझ कर निभाते रहे

वो ग़ज़ल हो गए ये अलग बात है
दर्द थे हम जिन्हें गुनगुनाते रहे

मौसमों की नज़र से रहे बेख़बर
फूल जब तक रहे मुस्कराते रहे

मेरे बारे में कोई चर्चा नहीं करते
दोस्त! अब क्यों मुश्किलें पैदा नहीं करते

बेटियाँ हर बात पर अब तर्क करती हैं
बेटे तो बरताव भी अच्छा नहीं करते

मैं ज़माने की शिकायत क्या करूँ जब लोग
मेरे घर में ही मेरी चिन्ता नहीं करते

आँधियों में टूट तो जाते हैं लेकिन हम
आँधियों से कोई समझौता नहीं करते

कुछ हमारी भी शिकायत पत्थरों से है
पत्थरों की हम अगर पूजा नहीं करते

आर्थिक हालत भी अच्छे नहीं थे
लोग पर दुनिया में तब ऐसे नहीं थे

घर नज़र आते थे बस्ती में बहुत से
गाँव में दो घर भी जब पक्के नहीं थे

आप हैरत से हमें क्यों देखते हैं
सब समझ लेते थे, हम बच्चे नहीं थे

एक ही चेहरा हुआ करता था सबका
हर किसी के पास दो चेहरे नहीं थे

मुश्किलें कम तो नहीं थीं उस समय पर
मुश्किलों के रात दिन पहरे नहीं थे

ज़िन्दगी में फूल भी हैं ख़ार भी
हादसे भी हैं, मगर त्यौहार भी

जीत की ख़ातिर भले ही खेलिए
याद रखिए खेल में है हार भी

हर जगह हैं ग़ैर-ज़िम्मेदार लोग
हर जगह हैं लोग ज़िम्मेदार भी

प्यार हो जाए जहाँ बेअसर
बेअसर होगी वहाँ तलवार भी

ठोस हो जाएँ भले ही सरहदें
एक दिन उनमें खुलेंगे द्वार भी

आचार्य आसी पुरनवी

जन्मतिथि : 31.12.1953

शिक्षा : विज्ञान स्नातक।

प्रकाशन : 'आसी ग़ज़लें पापी गीत' गीत-ग़ज़ल संग्रह। अनेक पत्र-पत्रिकाओं व संकलनों में रचनाएँ प्रकाशित। अनेक पत्र-पत्रिकाओं का सम्पादन व सहसम्पादन।

सम्मान : 'साहित्यश्री', 'साहित्य शिरोमणि', 'आचार्य' आदि सम्मानोपाधियों सहित अनेक संस्थाओं द्वारा सम्मानित।

सम्पर्क : मदरसा चौक, चौधरी मौहल्ला, कटिहार (बिहार)

स्थायी पता : इलमास नगर, जि. समस्तीपुर (बिहार)

बेसबर
हम सफ़र

दिलकशी
पुरख़तर

राहतें
ता सिहर

बेहिचक
बे-ज़रर

आशियाँ
सी नज़र

कभी इश्क़ का इम्तिहाँ ले के देखो
जो ले पाओ तुम मेरी जाँ ले के देखो

ये नज़्में ये ग़ज़लें तुम्हारे लिए है
तुम्हीं से नगमाफसाँ ले के देखो

तुम्हें अपने दर का पता चाहिए तो
मेरे नक्शे-पा का निशाँ ले के देखो

तख़ैयुल ही तेरा ये अदबी महल है
ज़रा मेरा नज़्मी जहाँ ले के देखो

हजारों गिरे बिजलियाँ दिल पे 'आसी'
फ़क़त उनका इक कहकशाँ ले के देखो

किस तरह बे-दाग है तन, अद्यतन
और, पुर-अनुराग है मन, अद्यतन

मानकर जिसको चले भागीरथी
देख! कलुषित है रजितफन, अद्यतन

सप्तरंगी ध्वज करोड़ों उठ गए
पर ग़ज़ल बनता न जीवन अद्यतन

छोड़ दे, परछाइयाँ मिट जाएँगी
कालिमा सी या कुचिन्तन, अद्यतन

हम भरम में हैं—सु-त्रेता ले गई
मर चुका 'आसी' दशानन? अद्यतन

जो मुस्करा के समुन्दर को बेच आएँगे
जलाए घर कि वो उस घर को बेच आएँगे

ज़मीं पे सिर्फ़ क़दमों की निशानियाँ होंगी
'अरुण' को और वो 'अकबर' को बेच आएँगे

कहा है फ़लसफ़ी ने क़ाइदे-अज़ल जिसको
उसी के घर को उसी दर को बेच आएँगे

जो उनको राह दिखाएगा बन के गाँधी भी
उसे भी जाल से कुछ जर को बेच आएँगे

समझ के जिस को बागबाँ है दिया बाग़ आसी
उसी चमन के गुले-तर को बेच आएँगे

वफ़ा का उनके किसी रोज़ इम्तिहाँ करते
हमारी बात की परवा मगर कहाँ करते

सबा शरर करे, समझ के उसे सरगोशी
जो रूठते तो सवालों से परेशाँ करते

जो देखते कि निगाहों में शोख़ियाँ रौशन
फिर एक बार नरगिसों का हम बयाँ करते

कभी तो ख़ुश-ख़यालियों में मुब्तिला होकर
हमारी बात पे धोखे से सही, 'हाँ' करते

शबाब उनका, रात और ये 'आसी' ख़्वाहिश
बढ़ाते हाथ, तो वो शर्म का सामाँ करते

महेश 'मंज़र'

जन्मतिथि : 16.2.1954, चाँदनी चौक, दिल्ली

शिक्षा : बी.कॉम.

प्रकाशन : ग़ज़ल-संग्रह 'मन्ज़र दर मन्ज़र'। 1993-99 तक तस्वीर-ए-वतन हिन्दी एडीशन का सम्पादन।

सम्मान : 'भारत रत्न राजीव गाँधी मेमोरी सिल्वर शील्ड', 'महाराजा अग्रसेन एवार्ड' एवं सी. एल. नेपाली एवार्ड।

सम्प्रति : निजी व्यापार के साथ-साथ राजनैतिक, सामाजिक, सांस्कृतिक एवं साहित्यिक गतिविधियों में सक्रिय भागीदारी।

सम्पर्क : डी-15, निज़ामुद्दीन वैस्ट, नई दिल्ली-13
फ़ोन-24350102 मो. 9810078500

कौन कहता है कि ये ज़ीस्त सज़ा है मुझको
एक उलझा हुआ किरदार मिला है मुझको

मुझको इनआम मिले या मेरी रुसवाई हो
कुछ ताअल्लुक़ भला इस बात से क्या है मुझको

चन्द लम्हे तो मेरी उम्र में ऐसे आए
दुश्मनों से भी बहुत प्यार मिला है मुझको

किस तरह उम्र का दुश्वार सफ़र तय होगा
बीच रस्ते में कोई छोड़ गया है मुझको

मुझको ख़ुद से न ख़ुदा से है शिकायत 'मंज़र'
जो भी कुछ था मेरे हिस्से का मिला है मुझको

कोई जब आके मेरे दर से सदा देता है
बेसबब सोए हुए ग़म को जगा देता है

छटपटाती है मेरी रूह अँधेरे में कभी
कोई चाहत का दिया दिल में जला देता है

जब मेरे हाथों में जुम्बिश नहीं बाक़ी रहती
मेरी कश्ती को कोई पार लगा देता है

कुछ भी ओझल नहीं पोशीदा नहीं है उससे
हर दरीचे से वो पर्दे भी हटा देता है

लोग शोलों को हवा देते हैं लेकिन 'मंज़र'
वो मेरे घर में लगी आग बुझा देता है

सबके मुँह में है ज़बानें बोलता कोई नहीं
आँखें सबकी हैं खुली पर देखता कोई नहीं

इस हयाते-ग़म से अक्सर लोग घबराते तो हैं
बच निकलने के लिए पर रास्ता कोई नहीं

इस जहाँ में आए हैं क्या, सिर्फ़ जीने के लिए
अस्ल मक़सद है जुदा, पर जानता कोई नहीं

अपने-अपने रंग में डूबा हुआ है हर कोई
अब किसी को भी किसी से, वास्ता कोई नहीं

यूँ तो खुद्दारी अभी बाक़ी है कुछ, इन्सान में
आ पड़े जब जान पर, तो, सोचता कोई नहीं

कोई दे रहा था, सदा हर तरफ़
कि बिखरा हुआ है, ख़ुदा हर तरफ़

है अपनी नज़र में ख़ुदा हर कोई
चली है ये कैसी, हवा हर तरफ़

बरसने को हैं, अब ये आँखें मेरी
कि छाई हुई है, घटा हर तरफ़

जो रहते यहाँ सब गुनहगार हैं
ये दुनिया हुई इक सज़ा हर तरफ़

उजाले से दिल में उतरने लगे
अजब कोई 'मंज़र' खुला हर तरफ़

आज क्यूँ पल-पल ये जी घबराए है
दिल मेरा सीने से निकल जाए है

घूमना है इसको अन्धी राह में
दिल है आवारा किसे समझाए है

मेरी साँसों ने छुआ तक भी नहीं
फिर भी तेरा जिस्म पिघला जाए है

ये ख़ता बादे-बहारी की नहीं
क्यूँ तेरा आँचल सरकता जाए है

ख़ुद से भी बेज़ार 'मंज़र' हो चला
देखिए जी को कहाँ बहलाए है

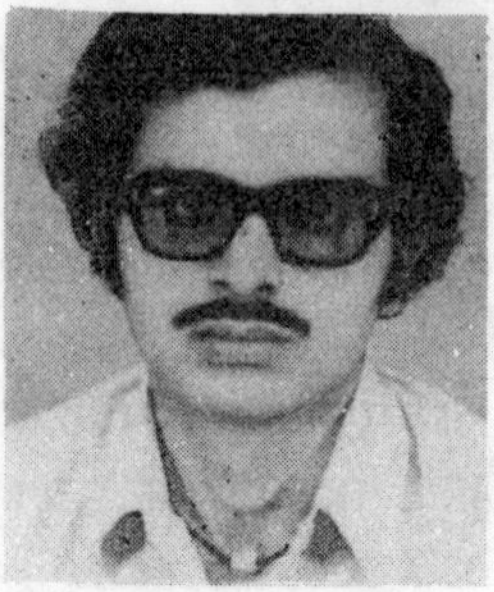

शंकरमोहन झा

जन्म	:	14 अप्रैल, 1954
शिक्षा	:	एम.ए. (हिन्दी), पीएच.डी.।
प्रकाशन	:	लघु पत्र-पत्रिकाओं में रचनाएँ प्रकाशित। 'धूप आई सीढ़ियों तक', 'गजल पंचदशी-4' आदि संकलनों में रचनाएँ प्रकाशित। लगभग 25 वर्षों से 'हिन्दी विद्यापीठ पत्रिका' (शोध-साहित्यिक) का सम्पादन।
सम्प्रति	:	अध्यापन
सम्पर्क	:	हिन्दी विद्यापीठ, देवघर 214115 (झारखंड)

कल किन्हीं हालात के मद्देनजर चुप हो लिए
आज उनके कान में तो यूँ न मिसरी घोलिए

यह तिमहला साज़िशों की तीलियों पर है तना
बस इसे विश्वास से इक बार तो झकझोरिए

अवसरों पर चूकने से कब सफलताएँ मिलीं
बस भरोसे की तुला पर अपने पर को तोलिए

कल पिटे मोहरे इसी दम भूलकर इस बात को
कुछ नए अन्दाज़ से अब चाल अपनी खोलिए

प्यार में बाज़ी कभी होती नहीं तय
जीत से या हार से तो नहीं निश्चय

यह समर्पण या विसर्जन है अहं का
प्यार करुणा से भरा होता जलाशय

मोम सम पिघलो बनो तुम नदी सदृश
मोरचे सब बन्द कर खोलो हृदय

रातरानी अग्रहायण पर झुकी
खेत झूमें उल्लसित पाकर विजय

बाँध सर पर क़फ़न खेलें फाग जो
रण-विजय वे ही करेंगे दिग्विजय

अब नजर आते यहाँ पर दिन में तारे
चोर चोरी कर रहा है दिन दहाड़े

व्यर्थ हैं बदनाम ये सुखराम, लालू
कौन है जिसका यहाँ दामन बचा रे

रंगरेजों डूब जाओ शर्म से तुम
गिरगिटों के बाप ये सारे के सारे

गेरुए कल थूकते थे खादियों पर
गेरुआ पहली ही बारिश में बहा रे

काम करते जाइए चुपचाप अपना
ध्यान मत दें क्या, कहाँ, किसने कहा रे

जो पंगत से सब दिन उठाया गया
आज इज़्ज़त से उसको बिठाया गया

मौसमों को जिया जिसने चिथड़े पहन
वह सजाकर नुमाइश में लाया गया

इस गिरावट ने सारी हदें तोड़ दी
जब गिरों को उठाया दिखाया गया

अकड़कर खड़े थे जो दंडवत् हुए
सर इतना न झुकाया गया

राहतें मुड़ गईं कोठियों की तरफ़
बाढ़ का चित्र पिछला दिखाया गया

जिस्म का सारा लहू टपका बहा
तब गुलों का रंग है निखरा हुआ

खस गुलामी झेलती जिस कक्ष में
क्रान्ति का स्वर है वहीं बिखरा हुआ

मार्क्स ने क्या सोचकर दर्शन दिया
हमने अपने ढंग से उसको लिया

फूल अनुपम प्राकृतिक उपहार है
इसे पत्थर पर रगड़ जाँचा किया

स्वर्ण-मृग और मुर्ग़ियाँ थी इक प्रतीक
हमने इनको चीरने ख़ंजर लिया

अनिल 'असीम'

जन्मतिथि	:	15.6.1954
शिक्षा	:	बी.कॉम.।
प्रकाशन	:	ग़ज़ल संग्रह 'मरुथल में झील'। 'तीसरी कविता' का सम्पादन। अनेक पत्र-पत्रिकाओं में रचनाएँ प्रकाशित।
सम्प्रति	:	लेखन एवं प्रिंटिंग।
सम्पर्क	:	बी-102 ए, संजय नगर, ग़ाज़ियाबाद फ़ोन-2788730 मो.-9810426037

अब गलियों में आ बैठा है एक भयानक सन्नाटा
लगता है अब लाएगा तूफ़ान यकायक सन्नाटा

मरघट-मरघट कोलाहल है और नगर में वीरानी
लाया है परिवर्तन कैसा आज अचानक सन्नाटा

सहमी-सहमी जनता तुमसे पूछ रही कुर्सी वालो
कब पहुँचेगा इस बस्ती से राजमहल तक सन्नाटा

शायद ये सारी दहशत अब राजमहल फैलाते हैं
हर दिल में पैदा करता है आज यही शक सन्नाटा

किस से बोले कैसे बोले आज 'अनिल' अपने घर में
उसके घर तो आ पहुँचा हर एक अधर तक सन्नाटा

हराते हैं हमें हरदम अजब चालाक पासे हैं
हमारे वास्ते ये जो सियासत ने तलाशे हैं

सँवरने की जगह इनके बिगड़ते ही गए चेहरे
न जाने कौन सी छैनी से हमने बुत तराशे हैं

उसी का नाम रहता है हमारे होंठ पे यारो
हमारे शे'र ये सारे उसी की ही कृपा से हैं

वहाँ हम आपके कहने से सावन मान लें कैसे
जहाँ तूफ़ाँ ही तूफ़ाँ है कुहासे ही कुहासे हैं

'अनिल' के एक झोंके से लिपट कर फूट जाएँगे
अगर कुछ हैं भी यारो हम तो पानी के बताशे हैं

काट कर औरों की टाँगें खुद लगा लेते हैं लोग
अब यहाँ कुछ इस तरह भी क़द बढ़ा लेते हैं लोग

आजकल की शायरी में हो रहा है ये कमाल
चन्द नारे जोड़कर मिसरे बना लेते हैं लोग

हर नशा लगने लगा है यार अब उनको फिज़ूल
आँसुओं के जाम पीकर ग़म भुला लेते हैं लोग

सिर्फ़ चेहरों पे न जाएँ दिल में भी झाँके ज़रूर
गन्दगी क़ालीन के नीचे छुपा लेते हैं लोग

जब 'अनिल' का घर जला तो याद आई वो मिसाल
खुद तमाशा देखने को घर जला लेते हैं लोग

बन्दिशें रहती नहीं हैं शब्द मिल जाने के बाद
मैं ग़ज़ल कहने लगा हूँ होंठ सिल जाने के बाद

आदमी दिल के बिना भी ज़िन्दगी जीता है ख़ूब
ये पता मुझको चला है आज दिल जाने के बाद

नींव की ईंटों पे भी अपनी नज़र रक्खें ज़नाब
छत नहीं टिक पाएगी ये नींव हिल जाने के बाद

बस इसी उम्मीद में हमने बहुत झेले हैं शूल
ये चमन महका करेगा फूल खिल जाने के बाद

सब 'अनिल' तुझ पर हँसेंगे देखकर तेरे ये घाव
तू कहीं भी मत ठहरना पाँव छिल जाने के बाद

जब नाव में आ बैठे तूफ़ान समुन्दर के
मैं जान सका तब ही अरमान समुन्दर के

सोचा है यही उसने वो मुझको डुबो देगा
हैं कितने ग़लत यारो अनुमान समुन्दर के

बाहर ही नहीं आते ये सोच के अब आँसू
हम बन न कहीं जाएँ उपमान समुन्दर के

बैठे हैं किनारे पर पानी को तरसते हैं
क्या ख़ूब मिले हमको वरदान समुन्दर के

तू आज 'अनिल' कर ले सपनों की हिफ़ाजत भी
हर सिम्त लुटेरे हैं शैतान समुन्दर के

हरीलाल 'मिलन'

जन्मतिथि : 8 जुलाई, 1954, ग्राम—पूरे गुलाब राय, जिला—प्रतापगढ़, उ.प्र.

प्रकाशित : विरह-विदग्धा सीता पर आधारित खण्ड-काव्य 'परित्यक्ता'। अनेक पत्र- पत्रिकाओं व संकलनों में रचनाएँ प्रकाशित।

सम्मान : कई प्रतिष्ठित संस्थाओं द्वारा सम्मानित।

सम्प्रति : कानपुर क्षेत्र, कानपुर में 'श्रम प्रवर्तन अधिकारी'।

सम्पर्क : 30 A/2, दुर्गावती सदन, हनुमन्त नगर, नौवस्ता, कानपुर, (उ. प्र.)
फ़ोन : 2620962

रिक्शे पर दौलत वालों को ढोता आया रामलखन
फिर भी जितना चाहा उतना जोड़ न पाया रामलखन

लाला के पाँवों पर रख दी पगड़ी उसने इज़्ज़त की
पर, बेटी को ब्याह न पाया रोया-गाया रामलखन

मैला गमछा, मैली धोती, कीचड़ में डूबी आँखें
नई सभ्यता में समाज को तनिक न भाया रामलखन

कभी भीड़ से थप्पड़ पाया, कभी दरोगा से चाँटे
समझ न पाया जग की माया ऐसी काया रामलखन

तोड़ गई सीमा विपदाएँ अब जीने की चाह नहीं
ओझा-सोखा बचा ले गए विष भी खाया रामलखन

विरह-'मिलन' का रोना-गाना तब से ग़ज़लें भूल गईं
शाइर की सूनी आँखों पर जब से छाया रामलखन

मर कर उसी समाज में ज़िन्दा रहा गया
जिसमें किसी बहन को तवायफ़ कहा गया

जिसने सुबह की भीड़ में दूषित नदी कहा
किसको पता कि रात में वह भी नहा गया

बेची गई, नोंची गई, लूटी गई है वह
यह पेट बदनसीब को क्या-क्या सहा गया

यह भी किसी की माँग का सिन्दूर हो गया
यादों के बीच जो कभी यादें तहा गया

कोई उसे इन्साफ़ की कोठी न दे सका
कोठे पे जो उसके लिए आँसू बहा गया

एक परिवार बँट गया होगा
ग़म में आकाश फट गया होगा

खेत के सीने पे डोरी होगी
नीम का पेड़ कट गया होगा

कम पड़े होंगे रास्ते घर के
पास का ताल पट गया होगा

जितनी दूरी बढ़ी होगी मन की
उतना ही प्यार घट गया होगा

नम पड़ी होंगी वो बूढ़ी आँखें
जिनका विश्वास हट गया होगा

वक़्त से पहले ढली जो वह जवानी याद है
उसको अपनी ज़िन्दगी की हर कहानी याद है

फिर कभी देखा नहीं माँ के गले में हार को
भूख के दिन बिक गई जो वह निशानी याद है

कर नहीं पाई दिहाड़ी हाथ पीले आज तक
द्वार पर बैठी हुई बेटी सयानी याद है

भोर में उठना, ठिठुरना, जोतना-बोना फ़सल
कुछ न दे पाई उसे जो वह किसानी याद है

पाँव भी भागे शहर को खोजने अमृत 'मिलन'
मृत हुए सपने जहाँ वह राजधानी याद है

वह पथिक जो रो रहा है मुस्कराएगा कभी
है जहाँ पतझर वहाँ मधुमास आएगा कभी

पर्वतों पर भी बना लेगा स्वयं ही रास्ता
पत्थरों को प्यार की मंज़िल दिखाएगा कभी

आँख के मोती निरन्तर गिर रहे जिस धूल में
एक दिन उस धूल से वह फूल पाएगा कभी

खो गया है स्वप्न उसका जो समय की धूप में
वह रूपहली चाँदनी में झिलमिलाएगा कभी

होंठ पर आई नहीं अब तक 'मिलन' की जो ग़ज़ल
वह मिलन की घाटियों में गुनगुनाएगा कभी

जगन्नाथ प्रसाद वघेल

जन्मतिथि : 12.8.1954, सीस्ता (मथुरा)

शिक्षा : एम.एस सी. (गणित), एम.ए. (हिन्दी), संचार तथा पत्रकारिता डिप्लोमा में अध्ययनरत, ब्रजमंडल के कवियों की कविताओं पर शोध प्रस्ताव जमा।

प्रकाशन : 'स्वप्न और समय', 'खुशहाली', 'युगत शतपदी'। 'घुटने की पीर', 'ब्रज-लोक' प्रकाशनाधीन। पत्र-पत्रिकाओं में रचनाएँ प्रकाशित।

सम्प्रति : भारतीय दूर संचार सेवा में मंडल अभियंता के पद पर कार्यरत।

सम्पर्क : डी-204, प्लीजेंट पार्क, दहिसर पुल, दहिसर (पश्चिम), मुम्बई - 400068
फ़ोन : 022 - 28964957

बाग़ हुआ बीरान, उन्होंने ऐसा खेल रचा है
कहीं कहीं पर ही ज़मीर का कोई बीच बचा है

रुका नहीं है खेल अभी तक, रुक भी नहीं सकेगा
उजड़े नीड़, परिन्दों में भी हाहाकार मचा है

माली मालिक हुआ, दुहाई नहीं सुनी जाती हैं
माल मता मिल गई, इसी पर उसका जी ललचा है

उजड़ चुके हैं बाग़, बग़ीचे कैसे बच पाएँगे
सावधान हो जाएँ, जिन्हें अब तक अन्याय पचा है

भूला भोजन, भूख, ज़माना भोला, भरमाया है
थिरक-थिरक, नेताओं की तानों पर, आज नचा है

वह मर्द है, उसकी रगों में जोश है
अपराधियों के साथ है, ख़ामोश है

जग की ग़रीबी से उसे मतलब नहीं
ख़ुद की अमीरी पर उसे सन्तोष है

लिया है जोड़, नाता शहर से उसने
यह गाँव उसका है, उसे अफ़सोस है

उसके महल की शान है न्यारी, मगर
यह क़ाफ़िला जो है, ख़ानाबदोश है

झुका लूँ आँख मैं, डर नज़र का उसको
क़ाज़ी, बता देगा कि मेरा दोष है

जो होगा दुःख ताप सहेंगे
हम लेकिन चुप चाप रहेंगे

जिस धारा ईश्वर ले जाए
उस धारा हम आप बहेंगे

जितने लिखे भाल पर जिसके
उतने रुदन-विलाप रहेंगे

जब तक जीवन है धरती पर
साथ, पुण्य के, पाप रहेंगे

मन-परिताप-शमन के साधन
ईश्वर के तप जाप रहेंगे

सृष्टि, वृष्टि के अभाव से विभोर हो चली
मानसून था, न मेघ थे कि शोर हो चली

त्राहि-त्राहि की पुकार, दिग्विन्त से उठी
यज्ञ-प्रार्थना-नमाज से, निहोर हो चली

राज-इन्द्र सिंह, नीर-बोध ग्रस्त हो गया
राजनीति, हिंस्रता लिए किशोर हो चली

वृक्ष-कुञ्ज, इन्द्र के प्रवास-क्षेत्र थे जहाँ
मेघ राशि, नीर से भरी हिलोर हो चली

प्रश्न था बड़ा परन्तु, व्यग्रता न थी कहीं
वृष्टि इन्द्र की 'बघेल' क्यों कठोर हो चली

एक पल जीता रहा मैं, एक पल मरता रहा
समय का ज़ालिम सिपाही, सफ़र तय करता रहा

इन्सान के सिर पर, उगे हैं सींग, पैने हो गए
मैं इसलिए ही इन दिनों, इन्सान से डरता रहा

नाख़ून में उनके दिखा, जब ख़ून का क़तरा मुझे
तो ज़हन में मेरे बवंडर, ख़ौफ़ का भरता रहा

रुतबा दिखाने लग गए थे, क़िलों पर क़ाबिज हुए
झरना तभी से आँसुओं के, नीर का झरता रहा

अब क्या पढ़ें हम, क्या करें, कैसे रहें हम, क्या कहें
फ़रमान उनका, चैन, सबकी नींद का हरता रहा

माधुरी राउलकर

जन्मतिथि	:	8.10.1954, वर्धा
शिक्षा	:	एम.ए., बी.जे.।
प्रकाशन	:	ग़ज़ल-संग्रह 'रिश्तों के फूल' एवं अनेक पत्र-पत्रिकाओं में रचनाएँ प्रकाशित।
सम्प्रति	:	गृहणी।
सम्पर्क	:	76, रामनगर, हिल रोड, नागपुर (महाराष्ट्र)

शायद मुक़द्दर ने भेजा हो पैग़ाम फिर से
तेरे होठों पर आए मेरा नाम फिर से

मुझको यक़ीन है, नहीं उतरेगा नशा
मुहब्बत का पी ले तू, इक जाम फिर से

मुद्दतों बाद तुम्हें पाकर ऐसा लगा
मेरी दुआओं का मिला इनाम फिर से

आओ, जी लें आज अपने तरीक़े से
वरना वक़्त पर लग जाएगा इल्ज़ाम फिर से

पुरानी महफ़िल में सुनाकर नई ग़ज़ल आपको
लगता है, यादगार हो जाएगी ये शाम फिर से

न हो मौत से दोस्ती, सारी ज़िन्दगी
लड़ता रहा आदमी, सारी ज़िन्दगी

ज़िन्दगी, हम तुझे अपना बनाकर
खुद रहे अजनबी सारी ज़िन्दगी

कितने ही बुझ गए चिराग़ फिर भी
ढूँढते रहे रोशनी, सारी ज़िन्दगी

आँखों में उतने ही आँसू थे जिनके
होठों पर थी हँसी, सारी ज़िन्दगी

कभी भीड़ में थे, कभी महफ़िल में
साथ थी ख़ामोशी, सारी ज़िन्दगी

अपनापन ढूँढने जो गए रिश्ते
ख़ुद ही अजनबी हो गए रिश्ते

अपने जिस्म से भारी थे कल तक
आज हवा से भी हल्के हो गए रिश्ते

अँधेरे में जो दिल के क़रीब थे
दौलत के उजालों में खो गए रिश्ते

सारी ज़िन्दगी जो चुभते ही रहें
कुछ काँटे ऐसे बो गए रिश्ते

पल दो पल निभाना मुहाल था वहीं
बोझ उम्र भर का ढो गए रिश्ते

लगती थी हमको बड़ी सुहानी कभी
सुनते थे ज़िन्दगी की कहानी कभी

अब कहाँ खो गई है, कुछ पता नहीं
शहर भर में भटकती थी जवानी कभी

लाख करिश्मे दिखाएगी दुनिया, मगर
आँसू नहीं बन सकता पानी कभी

चाहे शायर नए हों, या कलाम नया
ग़ज़लोंकीमहफ़िलेंहोती नहींपुरानीकभी

मेरे जाने के बाद दुनिया ये कहेगी
वो भी थी ग़ज़लों की दीवानी कभी

कैसा एहसान हम पर कर गए रिश्ते
जिस्म से जान तक उतर गए रिश्ते

चलने वाला धूप में चलता ही रहा
राहों में छाँव पाकर ठहर गए रिश्ते

बड़ा सुकून मिला, नाकामियों के दौर में
सब हौसलों से दामन भर गए रिश्ते

वह शख़्स बहुत अज़ीज़ था मगर
उसकी गर्दिशों से डर गए रिश्ते

कैसा प्यार, कैसी वफ़ा, हमें पता है
साथ जवानी के सब, मर गए रिश्ते

नलिनी 'विभा' 'नाज़ली'

जन्म	:	5 दिसम्बर, 1954, नंगल, (रूपनगर), पंजाब
शिक्षा	:	एम.ए., एम.फिल्., पीएच.डी. (कंठ संगीत)
प्रकाशन	:	'चिन्तन (काव्य-संग्रह) तथा 'जब हर इक इन्साँ बदलेगा' (काव्य संग्रह), अनेक संकलनों में रचनाएँ प्रकाशित। पत्र- पत्रिकाओं में गीत, कविता, ग़ज़ल, नज़्म, कहानी आदि का प्रकाशन।
सम्प्रति	:	व्याख्याता, राजकीय स्नातकोत्तर महाविद्यालय, हमीरपुर, हिमाचल प्रदेश - 177005 फ़ोन-01972 - 222734

जो अश्क आँखों से मेरी बह रहे हैं
घुटन की दास्तानें कह रहे हैं

समझते थे जिन्हें हम दोस्त अपना
वो बातें दुश्मनी की कह रहे हैं

ज़बाँ से तो गिला करते नहीं हम
हमारे अश्क सब कुछ कह रहे हैं

चरागों को जो ठोकर मारते थे
अँधेरों की अज़ीयत सह रहे हैं

ग़मों की ज़द में आओ 'नाज़ली' हम
जो कोई सह न पाए सह रहे हैं

रंगे-ख़ुलूस आओ फ़ज़ाओं में उड़ाएँ
होली है भाईचारे की अब रागिनी गाएँ

नफ़रत रहे दिलों में न बाक़ी हो दुश्मनी
मज़हब की जात पात की तफ़रीक़ मिटाएँ

झुलसी हैं बस्तियाँ तो तअस्सुब की आग में
मिल जुल के आओ आज उन्हें फिर से बसाएँ

नेकी के रंग हों ज़मीं से आसमाँ तलक
दहशत ज़दा दिलों से चलो ख़ौफ़ मिटाएँ

गूँजे तराने खुशियों के घर-घर में 'नाज़ली'
मिल जुल के अहले हिन्द सभी होली मनाएँ

क्यूँ दिलों के दरमियाँ ये फ़ासिले
बात कर लो ताकि दिल से दिल मिले

आज क्यूँ इनकी उड़ानें बन्द हैं
अम्न के पंछी हैं जैसे पर छिले

क्यूँ तबाही का समाँ है चार सू
लुट गए क्यूँ ज़िन्दगी के क़ाफ़िले

क्यूँ मुहब्बत से गले मिलते नहीं
क्यूँ ज़बानों पर हैं ये शिकवे गिले

खेल से बारूद के ऐ 'नाज़ली'
हल कहाँ उलझे मसाइल का मिले

दर्द जब हद से बढ़े और न झेला जाए
तो ग़ज़ल कह के वो काग़ज़ पे उड़ेला जाए

आह भी दिल से जो निकले तो ग़ज़ल बनती है
याद में उनकी अब इतना भी न रोया जाए

दायरा अपना है महदूद बस इक आप तलक
उसके बाहर न ख़यालात का साया जाए

गो बहुत चाहा न दुनिया से तअल्लुक रखें
लाख दामन को बचाया मगर उलझा जाए

शायरी नाम है बस 'नाज़ली' उस काविश का
भोग कर दर्द को गीतों में पिरोया जाए

अपने नसीब की हुई कुछ इस तरह सहर
भटके हैं रोशनी को तमाम उम्र दर-ब-दर

फ़ुर्सत कहाँ थी रुकने की उसको पुकारा लाख
ऐ ख़ुशनसीबी घर पे मेरे दो घड़ी ठहर

चुपचाप ज़ब्त करते गए लब से उफ़ न की
टूटे भले ही क़हर हज़ार अपनी जान पर

लिखा था मेरे हाथों की रेखाओं में यही
नाकामियों का ज़हर पियूँ यूँ ही उम्र भर

ठोकर लगी अँधेरों में खुद को तलाशते
अपने नसीब में न थी ऐ 'नाज़ली' सहर

'मासूम' ग़ाज़ियाबादी

मूल नाम : नरेन्द्र

जन्मतिथि : 5.1.1955, चिप्याना बुजुर्ग (गौतमबुद्धनगर) उ.प्र.।

शिक्षा : मिडिल।

प्रकाशन : ग़ज़ल-संग्रह 'देखा कभी आपने'। अनेक पत्र-पत्रिकाओं में रचनाएँ प्रकाशित। ग़ज़ल-संग्रह 'अहसास के पर' शीघ्र प्रकाश्य।

सम्मान : अनेक संस्थाओं द्वारा सम्मानित।

सम्प्रति : पत्रकारिता एवं निजी व्यवसाय।

सम्पर्क : मैसर्स गौड इलैक्ट्रोनिक्स, निकट देना बैंक, जी.टी.रोड, लाल कुआँ, ग़ाज़ियाबाद (उ.प्र.) फ़ोन 2866694, मो.-9818370016

किसी के घर का बँटवारों से अन्दाज़ा नहीं होता
हो किस की जीत तलवारों से अन्दाज़ा नहीं होता

वहीं पर किश्तियाँ डूबीं जहाँ ख़ामोश था दरिया
कभी गहराई का धारों से अन्दाज़ा नहीं होता

जो पूछा कितने दिन से हैं तेरे पैरों में ज़ंजीरें
कहा, क्या इनकी झंकारों से अन्दाज़ा नहीं होता

गिरे दैरो-हरम कितने हमें मालूम है लेकिन
मरे कितने ये अख़बारों से अन्दाज़ा नहीं होता

कभी फ़ुटपाथ पर आओ शहर की कमनसीबी का
कि ज़रदारों के गलियारों से अन्दाज़ा नहीं होता

सियासत इस बरस खेलेगी किस 'मासूम' के ख़ूँ से
ये गिरती उठती मीनारों से अन्दाज़ा नहीं होता

हुनर की, इल्म की, फ़न की हक़ीक़त और कुछ होती
अगर शैख़ो-बिरहमन की हक़ीक़त और कुछ होती

जो अपने पेट की अनपढ़ ने पट्टी खोल दी होती
वतन में साहिबे-फ़न की हक़ीक़त और कुछ होती

सियासी दाव पेचों में उलझकर रह गई वरना
ऐ मुफ़लिस तेरी उलझन की हक़ीक़त और कुछ होती

वो जाने किस अदा से रोए हैं जो खुश्क है दामन
जो हम रोते तो दामन की हक़ीक़त और कुछ होती

असर होता जवानी में भला क्यूँ नातवानी का
अगर 'मासूम' बचपन की हक़ीक़त और कुछ होती

निगेहबाँ कुछ निज़ामे-गुलसिताँ कुछ और कहता है
परिन्दा कुछ, शजर कुछ, आशियाँ कुछ और कहता है

है दावा राहबर का शर्तिया मंज़िल पे पहुँचूँगा
मगर हमदम गुबारे-कारवाँ कुछ और कहता है

तेरी ज़ुल्फ़ें भी सुलझाना ज़रूरी है मेरे हमदम
तक़ाज़ा भूख का लेकिन यहाँ कुछ और कहता है

सबा से ताज़गी गुंचों से रौनक़ गुल से बू ग़ायब
चमन का हाल कुछ है बाग़बाँ कुछ और कहता है

मेरा हमदम बड़ा 'मासूम' है जो देखता कुछ है
सुनाता है तो नादाँ दास्ताँ कुछ और कहता है

बहारों में पले हो दर्द का मौसम नहीं देखा
अभी ज़ुल्फ़ों से खेले हो किसी का ग़म नहीं देखा

बिता कर रात सर्दी में मशक़्क़त करने वालों का
कभी फ़ुटपाथ पर तुमने निकलते दम नहीं देखा

ख़राशें कहती हैं मज़दूर के हाथों की रो-रोकर
मशक़्क़त करने वालों का हँसी आलम नहीं देखा

बिलखते भूख से बच्चे झुलसते फूल से चेहरे
ये शायद क़हर इन्साँ पर मेरे हमदम नहीं देखा

कभी रंगीन शे'रों की न तुम फ़रमाइशें करते
किसी 'मासूम' के ज़ख़्मों को बे-मरहम नहीं देखा

ग़ज़ल में बेकसों का दर्द अक्सर बाँध लेता हूँ
ख़ुशी ग़म जो भी हो जाए मयस्सर बाँध लेता हूँ

ग़ज़ल भी काँप जाती है क़लम आँसू बहाता है
मैं जब बरबादिए-गुलशन के मंज़र बाँध लेता हूँ

शराफ़त भूख के बदले में जब घुँघरू पहनती है
छलकता तो हे आँखों का समन्दर बाँध लेता हूँ

ख़बर पढ़ता हूँ जब फ़ाक़ाकशी से मरनेवालों की
तो पट्टी पेट से, सीने से पत्थर बाँध लेता हूँ

ज़रूरत, सब्र, ख़्वाहिश, फ़िक्र तक 'मासूम' बच्चों के
ख़यालों में सभी लश्कर के लश्कर बाँध लेता हूँ

कुमार नयन

जन्मतिथि	:	5 जनवरी 1955
शिक्षा	:	एम.एं. (हिन्दी), एल.एल.बी.।
प्रकाशन	:	'पाँव कटे बिम्ब' (कविता संग्रह), 'आग बरसाते हैं शजर' (ग़ज़ल संग्रह)।
सम्मान	:	'शब्द कारख़ाना' द्वारा 'निराला सम्मान' प्राप्त। 1996 का 'कथा हंस' पुरस्कार।
सम्पर्क	:	ज्योति प्रकाश मेमोरियल लायब्रेरी स्टेशन रोड, बक्सर (बिहार)-802101

गीता है, बाइबिल है और क़ुरआन है औरत
हर पाक, साफ़ फ़िक्र पर ईमान है औरत

सींचा है दूध से तो सँवारा है प्यार से
तहज़ीबो-तमद्दुन पे इक एहसान है औरत

नदियाँ, पहाड़, खेत, पेड़, धूप, हवाएँ
क़ुदरत की हर इक शक्ल का बयान है औरत

सच है कि अपने हक़ के लिए बोल रही है
लेकिन अभी भी कितनी बेज़ुबान है औरत

पाँवों से कुचलने की उसे सोचने वालो
पसरी हुई ज़मीं पे आसमान है औरत

कुछ बात है ज़रूर कि संसद से सड़क तक
मौज़ूँ है, गुफ़्तगू के दरमियान है औरत

जाते हो जहाँ दिल की किताबें न मिलेंगी
पढ़के जो भीगती हैं वो आँखें न मिलेंगी

गुल होंगे, महक होगी, मगर देर तक कहाँ
हर लम्हा बेमौसम की बहारें न मिलेंगी

दिन भर की परेशानियाँ और शाम की थकन
बिस्तर पे दूर कर दें वो रातें न मिलेंगी

हर मोड़ पे ज़ख़्मों का फ़साना ही मिलेगा
मरहम की कहानी लिए राहें न मिलेंगी

ताउम्र ज़िन्दगी के तलबगार रहोगे
ढूँढोगे जिस्मो-रूह में साँसें न मिलेंगी

भले आज हो ताजदारों की दुनिया
मगर होगी कल कामगारों की दुनिया

हदूदे-ख़िज़ाँ तक पहुँच कर न लौटो
नहीं दूर है अब बहारों की दुनिया

कहाँ अब तलक हल हुआ कोई मसला
फ़क़त ये सियासत के नारों की दुनिया

चला मैं समुन्दर की लहरों की जानिब
मुबारक तुम्हें हो किनारों की दुनिया

तपिश धूप की है नयन हर जगह क्यों
कहाँ गुम हुई शाख़सारों की दुनिया

रोज़ इक क़त्ल इसी तरह वो कर जाएगा
और इल्ज़ाम किसी और के सर जाएगा

आग लगने पे मेरे घर में क्यों वो हँसते हैं
जिनके छप्पर पे भी उड़-उड़के शरर जाएगा

ख़त बुलावे को पढ़के सोचता है परदेशी
लौट कर कैसे ख़ाली हाथ वो घर जाएगा

याद रखना कि तेरे साथ-साथ जाएँगे
साए की तरह मसायल तू जिधर जाएगा

जिसका मारा गया हो बेटा किसी दंगे में
क्यों न मज़हब की बात सुनके वो डर जाएगा

सच से अब कतराता गाँव
झूठी शान दिखाता गाँव

जाति-युद्ध की आग लगा
झोपड़ियाँ जलवाता गाँव

राजनीति में ख़ून बहा
बम गोली चलवाता गाँव

हक़ पे चलने वालों को
हथकड़ियाँ लगवाता गाँव

जीना है दुश्वार यहाँ
पल-पल ज़हर पिलाता गाँव

लक्ष्मी शंकर वाजपेयी

जन्मतिथि : 10.1.1955, सुजगवाँ (कानपुर) उ.प्र.

शिक्षा : एम.एससी. (भौतिक विज्ञान)।

प्रकाशन : ग़ज़ल-संग्रह 'खुशबू तो बचा ली जाए'। अनेक पत्र-पत्रिकाओं व संकलनों में अनेक विधाओं में रचनाएँ प्रकाशित।

सम्मान : अनेक प्रतिष्ठित साहित्यिक, सामाजिक, सांस्कृतिक संस्थाओं द्वारा सम्मानित।

सम्प्रति : उपनिदेशक, आकाशवाणी,

सम्पर्क : के-210, सरोजिनी नगर, नई दिल्ली-23
फ़ोन-24676963 (निवास)

वो दर्द, वो बदहाली के मंज़र नहीं बदले
बस्ती में अँधेरों से भरे घर नहीं बदले

हमने तो बहारों का महज़ ज़िक्र सुना है
इस गाँव से तो आज भी पतझर नहीं बदले

खँडहर पे इमारत तो नई हमने खड़ी की
पर भूल ये की नींव के पत्थर नहीं बदले

बदले हैं महज़ क़ातिल और उनके मुखौटे
वो क़त्ल के अंदाज़, वो ख़ंजर नहीं बदले

उस शख़्स की तलाश मुझे आज तलक है
जो शाह के दरबार में जाकर नहीं बदले

कहते हैं लोग हमसे बदल जाओ ऐ शायर
पर हमने शायरी के, ये तेवर नहीं बदले

दर्द जब बेज़ुबान होता है
कोई शोला जवान होता है

आग बस्ती में सुलगती हो कहीं
ख़ौफ़ में हर मकान होता है

बाज़ आओ कि जोखिमों से भरा
सब्र का इम्तिहान होता है

ज्वारभाटे में कौन बचता है
हर लहर पर उफ़ान होता है

वायदे उनके ख़ूबसूरत हैं
दिल को कम इत्मीनान होता है

ख़ूब नारे उछाले गए
लोग बातों में टाले गए

पाँव जितना चले उनसे भी
दूर पाँवों के छाले गए

इक ज़रा सी मुलाक़ात के
कितने मतलब निकाले गए

कौन साज़िश में शामिल हुए
किनके घर के निवाले गए

अब ये ताज़ा अँधेरे जियो
अब वो बासी उजाले गए

वो जो मेरा साया है
आज तक पराया है

धूप है, अँधेरों की
रोशनी का साया है

हमने जो भी खोया है
ज़िन्दगी ने पाया है

हँस के ज़िन्दगी जीना
दर्द से सिखाया है

आदमी न इसको कहो
कहो कि 'दो पाया' है

काश ऐसा कभी हो सके
आदमी आदमी हो सके

लोग मरते रहे, ताकि ये
ज़िन्दगी, ज़िन्दगी हो सके

हर तरह से बँटे हर किरन
सबके घर रोशनी हो सके

कुछ तो कर ऐसा ऐ चारागर
दर्द में कुछ कमी हो सके

उफ़ ये दहशतज़दा बस्तियाँ
इनमें फिर ज़िन्दगी हो सके

सुरेश कुमार

जन्म	:	11 जनवरी, 1955, अलीगढ़ (उ.प्र.)
प्रकाशन	:	पेड़ जब बोलने पे आते हैं (ग़ज़ल-संग्रह)। ये आसमान भी (कविता), जैसे ओस कहानी (हाइकु)। अनेक पत्र-पत्रिकाओं में रचनाएँ प्रकाशित।
सम्प्रति	:	स्वतंत्र लेखन व पत्रकारिता के साथ-साथ निजी व्यवसाय।
सम्पर्क	:	रंजिनी प्रकाशन, ज्वालापुरी, जी.टी. रोड, अलीगढ़ - 202001 फ़ोन (0571) 2405490

लौटे थे कल रात न जाने किस से मिलकर पता नहीं
सूना-सूना-सा लगता था क्यों अपना घर पता नहीं

ख़ुशबू, झरने, भीगी रातें, चंदा-तारे डरे-छिपे
क्या-क्या देखा था कल हमने उस चेहरे पर पता नहीं

इस खँडहर के सन्नाटे में कान भी तो बेभनक हुए
अब करते हैं क्या सरगोशी नींव के पत्थर पता नहीं

तेरे-मेरे जो भी सपने थे सब जिसमें बिला गए
किन लोगों ने हम पे उतारा ऐसा समुन्दर पता नहीं

पल दो पल ही साथ रहा जो और न हमसे खुला कभी
जान सका क्या कोई उसको हमसे बेहतर पता नहीं

उजालों का सफ़र देखा नहीं है
चिराग़ उस घर में अब जलता नहीं है

उदासी दूर दम साधे खड़ी है
तो क्या सूरज अभी डूबा नहीं है

तेरे बारे में अब क्या और सोचूँ
कि जैसा सोचिए होता नहीं है

जिसे देखो वही रूठा है ख़ुद से
किसी का भी मिज़ाज अच्छा नहीं है

तेरे गेसू, तेरी आँखें, तेरे लब
कभी लेकिन तुझे देखा नहीं है

अब तो यह ख़ुद भी सोचता हूँ मैं
किस तरह तुझको चाहता हूँ मैं

दुख की बहती हुई नदी जब भी
तुझको छूती है, डूबता हूँ मैं

तू भी शायद यह सोचती होगी
जाने क्या तुझमें देखता हूँ मैं

चाँद, दरिया, हवा, धनक, ख़ुशबू
तुझको हर शै में ढूँढता हूँ मैं

ख़ुद को ऐसे न ढूँढ पाएगी
तू इधर आ, तेरा पता हूँ मैं

शाम का वक़्त है, सन्नाटा है, तनहाई है
मुद्दतों बाद किसी शख़्स की याद आई है

मेज़ पर बिखरे हुए उनके पुराने ख़त हैं
मेज़ पर यानी कि एक झील की गहराई है

बारहा मेरी हर एक गुत्थी वहीं पर सुलझी
ज़िन्दगी मैंने जहाँ उलझी हुई पाई है

आज लौटी भी तो चेहरे पे उदासी लेकर
मुश्किलों से मेरे होंठों पे हँसी आई है

मुन्तज़िर कौन भला होगा घने जंगल में
किसकी ख़ामोश सदा मुझको यहाँ लाई है

अभी क्या है अभी ये दायरे कुछ और सिमटेंगे
वो दिन भी आएगा जब लोग तनहाई में भटकेंगे

मुक़द्दर लिख लिया बहते हुए पानी पे जब अपना
कहाँ ले जाएँगे मौजें अब यह दरिया से पूछेंगे

जो मेरी ही तरह उतरीं कभी बेचैनियाँ उन पर
तो उस दिन देखना पेड़ों पे सन्नाटे-से दीखेंगे

ज़रूरत आ पड़ी है तेरी यादों को परखने की
किसी दिन धूप में यादों की चादर ले के निकलेंगे

हुनर तेरा सुखा देगा जो नदियों को तो यह भी है
वहीं जलधार फूटेगी जहाँ हम पाँव रक्खेंगे

रेनू चन्द्रा

जन्मतिथि : 13 मार्च, 1955
शिक्षा : एम.बी.सी.एस.।
प्रकाशन : महादेवी काव्य का अभिनव मूल्यांकन में साझेदारी, हिन्दी ग़ज़ल पंचदशी-2 में साझेदारी। अनेक पत्र-पत्रिकाओं में रचनाएँ प्रकाशित।
सम्प्रति : चिकित्सा सेवा।
सम्पर्क : चन्द्रा नर्सिंग होम, उरई (उ.प्र.) 285001
फ़ोन : 05162-252701

ख़ूब साज़िश है कि नेज़े पे मेरा सर रख दे
जी लुभाने को मेरा नाम पयंबर रख दे

ज़िन्दगी राह सुझाती है, मगर शर्तों पर
सिया के आगे जनक जैसे स्वयंवर रख दे

तू जो मेरा है तो मेरे गुनाह ऐसे बरत
चारागर जैसे किसी घाव पे नश्तर रख दे

रोज़ तूफ़ान मिटाता रहा आकर हमको
वक़्त है आज कि तूफ़ाँ को मिटाकर रख दे

उनसे मिलने की तमन्ना है मगर डरती हूँ
न ये दीदार, तसव्वुर को गँवा कर रख दे

मैंने अब जान लिया है कि हक़ीक़त क्या है
मेरे आगे से ये तस्वीर हटाकर रख दे

दिल के टुकड़ों को सलीक़े से सँजोया जाए
रख के सर आपके कन्धे पे ही रोया जाए

दिन-ब-दिन बढ़ती ही जाती है ग़मों की दौलत
दिल फ़कत एक, भला कैसे समोया जाए

मौजे तूफ़ान से बचते ही गुज़ारी अब तक
दिल में है आज सफ़ीने को डुबोया जाए

और बोझिल जो हुई जीस्त बिखर जाएगी
आज हर दर्द को अश्क़ों में पिरोया जाए

कोपलें फूटेंगी, हरियाएँगी, पनपेगा दरख्त
दिल की धरती पे कोई बीज तो बोया जाए

वफ़ा की रहा में सब कुछ लुटा के बैठ गए
दिन जहाँ डूबा वहीं थक थका के बैठ गए

बड़ी तमन्ना थी, हम उनके साज़ पर गाते
जब वक़्त आया ज़रा गुनगुना के बैठ गए

यहीं कहीं पे तो तुम बाँसुरी बजाते थे
साँवरे आज कहाँ दूर जा के बैठ गए

उनकी दीवाली में कोई ख़लल नहीं डाला
अपने अरमानों की होली जला के बैठ गए

ज़िन्दगी है किसी अख़बार में ज़ुल्मों की ख़बर
पढ़ के कुछ देर ज़रा तमतमा के बैठ गए

रोशनी यों तो फीकी-फीकी है
लग रही धूप फिर भी तीखी है

खो गया धूप का सुनहलापन
इसमें साज़िश किसी नबी की है

ज़िन्दगी कुम्भ का सा मेला है
औ' व्यवस्था पुलिस सरीखी है

फटी है सबकी बिवाई लेकिन
सबको अपनी ही अपनी दीखी है

'रेनु' वैसे ख़याल अच्छा है
कोई आहट तो रोशनी की है

यूँ सताइए मुझको
भूल जाइए मुझको

तिस पे ये सितम तौबा
याद आइए मुझको

कुछ तो वक़्त बीतेगा
आज़माइए मुझको

फिर से भ्रम सहेजूँगी
फिर बुलाइए मुझको

नग़म-ए-अज़ल हूँ मैं
गुनगुनाइए मुझको

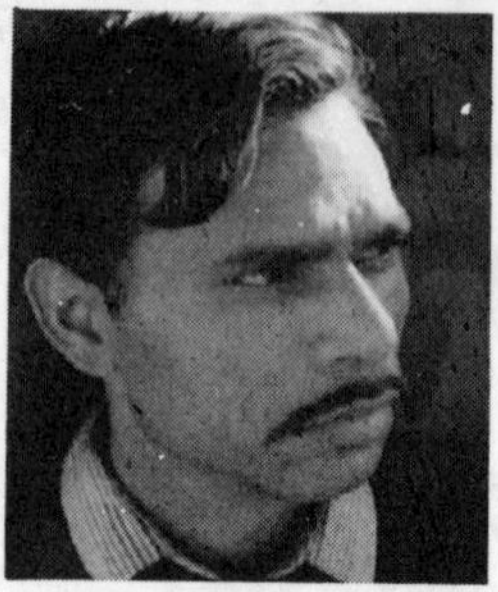

राजकुमार 'चन्दन'

जन्मतिथि : 5 अप्रैल 1955

शिक्षा : स्नातक, चित्रकार, मूर्तिकार।

प्रकाशन : 1. क़सम, 2. चन्दन के चटखारे, 3. विकास यात्रा, 4. विश्व की सबसे लम्बी ग़ज़ल भाग-1 एवं भाग-2। 1. पूरब केसरी, 2. आभास, 3. एकता यज्ञ, 4. स्वर्णिमा, 5. स्मृति, 6. बज़्मे सुख़न का सम्पादन।

सम्प्रति : अध्यापन

सम्पर्क : एल.आई.जी. 185, जवाहर नगर, देवास (म.प्र.) फ़ोन : 231425

तीरगी बनके तू छुपा क्या है
रोशनी बनके भी दिखा क्या है

मैंने तो कर दिया, दिया रोशन
मैं नहीं जानता हवा क्या है

तू समुन्दर है समुन्दर जैसा
और क़तरे में भी छुपा क्या है

इस ज़मीं पर कोई रफ़्ता-रफ़्ता
सीढ़ियों से उतर रहा क्या है

फिर तिरे हुस्न ने अँगड़ाई ली
ईद का चाँद भी दिखा क्या है

ज़िन्दगी एक हक़ीक़त प्यारे
और तू सोच में पड़ा क्या है

सुन्दरी समास हो गई
कौमुदी कपास हो गई

देह रजनीगन्धा में घुली
श्वास अमलतास हो गई

आपके अधरों ने क्या छुआ
नीम में मिठास हो गई

सप्तरंगी स्वप्नझर निशा
कुमकुमी पलाश हो गई

काम्य करष कमलिनी का किं
कि, पंक्ति अनुप्रास हो गई

सत्य के रथ पर होते उत्तर
प्रश्न कभी ना ढोते उत्तर

चील बाज़ आकाश हो गए
डाल-डाल पे तोते उत्तर

प्रश्नों की जब लगती झड़ियाँ
झर-झर अश्रु रोते उत्तर

सद्कर्मों की डगर जो चलते
अर्थ कभी ना खोते उत्तर

'चन्दन' चादर होती निर्मल
दाग़ कभी ना धोते उत्तर

हसरतों की उड़ान रख चन्दन
दिल नए आसमान रख चन्दन

मौत ही मौत ना सजा घर में
ज़िन्दगी के निशान रख चन्दन

हमने मिट्टी से अपनी ये सीखा
जान दे पर ज़बान रख चन्दन

ये सज़ा कम नहीं है बद के लिए
अच्छे लोगों का ध्यान रख चन्दन

वतन की ख़ाक बदन पर मलकर
अब हथेली पे जान रख 'चन्दन'

ज़िन्दगी दे मुझे भी निर्मल यूँ
जिस तरह जल में हो कमल चन्दन

भार को मित्र बनाना क्योंकर
हैं यहाँ हंस के भी दल चन्दन

तुझको करना है होम अमृत का
चाहे हिस्से में हो गरल चन्दन

गन्ध को गन्ध में भी घुलने दे
थोड़ा चन्दन बदन पर मल चन्दन

फिर से सीमा पे शंखनाद हुआ
प्राण हाथों में ले के चल 'चन्दन'

चन्द्रप्रकाश जगप्रिय

जन्मतिथि : 3.6.1955, खरैता (खगड़िया) बिहार।
शिक्षा : एम.ए. (समाज शास्त्र)।
प्रकाशन : कविता संग्रह 'समय के साथ' सहित आधा दर्जन पुस्तकें प्रकाशित। 'अंगिका' में भी पुस्तकें प्रकाशित। अनेक पत्र-पत्रिकाओं में रचनाएँ प्रकाशित।
सम्मान : डॉ. अम्बेडकर फैलोशिप, कामेश्वर पोद्दार संस्मृति सम्मान, निराला सम्मान, केदारनाथ अग्रवाल स्मृति पुरस्कार, नागार्जुन पुरस्कार आदि उल्लेखनीय सम्मोनोपाधियों सहित अनेक संस्थाओं द्वारा सम्मानित/पुरस्कृत।
सम्प्रति/सम्पर्क: पुलिस इन्स्पैक्टर, थाना टेकारी (गया), बिहार।

चारों ओर घोटाला-घाट
रुपयों का है धोबिया-पाट

संसद में जाते ही भूल
आँगन की वह टूटी खाट

कुर्सी पाते ही नेता का
दिल है पत्थर तन है काठ

जब से शहर से लौटा भोलू
भूल गया गीता का पाठ

अभी भले तुम जम के दीखो
तुमको भी जाना जम-घाट

असली प्रजातन्त्र आया है
चपरासी भी दिखता लाठ

कब लौटेंगे दुखिया के दिन
जोग रहा 'जगप्रिय' है बाट

तुम जब मुझे मिले
सौ-सौ फूल खिले

तुम सावन ही रह
दुनिया आग भले

समय जो चूका वह
बैठा हाथ मले

दुनिया जली मिली
जब ये प्यार जले

'जगप्रिय' तो जीएगा
चाहे उम्र ढले

प्यार तुम्हारा चन्दन-चन्दन
रूप कुसुम का कानन-कानन

याद तुम्हारी जब भी आई
नैन हुए हैं सावन-सावन

घर से बाहर देख निकलना
जगवाले हैं रावण-रावण

कब बरसोगे बादल बन कर
रोम-रोम है आँगन-आँगन

तुमने छू कर क्या कर डाला
अंग-अंग है पावन-पावन

मिलना-जुलना हो
दिल में छल ना हो

चन्दन का हो घर
कंचन-पलना हो

कुआँ भला वह क्या
जिसमें जल ना हो

प्रेम-गणित का चक्र
कभी सहल ना हो

'जगप्रिय' शेर कहे
और ग़ज़ल ना हो

तुमको कहूँ ग़ज़ल
या फिर रूपकमल

प्यार करोगे तुम
आज नहीं तो कल

नेह तुम्हारा ज्यों
दूर बजे पायल

जलना प्रेम में है
यह भी नियम अटल

तुमको पाकर के
जीना हुआ सहल

नरेन्द्र मिश्र 'धड़कन'

जन्मतिथि : 1.7.1955

शिक्षा : एम.ए., पीएच.डी., एल.एल.बी.।

प्रकाशन : 7 ग़ज़ल-संग्रहों सहित अन्य अनेक विधाओं में दो दर्जन पुस्तकें प्रकाशित। प्रधान सम्पादक 'साहित्य सागर', 'कुरासिया', 'कयास' एवं 'संगीसाथी'। सम्पादक 'निर्दलीय' एवं सहसम्पादक 'हमारा कृत संकल्प'।

सम्मान : उन्नीस राज्यों एवं देश भर की अनेक संस्थाओं द्वारा सम्मानित। अनेक संस्थाओं के संरक्षक सदस्य।

सम्प्रति : प्रभारी, कल्याण केन्द्र कुरासिया, (छत्तीसगढ़)

सम्पर्क : सारंग सदन, बी 8/12, कुरासिया, ज़िला कोरिया (छत्तीसगढ़) 497553
फोन : (07771) 2261650, 2261753

क्यों करते तकरार बिरादर
करिए कुछ ऐतबार बिरादर

हर दिल में अरमान जगाएँ
दे ऐसी ललकार बिरादर

पलभर में वह रूप बदल दे
हैं ऐसे फ़नकार बिरादर

हम किस पर ऐतबार करें अब
गिरवी नित सरकार बिरादर

सीखो 'धड़कन' प्यार नहीं तो
खाओगे फटकार बिरादर

ना सुर है न राग है
चारों तरफ़ आग है

उजले धुले वस्त्रों के
अन्दर छुपा दाग़ है

बिन ढोल बिन झाल के
कोई सुने फाग है

ग़मगीन सूखी कली
ऐसा यहाँ बाग है

'धड़कन' इसको परखो
मानव नहीं नाग है

सिर पर गठरी
तृण सम ठठरी

मन के भीतर,
पीड़ा गहरी

पुत्र है साहब
दादी महरी

दृश्य अजब है
माया नगरी

आठों पहरी
झूठी ख़बरी

चाहत उनकी
मंगल - मंगल

तन्हाई है
जंगल - जंगल

छीना - झपटी
दंगल - दंगल

निर्धन - आशा
सम्बल - सम्बल

मन और आँखें
चंचल - चंचल

आए दिन हंगामा क्यों
कॉलोनी में गामा क्यों

घर का भेदी संसद में
गुमसुम शकुनि मामा क्यों

मंदिर में कर लगता जब
फिर सहमे हैं रामा क्यों

कायर करोड़पति यहाँ
देशभक्त खानसामा क्यों

'धड़कन' सूरत के पीछे
रंगहीन ये जामा क्यों

तालेवर 'मधुकर'

जन्मतिथि : 1.7.1955, कला जरौली (फिरोज़ाबाद) उ.प्र.

शिक्षा : स्नातकोत्तर (हिन्दी साहित्य)।

व्यवसाय : हिन्दी ब्रेल आशुलिपि प्रशिक्षक के रूप में दिल्ली में कार्यरत।

प्रकाशन : 'अन्तरावलोकन' (कविता, गीत, ग़ज़ल संग्रह) 'उतर मोह के नभ से आओ' (ग़ज़ल, गीत, कविता संग्रह), 'पृथ्वी पुत्र' (अन्तर्राष्ट्रीय काव्य संग्रह) के अन्तर्गत रचनाएँ संकलित। अनेक पत्र-पत्रिकाओं में रचनाएँ प्रकाशित।

सम्पर्क : द्वारा श्री श्यामलाल ठेकेदार, मकान नं. 373, (रविदास मन्दिर के निकट), कटवारिया सराय, नई दिल्ली-110016
फ़ोन-6856143 (पी.पी.)

उतर मोह के नभ से आओ तुम मेरे दिल की ज़मीन पर
नवजीवन बनकर मुस्काओ तुम मेरे दिल की ज़मीन पर

प्यासी है ये बहुत अंकुरित होने को आतुर है हरदम
बस समता की नदी बहाओ तुम मेरे दिल की ज़मीन पर

सम्भव हो तो निर्मित कर दो अपनेपन का मन्दिर लेकिन
शस्त्रागार न कभी बनाओ तुम मेरे दिल की ज़मीन पर

आओ! क़सम उठाओ, बँटने देंगे नहीं 'एकता का घर'
परम्परा के गीत न गाओ तुम मेरे दिल की ज़मीन पर

प्रेमविहीन संस्कारों का, होगा स्वागत नहीं यहाँ पर
झूठे वादे मत दोहराओ तुम मेरे दिल की ज़मीन पर

आ सकते हो तो आ जाओ 'मधुकर' संघर्षों के पथ से
फिर चाहे सदियों लहराओ तुम मेरे दिल की ज़मीन पर

देनी है अगर सोच की ऊँची उड़ान दे
मुझको खुली ज़मीन, खुला आसमान दे

दीवार तनावों की कहीं हो नहीं खड़ी
हर साँस महकती हो जहाँ वो मकान दे

आपस की बातचीत में तो दिल की बात कर
रिश्तों की तिजारत न करेगा, ज़बान दे

हर ज़ख़्म ज़िन्दगी का दिए जाता है सदा
दे अपने सब्र का तू अभी इम्तहान दे

ले थाम तू ही फ़ैसले की बागडोर को
'मधुकर' दया की भीख का मुझको न दान दे

ले लेंगे इल्ज़ाम खुशी से मिल जाए तुझको संतोष
अगर पिलाओगे, पी लेंगे तेरी साँसों का आक्रोश

तर्क, प्रमाण, पुनर्विश्लेषण, कुछ उपयोगी नहीं वहाँ
उसकी महफ़िल का उसूल है वो बोलेगा, तुम ख़ामोश

अन्तर्द्वंद्व भावनाओं का दोनों तरफ़ बराबर है
एक-दूसरे को देते हैं अपनी कमज़ोरी का दोष

हाँ, मैं प्रस्तुत हूँ लेकिन अब घूँट-घूँट मत दे मुझको
घटे न दृढ़ निश्चय की मस्ती इतना कर दे तू मदहोश

जितना अन्दर से देगा तू 'मधुकर' उतना पाएगा
इससे ज़्यादा नहीं मिलेगा चाहे जितना कर उद्घोष

मेरा मंदिर तेरी साँसें मेरी मूरत तेरा दिल
बरसों पूजा मैंने तुझको अब तो आ तू मुझसे मिल

राहगीर हम सभी यहाँ पर तुम आगे या मैं पीछे
जाने कौन मिलेगी किसको अपने ख़्वाबों की मंज़िल

पक्के रंग अगर निश्चय के तो बस तेरी होगी जीत
नंगे सर चल कड़ी धूप में आसाँ होगी हर मुश्क़िल

नींद नहीं तो ख़्वाब कहाँ के रात नहीं तो कैसी भोर
प्यार नहीं तो कैसा जीवन, यार बिना कैसी महफ़िल

नफ़रत की हर शाख़ मक़हते फूलों से भर दे 'मधुकर'
संघर्षों के काँटों में भी नई चुनौती बनकर खिल

रात होती तो कोई बात न थी हम लुटे हैं भरे उजालों में
ढूँढ पाए नहीं जवाब मगर उलझ के रह गए सवालों में

सहरा-सहरा तलाश कर आए मंज़िलों का कहीं पता न मिला
फिर भी जारी है ये सफ़र अपना हम नहीं हार जाने वालों में

इस तरह जी कि मौत शरमाए ज़िन्दगी नाज़ कर उठे तुझ पर
इस तरह मिल ज़माना दोहराए मुद्दतों तक तुझे मिसालों में

सिर्फ़ अहसास ही निशानी है जो तुम्हें दे चले खुशी से हम
लाओ लिख दें ग़ज़ल का शे'र कोई याद के खुशनुमा रुमालों में

भूलकर रंजिशें ज़माने की आओ 'मधुकर' उठो गले मिल लो
रंगे उल्फ़त तो फेंक जी भर के रंगे नफ़रत न भर गुलालों में

सत्यनारायण शर्मा

जन्म : 15 सितम्बर 1955 झाँसी (उ.प्र.)

शिक्षा : एम.ए. (अर्थ., राज. समाजशास्त्र), विधि स्नातक।

प्रकाशन : देश की लब्ध प्रतिष्ठित पत्र-पत्रिकाओं में अनेक रचनाएँ प्रकाशित। 'मधूलिका' फिर वही उदासी (उपन्यास), उर्दू रामायण का हिन्दी अनुवाद प्रकाश्य।

सम्प्रति : भारतीय रेलवे में कार्यरत।

सम्पर्क : ई-10 सूर्यपुरम कालोनी, झाँसी (उ. प्र.)

दूरभाष : 2482428

मत घोलिए आब-ओ-हवा में रात-दिन काला ज़हर
कि साँस भी लेना हो मुश्किल आदमी को साँस भर

ज़ख़्मी हुई जिस रोज़ से ओज़ोन की मोटी परत
महसूस होती चाँदनी, हो जून की ज्यों दोपहर

भूकम्प सूखा-बाढ़-रोगों की नई पैदाइशें
हर दिन बढ़ी आती हैं जानिब गाँव हो या हो शहर

बनते रहे मरुथल हरे जंगल मुसल्सल काटकर
सोचो ज़रा होगा हमारा हश्र क्या कुछ है ख़बर

रोकी नहीं जो गर अभी बढ़ती मशीनी सभ्यता
इक दिन यक़ीनन ढाएगी सब पर क़यामत का क़हर

बारूद पर बैठा हुआ इन्सान जो सम्हला न तू
हर तरफ़ शमशान होंगे या कि क़ब्रिस्तान भर

भूले बिसरे अफ़सानों से कब तक साथ चलें
आख़िर हम तुम बेगानों से कब तक साथ चलें

पंख लगा के उड़ना चाहा हम तुम दोनों ने
झुलसे-झुलसे परवानों से कब तक साथ चलें

जनम-जनम के रिश्ते थे यों हम तुम दोनों में
अपने घर में मेहमानों से कब तक साथ चलें

दूर-दूर तक जिसका कोई नाम-ओ-निशाँ नहीं
हम ऐसे पते ठिकानों से कब तक साथ चलें

भटकन ही भटकन है जिसमें मंज़िल कहीं नहीं
रेगिस्तानी मैदानों से कब तक साथ चलें

अपने दिल की बात किसी से क्या कहना
बुरे भले हालात किसी से क्या कहना

खुशियों के दिन चार चाँदनी दो दिन की
फिर अँधियारी रात किसी से क्या कहना

इश्क मुहब्बत प्यार शज़र जज़्बातों का
सूखे सारे पात किसी से क्या कहना

आँसू बन गए लब्ज़ ग़ज़ल के अलफ़ाजों में
दर्द भरे नग्मात किसी से क्या कहना

लेने वाले लाभ प्यार के आरक्षण का
अपनी-अपनी जात किसी से क्या कहना

मेरे जेहन में इरादा आसमाँ छूने का था
पर सफ़र की धूप का टुकड़ा मुझे झुलसा गया

ये हक़ीक़त यकबयक थी मेरे आगे खुल गई
दूसरों के मैं बनिस्पत ख़ुद से धोखा खा गया

मैं समझता था जिसे अपनी मुहब्बत का सिला
हाथ में जब कुछ न आया सर मेरा चकरा गया

एक मुद्दत से भटकता फिर रहा था प्यास ले
चन्द आँसू क्या पिए लब पर समुन्दर आ गया

ये उदासी मुस्कराहट ज़िन्दगी का फ़लसफ़ा
फूल मुरझाया तो सब मेरी समझ में आ गया

आइने का सामना जिसने किया होगा
आदमी की शक्ल में बहरूपिया होगा

जी रहा है जो यहाँ ख़ामोशियाँ लेकर
वह अकेले में बहुत चीख़ा किया होगा

रेत की दीवार थी ज्यों, उम्र ढह गई
शख़्स ने इस पर यक़ीं कितना किया होगा

एक दीवाना था वो या सिरफिरा कोई
ज़िन्दगी का ये ज़हर जिसने पिया होगा

बेसबब यूँ ही कोई मन्दिर नहीं जाता
रूह को उसने अबस मैला किया होगा

ध्रुवेन्द्र भदौरिया

जन्मतिथि : 15 अक्टूबर, 1955, दतेई (एटा) उ.प्र.

शिक्षा : विज्ञान स्नातक, चिकित्सा विज्ञान स्नातक, योग विशेषज्ञता।

प्रकाशन : पहली किरण, वाणी मौन रही, मोती (ग़ज़ल संग्रह), इदम् राष्ट्रीय (ओजस्वी काव्य संग्रह) सुनीति (खंडकाव्य)। अनेक पत्र-पत्रिकाओं में रचनाएँ प्रकाशित।

सम्प्रति : उ.प्र. चिकित्सा एवं स्वा. विभाग में चिकित्साधिकारी।

सम्पर्क : 1169 शम्भूनगर शिकोहाबाद (उ.प्र.) जि. फ़ीरोजाबाद,
दूरभाष : 05676-236364

तुम विचलित हो गए तृप्ति से, मैं अपनी चिर प्यास सह गया
तुम्हें भविष्य ने किया भयाकुल, पर मैं कटु इतिहास सह गया

तुम निर्माणों से कतरा कर, इधर-उधर भागे फिरते हो
धन्यवाद दो मुझको जो मैं, अपना महा विनाश सह गया

महासत्य के शंखनाद में, तुम संशय स्वर खोज रहे हो
मैं मीठे मिथकों से लिपटा, विष जैसा विश्वास सह गया

भूकम्पों से घबराकर तुम, त्राहि-त्राहि करते फिरते हो
बादल फटा, बिजलियाँ टूटीं, मैं सब कुछ निःश्वास सह गया

मैंने कुछ अपराध किया था, तुम्हें दंड देने का हक़ था
इसीलिए कंचन काया का, कोमल कारावास सह गया

मैं था मुक्ति मार्ग का राही, आलिंगन में रहा रात भर
स्वप्न तुम्हारा टूट न जाए, इसीलिए भुजपाश सह गया

प्यार से हमको यूँ ना पुकारा करो
नेह से हमको यूँ ना निहारा करो

प्यार के खेल में हार भी जीत है
जीतने के लिए मित्र! हारा करो

फेर कर रुक्ष केशों में तुम उँगलियाँ
चूमकर मेरा माथा दुलारा करो

जन्म लूँ मैं तुम्हारे लिए दूसरा
पुण्य कोई तो ऐसा दुबारा करो

आदमी हूँ न बन जाऊँ मैं देवता
दोष मेरे न इतने सुधारा करो

मेरी आहों में सुख का स्वर, तुझको बारम्बार लगा
मेरा अस्वीकार भी तुझको, जाने क्यों स्वीकार लगा

मुझे क्रूर कहने वाले सुन, तू भी तो कितना ज़िद्दी है
मना किया था मैंने फिर भी, करने मुझको प्यार लगा

मैंने घोर उपेक्षा की, पर तूने मुझको पल-पल चाहा
मुझको अपने मन पर कुछ-कुछ, तेरा भी अधिकार लगा

मेरा घर है शैल शिखर पर, घाटी की माटी न सुहाए
मुझे लुभाने को भोगों का, और न अब अम्बार लगा

मैं विरक्त होकर दुनिया से, दूर चाहता हूँ जाना
मायावी! मेरे पीछे मत, मायामय संसार लगा

आप मुझको क्या मिले जीवन की राहों में
और इज़ाफ़ा हो गया मेरे गुनाहों में

त्याग कर सर्वस्व मैंने ली फ़क़ीरी जब
हो गई अपनी शुमारी शहंशाहों में

था मैं निरअपराध पर मैंने सज़ा पाई
क्यों कि थे कुछ देवता झूठे गवाहों में

मूर्ति पत्थर की पिघल जाती है बनकर मोम
है बड़ी तासीर इक निर्बल की आहों में

प्रार्थना है आप मुझसे दूर ही रहिए
क्योंकि अब बाक़ी नहीं है शक्ति बाँहों में

पथ में पीछे छोड़ चुके हैं, जाने कितने खुले द्वार हम
लेकिन तेरे बन्द द्वार पर, दस्तक देते बार-बार हम

इतना प्रबल प्यार है तेरा, जिसे भुलाना बहुत कठिन है
मारा बहुत मरा नहीं हमसे, हार चुके मन मार-मार हम

हम पत्थर थे इसीलिए तो, सारे सुख-दुख सह लेते थे
किन्तु तराशा तूने ऐसे, रोते हैं अब ज़ार-ज़ार हम

वेद, पाठ, गीता, गायत्री, सारा जप-तप भूल गए हैं
सुबह-शाम रटते रहते हैं, एक मंत्र बस प्यार-प्यार हम

भजन-ध्यान निष्प्राण हुए सब, ग्रन्थ हुए गठरी से सारे
तूने प्यार किया तो समझे, ब्रह्म ज्ञान का सार-सार हम

सरिता अपराजिता

जन्मतिथि : 6-11-1955

शिक्षा : आई.एस.सी.

प्रकाशन : 'न बीस न उन्नीस ग़ज़लें'। विभिन्न पत्र-पत्रिकाओं में रचनाएँ प्रकाशित।

सम्मान : अनेक प्रतिष्ठित साहित्यिक संस्थाओं द्वारा सम्मानित/पुरस्कृत।

सम्प्रति : स्वतन्त्र लेखन

सम्पर्क : मुंगेर रोड, जमालपुर 811214 (बिहार)

शिकन आती नहीं रुख़ पर हज़ारों दे सितम कोई
हिमाक़त जब बुलन्दी पर शिकायत है न ग़म कोई

बढ़ी कश्ती जिधर से ही उधर तूफ़ान ही आया
हमेशा हौसला रक्खा न देखा आँख नम कोई

ख़ुशी देखी नहीं जाती यही दस्तूर दुनिया का
बढ़ाता ज़ख़्म को लेकिन न करता दर्द कम कोई

मिटा दे या बना दे वो मिली है ज़िन्दगी जिससे
ज़माना लाख चाहे भी हिला सकता न दम कोई

क़फ़स को तोड़ कर निकले लड़े जो धुंध ओले से
वही रहता नफ़ासत में नहीं रोका क़दम कोई

भला सा काम करने में कहे चाहे बुरा लेकिन
चलो बेफ़िक्र हो 'सरिता' रखे दिल में वहम कोई

आबरू को दाव पर रखने चली है आरती
आग है यह पेट की जलने चली है आरती

खेत में जब काम करती घूरती आँखें बहुत
रोटियों के वास्ते मरने चली है आरती

साथ में साया नहीं एहसास ऐसा हो रहा
उँगलियों के वाण से बिंधने चली है आरती

देह में है घाव लाखों पाँव में छाले बहुत
पर हिमाकत साथ ले लड़ने चली है आरती

अर्चना की थालियों में खूब ज्योतित भी हुई
रोशनी भरपूर दे बुझने चली है आरती

ज़ख़्म पर शब्दों का मरहम यूँ लगाते आप हैं
आदमी को हर समय उल्लू बनाते आप हैं

हो सेनारी या जहानाबाद का मंज़र मगर
एक ही कूँची चला सबको मिटाते आप हैं

उस जवाँ दिल की तमन्ना को कुचल कर शौक से
बारूदों के ढेर पर उनको बिठाते आप हैं

आप के ये कारनामें क़ाबिले-तारीफ़ हैं
मोटरों पर साँड को दिल्ली घुमाते आप हैं

उन शहीदों की शहादत याद भी तो कीजिए
सिर्फ़ अपने अक्स में उनको भुलाते आप हैं

नाचता कब तक रहेगा शीश पर ख़ंजर कहो
देखते कब तक रहोगे मातमी मंज़र कहो

इस भयावह खेल को कैसे बढ़ावा दे रहा
काँपता क्या रूह नहीं यह देखकर थर-थर कहो

त्रासदी का नाच नंगा हो रहा है जो इस तरह
आजकल की क्या व्यवस्था हो गई जर्जर कहो

आदमी की दुर्दशा से क्या नहीं सिहरन हुआ
भावना निर्जीव है या हो गई पत्थर कहो

क्यों उगाई जा रही है लाश की फ़सलें यहाँ
क्या हुआ सद्भावना का खेत अब बंजर कहो

ले विदाई चली है पुरानी सदी
छोड़कर जा रही कुछ कहानी सदी

तोड़ दी है गुलामी की ज़ंजीर भी
ले गई लाख खिलती जवानी सदी

कुछ सपूतों ने सींचा चमन ख़ून से
कुछ दरिन्दों ने दी है वीरानी सदी

हम मनाते हैं स्वर्णिम जयन्ती मगर
आँख से बह रहे ख़ून पानी सदी

अब हज़ारों सलामी तुम्हें
कुछ दिए जा ख़ुशी की निशानी सदी

चेतन दुबे 'अनिल'

जन्मतिथि : 1.1.1956, मदरावरी (मैनपुरी), उ.प्र.

शिक्षा : बी.ए., साहित्य रत्न।

प्रकाशन : 'मूर्खाञ्जलि' के अलावा विभिन्न विधाओं की अनेक पुस्तकों का सम्पादन। 'हिन्दी सुकविकोश' प्रकशनाधीन। अनेक पत्र-पत्रिकाओं व काव्य-संग्रहों में रचनाएँ प्रकाशित।

सम्मान : 'उमिला मिश्र वैजन्यती' एवं 'साहित्य शिरोमणि' सहित अनेक संस्थाओं द्वारा सम्मानित/पुरस्कृत।

सम्पर्क : टी-26 एफ़, सिटी रेलवे कॉलोनी, बरेली (उ.प्र.)

जब तुम्हारे प्यार में रुसवाइयाँ देखी गईं
ज़िन्दगी में तब मेरी तन्हाइयाँ देखी गईं

देखकर मुखड़ा तुम्हारा खिल गया मन का सुमन
जब तुम्हारे हुस्न की रानाइयाँ देखी गईं

जब हमारे पाँव मुहब्बत की डगर पर बढ़ गए
तब हमारे रास्ते में खाइयाँ देखी गईं

जब तुम्हारा हुस्न मेरे जह्न पर हावी हुआ
तब तुम्हारे द्वार पर शहनाइयाँ देखी गईं

मैं तेरी महफ़िल से उस दिन उठ गया जाने जहाँ
जब तुम्हारे जिस्म की अँगड़ाइयाँ देखी गईं

बिन तुम्हारे इस जहाँ में अब नहीं लगता है दिल
जब से तेरे गाँव में पुरवाइयाँ देखी गईं

तुम ख़्यालों में मेरे न आया करो
दिल की देहरी से ही लौट जाया करो

तुमको मुझसे अगर कोई परहेज़ है
धूप में मेरे सिर पे न साया करो

तेरी मुस्कान पर लुट गए अश्क सब
मत मेरे भाग्य पर मुस्कराया करो

अपने सपनों को साकार कर लो मगर
मेरे सपनों को मत यों ढहाया करो

ज़िन्दगी चार दिन की है जाने जिगर
जो भी वादा करो वो निभाया करो

दूर भी देखिए, पास भी दखिए
आम भी देखिए, खास भी देखिए

मत भविष्य के भ्रम में भ्रमाओ मुझे
मुड़के थोड़ा-सा इतिहास भी देखिए

तुमने देखे हैं आँसू हमारे अगर
मेरे अधरों का फिर हास भी देखिए

पीर तुमसे मिली है मेरे प्राण को
मेरे अधरों की कुछ प्यास भी देखिए

तुमने परिरम्भ अपना दिया है हमें
प्राण! अब स्वप्न की लाश भी देखिए

क्या बताएँ आपको कैसे गुज़ारी ज़िन्दगी
ख़ुद मुझे लगने लगी है बहुत भारी ज़िन्दगी

जाम नज़रों के पिला अपनी निगाहें मोड़ ली
बस तभी से लग उठी विष की कटारी ज़िन्दगी

प्यार से नफ़रत तलक हर घाट का पानी पिया
दर-बदर फिरती हमारी मारी-मारी ज़िन्दगी

हाथ में ले हाथ हम जिसका सफ़र पर चल दिए
है उसी से एक दिन हारी हमारी ज़िन्दगी

जो निगाहों में रहा पर छल कपट करता रहा
लूट ली उसने ही मेरी प्यारी-प्यारी ज़िन्दगी

चाँद बन मुस्कराईं जो तुम राह में
फूल-से खिल गए सब चरागाह में

आपसे दोस्ती, आपसे दुश्मनी
शूल चुभते रहे, फूल की चाह में

आस्थाएँ विसर्जित सभी हो गईं
आँसुओं के दहकते हुए दाह में

प्रीति की रीति भी क्या अजब रीत है
कोई अन्तर नहीं चोर में, शाह में

दर्द की हम कहानी सुनाते रहे
रात भर बैठकर एक दरगाह में

प्रदीप दुबे 'दीप'

जन्मतिथि : 17.2.1956, साँगाखेड़ाकलाँ ज़िला-होशंगाबाद (म.प्र.)।

शिक्षा : एम.ए. अर्थशास्त्र।

प्रकाशन : देश की स्तरीय पत्र-पत्रिकाओं में रचनाएँ प्रकाशित एवं 'ख़ाली हाथ सफ़र करना है' (ग़ज़ल संग्रह) व गीत संग्रह 'फिर कुंडी खटकी है' शीघ्र प्रकाश्य।

सम्मान : विभिन्न साहित्यिक संस्थाओं द्वारा सम्मानित।

सम्प्रति : राज्य शासन के कृषि विभाग में कार्यालय सहायक।

सम्पर्क : कार्यालय कृषि विभाग, हरसूद जिला-खंडवा (म.प्र.)-450116

रत्न लूटते रहे नदी के, नाव चलाना भूल गए
जिनको खेवनहार बनाया पार लगाना भूल गए

जाने कैसा सम्मोहन था, कंचनवर्णी पिंजरों में
रहे उलझकर पागल पंछी, आबोदाना भूल गए

रिश्तों के झरनों से पहले जैसी गन्ध नहीं झरती
लोग दिवाने सम्बन्धों के पेड़ लगाना भूल गए

नई हवा के जादू-टोने ऐसे चले सिवानों पर
पीपल-पनघट, गौरी-गगरी, गीत पुराना भूल गए

अपने आँसू गुपचुप पी ले, चिल्ला-चिल्ला कर मत रो
लोग आजकल इस बस्ती के, दर्द बँटाना भूल गए

दुष्ट आँधियाँ अपना दीपक, इतनी बार बुझाई हैं
पड़ी अँधेरों की आदत, हम 'दीप' जलाना भूल गए

हाथ समय के ख़ंजर देख
बिखरे अस्थी पंजर देख

सच्चाई का हाल न पूछ
ना देखे वे मंज़र देख

दुनिया में रहना है यार
फैले जन्तर-मन्तर देख

गुणा-भाग में व्यस्त रहे
प्यासे पड़े समुन्दर देख

मेरे हँसने पर मत जा
घाव अनेकों अन्दर देख

बात जमूरे गहरी सोच
काली नहीं सुनहरी सोच

कैसे मन के तार जुड़ें
कैसे पाटें दूरी सोच

मुस्कानों के पीछे देख
कितनी है मजबूरी सोच

बहुत इशारों पर नाचा
कर न हुक्म-हुजूरी सोच

सोच न प्यारे आधी बात
जो करना हो पूरी सोच

सच्चाई पर पहरे देखे
सहमे हुए सवेरे देखे

पानीदारों की बस्ती में
बुझे-बुझे से चेहरे देखे

क्या अनुरागी, क्या बैरागी
झगड़े तेरे-मेरे देखे

सभी जगह पहुँचे दुख पाखी
बदल-बदल कर डेरे देखे

'दीप' हमारी ग़लती क्या है
जो कुछ ख़्वाब सुनहरे देखे

चन्दा कोई न्यारा ढूँढ
ना टूटे वो तारा ढूँढ

राख हुई बिलकुल ठंडी
पगले मत अंगारा ढूँढ

ढूँढ सके तो इतना कर
ख़ुशबू का गलियारा ढूँढ

प्रेम नदी में पहले डूब
फिर तू प्रियतम प्यारा ढूँढ

क्या तुझको दे पाएँगे
मत तू द्वार हमारा ढूँढ

सय्यद मक़बूल अली

जन्मतिथि	:	1 अप्रैल, 1956, गढ़ा जबलपुर
शिक्षा	:	बी.ए.एम.एस., एम.डी. (एक्यूपंचर), एलएल.बी., साहित्यरत्न
प्रकाशन	:	अनेक पत्र-पत्रिकाओं में रचनाएँ प्रकाशित।
सम्मान	:	अनेक संस्थाओं द्वारा सम्मानित।
सम्प्रति	:	चिकित्सीय-आयुर्वेद चिकित्सा, एक्यूपंचर क्लीनिक।
पता	:	मुजावर मोहल्ला, सूपाताल, जबलपुर (म.प्र.) 422786

इक बार तो कर लेते कलमात अकेले में
जुगनू से चमकते है जज़्बात अकेले में

वादे को वफ़ा करना इक पल के लिए आना
मुमकिन है सँवर जाएँ हालात अकेले में

ये सोच के फिर मैंने ये ज़ख़्म कुरेदे हैं
कुछ देर ठहर जाएँ सदमात अकेले में

आँखों की जुबानी, ये कुछ बात हुई ज़ाहिर
रोए हो बहुत शायद, कल रात अकेले में

मक़बूल किसी को यूँ रस्ता तो नहीं तकते
आँखों से हुई शायद बरसात अकेले में

ज़िन्दगी भर रहा मलाल उनका
ज़ह्न में था मगर सवाल उनका

कैसे कह दूँ कि बेसबब रोए
पूछता रह गया मैं हाल उनका

सबने देखी बुलन्दियाँ लेकिन
मैंने देखा मगर ज़वाल उनका

सोचता हूँ कि जा के ख़ुद मिल लूँ
रात आया मुझे ख़याल उनका

तितलियाँ फूल को जगाती हैं
बाग़ में देखिए कमाल उनका

मेरे दिल में तेरी मुहब्बत है
देखिए आगे मेरी क़िस्मत है

आरज़ू है जहाँ बसाएँ नया
उनको मुझसे अगर मुहब्बत है

ये हसीं आज तक हुए किसके
इनकी तो हर अदा में फ़ितरत है

जो दिलों जाँ से उन पे मरता हो
आज उनको उसी से नफ़रत है

दामन अपना बचा के चल 'मक़बूल'
क्योंकि तेरी जहाँ में शोहरत है

हमें दोस्त कैसी सज़ा दे रहे हैं
कि लम्बी उमर की दुआ दे रहे हैं

ज़माने में कैसी फ़िज़ाँ बन गई है
वो घर में बुला के दग़ा दे रहे हैं

किसे जा के अपनी कहानी सुनाएँ
ये काग़ज़ पे लिख के उड़ा दे रहे हैं

ख़ुदा उनको जन्नत में जाए दुआ दे
जो बच्चे को भूखा सुला दे रहे हैं

कहाँ पर थमेगा ये नफ़रत का आलम
ये 'मक़बूल' कैसी हवा दे रहे हैं

अपने वादे से फिर गए हो क्यों
इतना आख़िर मुकर गए हो क्यों

ख़्वाब देखा है तुमने जन्नत का
एक दरपन से डर गए हो क्यों

जिस्म मिट्टी है ये सही लेकिन
इतनी जल्दी बिखर गए हो क्यों

तौबा कर ली है जब गुनाहों से
अपनी नज़रों से गिर गए हो क्यों

कितने तब्दील हो गए 'मक़बूल'
अपने बातिन से डर गए हो क्यों

दिनेश सिन्दल

जन्मतिथि	:	11.5.1956, सिरोही (राज.)
शिक्षा	:	एम.ए. (हिन्दी)।
प्रकाशन	:	ग़ज़ल-संग्रह 'आँखों में आलपिन' एवं दो काव्य पुस्तकों के अतिरिक्त साक्षरता एवं साम्प्रदायिक सद्भाव पर कुछ पुस्तिकाएँ प्रकाशित। अनेक पत्र-पत्रिकाओं में रचनाएँ प्रकाशित। 'ख़ुश्बू के रंग' का संपादन।
सम्प्रति	:	बैंक ऑफ़ बड़ौदा, विश्वविद्यालय परिसर शाखा, जोधपुर (राज.)

ख़फ़ा माँझी है मुझसे और मौज़ों में सफ़ीना है
ख़बर मौसम की ये भी है कि बारिश का महीना है

हवा कल रात फूलों को न जाने कह गई क्या-क्या
कि उनके सुर्ख़ चेहरों पर छलक आया पसीना है

मैं उसको देखकर मौसम का रुख पहचान लेता हूँ
चमकता आँख में तेरी जो बनकर के नगीना है

क़सम कैसे उठाई एक जर्जर हाल शायर ने
फटा आँचल ये दुनिया का मुझे हर हाल सीना है

किसी दिल में उतरकर आज पहली बार ये जाना
मोहब्बत एक पूजा, आदमी मक्का-मदीना है

कहानी एक अन्जानों में चुप है
नदी आकर के मैदानों में चुप है

लबों पर सिर्फ़ दुनिया की कहानी
तुम्हारी बात अफ़सानों में चुप है

हैं नंगे हम सभी हम्माम में तो
मगर ये बात परिधानों में चुप है

न पंछी उड़ सके पिंजरों के आगे
कथा परवाज़ की दानों में चुप है

तेरी आँखों में आकर बोलती है
ग़ज़ल जो दिल के दीवानों में चुप है

धूप से कुछ इस तरह शिकवे-गिले थे
पाँव मेरे चाँदनी में भी जले थे

फूल बनकर राह में मेरी खिले थे
हाँ, मुझे कुछ लोग ऐसे भी मिले थे

फिर सलाखें ढूँढती आँखें तुम्हारी
क्या तुम्हारी आँख में सपने पले थे

हाँ, वो कंगूरे थे, गिरते थे, बिखरते
नींव के पत्थर नहीं लेकिन हिले थे

'गाँव' में बस 'गाँव' ही मैंने न पाया
गाँव के हालात यूँ अच्छे भले थे

राख ने ये राज़ भी खोला हवा के साथ
और भड़केगा यहाँ शोला हवा के साथ

इसलिए ही वो ज़मीं से जुड़ के रह पाया
एक तिनके की तरह डोला हवा के साथ

दम घुटा है प्रीत का सद्भाव करुणा का
ये ज़हर किसने यहाँ घोला हवा के साथ

रंग कैसे रँगवाएगा बसन्ती वो
घट के चोली रह गया चोला हवा के साथ

वो सफल है, आसमाँ तक की उड़ानों में
पंख को जिसने यहाँ तोला हवा के साथ

मरुथलों के बीच इक वादी हरी थी
ये तुम्हारे प्यार की जादूगरी थी

नाम मेरे आप सपना लिख गए जो
आज मेरी आँख की वो किरकिरी थी

क़ैद जिसमें मन कई सूरज सरीखे
दिल अँधेरी एक ऐसी कोठरी थी

सर पटकती थी हवा बेचैन होकर
पेड़ से क्या टूटकर पत्ती गिरी थी

खिलखिलाहट सब तुम्हारे नाम करके
मौसमों ने माँग फूलों से भरी थी

जवाहर इन्दु

जन्मतिथि	:	30 जून, 1956, जलालपुर धई, रायबरेली (उ.प्र.)
प्रकाशन	:	ग़ज़ल-संग्रह 'जिन्दगी के नाम' सहित अनेक विधाओं में आधा दर्जन पुस्तकें प्रकाशित। अंकुर स्मारिका का संपादन। अनेक पत्र-पत्रिकाओं में रचनाएँ प्रकाशित।
सम्मान	:	अनेक साहित्यिक संस्थाओं द्वारा सम्मानित/पुरस्कृत।
सम्प्रति	:	आई.टी.आई. लि. रायबरेली में सहायक अभियन्ता।
सम्पर्क	:	ग्राम पोस्ट जलालपुर धई, रायबरेली (उ.प्र) दूरभाष (नि.) (05317) 235139 (का.) (0535) 287479

तब भूखा था गाँव हमारा, किन्तु नहीं ज़हरीला था
सबके जीने का उसूल था, सबका एक वसीला था

चली आरियाँ, बाग़-बग़ीचे, खेत बनाया नाती ने
बाबा ने तो अपने हाथों, रोपा पेड़ रसीला था

छोटा घर था, फ़ाक़ेमस्ती, पर मेहमानों की ख़ातिर
दिल हाज़िर था उनके घर में, कितना बड़ा पतीला था

कोई पेड़ खिले तो कैसे, फुनगी ही मर जाती है
धुँआ उगलता ज़हर न तब था, मौसम बड़ा नशीला था

इन्सानी तहज़ीब चीज़ थी, कोई 'इन्दु' न अब माने
एक चमक थी हर चेहरे पर, इतना कभी न पीला था

जो ग़लती हो गई हमारी, हाथ उठाने में
भुगत रहे हैं सज़ा उसी की, आज ज़माने में

जिनकी ख़ातिर अपना जीवन, हमने होम किया
वही राह के रोड़े बनकर, रहे गिराने में

सारी बस्ती राख हो गई, कुछ भी नहीं बचा
शायद कोई भूल हो गई, दीप जलाने में

स्वर्ण-मुकुट में रीझ न जाना, ऐ बस्ती वालो
माहिर बड़े, परिन्दों पर ये, जाल बिछाने में

इस हद तक कैसे आ पहुँचा, ये मत पूछो 'इन्दु'
दाने को मुहताज हो गया, इन्हें चुगाने में

झील में कंकड़ उछाला जाए फिर हलचल न हो
यह तभी मुमकिन है जबकि बूँदभर भी जल न हो

सबसे आगे निकल जाने की इस अंधी दौड़ में
हो न हो, जो आज है अवशेष, वह भी कल न हो

कर लिया निर्माण सीढ़ी का धरा से स्वर्ग तक
मानता हूँ किन्तु सोचो! यह कहीं अटकल न हो

मापने गहराइयाँ आए हो तो डरने से क्या?
फिर ये कैसा देखना, लहरें न हों, दलदल न हो

ध्यान-जीवन, मन समर्पण, करके, उड़िए, जाइए
'इन्दु' तारागण न हों, वह नभ जहाँ, बादल न हो

हुए हैं बेदखल घर से, वही जो भी पुराने हैं
गए सब भूल इनके भी कभी गुज़रे ज़माने हैं

हुए दहलीज़ के बाहर, बिताते रात बोरिंग पर
बुजुर्गों के लिए केवल बचे ऐसे ठिकाने हैं

कमाऊ पूत के आगे, बुढ़ापा होठ सिल लेता
हक़ीक़त को बयाँ करतीं, धँसी आँखें, जुबानें हैं

हमारी ये कशिश, हमको उठाती ही रही वरना,
हम भी गिर गए होते, यहाँ अनगिन ढलाने हैं

केवल 'इन्दु' बस है आदमी की जात का वरना
सभी हैं ख़ानदानी, सबके सब ऊँचे घराने हैं

रिश्ता जब हुआ पगडंडियों का राजधानी से
मरने लग गया है गाँव अपना विषखुरानी से

गुलामी में शायद ख़ौफ़ में इतना नहीं सहमें
जितना आज हैं भयभीत, अपनी सच बयानी से

सियासत आ के मेरे गाँव का अस्तित्व ले डूबी
हमारा गाँव रहता था, बहुत ही सावधानी से

अपनी शर्त पर जीता न कोई ज़िन्दगी अपनी
अगरचे ज़िन्दगी है तो किसी की मेहरबानी से

नए के नाम पर हर कोई पीछे दौड़ता है अब
पुरातन हो गया लाचार अपनी ज़िन्दगानी से

रश्मि अग्रवाल

जन्मतिथि : 6.7.1956, बरेली (उ.प्र.)।

शिक्षा : मनोविज्ञान में डॉक्टरेट, शैक्षिक एवं व्यावसायिक निर्देशन में डिप्लोमा, कार्मिक प्रबन्धन एवं औद्योगिक सम्बन्ध में डिप्लोमा। अमेरिका से पुनर्वास में विशेष प्रशिक्षण।

प्रकाशन : 'खुले पंखों जैसा मन', 'मेरे मन जैसा हो', काव्य संकलन। सामाजिक मनोविज्ञान पर अंग्रेज़ी भाषा में दो पुस्तकें प्रकाशित। ग़ज़ल-संग्रह प्रकाशनाधीन। पत्र-पत्रिकाओं में रचनाएँ प्रकाशित।

सम्मान : 'मधुश्री' की उपाधि से सम्मानित।

सम्प्रति : जनसाधन अनुसंधान संस्थान, योजना आयोग में 'प्रमुख' के पद पर कार्यरत।

सम्पर्क : जी.एच. 14/960, पश्चिम विहार, नई दिल्ली - 110087

फ़ोन : 25281328

आज इस दौर के माहौल में ढलना होगा
अजनबी लोग सही भीड़ में पलना होगा

तुम ही कहते थे कि आँधी में जलाएँगे चिराग़
तुम ही कहते हो कि ये शौक़ बदलना होगा

हमने भी सीख लिया आज के रिश्तों का चलन
दर्द के घर से ज़रा बच के निकलना होगा

सच तो ये है कि सितारे-सा गिरा है कोई
पर हिदायत है कि चुपचाप ही चलना होगा

आँख पुरनम है चले जाना ज़रा सा ठहरो
किसको मालूम कहाँ फिर कभी मिलना होगा

कैसी आई है सहर, कैसा ये सूरज निकला
रात के बाद भी शम्मा को पिघलना होगा

यारब किसी के साथ भी ये इन्तिहा न हो
वो सामने हो फिर भी कोई सिलसिला न हो

उठकर तेरे मक़ाम से जाने लगे तो हैं
जी चाहता है तू कहे, ऐसे विदा न हो

कहना तो ख़ुदा से था हमें, वो हैं बेवफ़ा
कहने लगे, मेरा कोई उसके सिवा न हो

देखा नज़र ने रूह की हद में समा गए
मिलकर किसी से ऐसे तो कोई जुदा न हो

कहते हैं सब कि मान लें कैसे भला ये हम
वो तेरे ही शहर में हो, तुझसे मिला न हो

वफ़ा की कहते हो ये क्या जनाब करते हो
तमाम उम्र का जैसे हिसाब करते हो

हथेलियों के लिखे लेख को बदल दोगे
ये कह के क्यों मेरी नीयत ख़राब करते हो

जो चुप रहें तो गिला है कि कुछ नहीं कहते
ज़रा सा बोलें तो जीना अज़ाब करते हो

सुना था सबका बराबर है हक़ ख़ुदाई पर
मगर ये लगता है कुछ भेदभाव करते हो

जो एक पल में मेरे दिल से दूर जाना है
तो बेवज़ह मेरा ख़ानाख़राब करते हो

वो न मानेंगे कुछ भी मेरी कही
जिसका डर था वो बात हो के रही

मेरे ही दोस्त थे जो कहते थे
इसको कोई दुआ लगे न कभी

कैसी तन्हाइयाँ हैं ये यारब
हूँ अकेला और साथ भी है कोई

एक पल जी रहे थे अपनी तरह
क्यों ख़फ़ा हो गई ये पूरी सदी

इन दीवारों में क़ैद हैं सपने
कोई मिल जाए इनमें खिड़की खुली

क्या होगा ऐ ख़ुदा वो बहुत मेहरबान हैं
वो राहज़न ही आज मेरा निगेहबान है

कोई तो बात होगी जो चुप रह गुज़ार दी
पर वो समझ रहे हैं न मुँह में ज़बान है

हमने कहा कि शहर में महँगी है हर इक चीज़
बोले वो ग़म ख़रीदिए सस्ती दुकान है

क्या हो गए हैं लोग शहर के न पूछिए
नफ़रत दिलों में हाथ में गीता कुरान है

अंगार रखे रहे हो मगर सोचना ज़रा
जो घर जलेंगे उनमें ही अपना मकान है

सत्यप्रकाश शर्मा

जन्मतिथि : 15 जुलाई, 1956, कानपुर

शिक्षा : वाणिज्य स्नातक

प्रकाशन : अनेक पत्र-पत्रिकाओं में ग़ज़लें प्रकाशित। 'सनद रहे' प्रकाशनाधीन।

सम्पर्क : 254, नवशीलधाम, कल्याणपुर, बिठूर रोड, कानपुर-208017
फ़ोन-0512-2575040

सबके हिस्से में कहाँ मय के पियाले आए
ये तो हम थे कि नसीबों में उजाले आए

गर ये साक़ी की नवाज़िश नहीं तो फिर क्या है
उसने देखा तो हमें देखने वाले आए

शर्त ये थी कि न एहसास रहे भी, सर का
लोग सज़दों में मगर सर ही सँभाले आए

तीरगी कोई न रफ़्तार रोकने पाई
रोशनी लेके मेरे पाँव के छाले आए

अपनी मस्ती में सफ़र करता रहा दुनिया का
रिन्द की राह में मस्जिद न शिवाले आए

जब हक़ीक़त ज़बाँ से निकलेगी
आँच तर्ज़े-बयाँ से निकलेगी

देखना है कि दिल के ज़िन्दाँ से
कोई हसरत कहाँ से निकलेगी

ज़िन्दगी में बहार तब होगी
जब ये होकर ख़िज़ाँ से निकलेगी

ज़ुल्मतों के हैं सिलसिले तो क्या
रोशनी भी यहाँ से निकलेगी

जिस पे ग़ज़लों का आशियाँ होगा
वो ज़मीं आसमां से निकलेगी

सदियों की रवायात को बेकार न कर दें
दीवाने कहीं मरने से इन्कार न कर दें

इल्ज़ाम न आ जाए कहीं मेरी अना पर
महबाब मेरा रास्ता हमवार न कर दें

ये सोच के उठने नहीं देता वो कोई सर
हम अपनी ख़्वाहिशें कहीं मीनार न कर दें

मुश्किल से बचाई है जो एहसास की दुनिया
इस दौर के रिश्ते उसे बाज़ार न कर दें

ये सोच के नज़रें वो मिलाता ही नहीं है
आँखें कहीं जज़्बात का इज़हार न कर दें

नफ़रत के सिलसिले मिले अजादाद में जाकर
पत्थर से हम भी हो गए बुनियाद में जाकर

भूले हैं खुद को ऐसे तेरी याद में जाकर
किरदार जैसे खो गए रुदाद में जाकर

थोड़ा-सा इल्म सीख के शार्गिद-ए-मुहतरम
कोई कभी निकालेंगी उस्ताद में जाकर

उस एक सच को नीचा दिखाने के लिए तुम
चिल्ला के झूठ बाले दो ता'दाद में जाकर

क्या हैसियत है आपकी, ये तय तो हो पले
क्या खूबियाँ हैं, देखेंगे हम बाद में जाकर

सहल हो जाए राह थोड़ी सी
मुझ पे कर दे निगाह थोड़ी सी

दिल से पूछा, भुला दिया उसको
बोला अब भी है चाह थोड़ी सी

दर्द बस क़ामयाब है इतना
ज़िन्दगी है तबाह थोड़ी सी

तश्नगी का सुरूर क़ाफ़ी है
त्यों पिएँ ख़ामख़्वाह थोड़ी सी

शाइरी के लिए ज़रूरी है
आह थोड़ी, कराह थोड़ी सी

दीक्षित दनकौरी

मूल नाम : भुवनेश्वर प्रसाद दीक्षित
जन्मतिथि : 4.9.1956, अमरोहा (उ.प्र.)
शिक्षा : एम.ए. (दर्शन), डी.वाई. एड., सी.एफ.एन.।
प्रकाशन : ग़ज़ल-संग्रह 'डूबते वक़्त...' (तीन संस्करण)। विभिन्न पत्र-पत्रिकाओं में रचनाएँ प्रकाशित। 'ग़ज़ल, दुष्यन्त के बाद' का सम्पादन। श्री कमलेश्वर के सम्पादन में 'हिन्दुस्तानी ग़ज़लें' शीर्षक से प्रकाशनाधीन ग़ज़ल-संकलनों की शृंखला में सहयोग। प्रसार भारती से अनुबन्धित।
सम्मान : 'दुष्यन्त अवार्ड-2001' सहित अनेक संस्थाओं द्वारा सम्मानोपाधियाँ।
सम्प्रति : वरिष्ठ योग शिक्षक, शिक्षा निदेशालय, दिल्ली।
सम्पर्क : 76, डी.डी.ए. फ्लैट्स, मानसरोवर पार्क, दिल्ली-110032
फ़ोन-(011) 22586409 (निवास)

दवा तो दवा है, दुआ भी न देगा
वो ठहरा सगा, हौसला भी न देगा

जो उँगली तेरी थामकर चल रहा है
सहारा तो क्या, रास्ता भी न देगा

ये तय था वो ख़ंजर चलाएगा मुझ पर
मगर क्या पता था हवा भी न देगा

ये मुंसिफ़ जो उसने मुक़र्रर किया है
सज़ा तो सज़ा, फैसला भी न देगा

दलीलें तो होंगी तेरे पास लेकिन
गवाही तेरी आइना भी न देगा

अपनों का भी वार हुआ
ये भी आख़िरकार हुआ

रिश्ता जब लाचार हुआ
आँगन की दीवार हुआ

सबकी नाउम्मीदी पर
कितना ख़ुश बीमार हुआ

कौन गवाही देगा अब
क़त्ल सरेबाज़ार हुआ

हर कोई पढ़ लेता है
मैं न हुआ अख़बार हुआ

ज़ख़्म ये इसलिए दिखाता हूँ
मैं तेरा हौसला बढ़ाता हूँ

है निशाना अगर अचूक उसका
सर को मैं ही कहाँ बचाता हूँ

दर्द ज़ाहिर कभी नहीं करता
मैं भी ज़ालिम को यूँ सताता हूँ

जानता हूँ मिज़ाज मैं उनका
इसलिए हाँ में हाँ मिलाता हूँ

सब्र करता हूँ लाख मैं लेकिन
बाँध की तरह टूट जाता हूँ

आग सीने में दबाए रखिए
लब पे मुस्कान सजाए रखिए

जिससे दब जाएँ कराहें घर की
कुछ न कुछ शोर मचाए रखिए

ग़ैर मुमकिन है पहुँचना उन तक
उनकी यादों को बचाए रखिए

जाग जाएगा तो हक़ माँगेगा
सोए इंसाँ को सुलाए रखिए

ज़ुल्म की रात भी कट जाएगी
आस का दीप जलाए रखिए

तोड़ लीं बेड़ियाँ मैंने सब
अब न तू चाहिए और न रब

मैं तो यूँ भी गुनहगार था
उस पे तेरी गवाही ग़ज़ब

तू हुआ बेवफ़ा, चल हुआ
हो न जाना कहीं बेअदब

हमसफ़र हैं, सहारे भी हैं
अश्क फिर क्यों बहे बेसबब

प्यास है तो कोई ढूँढ ले
हल्क़ा-ए-तश्नागाने-अदब

भारतभूषण आर्य

जन्मतिथि : 15 सितम्बर, 1956

शिक्षा : वाणिज्य स्नातक

प्रकाशन : 'भारत सतसई' (दोहा सतसई)।

सम्प्रति : इंडियन एयरलाइंस लि. दिल्ली के वाणिज्य विभाग में कार्यरत।

सम्पर्क : म.न. 122, गली नं. 5 ईस्ट आजाद नगर, दिल्ली - 110051
दूरभाष (घर) 22002105

फेंकता पत्थर मगर
बाद का था डर मगर

ख़्वाब तो पल को सजा
आँख पल-पल तर मगर

आसमाँ था आँख में
पास न थे पर मगर

दस्तकें दीं अश्क से
कब खुला वो दर मगर

शौक़ से घर आइए
धूप का है घर मगर

प्यास होठों पे लिये फिरते रहे
रेत ही से आस हम करते रहे

रोशनी हम में कहाँ तेरी तरह
हम दिए वो जो सुबह जलते रहे

ज़ाफरानी बाग़-ज़ख़्मों का लिए
हम ग़ज़ालों की तरह चलते रहे

क्या पता वो किस घड़ी गुज़रें इधर
चाँद, तारे, दर सभी जगते रहे

पास न जिनके धड़कता दिल मिला
वो दिलों का फ़ैसला करते रहे

कब भला बेघर रहा
आसमाँ सर पर रहा

परकटों का हौसला
एक दिन उड़कर रहा

थी बग़ावत ख़ून में
वो कहाँ बनकर रहा

क्या कहानी कुर्ब की
दूर वो अक्सर रहा

दर्द, ग़म, आँसू, तड़प
याद का दफ़्तर रहा

हीरा ख़ालिस कंकर निकला
जिसको परखा पत्थर निकला

दरिया दरिया डूबा लेकिन
जलता जलता मंज़र निकला

मोटर गाड़ी नौकर-चाकर
सामाँ में डूबा घर निकला

घर के किस कोने में हुक्का
मकड़ी का घर उस पर निकला

मरते भी तो कैसे 'भूषण'
उस जैसा ही ख़ंजर निकला

जो न ख़ुद अपना हुआ है
वो भला किसका हुआ है

ख़्वाब की भी क्या नसीबी
हर घड़ी सौदा हुआ है

भूख को समझा रहे हैं
पेट कुछ बिगड़ा हुआ है

ठंड अब लगती कहाँ है
आसमाँ ओढ़ा हुआ है

क्या करें किसका यक़ीं अब
आइना बदला हुआ है

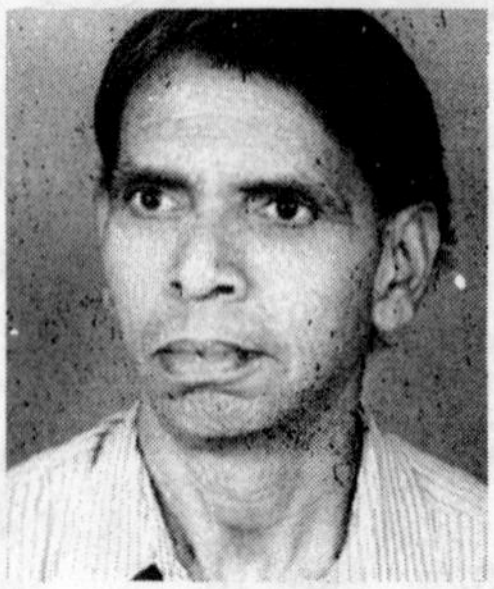

बृज अभिलाषी

जन्मतिथि : 4.11.1956
शिक्षा : एम.एससी. (गणित)
प्रकाशन : विभिन्न पत्र-पत्रिकाओं में रचनाएँ प्रकाशित। गीत, ग़ज़ल, कहानी व सामान्य लेख आदि सभी विधाओं में लेखन।
सम्प्रति : शिक्षक
सम्पर्क : 122, रोगन ग्रान, दिल्ली गेट ग़ाज़ियाबाद-201001

चोर की दाड़ी में तिनका है तो है
इस पे भी वो अपना मुखिया है तो है

देखकर रंग-ए-ज़माना चुप हूँ मैं
अब यही रंग-ए-ज़माना है तो है

राज़े-रिश्वत हमने कब ज़ाहिर किया
फिर भी हर महफ़िल में चर्चा है तो है

शीशागर कब रोकते हैं अपना काम
ज़द में पत्थर की जो शीशा है तो है

जो क़फ़स में क़ैद हैं तो क्या करें
अब अगर मौसम सुहाना है तो है

अहले-ज़र की ज़द में हैं दैरो-हरम
अब इबादत भी तमाशा है तो है

ख़ुदनुमाई का है ख़ूगर आदमी
रह गया ख़ुद में सिमटकर आदमी

आदमी का बस नहीं चलता मियाँ
वरना ख़ुद लिखता मुक़द्दर आदमी

ठोकरें वो खाईं पत्थर बन गया
काश! ख़ुद चलता सँभलकर आदमी

तब कहा लोगों ने ये दरवेश है
हो गया जब घर से बेघर आदमी

पीठ पीछे चाहे जो कुछ भी कहे
वाह-वाह करता है मुँह पर आदमी

हौसला इश्क़ का जवाँ रखिए
अपनी नज़रों में कहकशाँ रखिए

सारे गुलशन को मानिए अपना
लेकिन अपना भी आशियाँ रखिए

ज़िन्दगी नाम है तबस्सुम का
लब पे क्यों नाल-ओ-फ़ुग़ाँ रखिए

ख़ारज़ारों में घुमिए लेकिन
अपनी नज़रों में गुलिस्ताँ रखिए

सुनते रहिए जो लोग कहते हैं
खुद को महफ़िल में बेज़ुबाँ रखिए

मुझको बस इस बात का ग़म है
लोगों में हमदर्दी कम है

उनका शेवा ज़ुल्म-ओ-सितम है
अपनी आदत ज़ब्तेः अलम है

उसका ही गुणगान करें सब
जिसके बाजू में दमखम है

जिससे मिलिए उखड़ा-उखड़ा
महफिल का भी क्या आलम है

धोके-धोके, धोके-धोके
ये एहबाब का हम पे करम है

कौन यहाँ नाचार नहीं है
वक़्त का ताबेदार नहीं है

उससे कैसा मिलना-जुलना
जिसके दिलमें प्यार नहीं है

दिन को कैसे रात कहूँ मैं
ये मेरा किरदार नहीं है

ज़िन्दा रहना आज है मुश्किल
मर जाना दुश्वार नहीं है

लफ़्ज़ों का एक है बाजीगर
वो कोई फ़नकार नहीं है

ओम प्रकाश 'नदीम'

जन्मतिथि : 26 नवम्बर, 1956 फ़तेहपुर (उ.प्र.)

शिक्षा : एम.एससी.।

प्रकाशन : 'दिया ख़ामोश है' (ग़ज़ल-संग्रह)। अनेक पत्र-पत्रिकाओं में रचनाएँ प्रकाशित।

सम्प्रति : प्रभागीय लेखाधिकारी भारतीय लेखा एवं लेखा-परीक्षा विभाग।

सम्पर्क : 41, वर्ल्ड बैंक कालोनी, गणेशपुर रूड़की (उत्तरांचल) - 247667
फ़ोन : (01332) 274452

स्थायी पता : 41, अमरजई, फतेहपुर (उ.प्र.) - 212601

कैसे तय हो कौन बुरा है, किसका मस्लक अच्छा है
सबकी अपनी-अपनी मंज़िल अपना-अपना रस्ता है

मौसम के बल पर ऊँचाई पाने वाले बादल को
मौसम रुख़ बदले तो पानी पानी होना पड़ता है

यूँ मेरे विश्वास का शीशा चकनाचूर नहीं होता
तुमने उसको तोड़ा फिर उसके टुकड़ों को तोड़ा है

एक आँधी में इतने पेड़ उखड़ते देखे हैं मैंने
अब पत्ता भी हिलता है तो मेरा दिल काँप उठता है

मेरे अन्दर एक मुख़ालिफ़ था जो मुझसे लड़ता था
अब या तो वो चुप रहता है या हाँ में हाँ करता है

हमने परबत के सीने पर इतने परचम लहराए
फिर भी ये एहसास है बाक़ी परबत हमसे ऊँचा है

गोमती गंगा गोदावरी के लिए
है समुन्दर वही हर नदी के लिए

ले के जिसकी ज़िया चाँद चमका वही
शम्स तरसा किया चाँदनी के लिए

आग मैंने लगाई है तफ़रीक़ में
फ़िक्र की राह में रोशनी के लिए

मत जलाओ चराग़े तअस्सुब यहाँ
रोशनी मत करो तीरगी के लिए

जंग को रोकने के लिए जंग हो
जंग हो अम्न की ज़िन्दगी के लिए

धूप मेरे सर पे है आँचल तुम्हारे पास है
मसअला मेरा है लेकिन हल तुम्हारे पास है

मैं तुम्हारी ही बदौलत आस्माँ पर छा गया
जिससे मैं बादल बना वो जल तुम्हारे पास है

तुम दिखा सकते हो मुझको अक्स मेरे दर्द का
ऐसा वाहिद आइना केवल तुम्हारे पास है

मैं तुम्हारी हद से बाहर जा नहीं पाता कभी
कोई मक़्नातीस जैसा बल तुम्हारे पास है

खो न देना प्यार का वो क़ीमती लम्हा 'नदीम'
अब अमानत की तरह वो पल तुम्हारे पास है

हिला के शाख़ गिराते न फल तो क्या करते
हवा की आस में कब तक यूँ ही खड़े रहते

जो लोग धूल भरी राह पर नहीं चलते
नुक़ूश उनके क़दम के कभी नहीं बनते

ये संगे-मील हमें रास्ता दिखाते हैं
मगर ख़ुद आप उसी राह पर नहीं चलते

पड़े हैं अक़्ल पे पत्थर वगरना ये दरया
भरे भराए समुन्दर का पेट क्यूँ भरते

ज़रूर हमने भी बे एहतियातियाँ की हैं
वगरना घर के चराग़ों से घर नहीं जलते

अँधेरा बढ़ रहा है और दिया ख़ामोश है हद है
सितम के ख़ौफ़ से सच की सदा ख़ामोश है हद है

कोई भी क़ाफ़िला देखो यही दिखलाई देता है
मुसाफ़िर लुट रहे हैं रहनुमा ख़ामोश है हद है

उमस इतनी है गुलशन में कि पत्ता तक नहीं हिलता
सभी बेचैन हैं लेकिन हवा ख़ामोश है हद है

मेरे पीछे मेरा दुश्मन खड़ा है वार करने को
मगर मुझसे मुख़ातिब आइना ख़ामोश है हद है

सदाएँ दे रहा है ख़ून में तर डूबता सूरज
ज़मीं से आस्माँ तक की फ़ज़ा ख़ामोश है हद है

अनन्तराम मिश्र 'अनन्त'

जन्मतिथि : 5.12.1956, पठकाना, शादाबाद, जिला हरदोई (उ.प्र.)

शिक्षा : एम.ए., पीएच.डी.।

कृतियाँ : विभिन्न विधाओं की दस पुस्तकें प्रकाशित एवं एक दर्जन से अधिक पुस्तकें प्रकाशनाधीन। अनेक पत्र-पत्रिकाओं में रचनाएँ प्रकाशित।

सम्मान : अनेक संस्थाओं द्वारा सम्मानित/ पुरस्कृत।

सम्पर्क सूत्र : निकट जंगलात कोठो, लखीमपुर रोड, गोला गोकर्णनाथ—262802 खीरी, (उ.प्र.)

धड़कन-धड़कन में राग जगे, हर साँस लगे चन्दन-चन्दन
तरुणाई की बाँसुरी बजी, गूँजा जीवन का वृन्दावन

चढ़कर वय के सोपानों पर यौवनी शिखर छू रही आयु
ले परी-कथाएँ छूट गया नीचे नटखट समतल बचपन

छुटपनवाली चंचलता को कर दिया विदा धीरे-धीरे
अरुणाभ लाज ने किया आज मेरे तन-गृह में शुभागमन

मन के सरसी में फूल गए मृदु-मृदु भावों के हेमकमल
अनुराग जागकर फाग बना, है माँग रहा मीठे चुम्बन

कोई अनाम प्रिय राजकुँवर इठलाता है आकांक्षा से
मनसिज को करता प्रतिबिम्बित, बन अंग-अंग दरपन-दरपन

अब प्रेम प्रेय की भक्ति बने, अब दुर्बलता भी शक्ति बने
अब आत्मा की गोपी कर ले, परमात्म-श्याम से गठबन्धन

हो गया हरिताभ सब संसार, सावन आ गया
रिमझिमाने है लगी बौछार, सावन आ गया

रुनझुनाते बूँद-घुँघरू बाँध चपला पाँव में
कर उठी है नृत्य बारम्बार, सावन आ गया

इन्द्रधनु का पड़ गया झूला क्षितिज की डाल पर
पैंग भरती है प्रमत्त बयार, सावन आ गया

आ गईं पीहर, विवाहित बेटियाँ ससुराल से
विहँसने-हँसने लगे घर-द्वार, सावन आ गया

बहन-भाई की अमर आत्मीयता की सेतु ये
राखियाँ करबद्ध पावन प्यार, सावन आ गया

रूप आपकी देह में, ज्यों समुद्र में ज्वार
या कि राग कल्याण का पंचम स्वर साकार

आज मिलीं तुम तो लगा मुझको एकाएक
चीर घटाओं को निकल, निखरा चन्द्र उदार

देखा मैंने आज ही सचमुच वह पूर्णेन्दु
जिसके मुँह पर है नहीं, लांछन का अँधियार

बाँध तुम्हारी देह का तोड़ युवा छवि-बाढ़
मेरा मन-जनपद रही कर रसमग्न अपार

तन, मन, धन, जीवन दिए, नाम किए हैं गीत
और आप क्या चाहते? बोलें तो सरकार

भ्रान्ति हरता, पथ दिखाता है दिया
ज्योति के शुभ गीत गाता है दिया

बाल बाँका कर न पाती आँधियाँ
जागता है, जगमगाता है दिया

दग्ध कर प्रेमी पतंगों को, विवश
स्वयं को तिल-तिल जलाता है दिया

फुलझड़ी तो एक पल का खेल है
रात भर तपना सिखाता है दिया

चुक गया जब स्नेह, बाती जल गई
अभिलषित निर्वाण पाता है दिया

लगता मोहक बौर गुजरिया
आमों के शिर मौर गुजरिया

मेरी प्रणय-याचिकाएँ मत
ख़ारिज कर, कर गौर गुजरिया

रूप तुम्हारा नगर-निगम है
नयन हमारे पौर गुजरिया

मेरे ग्रह करते परिक्रमा
तुम हो मण्डल सौर गुजरिया

हम हैं, तुम हो, अमराई है
है मधुऋतु का दौर गुजरिया

क़मर ख़ाँ 'वहम'

जन्मतिथि : 10 जनवरी, 1957, हथौड़ा राज्य, हरदोई (उ.प्र.)

शिक्षा : बी.ए., एच.एम.डी.एस.।

प्रकाशन : 'ज़ख़्म हँसते हैं' (ग़ज़ल संग्रह), पत्र-पत्रिकाओं एवं अनेक संकलनों में ग़ज़लें व नज़्में प्रकाशित।

सम्प्रति : अध्यापन।

सम्पर्क : ग्राम एवं पोस्ट–हथौड़ा राज्य, जिला–हरदोई (उ.प्र.) 241126
फ़ोन -: 05854-261017

कोई शीशा हो या पत्थर कहीं कुछ तो नज़र आए
अँधेरों में बहुत गुज़री कहो अब तो सहर आए

न यूँ हैरतज़दा होकर मुझे देखो मेरे हमदम
दिले-बीराँ बहुत धड़का तो घबराकर इधर आए

ये माना आशियाना जल गया बर्क़े-तपाँ लेकिन
तमन्ना है कि फिर देखूँ, तू कितने जोश पर आए

सितारों से उलझना जब हथेली की लकीरों में
तो फिर किसने कहा कुछ रौशनी ही मेरे घर आए

ये मक़्तल है यहीं पर जंग के ऐलान होने हैं
कहो उठकर चले जाएँ 'वहम' जो चश्मे-तर आए

होश आए तो किस क़दर आए
दश्त ही दश्त बस नज़र आए

अक़्ल की क्या है ये क़हर-बन्दी
बेख़ुदी बढ़ चली तो घर आए

देखिए नूर की अदा-ए-शोख़
हम भी अब कोहे-तूर पर आए

क्या कशिश-ख़ेज़ है निगाहे-नाज़
फाड़कर दामने-जिगर आए

ज़ब्त की हद 'वहम' कहाँ होती
कौन कहता है चारागर आए

कुछ तो है आहट-सी अब ये क्या लगे
कोई पत्ता शाख़ से टूटा लगे

उठ गए सैयाद के ख़ेमे मगर
कोई पक्षी अब न मँडलाता लगे

खींच लायी मौजे-तुग़ियानी कहाँ
एक भी क़तरा जहाँ दरिया लगे

क्यों ये कहते हो कि परवाना जला
जाइए तुम भी जहाँ अच्छा लगे

सर मेरा है संग भी दिल भी मेरा
मत लहू देखो, तुम्हारा क्या लगे

आज क्यों रंग उड़ा-सा लगता है
कहिए कुछ तो हुआ-सा लगता है

बन में रहकर बहार के नग़मे
सर में ताला पड़ा-सा लगता है

आँधियों में दीए जलाए हैं
यह भी इक हौसला-सा लगता है

बर्क़े-फ़न है ये हादसा वर्ना
आशियाँ क्यों जला-सा लगता है

ज़र्ब की क्या है पूछिए न 'वहम'
दर्द भी अब दवा-सा लगता है

पत्थर का नगर यारो सूरज की तपन भी है
जाएँ तो कहाँ जाएँ शीशे का बदन भी है

क्यों तैश में कहते हो दोजख़ से निकल आओ
गुलशन तुझे प्यारा तो प्यारा मुझे बन भी है

ठहरो तो लगा लेना फूलों का बग़ीचा भी
ख़ेमे अभी जलते हैं घमसान का रन भी है

तारों से उलझ बैठे या नींद नहीं आई
उतरा हुआ चेहरा है माथे पे शिकन भी है

थम जाए 'वहम' कह दो हर फ़ित्ना-ए-हंगामा
अब हाथ में ख़ंजर है अब सिर पे क़फ़न भी है

गोविन्द 'गुलशन'

मूल नाम : गोविन्द कुमार सक्सैना

जन्मतिथि : 7.2.1957, अनूपशहर (बुलन्दशहर) उ.प्र.।

शिक्षा : कला स्नातक।

प्रकाशन : ग़ज़ल-संग्रह 'जलता रहा चराग़'। अनेक पत्र-पत्रिकाओं में रचनाएँ प्रकाशित। एक ग़ज़ल-संग्रह शीघ्र प्रकाश्य।

सम्मान : युग प्रतिनिधि सम्मान', 'सारस्वत सम्मान', 'अग्निवेश सम्मान' आदि सम्मानोपाधियों सहित अनेक संस्थाओं द्वारा सम्मानित।

सम्प्रति : नेशनल इन्श्योरेंस कं. लि. में कार्यरत।

सम्पर्क : 'ग़ज़ल', 224, सैक्टर-1 चिरंजीव विहार, ग़ाज़ियाबाद (उ.प्र.) 201002 फ़ोन 2766040 मो. 9810261241

वो हर क़दम पे साथ निभाने के बाद भी
रूठे हैं बार-बार मनाने के बाद भी

नींदों में चार-चाँद लगाने के बाद भी
टूटे हमारे ख़्वाब सजाने के बाद भी

आते रहे वो याद भुलाने के बाद भी
जलता रहा चराग़ बुझाने के बाद भी

फिर उसके बाद ज़ुल्फ़ के हम पर हुए करम
पर्दा रहा, नक़ाब उठाने के बाद भी

जादू है मेरी आँख में कि उनके नाम में
उनका मिटा न नाम मिटाने के बाद भी

'गुलशन' में थीं जो ख़ुशबुएँ वो कम नहीं हुईं
सारी फ़ज़ा को मस्त बनाने के बाद भी

जहाँ तक आस्माँ फैला हुआ है
उसी का साएबाँ फैला हुआ है

न जाने कब जला था आशियाना
मगर अब तक धुआँ फैला हुआ है

ख़ुदा समझे हुए हैं लोग ख़ुद को
दमाग़ों में गुमाँ फैला हुआ है

मैं पीछे रह गया हूँ और आगे
गुबारे-कारवाँ फैला हुआ है

जगी है चाह 'गुलशन' आँसुओं की
उधर भी दर्दे-जाँ फैला हुआ है

ये आरज़ू है कि क़िस्सा तमाम हो जाए
मिला है ज़ुल्फ़ का साया तो शाम हो जाए

वो एक अश्क का क़तरा ज़रूर है लेकिन
मुक़ाबले में समन्दर गुलाम हो जाए

रवायतें नहीं मालूम आदमीयत की
वो चाहता है फ़रिश्तों में नाम हो जाए

किसी पे तेज़ हवाएँ असर नहीं करतीं
किसी का सिर्फ़ दुआओं से काम हो जाए

हमारा काम है 'गुलशन' में बाग़बानी का
बहार क्या है ख़िज़ाँ भी गुलाम हो जाए

चारागर का है सोचना कुछ और
है मरज़ कुछ मगर दवा कुछ और

क़ैद हूँ मैं निगाह में उसकी
काश! बढ़ जाए ये सज़ा कुछ और

दास्ताँ दिल की थी लबों पे मगर
उसने आँखों में पढ़ लिया कुछ और

बन्द आँखों से देखने पे जनाब
फैल जाता है दायरा कुछ और

शम्'अ ने जलता तो बहुत चाहा
हो गई तेज़ फिर हवा कुछ और

भीड़ में भी है हर बशर तन्हा
सबको करना है तै सफ़र तन्हा

रहने वाला ही जानता होगा
कोई रहता है किस क़दर तन्हा

कोई ग़म है जो ढूँढ लेता है
मैं चला जाऊँ जब जिधर तन्हा

जाने किस-किस को छाँव देता है
धूप में रह के इक शजर तन्हा

मोतियों के महल बनाते हैं
मैं इधर और वो उधर तन्हा

देवेन्द्र 'माँझी'

मूल नाम	:	देवेन्द्र गोयल
जन्मतिथि	:	10 अप्रैल 1957, नूँह (गुड़गाँव)।
प्रकाशन	:	ग़ज़ल-संग्रह—'समन्दर के दायरे', 'क्यों सभी ख़ामोश हैं', 'मज़बूरियाँ मेरी' और 'हादसा हूँ मैं'। 'इशारे हवाओं के' (ग़ज़ल), 'झुकी पीठ पर बोझ' (दोहे) शीघ्र प्रकाश्य। पत्र-पत्रिकाओं में रचनाएँ प्रकाशित।
सम्प्रति	:	वर्तमान में स्वतन्त्र-लेखन एवं पत्रकारिता।
सम्पर्क	:	25-डी, गली नं. 5, सिंडिकेट इन्क्लेव (पंखा रोड), नई दिल्ली-110045 फ़ोन—25382096

नहीं मिलता मुहब्बत का सिला है
समझ आता नहीं क्या माजरा है

गुज़र जाते हैं सब संवाद चुप ही
हमारे बीच ऐसा पुल बना है

हवा के ख़ौफ़ से अंजान रहकर
दिया किसने मुँडेरों पर रखा है

उसी को हम बदलने पर तुले हैं
मुक़द्दर में हमारे जो लिखा है

मकानों में नमी आएगी लाज़िम
अगरचे धूप को बाहर रखा है

मुझे मालूम है 'माँझी' सभी कुछ
नदी के बीच भी इक रास्ता है

सच है सर का डर आख़िर
पत्थर है पत्थर आख़िर

घर की सी कुछ बात नहीं
कैसे कह दूँ घर आख़िर

सबकी मंज़िल एक वही
कैसा है वो दर आख़िर

हम भी समझें बात तेरी
कोई इशारा कर आख़िर

'माँझी' है तो नाव चला
इतना भी मत डर आख़िर

गुलाबों की महक वाला वो मंज़र छोड़ दूँ कैसे
कि दिल की इस ज़मीं को मैं यूँ बंजर छोड़ दूँ कैसे

अभी तो चाँद-तारे भी चमक देते हैं बढ़ चढ़कर
अभी फिर ख़्वाब से महका मैं बिस्तर छोड़ कैसे

अमानत में ख़यानत से कहाँ डरता है अब कोई
पड़ोसी के भरोसे मैं खुला दर छोड़ दूँ कैसे

मेरे ख़्वाबों की वो ताबीर है जो मुझसे रूठी है
भिख़ारिन की तरह उसको मैं दर दर छोड़ दूँ कैसे

अगर 'माँझी' नहीं आता हुनर नल-नील का मुझको
किसी के नाम का पानी पे पत्थर छोड़ दूँ कैसे

एक सा हर दौर में इसने रखा कुछ भी नहीं
कब बदल जाए हवा इसका पता कुछ भी नहीं

आओगे तो पाओगे उजड़ा मकाँ, बिखरी किताब
अब तो मेरे पास है इसके सिवा कुछ भी नहीं

मैं लगा दीवार से गुमसुम बना हूँ इसलिए
गर न देखे कोई चेहरा आईना कुछ भी नहीं

छू गई बिजली की जैसे तार नंगी सी मुझे
याद है उसने छुआ जब फिर पता कुछ भी नहीं

इसलिए कतरा के इस दरिया से 'माँझी' चल दिया
कौन उसको पूछता जिसकी हवा कुछ भी नहीं

क्या बला ऐसी मेरे ये सर लग गई
लोग कहते हैं मुझको नज़र लग गई

फूल कमज़र्फ़ हैं ख़ुदकशी लेंगे कर
ख़ुशबुओं की नुमाइश अगर लग गई

एक सपने की किरचें चुभी थीं इन्हें
तब से आँखों में कैसी ये झर लग गई

अब नहीं कोई मुझसे मिले प्यार से
सबको मेरे हुनर की ख़बर लग गई

होश 'माँझी' को रहता तभी जानता
नाव लगनी किधर थी, किधर लग गई

अनिरुद्ध सिन्हा

जन्म : 2.5.1957
शिक्षा : एम.ए. (अर्थशास्त्र)
प्रकाशन : चार पुस्तकें प्रकाशित तथा एक सम्पादित।
सम्प्रति : सरकारी सेवा।
सम्पर्क : गुलजार पोखर, मुंगेर-811201 बिहार
फ़ोन : 06344-225167

वो पत्थर था मैं भी उसमें पत्थर बनकर शामिल था
घरवालों की उस बस्ती में बेघर बनकर शामिल था

ख़ुशियाँ गिरवी थीं हर घर की गिरवी था अस्तित्व वहाँ
कोमल धरती के सीने पर बंजर बनकर शामिल था

हड़ताली चेहरे की भाषा पढ़ना कितना मुश्किल था
जिसमें अपना चेहरा अक्सर अक्षर बनकर शामिल था

दावा उसका जाने कैसा हम अमृत भी लाएँगे
लेकिन सन्नाटों के भीतर विषधर बनकर शामिल था

मैं अपने कन्धों पर हर दिन नफ़रत ढोता ख़ूब रहा
ग़लत आँकड़ा देने वाला रहबर बनकर शामिल था

हमारी आज़माइश का शुरू जब सिलसिला होगा
चमनवालों समझ लेना अनोखा फ़ैसला होगा

तलाशी धूप की ले ली खुली आँखें बता देंगी
कुहासे के घरों में जब हवा का दाख़िला होगा

नशेमन ही बड़ा कमज़ोर था इससे ये साबित है
परिन्दे का यहाँ पर इसलिए ही पर जला होगा

बहारों अब नहीं आना पड़ेंगे ख़ून के छींटे
यहाँ हर शख़्स क़ातिल है चमन का क्या भला होगा

नहीं पहचान हो पाई पड़ी वह लाश किसकी थी
लहू से जो बने धब्बे दिखाओ हौसला होगा

लिख सका आगे अगर तो अन्यथा लिख जाएगा
या स्वदेशी आचरण की ही कथा लिख जाएगा

मार डालेगा हमें कीड़े मकोड़े की तरह
बाँचने ख़ातिर लबों पर ख़ुद व्यथा लिखा जाएगा

आप समझेंगे ख़ुशी लेकिन भरोसा मानिए
कर्ज़ ऐसा कुछ न कुछ तो जो न था लिख जाएगा

अब नहीं कहिए उसे फिर इस नगर का देवता
आग पानी चाँद सूरज सर्वथा लिख जाएगा

आज हम वादे के हाथों लुट गए तो कल वही
नौनिहालों के लिए भी यह प्रथा लिख जाएगा

धूप पानी हवा डिगरियाँ खा गईं
पद प्रतिष्ठा ख़ुशी कुर्सियाँ खा गईं

रंग मेंहदी के पैरों से छूटे नहीं
शर्म का आचरण रोटियाँ खा गईं

क़र्ज़ से उम्र का शेष जो भी बचा
घर कुँआरी पड़ीं बेटियाँ खा गईं

पूछना उस अभागन से उसका पता
ज़िन्दगी को जिसे झुर्रियाँ खा गईं

मुल्क के होनहारों के अरमान को
द्वेष विद्वेष की आँधियाँ खा गईं

डालकर परदा गुनाहों पर जो कल ग़ाफ़िल हुए
इस भरे इजलास में लेकिन वही कातिल हुए

देखिए इन टहनियों पर बिजलियाँ कितनी गिरीं
आज तक जलते हुए तिनके कई हासिल हुए

आप दरिया में छलाँगें ख़ूब लेते जाइए
ये हुनर कल काम देगा दूर गर साहिल हुए

चीख़ जिस घर से उठी वह आपका घर था हुज़ूर
सान्त्वना की भीड़ में फिर आप भी शामिल हुए

अब नहीं बहलाइए दे वक़्त की चौपाइयाँ
कल के मौसम के लिए तैयार हम क़ाबिल हुए

पुरुषोत्तम 'यक़ीन'

मूल नाम : पुरुषोत्तम स्वर्णकार

जन्मतिथि : 21 जून, 1957, गढ़ी बाँदुआ, जिला–क़रौली (राज.)

शिक्षा : विज्ञान में स्नातक, आयुर्वेद रत्न, साहित्य रत्न, पत्रकारिता एवं जनसंचार में स्नातक।

प्रकाशन : 'हम चलें, कुछ और चलने' 'झूठ बोलूँगा नहीं', 'सूरज से ठनी है मेरी' (तीन ग़ज़ल संग्रह)। 'रात अभी बाक़ी है' (काव्य संग्रह)। विभिन्न पत्र-पत्रिकाओं में भिन्न-भिन्न विधाओं में रचनाएँ प्रकाशित अनेक संस्थाओं द्वारा सम्मानित/पुरस्कृत।

प्रकाशनाधीन : 'दीपक-राग' (ग़ज़ल-संग्रह), 'सोजे-पिन्हाँ' (उर्दू काव्य-संग्रह), 'पीर पराई नें कुण जाणैं' (राजस्थानी भाषा 'हाडौती' ग़ज़ल-गीत-संग्रह)

सम्प्रति : फ़ोटोग्राफ़ी।

सम्पर्क : चम्बल स्टूडियो, दादाबाड़ी, कोटा-324009
फ़ोन : 0744-2503138

ग़ज़ब है, तू सितम सहकर हमेशा चुप रहा भी है
तेरा ख़ामोश रहना ही सितमगर की रज़ा भी है

तेरी आँखों में ये बेचारगी अच्छी नहीं लगती
तेरे ही बाजुओं में कुव्वते-बेइन्तहा भी है

हिमालय सर झुका देगा अगर तेरे क़दम उट्ठे
सुना है तेरी राहों से समुन्दर ख़ुद हटा भी है

शिकारी पक्षियों की ज़द में फिर है चिड़िया सोने की
झपटते आ रहे हैं हर तरफ़ से, कुछ पता भी है

वो कहते हैं अब आगे सूर्य पश्चिम से उदय होगा
कभी ऐसा सुना भी है, कभी ऐसा हुआ भी है

'यक़ीन' अंधेर नगरी से अँधेरे दूर हों कैसे
हमें ये देखना भी है, हमें ये सोचना भी है

कोई हमें न शहर में जाने है साब जी
फिर कौन हमको काम पे रक्खे है साब जी

घरबार भी था खेत भी खलिहान भी हुज़ूर
वो सब तो साहूकार के गहने है साब जी

दुनिया में अपने भी कभी थे दोस्त-रिश्तेदार
अब कौन इस ग़रीब की सुधि लेता है साब जी

बस पी के घूँट ख़ून के रह जाता है जिगर
रोटी को जब वो नन्ही जो रोए है साब जी

अब तो 'यक़ीन' जानिए जीने को जी नहीं
पर ज़हर भी तो मुफ़्त कब आए है साब जी

ख़ूब जन-विश्वास का बदला चुकाया आपने
राजनेताओ! प्रजा को नोंच खाया आपने

दुहरा-दुहरा कर 'वतन की आबरू ख़तरे में है'
रात-दिन अहले-वतन पर ज़ुल्म ढाया आपने

गाँधी के वो तीन बन्दर आपके आदर्श हैं
कुछ सुना—देखा न कुछ समझा-बताया आपने

ढाई आखर बाँचना, लिखना, सिखाना कम लगा
चार हर्फ़ी लफ़्ज़ नफ़रत का पढ़ाया आपने

कोई मौसम हो, हवा कैसी भी हो, लेकिन 'यक़ीन'
फ़ायदा हालात से हरदम उठाया आपने

न सोचो, उठ गई है महफ़िलें कितनी
ये देखो, साथ हैं अब हसरतें कितनी

न सोचो, ज़र्द पत्ते झड़ गए कितने
ये देखो, शाख़ पर हैं कोंपलें कितनी

न सोचो, हो चुका तय रास्ता कितना
ये देखो, दूर हैं अब मंज़िलें कितनी

न सोचो, ख़ुद ये बरगद सूख जाएगा
ये देखो, गहरी हैं इसकी जड़ें कितनी

न सोचो, हाथ आया क्या 'यक़ीन' अपने
ये देखो, खो चुके हैं मंज़िलें कितनी

इस दिले-बरबाद पर यूँ मत सितम ढाया करो
तुम ज़रा-सी देर को बस रोज़ आ जाया करो

चैन उड़ जाता है दिल का ज्यूँ पसीना छाँव में
तुम मुझे बैठे-बैठाए याद मत आया करो

ज़हन की मीज़ान से भी काम लेना चाहिए
दिल की बातें तोल कर ही लब तलक लाया करो

इश्क़ की गहराइयाँ तो डूब कर ही पाओगे
तुम कभी जज़्बों के दरिया में उतर जाया करो

अय 'यक़ीन' अब ग़ैर के आगे करें क्या गुफ़्तगू
तुम मेरी ख़ातिर कहीं तन्हा भी मिल जाया करो

साकेत सुमन चतुर्वेदी

जन्मतिथि : 14 दिसम्बर, 1957

शिक्षा : एम.काम., बी.एड.।

प्रकाशन : 'लेखनी चलती रहेगी' (काव्य संग्रह), देश की प्रसिद्ध पत्र-पत्रिकाओं में कथाओं, लेखों, कविताओं का प्रकाशन। बुन्देली-ग़ज़लों का सृजन।

सम्मान : अनेक संस्थाओं द्वारा सम्मानित।

सम्प्रति : रेलवे में कार्यरत्।

सम्पर्क : द्वारा श्रीमती उर्मिला तिवारी, 721-ऐबटगंज, चित्रा चौराहा, झांसी (उ.प्र.)

बेवफ़ाई ही मिलेगी, हर जगह संसार में
इसलिए न रंजो-ग़म है यार ये होना ही था

पार्टी के कार्यकर्ता अस्पतालों में पड़े
जेल में है मौजी लीडर, यार! ये होना ही था

वह सही इन्सान था जब तक नहीं धनवान था
भ्रष्टता की खान है वह, यार! ये होना ही था

रंग क्या है मंच क्या है, ना जमे फिर भी जमे
है नकल की बात सारी, यार! ये होना ही था

सब कुचल जाती भलाई, स्वार्थ के रॉलर तले
मिट रही इन्सानियत है यार! ये होना ही था

आम जन से दूर होकर, रो रहा साहित्य है
फिल्म की अन्त्याक्षरी हिट यार! ये होना ही था

न अधिक बस एक क्षण की बात कर
मुझसे मेरे मन की थोड़ी बात कर

दूध की नदियाँ बहेंगी बाद में
सूखते कमज़ोर थन की बात कर

जब प्रदूषण दे रहे उद्यान हैं
त्याग इनको आज वन की बात कर

उन बड़ों से मेरी न पहचान है
मत बहक बस आम जन की बात कर

व्यर्थ के आश्वासनों में क्या 'सुमन'
सत्य मन से आज प्रण की बात कर

मिटती नहीं है दूरियाँ तेरे छलाव से
बाधा बने हैं आज भी ठहराव पाँव से

कुछ मुझको, मुझको छोड़िए ज़्यादा न खींचिए
मैं टूट न जाऊँ कहीं तेरे तनाव से

मैंने तुम्हारी आज तक चतुराई है सही
सर्दी अधिक लगने लगी तेरे अलाव से

मैं जानता हूँ फ़ैसला होगा मेरे ख़िलाफ़
लेकिन पसन्द हार है अपने बिकाव से

यह भ्रम तुम्हारा है 'सुमन' दोहराओगे अतीत
मेरी तो सोच दूर है तेरे बहाव से

प्रश्नों से तुम आज नहीं बच पाओगे
महफ़िल में तुम आज नहीं जँच पाओगे

तेरी करतूतों का भंडा फोड़ेंगे
देखोगे जिस ओर वहीं सच पाओगे

रँग डालेंगे तुमको तेरे दोषों से
खुशियों में भी आज नहीं नच पाओगे

मुँह नोंचेगी अब तेरा मजबूर हिना
सिसकी में तुम आज नहीं रच पाओगे

सिर्फ़ अकेला सब में खुद को पाओगे
इधर-उधर न 'सुमन' कहीं खच पाओगे

पहले कहाँ थे, आ गए तुम कैसे मोड़ पर
अपना ही जो घटा रहे हो आज जोड़कर

सहमी हुई चीख़ भी होंठों में गुम हुई
तुम भी न चैन पा सके आतंक ओढ़कर

दो बोल मीठे तोतले तुमने नहीं सुने
नन्ही सी जान के रखे हैं दाँत तोड़कर

पानी के बुलबुले हो न पानी से हो बड़े
ज़िन्दा न रह सकोगे तुम पानी को छोड़कर

मज़हब से, जाति नाम से तोड़ों नहीं अवाम
खुद ख़ाक में मिलोगे, बम नफ़रत का फोड़कर

अयूब शाहिदी

जन्मतिथि : 2 मई, 1958, दयालपुर (बिहार)
शिक्षा : एम.ए. (उर्दू), बी.एड.।
सम्प्रति : अध्यापन एवं लेखन।
सम्पर्क : जवाहर नवोदय विद्यालय, जंगल अगही, पीपीगंज, गोरखपुर - 273165
फ़ोन : (0551) - 2762122

एक पल अमृत की दूजे पल गरल की ज़िन्दगी
मुझको रास आई न द्विअर्थी ग़ज़ल की ज़िन्दगी

दम्भ, घृणा, ईर्ष्या, पाखण्ड, द्वेष और राग, बैर
किस तराज़ू में तुलेगी आजकल की जिन्दगी

वो अगर मुझसे ख़फ़ा है, इक इशारा तो करे
उसकी ख़ातिर छोड़ देंगे, अन्न-जल की ज़िन्दगी

पाँव कीचड़ में हैं लेकिन सर पे है फूलों का ताज
कितनी इबरतनाक है यारो! कमल की ज़िन्दगी

दे सके तो ज़िन्दगी ऐसी मुझे दे या ख़ुदा
मौत से भारी मगर ख़्वाबों से हलकी ज़िन्दगी

साँस लेना भी सख़्त है बाबा
आज़माइश का वक़्त है बाबा

इसमें पतझर भी है बहार भी है
ज़िंदगी का दरख़्त है बाबा

सच को लेकर सलीब तक पहुँचा,
वो तुम्हारा ही भक्त है बाबा

कैसी इतिहास की किताबें हैं
इनमें तो रक्त ही रक्त है बाबा

वो भी मुझसे ख़फ़ा-ख़फा है तो क्या
मेरा मन भी विरक्त है बाबा

निहाँ जो अपने कलेजे में आग रखता है
वही हवाओं की जद में चराग़ रखता है।

तुम उससे गुफ्तगू में बेसबब उलझते हो
ये पहले देखो वो कैसा दिमाग़ रखता है

ग़लीज़ उसको ही दिखता है ग़ैर का दामन
लिबास अपना जो ख़ुद दाग़-दाग़ रखता है

है जिसकी बातों में जितना ही चंदनों का असर
वो अपने जिस्म में उतने ही नाग रखता है

जुदा-जुदा हैं सियासत की डफलियाँ सब की,
हरेक शख़्स अलग अपना राग रखता है।

शहर में कितनी घुटन है और हवा बन्दिश में है
फिर ये लगता है नये तूफ़ान की साजिश में है

क्या कभी खेतों में फसलें उग सकेंगी प्यार की
इस क़दर शामिल लहू का रंग जब बारिश में है

देखिए इस जुस्तजू में किसके हाथ आता हूँ मैं
ज़िन्दगी कोशिश में है और मौत भी कोशिश में है

कल यक़ीनन बदगुमानी का धुआँ छँट जाएगा
आज़गो हम भी ख़फ़ा हैं, वो भी कुछ रंजिश में है

ला ही देता है खिलौना, काट कर पेट अपना बाप
सोचिए कितनी कशिश बच्चे की फ़रमाइश में है

तअल्लुक़ात बनाने में ये जतन रखिए
कि अपने हाथ में रिमोट का बटन रखिए

ये माना आप हक़ीक़त बयान करते हैं
मगर सलीक़े से कहने का भी तो फ़न रखिए

ज़रूर आप सियासत में गुल खिलाएँगे
निगाह श्वान की और साँप का बदन रखिए

नज़र को सच की भी तस्वीर अजनबी सी लगे
कभी ज़मीर को न इस तरह रेहन रखिए

मेरी नज़र में ये तहज़ीब की अमानत है
बचा के बच्चों की आँखों में बाल-पन रखिए

देवमणि पाण्डेय

जन्मतिथि : 4 जून, 1958 ई. (सुल्तानपुर, उ.प्र.)
शिक्षा : एम.ए. हिन्दी एवं संस्कृत।
प्रकाशन : काव्य-संग्रह 'दिल की बातें' प्रकाशित। मुंबई की सांस्कृतिक निर्देशिका 'संस्कृति-संगम' का सम्पादन। कथा त्रैमासिक 'कथा बिंब' को सम्पादन सहयोग। फ़िल्म 'पिंजर', 'हासिल' और 'कहाँ हो तुम' के अलावा कुछ सीरियलों में गीत रिकार्ड।
सम्पर्क : गुणता आश्वासन निदेशालय, कक्ष सं. 271, दूसरी मंज़िल, आयकर भवन, न्यू मरीन लाइंस, मुंबई - 400 020
फ़ोन (का.) 22030900, 0493-0954, 0991 एक्सटेंशन 226 (निवास) 28122691, मोबाइल : 9821082126

इस जहाँ में प्यार महके ज़िन्दगी बाक़ी रहे
ये दुआ माँगो दिलों में रोशनी बाक़ी रहे

आदमी पूरा हुआ तो देवता बन जाएगा
ये ज़रूरी है कि उसमें कुछ कमी बाक़ी रहे

हर किसी से दिल का रिश्ता काश हो कुछ इस तरह
दुश्मनी के साए में भी दोस्ती बाक़ी रहे

दिल के आँगन में उगेगा ख़्वाब का सब्ज़ा ज़रूर
शर्त है आँखों में अपनी कुछ नमी बाक़ी रहे

दिल में मेरे पल रही है यह तमन्ना आज भी
इक समुन्दर पी चुकूँ जब तिश्नगी बाक़ी रहे

चमन को फूल घटाओ को इक नदी मिलती
हमें भी काश कभी अपनी ज़िन्दगी मिलती

जिधर भी देखिए दामन है तरबतर सबका
कभी तो दर्द की बारिश में कुछ कमी मिलती

बहार आई मगर ढूँढती रहीं आँखें
कोई तो शाख़ चमन की हरीभरी मिलती

न जिसके बाद कोई आरज़ू रहे बाक़ी
बस एक बार तो ऐसी कोई ख़ुशी मिलती

उगाते हम भी शजर एक दिन मोहब्बत का
तुम्हारे दिल की ज़मीं में अगर नमी मिलती

जब तलक रतजगा नहीं चलता
इश्क़ क्या है, पता नहीं चलता

ख़्वाब की रहगुज़र पे आ जाओ
प्यार में फ़ासला नहीं चलता

उस तरफ़ चलके तुम कभी देखो
जिस तरफ़ रास्ता नहीं चलता

दिल अदालत है इस अदालत में
वक़्त का फ़ैसला नहीं चलता

लोग चेहरे बदलते रहते हैं
कौन क्या है, पता नहीं चलता

ये चाह कब थी मेरी मुझको जहान मिले
मुझे तो मेरी ज़मीं, मेरा आसमान मिले

कमी नहीं है सजावट की इन मकानों में
सुकून भी तो कभी इनके दरमियान मिले

अजीब वक़्त है सबके लबों पे ताले हैं
नज़र नज़र में मगर अनगिनत बयान मिले

जवाँ हैं ख़्वाब, क़फ़स में भी जिन परिन्दों के
मेरी दुआ है उन्हें फिर कोई उड़ान मिले

हमारा शहर या ख़्वाबों को कोई मक़तल है
क़दम क़दम पे लहू के यहाँ निशान मिले

चाहत के हर मुक़ाम पर रुसवाइयाँ मिलीं
अपनों की भीड़ में हमें तनहाइयाँ मिलीं

इस दौर में ये बात अजूबे से कम नहीं
झूठों की बातचीत में, सच्चाईयाँ मिलीं

कितने दिलों में आज भी ज़िंदा हैं कुछ रिवाज़
पक्के घरों के बीच में अँगनाइयाँ मिलीं

जितने भी हम क़रीब गए डूबते गए
आँखों में उसकी झील-सी गहराइयाँ मिलीं

पलकों ने जब सजाया है कोई हसीन ख़्वाब
वादी में दिल की गूँजती शहनाइयाँ मिलीं

चन्दर 'वाहिद'

जन्मतिथि	:	5.8.1958, बादशाहपुर (बुलन्दशहर) उ.प्र.
शिक्षा	:	एम.ए. (हिन्दी)।
प्रकाशन	:	ग़ज़ल-संग्रह 'समय कुम्हार है'। विभिन्न पत्र-पत्रिकाओं में रचनाएँ प्रकाशित।
सम्प्रति	:	निजी व्यवसाय
सम्पर्क	:	1/9854, पश्चिमी गोरखपार्क, शाहदरा दिल्ली-110032 फ़ोन-22822787

पीर जब नन्ही सी लड़की से सयानी हो गई
गीत के उस गाँव की हर शै सुहानी हो गई

वक़्त की दूकान पर ढेरों खिलौने थे मगर
किस क़दर मुश्किल हमें क़ीमत चुकानी हो गई

मौत का वादा वफ़ा हो जाने तक जीना पड़ा
मुख़्तसर सी बात थी लम्बी कहानी हो गई

पढ़ते-पढ़ते ही किताबे-ज़ीस्त क्या झपकी लगी
बस उसी झपकी में पूरी ज़िन्दगानी हो गई

दर्द बढ़ता जाए है 'वाहिद' तेरी आवाज़ में
शे'रगोई तेरे ग़म की तर्जुमानी हो गई

सिर्फ़ पत्थर हूँ जो ठोकर से उछाले मुझको
तेरी क़िस्मत हूँ अगर शक्ल में ढाले मुझको

ख़ुद से रूठा हुआ बैठा हूँ मैं घर के बाहर
आए भीतर से कोई और मना ले मुझको

यूँ तो वो सामने दरवाज़ा-ए-मंज़िल है मगर
थामे बैठे हैं मेरे पाँव के छाले मुझको

टूटा शीशा हूँ मैं, चुभ जाऊँगा हाथों में तेरे
मेरी किरचें न उठा तोड़ने वाले मुझको

मैं अँधेरों में इसी ख़ौफ़ से गुम हूँ 'वाहिद'
नंगा कर दें न किसी रोज़ उजाले मुझको

गुल के सीने में जब कसक उट्ठी
शाख़े-गुल दफ़अतन लचक उट्ठी

मैंने भूले से छू लिया गुल को
पत्ती-पत्ती सिसक-सिसक उट्ठी

साज़ छेड़ा चटक के गुंचों ने
ओस पत्तों पः फिर थिरक उट्ठी

याद क्या है? दरख़्त पर जैसे
नन्हीं चिड़िया कोई चहक उट्ठी

'उठ! न रूठेंगे अब कभी तुझसे'
कह के उनकी नज़र छलक उट्ठी

भटके क़दमों को सही राह दिखा दे पत्थर
मेरी मंज़िल का मुझे कुछ तो पता दे पत्थर

उठ न जाएँ ये कहीं राहे-फ़ना की जानिब
तपते पाँवों को न इतनी भी सज़ा दे पत्थर

ग़म के सहरा पे ख़ुशी बनके बरसना चाहे
अब्र-अहसास को इक ऐसी सदा दे पत्थर

मेरे ज़ाहिर से भी बातिन न झलकने पाए
अपने जैसा ही तू मुझको भी बना दे पत्थर

सर पटकते हुए कहता है ये बहता पानी
मेरी मौजों की रवानी को बढ़ा दे पत्थर

बला से, अब तो किसी को न तेरा पास रहे
दुआ ये कर कि तिरी सोच हक़्शनास रहे

ख़ुशी नसीब में अपने नहीं, चलो न सही
ये कम नहीं है कि हम इसके आस-पास रहे

हज़ार तल्ख़ियाँ सीने में दफ़्न हों फिर भी
दुआएँ कर तिरे बोलों में इक मिठास रहे

मेरा रक़ीब मुझे, और मैं तकूँ था उसे
दिलों में लोग लगाते कई क़यास रहे

जो होशमन्द थे तूफ़ाँ ने उनका साथ दिया
वो लोग डूब गए जो कि बदहवास रहे

नरेश शांडिल्य

जन्मतिथि : 15 अगस्त, 1958

शिक्षा : एम.ए. (हिन्दी)।

प्रकाशन : 'टुकड़ा-टुकड़ा ये ज़िन्दगी', 'दर्द जब हँसता है'। अनेक पत्र-पत्रिकाओं में रचनाएँ प्रकाशित।

सम्मान : अनेक साहित्यिक संस्थाओं द्वारा सम्मानित।

सम्प्रति : यूनियन बैंक ऑफ़ इंडिया में कार्यरत एवं स्वतन्त्र लेखन।

सम्पर्क : ए-5 मनसाराम पार्क, सण्डे बाज़ार रोड, उत्तमनगर, नई दिल्ली - 110059
दूरभाष : 25334908 (निवास)

दिलकश कमसिन बातें छोड़ो आज तल्ख़ियों पर चर्चा हो
ख़ूब हो चुकी रिमझिम-रिमझिम कड़क-बिजलियों पर चर्चा हो

फूल, तितलियाँ, प्यार, वफ़ा, मीठे मौसम, जज़्बाती मसले
ये मस्ती का समय नहीं है जली बस्तियों पर चर्चा हो

घूँघट-चूनर-शाल-दुपट्टा, शर्म, हया था जिनका गहना
फ़ैशन शो पर नहीं आज उन आम लड़कियों पर चर्चा हो

ये ख़बरें छोटी-मोटी हैं इनको फ़ुर्सत में देखेंगे
आज तो केवल अख़बारों की ख़ास सुर्ख़ियों पर चर्चा हो

वक़्त नहीं ये पुरस्कार के पैमानों पर बहस करें हम
आज नवोदित किसी क़लम की रक्त-पंक्तियों पर चर्चा हो

जिसको भी न झुकाया सिर
उसने हमें कहा काफ़िर

होंगे वो सब कुछ होंगे
हम भी तो कुछ हैं आख़िर

राह मुहब्बत की सीधी
पार न पाएँगे शातिर

फल तो आने दो पहले
पत्थर लेकर आना फिर

वक़्त ख़बर लेगा सबकी
कौन जिया किसकी ख़ातिर

घूँट लहू के पीते पीते
मरना, वो भी जीते जीते

दिन ढलता है, शब ढलती है
पैबन्दों को सीते सीते

गन्ध कहाँ वो, रंग कहाँ वो
घट फागुन के रीते रीते

लाखों अपने, लाखों अपने
तुझसा एक नहीं मनमीते

ग़म अपनी पर, हम अपनी पर
अब जो बीते, बीते, बीते

ख़ुद से हाल छिपाना क्या
दरपन को बहकाना क्या

चाहत तो बस चाहत है
चाहत का जतलाना क्या

लौ से बचता फिरता है
ऐसा भी परवाना क्या

जो खुलकर भी बन्द लगे
उस दरवाज़े जाना क्या

काम करे ही काम सरे
ख़ाली गाल बजाना क्या

लाख दुखों से गुज़रा हूँ
तक जाकर मैं उबरा हूँ

दो लमहों ने प्यार किया
सौ लमहों को अखरा हूँ

मैं भी ख़ूब नशेमन हूँ
तिनका-तिनका बिखरा हूँ

पत्ता-पत्ता झर-झर कर
कोंपल-कोंपल निखरा हूँ

नभ के तारे छूने को
मैं धरती पर उतरा हूँ

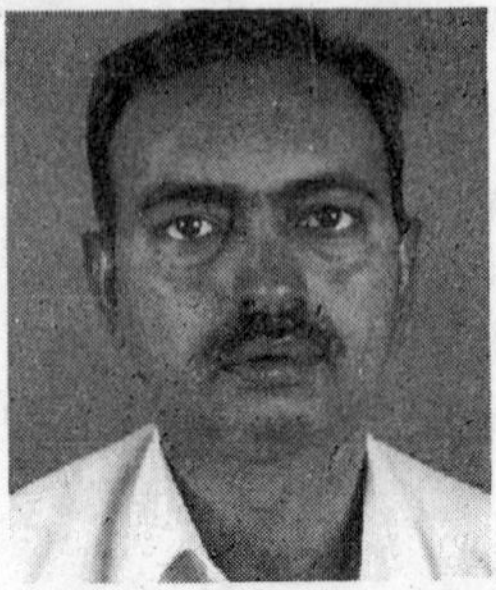

सुल्तान अहमद

जन्मतिथि	:	1.10.1958, अहमदाबाद
प्रकाशन	:	'कलंकित होने से पूर्व', 'उठी हुई बाँहों का समुद्र', 'दीवार के इधर-उधर' (कविता संग्रह), 'ख़ामोशियों में बन्द ज्वालामुखी' 'नदी की चीख़' (ग़ज़ल संग्रह), 'कहानीकार निर्मल वर्मा' (आलोचना), 'शीशे के मकाँ वाले' (राही मासूम रज़ा की उर्दू कविताओं का हिन्दी में लिप्यन्तरण)।
सम्प्रति	:	अध्यापक, हिन्दी विभाग, सरसपुर आर्ट्स एंड कॉमर्स कॉलेज, अहमदाबाद
सम्पर्क	:	174/1075, मोरारजी चौक, बापूनगर, अहमदाबाद-380024

दरख़्त बोले, ख़िज़ाँ है कब से? कभी चमन में फ़ज़ा भी आए
अगर चली है फ़ज़ा की, कोई तो पत्ता हरा भी आए

उजाड़ चेहरे, उदास गलियाँ, ये सहमी सड़कें, खिंची हवाएँ
लरज़ उठे हैं तमाम बस्ती कोई जो मद्धिम सदा भी आए

बहस लुटेरों की हरकतों पर छिड़ी हुई है न जाने कब से
लुटे घरों को ये .फ़ेक्र है अब बहस का कुछ फ़ैसला भी आए

सभी से ऊँचा, सभी से बढ़कर मकाँ बनाना तो देख लेना
कहीं बचा है वो कोना जिसमें कोई तुम्हारे सिवा भी आए

उमस, अँधेरा, घुटन, उदासी, ये बन्द कमरों की ख़ूबियाँ हैं
खुली रखो गर ये खिड़कियाँ तो कहीं से ताज़ा हवा भी आए

रास्ते जब नए बनाओगे
कुछ तो काँटे ज़रूर पाओगे

आ गए जो शहर के धोखे में
रास्ता घर का भूल जाओगे

हाथ अँधेरा ज़रूर कुचलेगा
जब भी कोई दीया जलाओगे

आस्माँ चोट क्यों न पहुँचाए
इस क़दर सर अगर उठाओगे

उनसे कह दो कि हम हैं ख़ुद मिट्टी
हमको मिट्टी में क्या मिलाओगे

जब कब होगा ये धुआँ ग़ायब
जिसमें लगता है आस्माँ ग़ायब

दाना लेने उड़े परिन्दे कुछ
आके देखा तो आशियाँ ग़ायब

हैं सलामत अभी भी दीवारें
उनके लेकिन हैं सायबाँ ग़ायब

कैसे जंगल बनाए शहरों में
हो गए जिसमें कारवाँ ग़ायब

प्यार गर प्यार है तो उभरेगा
लाख उसके करो निशाँ ग़ायब

नज़र ये किसकी लगी ज़र्द हो गए पत्ते
अभी-अभी तो दरख़्तों पे थे हरे पत्ते

कहाँ-कहाँ न भटकते हुए मिले पत्ते
दरख़्त से जो कभी टूटकर गिरे पत्ते

किसे था वक़्त कि सुनता, सभी थे जल्दी में
सुना रहे थे कहानी झरे हुए पत्ते

फिरी है ऐसी मुनादी सज़ा मिलेगी उन्हें
जो बनके साज़ कभी भी यहाँ बजे पत्ते

ख़बर चमन में उड़ी बाग़वान आएगा
न जाने सुनके ये क्यों काँपने लगे पत्ते

इनको हम लेके भटकते हैं सिरों पर अपने
कितने बेजोड़ हैं क़िस्मत में लिखे घर अपने

कल जो कहते थे बदल देंगे रविश आँधी की
आज घुटनों में छुपाए हैं वही सर अपने

क्या ही तुम होगे पशेमाँ, जिन्हें कल ग़ैर कहा
गर वही लोग लगे तुमको बिछुड़कर अपने

लाख भटकोगे मगर राह पे आ जाओगे
छोड़कर उनको बनो ख़ुद कभी रहबर अपने

इस धुएँ में भी कहा आँख से, देखो सपना
होगी इक रोज़ ज़मीं अपनी, समुन्दर अपने

सुरेन्द्र 'शजर'

मूल नाम : सुरेन्द्र पाल सिंह
जन्मतिथि : 5 अक्तूबर 1958
शिक्षा : हायर सेकेन्डरी।
प्रकाशन : 'शजर-ए-सदा'। विभिन्न पत्र-पत्रिकाओं में ग़ज़लें प्रकाशित।
सम्प्रति : निजी व्यवसाय
सम्पर्क : 1/158, सदर बाज़ार दिल्ली छावनी-110010

दौलत से सभी कुछ तो मयस्सर नहीं होता
सोने के मकाँ होते हैं और घर नहीं होता

शीशे के मकाँ होते हैं जिस शहर में सारे
उस शहर में शायद कोई पत्थर नहीं होता

हर शख़्स को दुनिया की हुक़ूमत नहीं मिलती
हर शख़्स मुक़द्दर का सिकन्दर नहीं होता

हाथों से मुक़द्दर तो सँवर सकता है लेकिन
हाथों की लकीरों में मुक़द्दर नहीं होता

इस सर्द-सियाह रात का दुश्वार था कटना
आँखों में अगर धूप का मंज़र नहीं होता

क़ुर्बान हमेशा जो हुआ क़ौम की ख़ातिर
शानों पे हर एक शख़्स के वो सर नहीं होता

आँधी के इमकान बहुत हैं
घर में रौशनदान बहुत हैं

सूफ़ी-सन्त-फ़क़ीरों वाले
अब रस्ते सुनसान बहुत हैं

सच की राह पे शौक़ से चलना
पर इसमें नुक़सान बहुत हैं

उन पर ही चलना मुश्किल है
जो रस्ते आसान बहुत हैं

बीच समन्दर कश्ती रख जा
साहिल पर तूफ़ान बहुत हैं

मुआफ़िक़ ज़िन्दगानी हो गई है
ख़ुदा की मेहरबानी हो गई है

मुझे जीने का मक़सद मिल गया है
रगों में फिर रवानी हो गई

यक़ीं तो तुझपे पहले भी नहीं था
मगर अब बदगुमानी हो गई है

बयाँ की जाने किस लहजे में उसने
हक़ीक़त भी कहानी हो गई है

बला का जोश है लहरों में अब के
तेरी कश्ती पुरानी हो गई है

यूँ तो सब सामान पड़ा है
लेकिन घर वीरान पड़ा है

ज़िन्दा हूँ पर कोई मुझमें
मुद्दत से बेजान पड़ा है

शायर काँटों पर जीता था
फूलों पर दीवान पड़ा है

मेरे घर के दरवाज़े पर
मेरा ही सामान पड़ा है

यार 'शजर' दुनिया का फ़साना
कब से बे-उन्वान पड़ा है

वक़्त कितना ख़राब गुजरा है
लम्हा-लम्हा अज़ाब गुज़रा है

रास्ते क्यों उदास लगते हैं
कौन ख़ाना-ख़राब गुज़रा है

जैसे सहरा से क़ाफ़िला गुज़रे
यूँ इन आँखों से ख़्वाब गुज़रा है

मस्त हैं रहगुज़र के ज़र्रे भी
कोई पीकर शराब गुज़रा है

जिसने नाकामियों की फ़िक्र न की
बस वो ही कामयाब गुज़रा है

शगुफ़्ता ग़ज़ल

जन्मतिथि	:	10 जनवरी 1959, बरेली, उ.प्र.।
शिक्षा	:	एम.ए. (उर्दू)।
प्रकाशन	:	'धनक', 'पैग़ाम', 'तिश्नगी', 'नवाए-ग़ज़ल' और 'सदाएँ' पांच ग़ज़ल संग्रह एवं 'ख़ामोश लहरें' (नज़्म/ग़ज़लें)। अनेक पत्र-पत्रिकाओं में रचनाएँ प्रकाशित।
सम्मान	:	अनेक संस्थाओं द्वारा सम्मानित।
सम्प्रति	:	सरकारी नौकरी (अभिसूचना विभाग)
सम्पर्क	:	शफ़क़ कुटीर, 88 न्यू आज़ादपुरम छावनी, अशरफ़ खाँ, नैनीताल रोड, बरेली (यू.पी.) फ़ोन—0581-2412646

दिल में तूफ़ाँ क्यूँ उठता है वह जाने या मैं जानूँ
दर्दे-जुदाई क्या होता है वह जाने या मैं जानूँ

यह दीवानों की बातें है अहले-ख़िरद क्या समझेंगे
परवाना क्यूँ जल जाता है वह जाने या मैं जानूँ

चाक गिरेबाँ जुल्फ़ परेशाँ जंगल-जंगल फिरते हैं
दिल बैरागी क्यूँ होता है वह जाने या मैं जानूँ

झील किनारे, शाम ढले, इक पंछी जोग लिए बैठा
उसके मन की क्या विपदा है वह जाने या मैं जानूँ

मेरी उलझन मैं समझूँगी, दख़्ल-अन्दाज़ न हो कोई
उस से मेरा क्या रिश्ता है वह जाने या मैं जानूँ

राहे वफ़ा में उम्र बिताई क्या बतलाऊँ कैसे 'ग़ज़ल'
क्या खोया है क्या पाया है वह जाने या मैं जानूँ

उदास चाँदनी ख़ामोश कहकशाँ क्यूँ है
फ़लक नशीनो का माहौल बेज़बाँ क्यूँ है

बिखर गई थी मेरी ज़िन्दगी ख़लाओं में
समेटती हूँ तो नाराज़ यह जहाँ क्यूँ है

न तू है चाँद फ़लक का, न मैं ही सूरज हूँ
तो फ़ासला यह तेरे-मेरे दरमियाँ क्यूँ है

उसूल बदले नहीं बस मिज़ाज बदले हैं
रवायतों से मगर कोई बदगुमाँ क्यूँ है

उफ़क़ के पार नहीं है जो कोई राज़ 'ग़ज़ल'
झुका-झुका सा यह धरती पे आसमाँ क्यूँ है

एक चेहरा गुलाब जैसा है
वह मुकम्मल शबाब जैसा है

देखकर उसको बेख़ुदी छाए
हू-ब-हू वो शराब जैसा है

गुनगुनाहट है उसकी बातों में
और लहजा रबाब जैसा है

क्या बयाँ उसकी क़ुरबतों का करूँ
लम्हा-लम्हा अज़ाब जैसा है

खेलता है वो बदलियों से 'ग़ज़ल'
शोख़ वो माहताब जैसा है

फ़ासले दिल के मिटाकर देखिए
ग़ैर को अपना बनाकर देखिए

ख़ुद-ब-ख़ुद महका करेगी ज़िन्दगी
प्यार का बूटा लगाकर देखिए

वादियाँ सैराब होंगी हुस्न की
इश्क़ का दरिया बहाकर देखिए

दोस्तों की बात का रद्दे अमल
दोस्तों को आज़मा कर देखिए

ज़िन्दगी ख़ुद ही 'ग़ज़ल' बन जाएगी
शायरी से दिल लगाकर देखिए

ज़ब्त लाज़िम है आदमी के लिए
ग़म ज़रूरी है ज़िन्दगी के लिए

हम हक़ीक़त-शनास हैं साकी
क्यूँ बुलाता है मयकशी के लिए

नम गुलाबों की पत्तियाँ क्यूँ हैं
कौन रोया है अजनबी के लिए

हम जिए भी तो आप की ख़ातिर
मर मिटे आप की ख़ुशी के लिए

आँख क्यूँ हो गई 'ग़ज़ल' पुरनम
खेल खेला था दिल्लगी के लिए

अशोक आलोक

जन्मतिथि : 20 जनवरी 1959

शिक्षा : एम.एससी. (गणित)।

प्रकाशन : आईने के सामने (ग़ज़ल संग्रह), दूसरा ग़ज़ल संग्रह प्रकाशन हेतु तैयार। अनेक पत्र-पत्रिकाओं में रचनाएँ प्रकाशित।

सम्मान : अनेक साहित्यिक संस्थाओं द्वारा सम्मानित।

सम्पर्क : द्वारा इलाहाबाद बैंक, केशोपुर, जमालपुर मुंगेर (बिहार)—811214

फूल के मौसम में आई मुस्कुराती तितलियाँ
मन के अन्दर गूँजती है अनगिनत शहनाइयाँ

फूल से हँसते चमन को लग गई किस की नज़र
लाशों से पटने लगी हैं लहलहाती वादियाँ

जन समुन्दर की लहर को रोकना आसाँ नहीं
जाने कब से बेज़ुबाँ थीं ये हमारी बस्तियाँ

न्याय की उम्मीद रखना है मुनासिब अब नहीं
बात गुपचुप हो रही है आदमी के दरमियाँ

एक मेहनतकश खड़ा चिल्ला रहा है मोड़ पर
मज़हबी नारे कभी देती नहीं हैं रोटियाँ

बीज का संचयन अंकुरित हो गया
एक सपना नया पल्लवित हो गया

पुष्प की पंखुड़ी झर गई इस क़दर
शुष्क वातावरण अवतरित हो गया

सब अलग रास्ते हैं लगे ढूँढने
सोच का दायरा संकुचित हो गया

मत करो जुर्म उपदेश देता है जो
भीड़ में फिर वही सम्मिलित हो गया

लौट आए वो दिन जब कहेंगे सभी
आदमी आजकल सद्चरित हो गया

रोशनी आँगन में थोड़ी सी बिखर जाए
एक अच्छी सी ख़बर घर में ठहर जाए

रक्त रंजित भोर है और दोपहर घायल
ख़ूबसूरत चाँदनी छत पे पसर जाए

है उदासी आजकल मौसम के चेहरे पर
इस चमन में धूप चटकीली निखर जाए

बोलने पर हर जगह पाबन्दियाँ क़ायम
आदमी इन्सानियत ले किस डगर जाए

ज़िन्दगी में एक पल खुशियाँ हुई मुश्किल
दर्द का सैलाब है कोई किधर जाए

पीठ में ख़ंजर चुभाना दोस्तो अच्छा नहीं
ज़ख़्म देकर मुस्कराना दोस्तो अच्छा नहीं

दर पे आ के लौट जाना दोस्तो अच्छा नहीं
बाद में कोई बहाना दोस्तो अच्छा नहीं

बात की औक़ात का सब को पता होता नहीं
बात को हद से बढ़ाना दोस्तो अच्छा नहीं

हर घड़ी इल्ज़ाम मढ़ना असलियत जाने बिना
झूठ को होंठों पे लाना दोस्तो अच्छा नहीं

आप मेरी नम्रता को मूर्खता कहिए मगर
जान कर सच मुँह चुराना दोस्तो अच्छा नहीं

कहना बहुत कुछ चाहकर भी कह नहीं पाते
सच बात कोई आजकल तो सह नहीं पाते

सपनों की इक अट्टालिका अक्सर खड़ी दिखती
लेकिन सुखी हम एक पल भी रह नहीं पाते

उनको बुरा लगता है मेरा आचरण आख़िर
तिनका सरीखे संग उनके बह नहीं पाते

लोहित गगन है और धरती का बदन घायल
इन्सानियत का हाथ लेकिन गह नहीं पाते

दावा है उनका मोड़ देंगे नफ़रती आँधी
माहिर सियासी खेल में हैं शह नहीं पाते

कमलेश भट्ट 'कमल'

जन्म : 13 फरवरी, 1959, ज़फ़रपुर (सुलतानपुर) उ.प्र.।

शिक्षा : एम.एस सी. (सांख्यिकी)।

प्रकाशन : ग़ज़ल संग्रह—'शंख सीपी रेत पानी', के साथ-साथ अन्य विधाओं पर कई पुस्तकें प्रकाशित।

सम्मान : 'सूर' नामित पुरस्कार के साथ-साथ अनेक संस्थाओं द्वारा सम्मानित।

सम्प्रति : अलीगढ़ में व्यापार-कर अधिकारी।

सम्पर्क : वर्तमान—एफ़/10, मानसरोवर कालोनी, अलीगढ़-202001 फ़ोन : 2506839
स्थायी पता—538, हिन्द नगर, कानपुर रोड, लखनऊ - 226012
फ़ोन : 2439428

आपने उसकी तबाही का कोई अवसर नहीं छोड़ा
ज़ुल्म की हद ने ही उसमें ज़ुल्म का कुछ डर नहीं छोड़ा

कुछ अजब अन्दाज़ में आँधी चली हर बार मज़हब की
उसने कोशिश भर, कहीं पर ख़ुशनुमा मंज़र नहीं छोड़ा

घर जलाकर जिसने बेघर कर दिया था बेगुनाहों को
कोई साया, वक़्त ने उसे शख़्स के सर पर नहीं छोड़ा

पूजने भर से किसी को कब मिला है आज तक ईश्वर
पूजने वालों ने तो कोई कहीं पत्थर नहीं छोड़ा

नोंचने वालों के क़दमों से लिपट कर रह गया आख़िर
आदमी का फूल ने हर हाल में आदर नहीं छोड़ा

कभी इसकी तरफ़दारी, कभी उसकी नमकख़्वारी
इसे ही आज कहते हैं ज़माने की समझदारी

जो खोजोगे तो पाओगे कि हर कोई है काला-दिल
जो पूछोगे, बताएगा वो ख़ुद को ही सदाचारी

अलग तो हैं मगर दोनों ही सच हैं इस ज़माने के
कहीं पर जश्न होता है, कहीं होती है बमबारी

करोड़ों हाथ खाली हैं, उन्हें कुछ काम तो दे दो
थमा देगी नहीं तो ड्रग्स या पिस्तौल, बेकारी

नहीं अब तक थके जो तुम तो कैसे हम ही थक जाएँ
तुम्हारे जुल्म भी जारी, हमारी जंग भी जारी

वो ख़ुद ही जान जाते हैं बुलन्दी आसमानों की
परिन्दों को नहीं तालीम दी जाती उड़ानों की

जो दिल में हौसला हो तो कोई मंज़िल नहीं मुश्किल
बहुत कमज़ोर दिल ही बात करते हैं थकानों की

जिन्हें है सिर्फ़ मरना ही, वो बेशक ख़ुदकुशी कर लें
कमी कोई नहीं वर्ना है जीने के बहानों की

महकना और महकाना है केवल काम ख़ुशबू का
कभी ख़ुशबू नहीं मोहताज होती क़द्रदानों की

हमें हर हाल में तूफ़ान से महफ़ूज रखती हैं
छतें मजबूत होती हैं उमीदों के मकानों की

एक चादर-सी उजालों की तनी होगी
रात जाएगी तो खुलकर रोशनी होगी

सिर्फ़ वो साबुत बचेगी ज़लज़लों में भी
जो इमारत सच की ईंटों से बनी होगी

आज तो केवल अमावस है, अँधेरा है
कल इसी छत पर खुली-सी चाँदनी होगी

जैसे भी हालात हैं हमने बनाए हैं
हमको ही जीने की सूरत खोजनी होगी

बन्द रहता है वो ख़ुद में इस तरह अक्सर
दोस्ती होगी न उससे दुश्मनी होगी

पेड़ कटे तो छाँव कटी फिर आना छूटा चिड़ियों का
आँगन-आँगन रोज़ फुदकना गाना छूटा चिड़ियों का

आँख जहाँ तक देख रही है चारों ओर बिछी बारूद
कैसे पाँव धरें धरती पर, दाना छूटा चिड़ियों का

कोई कब इल्ज़ाम लगा दे उन पर नफ़रत बोने का
इस डर से ही मन्दिर-मस्जिद जाना छूटा चिड़ियों का

मिट्टी के घर में इक कोना चिड़ियों का भी होता था
अब पत्थर के घर से आबोदाना छूटा चिड़ियों का

टूट चुकी है इन्सानों की हिम्मत कल की आँधी से
लेकिन फिर भी आज न तिनके लाना छूटा चिड़ियों का

गुलशन मदान

जन्मतिथि	: 5.2. 1959, कैथल (हरियाणा)
सम्प्रति	: भारतीय स्टेट बैंक कैथल में सेवारत।
	: 'धूप के इश्तिहार' 'कुछ क़दम फुटपाथ पर' 'क़तरे का समन्दर' तीन ग़ज़ल संग्रह प्रकाशित। प्रतिष्ठित पत्र-पत्रिकाओं में रचनाएँ प्रकाशित।
सम्मान	: कई स्थानीय संस्थाओं द्वारा सम्मानित एवं पुरस्कृत।
सम्पर्क	: वसन्तम् 272 ए/115, अशोका गार्डन कालोनी, कैथल-136027 (हरियाणा) फ़ोन : 01746-234228

मुद्दतों से है यह सफ़र मेरा
वक़्त हूँ मैं, कहाँ है घर मेरा

जुस्तजू की यह इन्तिहा होगी
ढूँढ लोगे पता अगर मेरा

अपने हिस्से की मिल गई है ज़मीं
खो गया आस्माँ मगर मेरा

किसको फ़ुरसत है इस ज़माने में
कौन देखेगा यह हुनर मेरा

सबने रस्ते बदल लिए अपने
ग़म रहा एक हमसफ़र मेरा

मौत से तो सामना होना ही था
ज़िन्दगी का फ़ैसला होना ही था

एक दिन यह वाक़िया होना ही था
दिल हमारा आपका होना ही था

हो गया है वह जुदा तो रंज क्यों
जो मिला उसको जुदा होना ही था

मेरी फ़ितरत से अलग उसकी अदा
दरमियाँ फिर फ़ासला होना ही था

मुँह छिपाते ख़ुद से आख़िर कब तलक
आइनों से सामना होना ही था

बदले जब आसार अचानक
बदल गए सब यार अचानक

जब भी फूलों से मिलता हूँ
चुभ जाते हैं ख़ार अचानक

दिल में था इन्कार, मगर हम
कर बैठे इक़रार अचानक

बिना बुलाए मेहमानों से
आए दुख हर बार अचानक

हँसते गाते घर में इक दिन
खिंच गई इक दीवार अचानक

उसे होता है यह आभास घर में
नहीं आया है कुछ भी रास घर में

कहीं जंगल में है आसान शायद
बहुत मुश्किल है पर बनवास घर में

किसी पर वह भरोसा क्या करेगा
कि जिसका टूटा हो विश्वास घर में

कोई त्यौहार हो, कोई ख़ुशी हो
कभी होता नहीं उल्लास घर में

मुझे ऐसा लगा तुम आ गए हो
हुआ ख़ुश्बू का जब अहसास घर में

रोज़ कुर्सी की कोशिशें, तौबा
ये सियासत की साज़िशें, तौबा

रूह भीतर सिसकती रहती है
जिस्म की ये नुमाइशें, तौबा

तौबा, घर-घर में उठती दीवारें
भाई भाई में रंजिशें, तौबा

बात दौलत की हो या शोहरत की
आदमी की ये ख़्वाहिशें तौबा

तौबा-तौबा ये जाल रिश्तों के
ज़िन्दगी की ये बन्दिशें तौबा

जन्म	: 7 मार्च 1959, दिल्ली।
शिक्षा	: एम. ए., बी. एड।
सम्प्रति	: अध्यापन एवं स्वतन्त्र लेखन।
सम्पर्क	: सी-1/3, एस. डी.ए., हौज़ खास, नई दिल्ली-110016 फ़ोन-26859345

नूतन कपूर

कभी जंगलों, कभी पर्वतों, कभी सागरों के निकट गई
हूँ अब ऐसी बोगी उजाड़ में, वो जो चलती गाड़ी से कट गई

वो मिलन की थी कोई रात क्या, ये न पूछिए हुई बात क्या
जो गुज़र गई वो गुज़र गई, जो निपट गई सो निपट गई

मैं कहानियों में रही नहीं, मेरा पैर है न है सर कहीं
वो हवा भी एक बला सी थी, मेरा पृष्ठ-पृष्ठ पलट गई

मेरा पानियों से है वास्ता, मेरा सागरों से है सिलसिला
मैं उमंग हूँ, मैं तरंग हूँ, कभी बढ़ गई, कभी घट गई

बड़ी छल-कपट में महान थी, बड़ी आन-बान थी शान थी
वो जुबान एक दुकान थी, जो वचन से अपने पलट गई

कोई फूल तक तो झड़ा नहीं, कोई द्वार पर भी खड़ा नहीं
तेरा स्वप्न मैंने गढ़ा नहीं, मेरी नींद कैसे उचट गई

दर्द को चाँदनी से धोया है
चैन से तब कहीं ये सोया है

मन को क्या लाड़ से संजोया है
प्यार काटा है, दर्द बोया है

क़ब्र का गुल अगर नहीं रोया
दीप तो रात-रात रोया है

न इधर की न मैं उधर की रही
हाय! किस घाट पे डुबोया है

आज की रात चाँद भी 'नूतन'
सोया-सोया है, खोया-खोया है

मोटर के धुँओ ने कई अफ़साने गढ़े हैं
हम हैं कि सड़क पर किसी पत्थर से पड़े हैं

तुम ख़ुद ही समझ लो कि हैं ख़ुद्दार कहाँ तक
अपने से भी झुंझला के कई बार अड़े हैं

सौ हाथ हैं उस ओर, उठाए हुए पत्थर
हम काँच की दहलीज़ पे चुपचाप खड़े हैं

साया हूँ पिघल जाऊँगी मैं धूप से अपनी
बेकार में यादें मेरा आँचल पकड़े हैं

गाड़ी में बसे शहरों सी 'नूतन' की दशा है
ये भी तो कई बार बसे हैं, उजड़े हैं

साज़िशें हैं मुझे मिटाने की
ये बड़ी भूल है ज़माने की

आइना तोड़ने से क्या होगा
सोच, दीवार को गिराने की

धूप तो शाम तलक मर लेगी
ऐसी-तैसी हो शामियाने की

बिजलियाँ कर रही हैं दरबानी
ख़ैर से मेरे आशियाने की

आपको क़त्ल तक ही छूट मिली
रोक 'नूतन' पे गुनगुनाने की

अब ख़ुशी के समान ही ग़म है
ज़ख़्म नासूर हो तो मरहम है

आज यादें बरस रही हैं तेरी
मन के आँगन में क्या छमाछम है

कर रही हूँ शिकायतें क्या-क्या
तुम उपस्थित हो या मेरा भ्रम है

घाव लौ दें, तो कोई बात भी हो
दिल की नगरी में रौशनी कम है

काट देती है जिगर हीरे का
फूल की पँखुड़ी कोई कम है

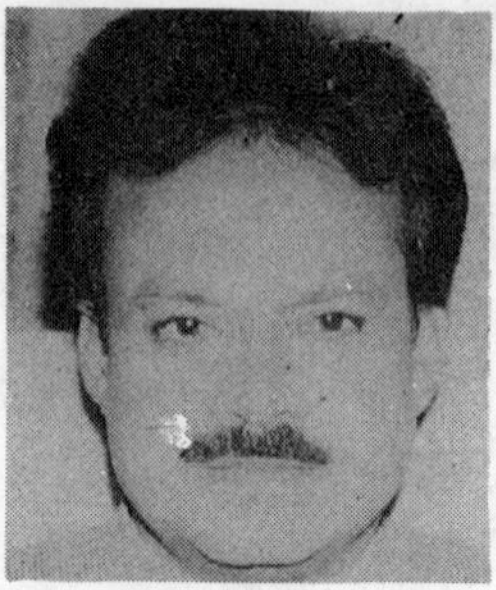

जावेद 'शोहरत'

जन्मतिथि : 21 मई 1959, कटैला (ग़ाज़ीपुर), उ.प्र.

प्रकाशन : अनेक पत्र-पत्रिकाओं में रचनाएँ प्रकाशित।

सम्मान : अनेक प्रतिष्ठित संस्थाओं द्वारा सम्मानित/पुरस्कृत। 'बज़्मे-ग़ज़ल' इलाहाबाद के संस्थापक महासचिव। 'डॉ. मासूम रज़ा राही एवार्ड' फ़ाउंडेशन के चेयरमैन पद का दायित्व। अनेक संस्थाओं में सक्रिय भागीदारी।

सम्प्रति : उ. प्र. सरकार के अधीन, ग्रा. अ. सेवा विभाग में अभियन्ता पद पर कार्यरत।

सम्पर्क : ए-508, जी.टी.बी. नगर, करेली कालोनी, इलाहाबाद-211010 (उ.प्र.) फ़ोन : 0532-2551006

किया उसी ने है ये इन्तिख़ाब रहने दो
हमारे कोट पे काला गुलाब रहने दो

बहुत से लोग हैं आली जनाब रहने दो
हमें न देना कभी ये ख़िताब रहने दो

जो ख़्वाब बर्फ़ का देखा तो जल गई आँखें
हमारी आँख में सूरज का ख़्वाब रहने दो

जो छीन लेना है तुमको तो छीन लो सब कुछ
मगर ग़ज़ल के लिए इज़्तेराब रहने दो

बिखरते टूटते रिश्तों की सब कहानी है
पढ़ी बहुत है ये दिल की किताब रहने दो

मुस्कुराओ कि ज़िन्दगी लौटे
रेत के शह्र में नमी लौटे

होंठ पर जम गए है सन्नाटे
कुछ किया जाए कि हँसी लौटे

गुम हुए थे जो पार सरहद के
वो परिन्दे कहाँ अभी लौटे

बुझ गई आँख सो गई दहलीज़
ख़त न आया न आप ही लौटे

नाज़ सबका उठाएगा आँगन
धूप लौटे कि चाँदनी लौटे

दर्दे-दिल दर्दे जाँ खरीद लिया
लो किताबे जहाँ ख़रीद लिया

रोज़ इक फूल उसको देना था
इसलिए गुलसिताँ ख़रीद लिया

जिसमें हम तुम मिले थे पहली बार
हमने कल वो मकाँ ख़रीद लिया

चाँद खिलता नहीं ज़मीं पे कहीं
इसलिए आसमाँ ख़रीद लिया

साथ क्या लेके जाओगे 'शोहरत'
यूँ तो सब कुछ यहाँ ख़रीद लिया

यूँ ही सबको न टोकिए साहब
पहले को को टटोलिए साहब

साथ किस मोड़ पे कहाँ छूटा
इस कहानी को छोड़िए साहब

ये तो मेरी ग़ज़ल के आँसू हैं
इनको हीरों में तोलिए साहब

घर के गुम्बद पे चाँद बैठा है
अपनी खिड़की तो खोलिए साहब

सच समझ कर यकीन कर लूँगा
कोई इक झूठ बोलिए साहब

दिलों का आइना बदला हुआ है
पुराना फ़्रेम है शीशा नया है

मिरे आँगन में ठंडक झूमती है
ग़ज़ल की शाल जब वो ओढ़ता है

सभी अल्फ़ाज़ थे नम आँसुओं से
बड़ी मुश्किल से उसका ख़त पढ़ा है

वज़ीरों ने किया है क़त्ल जब भी
सियासत ने कहा, ये हादसा है

ख़बर ये लाल ख़ाने में छपी थी
मकाँ इक बर्फ़ का था जल गया है

शशिकान्त

जन्म : 5 जून, 1959

शिक्षा : वाणिज्य स्नातक।

प्रकाशन : 'आईना मेरा' (ग़ज़ल संग्रह), 'हम हैं सुमन एक उपवन के' (बाल कविता संग्रह)। गीत, ग़ज़ल, कविता एवं बालगीत। विभिन्न पत्र-पत्रिकाओं में रचनाएँ प्रकाशित।

सम्प्रति : महानगर टेलीफोन निगम लिमिटेड, दिल्ली में कार्यरत।

सम्पर्क : 52/74 ए-18, गली नं. 22, नई बस्ती, आनन्द पर्वत, नई दिल्ली-110005
दूरभाष : 25813132 (नि.), 25781212 (का.)

क्या है पास अमीरों के
देखो ठाठ फ़क़ीरों के

लाख ग़ज़ब तदबीरें हों
खेल अजब तक़दीरों के

जिस्मों की क्या बात यहाँ
सौदे हुए ज़मीरों के

मेरी क़िस्मत कौन पढ़े
धुँधले नक़्श लकीरों के

तेरी महक अभी तक है
हर्फ़ मिटे तहरीरों के

रूठोगे यूँ कब तक बोलो
अब तो मन की गाँठें खोलो

मैं भी अपनी कमियाँ देखूँ
तुम भी अपना हृदय टटोलो

हाँ, मैंने भी प्यार किया है
मेरा भी अन्जाम लिखो लो

या तो मुझको कर लो अपना
या फिर तुम ही मेरे हो लो

इक-इक पल अनमोल रतन है
मत ऐसे माटी में रोलो

कौन समय का ग्रास नहीं
बस इसका अहसास नहीं

यूँ सब कुछ इस दौर में है
केवल इक विश्वास नहीं

चैन कहाँ फिर दुनिया में
गर ख़ुद अपने पास नहीं

बाक़ी है जब साँस अभी
कैसे कह दूँ आस नहीं

मैं जो तुझसे दूर रहा
क्या ये भी बनवास नहीं

ग़ज़लों में जो ढाले तूने
आँसू ख़ूब सँभाले तूने

ये आँखें सह भी पाएँगी
दे तो दिए उजाले तूने

मन का चैन कहीं मिल पाया
पूजे लाख शिवाले तूने

इक सीधी-सी बात कही थी
क्या-क्या अर्थ निकाले तूने

ख़ुद ही इनमें उलझ गया ले
आप बुने थे जाले तूने

क्या हो गर ऐसा कहीं हो जाए तो
दिल की हर ख़्वाहिश अगर बर आए तो

मैं ही क्या पहचान पाऊँगा उसे
यक-ब-यक वो राह में मिल जाए तो

भूल पर मैं भी हूँ शर्मिन्दा बहुत
वो भी मन ही मन उधर पछताए तो

ज़िन्दगी का लुत्फ़ भी आ जाएगा
ज़िन्दगी क्या है समझ में आए तो

मुझको ही समझाने आए हैं सभी
कोई जाकर उनको भी समझाए तो

इरशाद अहमद सिद्दीक़ी

जन्मतिथि	: 1.7.1959
शिक्षा	: एम.ए. (अर्थशास्त्र) बी. एड.।
प्रकाशन	: काली दुनिया सफ़ेद लोग (व्यंग्य संग्रह), सरसों हुई जवान (कविता संग्रह), संयु. शीशे के सनम (ग़ज़ल संग्रह), संयु. नींद के ख़िलाफ़ (लघुकथा संग्रह), संयु.। विभिन्न पत्र-पत्रिकाओं में रचनाएँ प्रकाशित। कयास धरोहर, साहित्य सागर का सम्पादन।
संयु. महामंत्री	: कादम्बरी साहित्य परिषद, चिरमिरी हिल्स, कोरिया (छ.ग.)
निदेशक	: लौ प्रकाशन चिरमिरी कोरिया (छ.ग.)
सम्प्रति	: उच्च श्रेणी शिक्षक शा. विद्यालय कुरासिया
सम्पर्क	: बी. टाइप क्वार्टर नं. बी-1/27 पो. कुरासिया, जिला कोरिया (छ.ग.)

ज़मीर बेच सिर कटाने लगा है आदमी
चेहरे पर चेहरा सटाने लगा है आदमी

ग़ैर तो सब ग़ैर थे ख़ुदा की क़सम
अपने अपनो को मिटाने लगा है आदमी

सूरज को आँगन में उतारूँ क्यों कर
अँधेरे को और बढ़ाने लगा है आदमी

अब तो ओ भी ख़ून पीने लगा है
जब से दाँत गड़ाने लगा है आदमी

किस-किस को कहता फिरेगा 'इरशाद'
एक दूसरे के नकाब हटाने लगा है आदमी

जिसके सीने में दिल आँखों में पानी नहीं
आजकल ऐसे लोगों का कोई सानी नहीं

जितने भिखारी थे सब पकड़े गए हवाले में
भारत में कर्ण जैसा अब कोई दानी नहीं

उमेठा गया है कान जनता की अदालत में
सीख जनतंत्र में देना कोई शैतानी नहीं

दे दिया रोशनी का सूरज तेरे हाथ में
जुगनुओं का वजूद कोई बेमानी नहीं

क़स्में खाते मुल्क की हिफ़ाजत की 'इरशाद'
याद कर लो फिर ऐसी क़सम खानी नहीं

बेदिली से आप क्यूँ मिलते हैं इस तरह
अब आप हमसे क्यूँ चिढ़ते हैं इस तरह

फूटकर बहने दीजिए मन के उबाल को
हमारे ज़ख़्म को क्यूँ सिलते हैं इस तरह

बाँट कर गए थे हम पन्ने किताब के
फटी-फटी सी क्यूँ जिल्दें है इस तरह

पहले चमन में ठहरी पुरकस बहार थी
फूल डरे-डरे से क्यूँ खिलते हैं इस तरह

बैठो अब 'इरशाद' चिलमन को ओट में
साए से लग के क्यूँ हिलते है इस तरह

देख शहर की ऊँचाइयाँ दिल घबराने लगा है
देख शहर की तनहाइयाँ दिल घबराने लगा है

रोटियों की खोज में गोलियाँ चलने लगी हैं
देख उनकी परछाइयाँ दिल घबराने लगा है

सुर्ख़ जोड़ों में लिपटकर बेटियाँ जलने लगी
देख बजती शहनाइयाँ दिल घबराने लगा है

नाखून उगने लगे हैं आदमी की आँखों मं
देख उनकी चतुराइयाँ दिल घबराने लगा है

फँस के रह गए ज़माने के भँवर में 'इरशाद'
देख उनकी गहराइयाँ दिल घबराने लगा है

मुफ़लिसी में दिन कट रहे हैं या रब
लोग अपनों से हट रहे हैं या रब

यक़ीं कैसे करूँ जहाँ में बन्दो पर
बन्दो के ईमान घट रहे हैं या रब

था जिन पर भार मुल्क की हिफ़ाज़त का
चन्द टुकड़ों में पट रहे हैं या रब

जो खाया नहीं ज़माने का पत्थर
छेनी हथौड़ी से कट रहे हैं या रब

लाख बुराई कोई चाहे ऐ 'इरशाद'
हाथ फ़कत दुआ को उठ रहें या रब

आलम ख़ुरशीद

जन्मतिथि : 11 जुलाई, 1959, आरा (भोजपुर) बिहार

शिक्षा : एम.ए., पत्रकारिता स्नातक।

प्रकाशन : 1. 'नए मौसम की तलाश' (कविता एवं ग़ज़ल-संग्रह), 2. 'ज़हरे गुल' (ग़ज़ल-संग्रह) (दोनों उर्दू में प्रकाशित)।

सम्मान : बिहार उर्दू अकादमी पुरस्कार, पश्चिम बंगाल उर्दू अकादमी पुरस्कार, जोश मलीहाबाद पुरस्कार।

सम्प्रति : केन्द्र सरकार में वरीय लेखाकार।

पता : आलम ख़ुरशीद, कार्यालय : डी. ए. (पी.) एक्जिबीशन रोड, पटना-800001
फ़ोन : 0612-2680783 (निवास)

हथेली की लकीरों में इशारा और है कोई
मगर मेरे तआक़ुन में सितारा और है कोई

किसी साहिल पे जाऊँ एक ही आवाज़ आती है
तुझे रुकना जहाँ है वो किनारा और है कोई

न गुम्बद इस इमारत का न फाटक उस हवेली का
कबूतर ढूँढता है जो मिनारा और है कोई

अभी तक तो वही शिद्दत हवाओं के जुनूँ में है
अभी तक झील में शायद शिकारा और है कोई

तमाज़त है वही बाक़ी अगरचे अब्र भी बरसे
हमारी राख में शायद शरारा और है कोई

मैं बाहर के मनाज़िर से अलग हूँ इसलिए 'आलम'
मेरे अन्दर की दुनिया में नज़ारा और है कोई

मेरी गिरफ़्त से मंज़िल मेरी फिसलती रही
कि मुझसे तेज़, हमेशा ज़मीन चलती रही

हवा के साथ भला कितनी दूर मैं जाता
हर एक मोड़ पे वो रास्ता बदलती रही

गुनह के बोझ से ये हाथ ही नहीं उठे
लबों पे वर्ना हमेशा दुआ मचलती रही

मेरे लहू से हमेशा चिराग़ जलते रहे
हवा के साथ सियह रात हाथ मलती रही

मैं उसके नीचे खड़ा भीगता रहा 'आलम'
वो इक चटान बहुत देर तक पिघलती रही

हाथ पकड़ ले अब भी तेरा हो सकता हूँ मैं
भीड़ बहुत है इस मेले में खो सकता हूँ मैं

पीछे छूटे साथी मुझको याद आ जाते हैं
वर्ना दौड़ में सबसे आगे हो सकता हूँ मैं

जाने कब समझेंगे जिस पर जान लुटाता हूँ
अपने दिल में नफ़रत भी तो बो सकता हूँ मैं

इक मासूम सा बच्चा मुझमें अब तक ज़िन्दा है
छोटी-छोटी बात पे अब भी रो सकता हूँ मैं

शक होता है 'आलम' मुझको अपने दावे पर
देखूँ कब तक बोझ पराया ढो सकता हूँ मैं

देख रहा है दरिया भी हैरानी से
मैंने कैसे पार किया आसानी से

अब सहरा में चैन से सोया करता हूँ
डर लगता था बचपन में वीरानी से

दिल पागल है रोज़ पशेमाँ होता है
फिर भी बाज़ नहीं आता मनमानी से

कम-कम ख़र्च करो वर्ना ये जज़्बे भी
बेवक़अत हो जाते हैं अरज़ानी से

अपना फ़र्ज़ निभाना एक इबादत है
'आलम' हमने सीखा इक जापानी से

जंगल में अँधेरा है बहुत तेज़ हवा भी
और ज़िद है हमारी कि जलाएँगे दिया भी

मौसम की इनायत है कि साज़िश है फ़िज़ा की
अब लू की तरह लगने लगी बादे-सबा भी

क्यों सर को झुकाएगा ज़माना तेरे आगे
कुछ और तुझे आता है रोने के सिवा भी

इस पेड़ से ख़ुद टूट के अब फल नहीं गिरते
तू कब से खड़ा है कोई पत्थर तो चला भी

हीरे की तरह लगता है हर काँच का टुकड़ा
कमबख़्त अजीब चीज़ है गुर्बत का नशा भी

अज़रा 'नूर'

मूल नाम : अज़रा खान

जन्म-तिथि : 12 जुलाई, 1959, रामनगर (नैनीताल)।

शिक्षा : एम.ए., बी.एड., बी.जे. एम.सी, पी एच.डी. (अंग्रेज़ी)।

प्रकाशन : 'चुप कैसे रहूँ' (ग़ज़ल-संग्रह) एवं 'तड़प' (हिन्दी नज़्में व ग़ज़लें) के साथ-साथ अनेक विधाओं में पुस्तकें प्रकाशित। विभिन्न पत्र-पत्रिकाओं में रचनाएँ प्रकाशित। एक काव्य-संग्रह एवं एक कथा-संग्रह प्रकाशनाधीन।

सम्मान : अनेक साहित्यिक संस्थाओं द्वारा सम्मानित/पुरस्कृत।

सम्प्रति : सहायक प्रोफ़ेसर (अंग्रेज़ी) राज. कृषि महाविद्यालय, उदयपुर

सम्पर्क : फ़िरदौस, 37 कालका माता रोड, गणेश नगर पहाड़ा, उदयपुर (राज.) 313001

तल्ख़ियाँ, तल्ख़ियाँ, तल्ख़ियाँ, तल्ख़ियाँ
सब मिठास ले उड़ीं शाही तितलियाँ

बचे कैसे बता शजर एहसास का
गिरीं दिल की ज़मीं पे सदा बिजलियाँ

क़तरा क़तरा मुल्क़ जब बिकने लगे
बिन पानी तड़पती हैं सब मछलियाँ

फूल वादों के खिले बारहा मगर
इन्साफ़ पा न सकीं दर्द की तकलियाँ

हाथ इच्छा के ऊँचे जितने उठे
दूर उतनी हुईं सुख की बदलियाँ

निज़ाम बदला मगर देख लें आमजन
हैं वही राग उनके वही ढपलियाँ

ख़्वाहिश हो तो काम बहुत हैं
जीवन के पैग़ाम बहुत हैं

इश्क़ नहीं है सबकी मंज़िल
नाम से तो गुलफ़ाम बहुत हैं

बच्चा जिनकी ज़िद कर बैठा
उन चीज़ों के दाम बहुत हैं

सच कहने की आदत जिसको
उसके सर इल्ज़ाम बहुत हैं

'नूर' सुझाएँ क्या औरों को
वो ख़ुद ही नाकाम बहुत हैं

कोई शिकवा न कोई शिकायत रहे
इश्क़ तो बस ख़ुदा की इबादत रहे

हालात हों चाहे कितने ख़िलाफ़
दरम्याँ दिल के न कोई अदावत रहे

इस जहाँ में कहीं जिनके अपने नहीं
उनके सर पे ख़ुदा की इनायत रहे

ख़ुद चली आती है हर नज़र साथ में
हुस्न में थोड़ी भी गर नफ़ासत रहे

'नूर' हारे नहीं वक़्त से जो कभी
बाक़ी किरदार में वो शराफ़त रहे

अब मज़हब नया कोई बनाया जाए
इन्सान की अस्मत को बचाया जाए

करते हैं दग़ा भी वफ़ा की तरह जो
उन चेहरों से नकाब हटाया जाए

वहशत की आग ने जिनको किया तन्हा
उन बच्चों को सीने से लगाया जाए

फूल के होठों पे तितली को बिठाकर
चाहत का सलीक़ा भी सिखाया जाए

यह जीना भी तो जीना है तभी जब
मक़सद कोई जीवन का बनाया जाए

जिसको सबकी ख़बर जिसको सबका पता
लोगों ने नाम उसी का रखा है ख़ुदा

सुनते हैं दुनिया में उसकी इन्साफ़ है
क्यूँ बेगुनाहों को फिर मिलती आई सज़ा

लाख दामन बिछाके माँगो उससे दुआ
दर्दे-दिल की मगर नहीं मिलती दवा

बदली हैं वक़्त ने इस तरह करवटें
कि रिश्ते नाते सभी दे गए हैं दग़ा

गर मिले वो कहीं तो मैं पूछूँ यही
क्यूँ मज़हबों में तू बँट गया ऐ ख़ुदा

राजेन्द्र प्रसाद मोदी

जन्मतिथि	:	5 जनवरी, 1960
शिक्षा	:	बी.ए., बी.एड., डिप.इन.म्यू., एम.एच.एम. (होमियो), एम.डी.।
प्रकाशन	:	'कहीं और सवेरा', 'हाय रे पतझड़', एक क़दम और' का उप सम्पादन। अनेक पत्र-पत्रिकाओं में रचनाएँ प्रकाशित।
सम्मान	:	'सुकवि' सम्मान सहित अनेक संस्थाओं द्वारा सम्मानित/पुरस्कृत।
सम्प्रति	:	संस्थापक प्राचार्य सहप्रभारी चिकित्सा पदाधिकारी, आर.ई.एच. मेडिकल कॉलेज एंड हॉस्पिटल, सुल्तानगंज (भागलपुर)
सम्पर्क	:	श्यामबाग रोड, सुलतान गंज, भागलपुर-813213 (बिहार)

ख़त्म इक दिन ज़ुल्म का तो सिलसिला होगा ज़रूर
मुफ़लिसों के हक़ लिए तो फ़ैसला होगा ज़रूर

जो चमन में गुल खिलाने में लगे आठों पहर
उनके दिल में प्यार का तो गुल खिला होगा ज़रूर

ला दिए मँझधार से जो नाव को ख़ुद से सँभाल
उनके दिल में तो बहुत ही हौसला होगा ज़रूर

जो नज़र को बन्द कर सारे नज़ारे देखते
ये हुनर उनको इलाही से मिला होगा ज़रूर

जो परिन्दे ख़ुद बनाते अपने दम पर आशियाँ
उनके दिल में एक प्यारा घोंसला होगा ज़रूर

जो हमेशा की तरह लेकर चले हैं हौसला
उनके हक़ में एक दिन तो फ़ैसला होगा ज़रूर

बेगुनाहों पे सितमगर ज़ुल्म ढाना है बुरा
ज़ुल्म सहकर ज़ालिमों को सर चढ़ाना है बुरा

चीथड़े भी जब मयस्सर हों नहीं सबके लिए
बादशाही वेश में ख़ुद को सजाना है बुरा

जो अनेकों तिकड़मों से हैं बड़े पद पा गए
देश को ही लूटकर धन को बढ़ाना है बुरा

जो वफ़ा की राह पे गिरकर भी चलते हों सदा
उन जनों को राह से तो बरगलाना है बुरा

चल रहे हैं चाल गिरगिट की तरह नेता सभी
बिन बिचारे अब तो 'मोदी' पग बढ़ाना है बुरा

खिंच रहे जब चीर हों अस्मत बचाता कौन है
आज के इस दौर में पौरुष दिखाता कौन है

तोड़ लेते हैं कली अब खिल न पाता फूल है
आज गुलशन की बहारों को सजाता कौन है

आज नफ़रत की नज़र से देखता इन्सान को
पर दिलों में प्यार की गंगा बहता कौन है

आज रावण कर रहा सीता हरण दिन-रात है
दैत्य रावण को मिटाने पग बढ़ाता कौन है

देश के हालात पर कुछ ग़ौर मोदी कीजिए
मुफ़लिसों को हक़ दिलाने कर दिखाता कौन है

एक भी सच्चा हमारे पास होगा
ज़िन्दगी का सुख हमें अहसास होगा

जुल्म सहना अब नहीं मक्कार बनकर
कर्मवीरों का बड़ा उपहास होगा

गर न सींचोगे गुलिस्ताँ हाथ अपने
फिर न गुलशन में गुलों का वास होगा

जो किताबी पाठ को पढ़ता रहेगा
इश्तहारों के लिए वो खास होगा

हौसला से 'मोदी' गर बढ़ते रहे तो
कामयाबी का तुम्हें अहसास होगा

मुनसिफ़ो-इन्साफ़ अब बिकने लगे
क़ातिलों के हौसले बढ़ने लगे

दे रहे पहचान अपनी इस क़दर
लग रहा हैवान वे बनने लगे

कह रहे जो हैं अडिग पर्वत तरह
भीत बालू की तरह ढहने लगे

जो तिमिर में खुद भटकते आ रहे
मंज़िलों की बात वे करने लगे

प्यार से 'मोदी' हमेशा पूछते
बेवफ़ा की राह क्यों चलने लगे

सामबे

जन्मतिथि	:	15.1.1960
शिक्षा	:	एम.ए. (दर्शन), पी एच. डी.।
प्रकाशन	:	अनेक पत्र-पत्रिकाओं में रचनाएँ प्रकाशित।
सम्प्रति	:	फ्री-लांस प्रोड्यूसर-डायरेक्टर एवं टी.वी. पत्रकार। ज़ी न्यूज़ संवाददाता, भागलपुर।
सम्पर्क	:	तारा फ़िल्म्स, डिक्सन रोड, भागलपुर - 812001 फ़ोन : 06411 - 2406374

यहाँ देखते हैं, वहाँ देखते हैं
जिधर देखते हैं, धुआँ देखते हैं

कहीं आदमी कोई मिलता नहीं है
मुसलमान हिन्दू यहाँ देखते हैं

खुली आँख सबकी तो बेशक है लेकिन
मगर बन्द सबकी जुबाँ देखते हैं

सबा के जो झोंके से हैराँ थे लेकिन
वे हर मोड़ पे आँधियाँ देखते हैं

आज सच को बताओ सुलगते सुलगते
हाथ अपना उठाओ सुलगते सुलगते

ये पंडितत पुरोहित, ये मुल्ला, ये क़ाज़ी
आँख इनको दिखाओ सुलगते सुलगते

ये सत्यम्-अहिंसा धरम है सनातन
न हमको सिखाओ सुलगते सुलगते

न कोई है दाता, न कोई है मालिक
ये किस्सा सुनाओ सुलगते सुलगते

ये धरती-सिरिष्टी है ब्रह्मा की माया
भरम ये मिटाओ सुलगते सुलगते

ये ज़मी कैसे बेहतर हो कोशिश करो
दूर ख़ूनी ये मंज़र हो कोशिश करो

हो न लम्बी, न छोटी, मझोली मिसाईल
नीले नभ में कबूतर हो कोशिश करो

इस स्वयंवर में टूटेगा उनका भरम
ऐसा ही अब स्वयं हो कोशिश करो

तन के तरकस में तीरो-तूनीर न हो
मेरा मन भी सिकन्दर हो कोशिश करो

एक दीये के तले में है सारा शहर
रोशनी कैसे घर-घर हो कोशिश करो

सर के ऊपर है ज़मी पाँवों तले आकाश है
इस जगह में एक मेरा ही तो बस इतिहास है

हर क़दम पे है चुनौती हर जगह संघर्ष है
राम की असली कथा तो जानकी के पास है

हम तो शम्बूक की तरह सुनते रहेंगे वेद-मन्त्र
मेरी गरदन को तुम्हें ज़ुल्म का अहसास है

हर नई पीढ़ी तो लव-कुश की तरह ही होती है
जिनकी नज़रों में हुकूमत सड़ रही इक लाश है

हम तो रघुकुल के नहीं रघुनाथ थे अय 'सामबे'
किसकी साज़िश से मिला यारों हमें बनवास है

ख़ालिद हुसैन सिद्दीक़ी

जन्मतिथि	:	1.3.1960
शिक्षा	:	बी.ए. एवं इलैक्ट्रीकल से आई. टी. आई.
प्रकाशन	:	अनेक पत्र-पत्रिकाओं व संकलनों में रचनाएँ प्रकाशित।
सम्मान	:	अनेक साहित्यिक संस्थाओं द्वारा सम्मानित/पुरस्कृत।
सम्प्रति	:	हैड टेक्निकल असिस्टेंट पद पर आई. टी. आई. लि. मनकापुर-गोण्डा में सेवारत।
सम्पर्क	:	ए-588 संचार विहार कालोनी आई. टी. आई. लि. मनकापुर गोण्डा (उ.प्र.) 271308 दूरभाष : 05266 - 230343 (आवास)

चलो ख़ुद अपनी ताक़त पर किसी का साथ मत देखो
बदल सकते हो तक़दीरें लकीर-ए-हाथ मत देखो

तुम्हें जिल्लत व नफ़रत के सिवा दुनिया न देगी कुछ
रहो होशियार उसकी चन्द मीठी बात मत देखो

ज़माना यह बदल डालेंगे मेहनतकश पसीने से।
चमक जाएगा सूरज भाग्य का, यह रात मत देखो

घटाओ फ़ासले जो आदमी ने ख़ुद बढ़ाए हैं
करो कुछ इसके ख़ातिर तुम नया इतिहास मत देखो

सड़क पर ख़ून जिसका हो गया कल रात दंगे में
मरा है कौन हिन्दू या कि मुस्लिम लाश मत देखो

आख़िर यह कैसा नशा है इस दौर के नौजवानों में
बेफ़िक्र सो रहे हैं, जलते हुए मकानों में

शोले से उठ रहे हैं हर तरफ़ दिलों में आज
मुहब्बत का सैलाब पैदा करो इसे बुझाने में

करो फ़िक्र सारे मख़्लूक के हिफ़ाज़त की
ख़त्म हो जाएगी दुनिया ख़ुद को अब बचाने में

बन गए हैं दिल आज मशीनों की तरह
गीता व क़ुरआन बे असर हैं इस ज़माने में

छीन लो दर्द लाओ ख़ुशहाली हर घर में 'ख़ालिद'
लगा दो सारी उम्र जमीं पर जन्नत बनाने में

हर तरफ़ बस तीर की तलवार की चर्चा हुई
काम की बातें नहीं, बेकार की चर्चा हुई

लूट डाला देखिए जिसने ख़ज़ाना देश का
देश में फिर से उसी सरकार की चर्चा हुई

मुफ़्त में मरवा दिया जिस व्यक्ति ने सरदार को
पार्टी में बस उसी ग़द्दार की चर्चा हुई

छप गई जिसमें नई अफ़वाह की झूठी ख़बर
हर तरफ ज़्यादह उसी अख़बार की चर्चा हुई

बेबसों को भून डाला एक निष्ठुर ने यहाँ
बस उसी आतंक के अवतार की चर्चा हुई

टेढ़े-मेढ़े रास्ते और धूप जैसी ज़िन्दगी
जाने कब कैसे कटेगी आदमी की ज़िन्दगी

एकता के गीत, ममता से भरी वो लोरियाँ
क्यों नहीं हमको सुनाती, अब हमारी ज़िन्दगी

हम सभी बैठे हुए हैं एक टूटी नाव पर
आज ख़तरे से नहीं ख़ाली किसी की ज़िन्दगी

तुम न सो पाए महल में एक दिन भी चैन से
और हमने काट ली सड़कों पे पूरी ज़िन्दगी

छल कपट नफ़रत ने घेरा इस क़दर अब देश को
प्यार की हर जंग 'ख़ालिद' हार बैठी ज़िन्दगी

हर एक है यहाँ पर मालामाल भांजे
पर बनते सभी यहाँ कंगाल भांजे

फ़र्जी टूर मुफ़्त मलाई वेतन भत्ते,
रोज़ अफ़सर काटते यहाँ माल भांजे

लाइसेंस, रजिस्ट्रेशन, परमिट सभी कुछ
नित बाँट रहे अब यहाँ दलाल भांजे

रैली, धरना, विरोध प्रदर्शन, भीड़
होता चमचों का ही है कमाल भांजे

बिजली, पानी, टेलीफ़ोन सभी के
कर्मचारी खींच रहे खाल भांजे

राजेन्द्र तिवारी

जन्मतिथि : 2 मार्च 1960, (कानपुर)

प्रकाशन : ग़ज़ल संग्रह 'ज़बान काग़ज़ पर' (प्रकाशनाधीन), अनेक समवेत् ग़ज़ल संकलनों में भागीदारी, अनेक पत्रिकाओं/समाचार पत्रों में ग़ज़लों का प्रकाशन।

सम्प्रति : व्यावसायिक प्रतिष्ठान में लेखा कार्य एवं स्वतन्त्र लेखन।

सम्पर्क : 'तपोवन' 38-बी, गोविन्द नगर, कानपुर-208006 (उ.प्र.)

दूरभाष : 0512-2652241

प्यास को भटका रहा है आबशारों का तिलिस्म
जैसे भटकाए हिरन को रेगज़ारों का तिलिस्म

कौन सुख देगा न जाने कौन दुख दे जाएगा
हम समझ पाए न क़िस्मत के सितारों का तिलिस्म

उससे बिछड़े हो गया अरसा न टूटा आज तक
सिलसिला चाहत का उसकी यादगारों का तिलिस्म

प्यास, गागर, कश्तियाँ रुकती हैं साहिल पर मगर
कब नदी को रोक पाया है किनारों का तिलिस्म

भीगने के बाद भी जलता रहा कोई बदन
जाने कैसा था वो सावन की फुहारों का तिलिस्म

देखकर दुनिया को बस इतना समझ पाया हूँ मैं
ये निगाहों का है धोखा या नज़ारों का तिलिस्म

शह दी है पियादे ने कोई बात नहीं है
बाक़ी है अभी खेल अभी मात नहीं है

नन्हा सा दिया देख के घबराए जो सूरज
ये क़द की बुलन्दी है करामात नहीं है

फ़सलें न उगेंगी न कभी प्यास बुझेगी
ये ओस की बूँदें हैं ये बरसात नहीं है

कहते हैं कोई शहर में अब भी है वफ़ादार
हालाँकि मेरी उससे मुलाक़ात नहीं है

मज़हब की सलाखों में मुझे क़ैद न करना
इन्सान हूँ मैं, मेरी कोई जात नहीं है

मुफ़लिस की जवानी के लिए सोचता है कौन
अब आँख के पानी के लिए सोचता है कौन

प्यास अपनी बुझाने में है मसरूफ़ सभी लोग
दरिया की रवानी के लिए सोचता है कौन

मिट्टी के खिलौनों प' फ़िदा होती है दुनिया
मिट्टी की कहानी के लिए सोचता है कौन

बेताब नई नस्ल है पहचान को अपनी
पुरखों की निशानी के लिए सोचता है कौन

सब अपने लिए करते हैं लफ़्ज़ों की तिजारत
लफ़्ज़ों के मआनी के लिए सोचता है कौन

मेरी ख़ामोशियों में भी फ़साना ढूँढ लेती है
बड़ी शातिर है ये दुनिया बहाना ढूँढ लेती है

हक़ीक़त ज़िद किए बैठी है चकनाचूर करने को
मगर हर आँख फिर सपना सुहाना ढूँढ लेती है

उठाती है जो ख़तरा हर क़दम पर डूब जाने का
वही कोशिश समुन्दर में ख़ज़ाना ढूँढ लेती है

न चिड़िया की कमाई है न कारोबार है कोई
वो केवल हौसले से आबोदाना ढूँढ लेती है

जुनूँ मंज़िल का राहों में बचाता है भटकने से
मेरी दीव।नगी अपना ठिकाना ढूँढ लेती है

बस अपनी सुनाना, न सुनना किसी की
है फ़ितरत अजब आज के आदमी की

हर इक मोड़ पर चाँद-सूरज टँगे हैं
ज़रूरत है फिर भी हमें रौशनी की

ये कुर्सी नहीं इक बला हो गई है
जो बैठा उसी ने मुसीबत खड़ी की

बज़ाहिर तो उसको कोई ग़म नहीं था
मगर ग़म नहीं था तो क्यों ख़ुदकशी की

हँसो हँसने वालों मगर याद रखना
अदा करनी पड़ती है क़ीमत हँसी की

अमृता शुक्ला

जन्मतिथि : 11 मार्च, 1960, भोपाल।

शिक्षा : एम.ए. (हिन्दी), पी एच.डी.।

प्रकाशन : 'बेतवा और रेवा', काव्य संकलन 'अभियान' एवं अनेक पत्र-पत्रिकाओं में रचनाएँ प्रकाशित।

सम्प्रति : स्वतंत्र लेखन एवं संगीत नाट्य मंचन, शैक्षिक, सांस्कृतिक गतिविधियों में सक्रिय भागीदारी।

सम्पर्क : 22, सैंट्रल एवेन्यू वैस्ट, चौबे कालोनी, रायपुर (म.प्र.)

जा रहे दूर पास न आने के लिए
तुमने क्या नहीं किया मुझे जलाने के लिए

न दिल में झाँका न अरमानों को देखा
ये रिश्ता जोड़ा है तुमने महज़ बहाने के लिए

पहले तड़पाया जी भर बाद में रुलाया है
फिर कोशिश करते रहे हँसाने के लिए

तुम्हें सही समझती थी पर तुम थे ग़लत
नहीं मालूम तुम बने हो ज़माने के लिए

ज़िन्दगी किस दौर से चल निकली है
आँख में अश्क हैं, पर होंठ पर मुस्कान नहीं

जी रहे सिर्फ इसलिए कि जीना है
जिस्म में जान नहीं, मन में अरमान नहीं

हादसे होते हैं, और होते चले जाते हैं
चोट लगती है बहुत फिर भी परेशान नहीं

कारवाँ उम्र का धीरे से गुज़र जाएगा
मौत भी बना सकेगी कोई पहचान नहीं

हम अपने पर तरस खाने लगे हैं
अब ऐसे भी दिन आने लगे हैं

ग़म से मुलाक़ात होती रहती है
खुशी से मिलने में ज़माने लगे हैं

पहले मन की बात सबसे कहते थे
मगर आजकल छुपाने लगे हैं

सपनों के टूटने की फिक्र कहाँ थी
अब टूटे सपनों को बनाने लगे हैं

जो सच है, वो सच साबित है
लोगों को ये सब फ़साने लगे हैं

राह में तुम कहीं मिल जाओगे
हर चेहरे में तुमको तलाश करते हैं

तूने तो भुला देने की क़सम खाई है
हम तो तेरे नाम से ही जीते मरते हैं

तेरा वो छुप छुप के देखना याद आता है
उन आँखों की चमक से सिंगार करते हैं

वो धीमी सी हँसी और छूने की चाहतें
उन पलों का फिर से इन्तज़ार करते हैं

प्यार की कली फूल भी न बन पाई
जाने क्यों लोग बिछड़ने के लिए मिलते हैं

दर्द को दर्द से मिटा रहे हैं वो
ज़िन्दगी को मौत बना रहे हैं वो

मसीहा बने हुए हैं हरेक के लिए
घर को माटी बना रहे हैं वो

ज़माने के क़दमों में झुकाए रहते हैं
मासूम फूलों को मुरझा रहे हैं वो

हर एक मदद कर रहा है परेशानी में
हरेक की परेशानियाँ बढ़ा रहे हैं वो

सीखा नहीं है ज़िन्दगी में हारना कभी
ठोकर लगा के सँभाले जा रहे हैं वो

शकील जमाली

जन्मतिथि : 1-8-1960
शिक्षा : एम.ए. (राजनीतिशास्त्र)
प्रकाशित : धूप तेज़ है (ग़ज़ल-संग्रह)। अनेक पत्र-पत्रिकाओं में रचनाएँ प्रकाशित।
सम्मान : बाबूसिंह चौहान स्मृति सम्मान (बिजनौर)।
सम्प्रति : शिक्षक
सम्पर्क : टीचर्स कॉलोनी, निकट ट्रक यूनियन, चाँदपुर (बिजनौर) उ.प्र. 246725
फ़ोन : 01345-220775

खाने को तो ज़हर भी खाया जा सकता है
लेकिन उसको फिर समझाया जा सकता है

सबसे पहले दिल के ख़ालीपन को भरना
पैसा सारी उम्र कमाया जा सकता है

मैंने कैसे कैसे सदमे झेल लिए हैं
इसका मतलब ज़हर पचाया जा सकता है

इतना इतमीनान है अब भी उन आँखों में
एक बहाना और बनाया जा सकता है

झूठ में शक की कम गुंजाइश हो सकती है
सच को जब चाहो झुठलाया जा सकता है

दुनिया ने जितना आतंकित कर रक्खा है
उतना ख़तरा रोज़ उठाया जा सकता है

उल्टे सीधे सपने पाले बैठे हैं
सब पानी में काँटा डाले बैठे हैं

इक बीमार वसीयत करने वाला है
रिश्ते-नाते जीभ निकाले बैठे हैं

बस्ती का मामूल पे आना मुश्किल है
चौराहे पर वर्दी वाले बैठे हैं

साहिबज़ादा पिछली रात से ग़ायब है
घर के अन्दर रिश्ते-वाले बैठे हैं

आज शिकारी की झोली भर-जाएगी
आज परिन्दे गर्दन डाले बैठे हैं

अगर हमारे ही दिल में ठिकाना चाहिए था
तो फिर तुझे ज़रा पहले बताना चाहिए था

अगर नसीब में तारीकियाँ ही लिक्खी थीं
तो फिर चराग़ हवा में जलाना चाहिए था

मोहब्बतों को छुपाते हो बुज़दिलों की तरह
ये इश्तहार गली में लगाना चाहिए था

जहाँ उसूल ख़ता में शुमार होते हों
वहाँ वक़ार नहीं, सर बचाना चाहिए था

लगा के बैठ गए दिल को रोग चाहत का
ये उम्र वो थी कि खाना-कमाना चाहिए था

रिश्तों की दलदल से कैसे निकलेंगे
हर साज़िश के पीछे अपने निकलेंगे

चाँद सितारे गोद में आकर बैठ गए
सोचा ये था, पहली बस से निकलेंगे

सब उम्मीदों के पीछे मायूसी है
तोड़ो! ये बादाम भी कड़ुवे निकलेंगे

हर कोने से तेरी ख़ुशबू आएगी
हर सन्दूक़ में तेरे कपड़े निकलेंगे

अपने ख़ून से इतनी तो उम्मीदें हैं
अपने बच्चे भीड़ से आगे निकलेंगे

सफ़र में धूप के साया कहाँ से आएगा
कोई मिला भी तो तुम सा कहाँ से आएगा

दिमाग़ साथ रहेगा तो हादसा कैसा
दिया न होगा तो झोंका कहाँ से आएगा

मुझे ख़याल तो आता है घर बसाने का
सवाल ये है कि पैसा कहाँ से आएगा

मैं जिसकी आँख कभी भीगने नहीं देता
वो रो पड़ा तो कलेजा कहाँ से आएगा

नहीं है घर में कोई बात करने वाला भी
खिलौने तोड़ने वाला कहाँ से आएगा

गोपाल निगम 'राही'

जन्मतिथि : 15.8.1960

शिक्षा : बी.ए.

प्रकाशन : अनेक पत्र-पत्रिकाओं एवं संकलनों में रचनाएँ प्रकाशित।

सम्प्रति : लेखन एवं साहित्य सेवा।

सम्पर्क : 27, राजवाड़ा परिसर झाबुआ- 457661 (म.प्र.)

डरने की बात कर, न डराने की बात कर
तू हौसले दिलों के, बढ़ाने की बात कर

हो जाएँगी यूँ तेरी भी आसान मुश्किलें
औरों के बिगड़े काम बनाने की बात कर

छोटा-सा एक घर कोई पहले ज़रा बना
फिर बाद में जहाँ को जलाने की बात कर

ख़ामोशियों के दायरों को शून्य में बदल
अपनी न कर सके तो ज़माने की बात कर

दौलत के ख़्वाब देखना ऐ 'राही' छोड़ दे
बस आम ज़िन्दगी ही बिताने की बात कर

ज़हर को यूँ दवा-सा करें
ज़िन्दगी को बताशा करें

दिल भी मिल जाएँगे एक दिन
हाथ सबसे मिलाया करें

दोस्ती जब कभी दे सदा
दुश्मनी भूल जाया करें

बुततराशों से कह दो ज़रा
आदमी को भी बनाया करें

लुत्फ़ 'राही' है इसमें बहुत
दर्द से दिल लगाया करें

दिन चार यूँ हस्ती के बशर काट रहा है
जैसे के सराबों का सफ़र काट रहा है

आँखों में वही अक्स जो सूरज का लिए था
बेख़ौफ़ ख़लाओं का सफ़र काट रहा है

नादान की नादानियाँ बढ़ने लगी हद से
खुश्बू के लिए तितली के पर काट रहा है

है ख़ौफ़ ज़दा किसलिए ये सारे परिन्दे
लगता है कहीं कोई शज़र काट रहा है

कैसा ये ज़माने में 'राही' दौर है आया
इन्सान ही इन्सान का सर काट रहा है

दर्द बाँटे जा रही है ज़िन्दगी
फिर भी कितना भा रही है जिन्दगी

एक पल को भी कहीं रुकती नहीं
दौड़ती ही जा रही है ज़िन्दगी

एक मय्यत फिर उठी, उठ्ठा धुँआ
देखिए वो जा रही है ज़िन्दगी

मज़हबों के जाल में उलझी हुई
छटपटाए जा रही है ज़िन्दगी

बैठना फ़ितरत नहीं 'राही' तेरी
चल जिधर ले जा रही है ज़िन्दगी

हर चमन की अदा बन गए
फूल कागज़ के क्या बन गए

कल के भटके हुए कुछ बशर
आज के रहनुमा बन गए

देखकर हमको हैरत है क्यूँ
जैसा चाहा, कहा बन गए

हमने चाहा था इन्सां बने
लोग तो देवता बन गए

कल तलक 'राही' गुमनाम थे
आज सबकी सदा बन गए

मिथिलेश 'गहमरी'

जन्मतिथि : 5.9.1960, गहमर (गाज़ीपुर) उ.प्र.

शिक्षा : एम.ए. (हिन्दी)

प्रकाशित : गुलदस्ता (बालगीत संग्रह-सं.), धूप की चादर (ग़ज़ल संग्रह), विभिन्न पत्र-पत्रिकाओं में गीत, ग़ज़ल एवं कविताएँ प्रकाशित।

शीघ्र प्रकाश्य : रेत की कश्तियाँ (ग़ज़ल संग्रह), धूप के पार (हाइकू संग्रह), रेत पर नाव (काव्य संग्रह), सुफ़ैद कालर की मैल (कहानी संग्रह), अपाहिज़ (नाटक)

सम्पर्क : पो.– गहमर (बाबूराव मुहल्ला), गाज़ीपुर (उ.प्र.)-232327

फ़ोन : 05497-265165

आइना हैं, पत्थरों की ज़द में हम क्या आएँगे
टूट भी जाएँगे तो, सौ आइने हो जाएँगे

आप आँधी भेजकर हमको बुझा पाएँगे क्या
हम तो दीपक की हैं लौ, आँधी में भी लहराएँगे

आप तो आकाश में उड़ते हुए तिनके हैं अब
क्या नशेमन पर है गुज़री, आप क्या बतलाएँगे

रोशनी करनी है तो घर में जला, घर के चिराग़
घर में, बाहर के दिए क्या रोशनी कर पाएँगे

ये नशेमन हसरतों के, आरज़ूओं के शजर
इक ज़रा बिजली गिरी सब ख़ाक में मिल जाएँगे

एक इंसा के सिवा हम 'ये' भी हैं, हम 'वो' भी हैं
आख़िरश 'मिथिलेश' हम इन्सान कब कहलाएँगे

ख़ुदी को अपना तू ऐसा जमाल दे भाई
जहाँ तू जाए ज़माना मिसाल दे भाई

तू आइना है, तो सच बोलने से मत कतरा
भले ही तुझ पे कोई ख़ाक डाल दे भाई

हमारे हाथ की ज़ंजीर खोल दे, या अब
हमारे पाँव का काँटा निकाल दे भाई

सिवाय दिल के, रतन प्यार का मिलेगा कहाँ
भले ही सारा समुन्दर खँगाल दे भाई

बहुत तलाश किया, ऐसा कोई भी न मिला
जो अपने मुल्क की हालत सँभाल दे भाई

दुनिया भले ही चाहे, पर ऐसा नहीं होता
पत्थर बदल भी जाए, तो शीशा नहीं होता

धरती पे करो चाहे गगन में करो रौशन
नफ़रत के चिराग़ों से उजाला नहीं होता

तहज़ीब यहाँ शहरों की आई है कुछ ऐसे
अब गाँव के भी सर पर दुपट्टा नहीं होता

बढ़ पाओ अगर ख़ुद तो बढ़ो जानिबे-मंज़िल
दुनिया है, यहाँ कोई भी अपना नहीं होता

बदलो तो ज़रा प्यार में नफ़रत का नज़ारा
'मिथिलेश' कहो तब, यहाँ दंगा नहीं होता

प्यार के फ़ासले सब मिटा दीजिए
अब तो दीवारे-नफ़रत गिरा दीजिए

हर अँधेरा ज़माने का मिट जाएगा
इक चिराग़े-मुहब्बत जला दीजिए

ये तो तय है वो मौजूद है हर जगह
दिल से, सर को कहीं भी झुका दीजिए

जिस दिये से न रौशन हो इन्सानियत
है ये लाज़िम कि उसको बुझा दीजिए

होलियाँ अब लहू की बहुत हो चुकीं
है ज़रूरत दिलों को मिला दीजिए

जहाँ पर अँधेरों ने की ख़ुदकुशी है
वहीं तो उजालों की महफ़िल सजी है

नदी जिसका पानी था अमृत के जैसा
न जाने वो विष कौन-सा पी रही है

हर इक सिम्त हैं नागफनियों के मंज़र
ये कैसा चमन है, ये कैसी सदी है

सितारों पे जब भी गया हूँ मैं, लोगों
ज़मी, आसमाँ से भी अच्छी लगी है

बहारों ने 'मिथिलेश' सब कुछ दिया है
मगर मुझको तेरी कमी खल रही है

कृष्णा कुमारी 'कमसिन'

जन्मतिथि : 9-9-1960

शिक्षा : एम.ए., एम.एड., साहित्य 'रत्न', आयुर्वेद 'रत्न', बी. ज. एम. सी.।

कृतियाँ : 1. 'मैं पुजारिन हूं' (काव्य-संग्रह) तथा 'प्रेम है केवल ढाई आखर' (निबन्ध-संग्रह)। विभिन्न पत्र-पत्रिकाओं, संकलनों में रचनाएँ प्रकाशित। 3-4 साहित्यिक पुस्तकें प्रकाशनाधीन। अनेक विधाओं में सृजनरत। भित्ति पत्रिका 'संवाद' का सम्पादन।

सम्मान : अनेक संस्थाओं द्वारा सम्मानित/पुरस्कृत

सम्प्रति : शिक्षिका, राजकीय माध्यमिक विद्यालय, इन्दिरा गांधी नगर, कोटा।

सम्पर्क : सी-368, तलवंडी, कोटा-324005
फ़ोन : 0744-2429998 (निवास)

सरे-महफ़िल मुहब्बत की ग़ज़ल गाया नहीं करते
जुबाँ पर बात दिल की इस तरह लाया नहीं करते

नज़र-नागिन जिसे डस ले वो माँगे ही नहीं पानी
यूँ सजधज कर निगाहे-शौक में आया नहीं करते

दम अब तो राह तकते-तकते आँखों में उतर आया
मेरे दिलबर यूँ वादा करके तरसाया नहीं करते

सितारे लाख चमकें आस्माँ में चाँद! सुन लेकिन
ज़मी पर चाँदनी रातों को छिटकाया नहीं करते

तुम्हारी आरजू इक आग-सी सीने में पलती है
किसी के मोम-से दिल को यूँ झुलसाया नहीं करते

वो आएँगे मगर आकर भी ज़ख़्मों को कुरेदेंगे
दवा बनकर कभी 'कमसिन' वो यूँ आया नहीं करते

प्यार पर मुन्हसिर ख़ुदाई है
प्यार करने में क्या बुराई है

लौट आए सही-सलामत घर
अब जरा जाँ में जान आई है

हमने तो बाज़ी-ए-हयात में बस
गाम-दर-गाम मात खाई है

प्यार मौक़ा-बमौक़ा करते नहीं
आप में इक यही बुराई है

कहिए कैसी लगी ग़ज़ल 'कमसिन'
आप को जो अभी सुनाई है

उसके बिन बेगाना अपना घर लगता है
अंजाना-सा मुझ को आज नगर लगता है

मुझ में यूँ खो जाना उसका ठीक नहीं, वो
भूल जाएगा इक दिन अपना घर, लगता है

उससे जाकर तुम ही कह दो, अरी हवाओ
उस के बिना अब जीना भी दूभर लगता है

कहने को तो प्रेम है केवल ढाई आखर
पढ़ने में तो इसको जीवन भर लगता है

वरना अब तक पिघल गया होता वो 'कमसिन'
मुझको तो उसका दिल ही पत्थर लगता है

जब तू पहली बार मिला था
दिल इक गुंचे सा चटका था

धूप में बारिश भीग रही थी
इन्द्रधनुष में चाँद खिला था

तू चुप था यह कैसे मानूँ
मैंने सब कुछ साफ़ सुना था

सच ही मान लिया क्या तू ने
वो तो मैंने झूठ कहा था

उस दिन तुझ से मिलकर 'कमसिन'
घर आकर इक गीत लिखा था

जहाँ भर के दुख से मेरा दुख बड़ा है
कि छाती पे मेरी हिमालय खड़ा है

यहाँ साँप रहते हैं पहरे पे हर दम
हवेली में शायद ख़ज़ाना गड़ा है

नज़र में बिछावट है फूलों की हर-सू
ये किस राह से मेरा पाला पड़ा है

उसे हम समझते रहे सिर्फ़ अपना
मगर वो भी ग़ैरों के दर पे पड़ा है

कहाँ मेरी क़िस्मत में हीरे हैं 'कमसिन'
मेरी तो अँगूठी में पत्थर जड़ा है

कृष्ण कुमार 'नाज़'

जन्मतिथि : 10.1.1961, कूरी खाना।

शिक्षा : स्नातकोत्तर (समाजशास्त्र, उर्दू) बी.एड.।

प्रकाशन : ग़ज़ल-संग्रह 'इक्कीसवीं सदी के लिए' (उर्दू) एवं 'गुनगुनाती धूप' (हिन्दी)। अनेक पत्र-पत्रिकाओं व संकलनों में रचनाएँ प्रकाशित।

सम्मान : अनेक संस्थाओं द्वारा सम्मानित।

सम्प्रति : शासकीय सेवा।

सम्पर्क : सी-130, हिमगिरी कालोनी, कंठ मार्ग, मुरादाबाद (उ.प्र.)

वो झूठ के पौधे तो पनपने नहीं देता
सच्चाई के रस्ते पे भी चलने नहीं देता

वो झील है, दरिया है, समुन्दर है कि पोखर
वो क्या है, कभी राज़ ये खुलने नहीं देता

दरिया के किनारों को मिला साथ भी किसका
अफ़सोस कि पानी उन्हें मिलने नहीं देता

इस तरह बिठाए है वो जज़्बात पे पहरे
रोने नहीं देता कभी हँसने नहीं देता

मिलेगा न सूरज तुम्हें ज़िन्दगी भर
जो चढ़ते रहे मोम की सीढ़ियों पर

बस ऐ आँधियो! अब अँधेरों में रहना
हज़ारों दिए तुम गई हो बुझाकर

सफल हो तो ऐसी सफल हो तपस्या
मेरी प्यास का मुन्तज़िर हो समुन्दर

ये माना कि मंज़िल पे पहुँचा नहीं हूँ
पता दे जो मंज़िल का हूँ मैं वो पत्थर

अमल शर्त है 'नाज़' ये जान लो तुम
कि है अपने हाथों में अपना मुक़द्दर

वो ख़ुद पहचान अपनी खो चुकी है
नदी जबसे समुन्दर से मिली है

किसी ज़ंजीर की टूटी कड़ी है
यही हर आदमी की ज़िन्दगी है

ये सरहद है अँधेरों के नगर की
यहाँ पर रोशनी भी साँवली है

न अपनी सुध, न औरों की ही चिन्ता
अजब इस दौर में दीवानगी है

थकन तो 'नाज़' है केवल बहाना
हमारे हौसले ही में कमी है

मेरी बस्ती के चिराग़ों को बुझाने वाले
थे सभी लोग वो सूरज के घराने वाले

आ न पाए कोई दामन में हवाएँ लेकर
इतना मग़रूर न हो दीप जलाने वाले

खो के रह जाते हैं रस्तों में मुसाफ़िर ऐसे
छोड़ जाते हैं जिन्हें राह दिखाने वाले

आपकी बज़्म है आ जाएँ तकल्लुफ़ क्या है
हैं सभी लोग यहाँ नाज़ उठाने वाले

'नाज़' तुम ख़ुद को किसी तरह बचा लो, वरना
नाव काग़ज़ की है, तूफ़ान हैं आनेवाले

अनचाहे रिश्तों के धागे टूट गए
चलिए अच्छा है बन्धन से छूट गए

आगे बढ़ते रहने की धुन साथ रही
संगी-साथी सारे पीछे छूट गए

आँखों से अश्कों की बारिश इतनी तेज़
लगता है यादों के बादल फूट गए

अब उस पगडंडी का मक़सद ख़त्म हुआ
जिससे उसके सारे रस्ते रूठ गए

मेरे भरोसेमन्द गवाह अदालत में
दुश्मन की सौदेबाज़ी से टूट गए

निशेश जार

जन्मतिथि	:	6.6.1961, मथुरा (उ.प्र.)
शिक्षा	:	एम.ए. (अर्थशास्त्र), एल.टी., एल.एल.बी.
प्रकाशन	:	'मैं शब्द हूँ', 'बातें सूरज की', 'धरती', 'सावन', 'सम्यक' आदि। अनेक संग्रहों, पत्र-पत्रिकाओं में रचनाएँ प्रकाशित।
सम्मान	:	'राष्ट्रभाषा रत्न', 'साहित्यश्री', 'साहित्य विशारद' सम्मान सहित अनेक संस्थाओं द्वारा सम्मानोपाधियाँ।
सम्प्रति	:	नगर शिक्षा अधिकारी, हापुड़ (उ.प्र.)
सम्पर्क	:	स्थायी : 8, ब्रजनगर मथुरा (उ.प्र.) फ़ोन : (0565) 2400086 **वर्तमान** : 157, सर्वोदय कालोनी मेरठ, हापुड़ (ग़ाज़ियाबाद) उ.प्र.

ओस भीगे से कमल को छू गई चिंगारियाँ
ओंठ पर जब तुमने रख दी थी अधर रसभारियाँ

तुम से मानो न मानो पर यही है सच सनम
प्यार की सौग़ात है बदनामियाँ दुश्वारियाँ

फूल सब होते नहीं दिल से लगाने के लिए
फूल के भी आवरण में हैं छिपी कुछ आरियाँ

अंकुरों को जब नहीं मिलता सजल वातावरण
आग ही उगला करे हैं तब नयी फुलवारियाँ

कोशिशें वो लाख कर ले यूँ हराने की मुझे
खेल कर ही जाएगा अपनी 'तृषित' सब पारियाँ

बदले में सब खुशियाँ ले जा
पर बचपन की दुनिया दे जा

बस इक मतलब ही तो सच है
बाकी सारी बातें बेजा

ले अब कर ले अपने मन की
मेरा सर है तेरा नेज़ा

मक़सद वो पूरा करना है
जिस मक़सद को जग में भेजा

गहरी नदी नाव जर्जर है
'तृषित' किनारे नैया ले जा

कैसा यह छल छन्द हो गया
छन्द भी अब स्वच्छन्द हो गया

सूरज के ठेकेदारों का
तिमिरों से अनुबन्ध हो गया

ठहरी हुई नदी का पानी
अपना ही तटबन्ध हो गया

निपट अकेला था वह जग में
अर्थ मिला जन वृन्द हो गया

जब से 'तृषित' मिला है उनको
उनका मन मकरन्द हो गया

हूँ गर्दिश में अभी उभरा कहाँ हूँ
मैं सूरज हूँ जहाँ दिन है वहाँ हूँ

मुझे तुम छाँटना तो चाहते हो
न भूलो मैं तुम्हारा सायबाँ हूँ

करोगे क्या भला तुम साथ लेकर
मैं सच का ही तो एक तर्जे़-बयाँ हूँ

बहारों में जिसे माली ने रोंदा
वही उजड़ा हुआ सा आशियाँ हूँ

'तृषित' हूँ पर जिगर मेरा है सागर
मैं मुफ़लिस की, यतीमों की ज़ुबाँ हूँ

इस शहर की बस्ती में शैतान गरजते हैं
कुछ पुतले बचे हैं जो जुम्बिश से लरजते हैं

इस बार के बादल ने बदला है अजब तेवर
परबत से नहीं रुकते सागर पे बरसते हैं

क्या ख़ूब नगर है ये साए में क़यामत के
वाशिन्दे यहाँ खुद को महफ़ूज़ समझते हैं

मसलात जो रखते हैं सम्बन्ध दिलों ही से
क़ानून नहीं प्यार की बातों से सुलझते हैं

कहता हूँ अगर सच तो नाराज़ ये जग होगा
जो झूठ कहूँ मैं तो किरदार उलझते हैं

संदीप गुप्ते

जन्मतिथि : 24.6.1961

शिक्षा : इंजीनियरिंग स्नातक (इलेक्ट्रिकल)।

प्रकाशित : एक दिलकश सफ़र एवं ज़िन्दगी की ज़बाँ (ग़ज़ल संग्रह)। साहित्यिक पत्र-पत्रिकाओं में ग़ज़लें प्रकाशित। साहित्यिक संस्था 'अर्चना' का संयोजन-संचालन।

सम्प्रति : बृहन्मुम्बई महानगर पालिका में असिस्टेंट इंजीनियर (इलैक्ट्रिकल) के पद पर कार्यरत।

सम्पर्क : 3, बेबिका, सी.एच.एस., सन्त नामदेव पथ, क्रासलेन-3, डोम्बिवली (पूर्व) 421201 (महाराष्ट्र) फोन-0251-2441901

दो घड़ी के इस सफ़र में, दो घड़ी की राह में
कौन किसका हमसफ़र है ज़िन्दगी की राह में

क्या अजब दीवानगी है, क्या अजब एहसास है
फूल से लगते हैं काँटे आशिक़ी की राह में

दर्दो-ग़म हैं, वह्मो-शक हैं, नफ़रतें हैं दूर तक
और ज़्यादा कुछ नहीं है दुश्मनी की राह में

ढूँढना चाहो अगर तो क्या नहीं मिलता यहाँ
मिल ही जाएगा ख़ुदा भी बन्दगी की राह में

हर क़दम पर सिलसिला है ख़्वाब का, उम्मीद का
बेख़ुदी ही बेख़ुदी है ज़िन्दगी की राह में

ज़िन्दगी तुझको कहाँ ढूँढा नहीं 'संदीप' ने
तुझको आख़िर पा लिया है शायरी की राह में

उससे मेरा कोई रिश्ता निकला
मेरे जैसा वो भी तनहा निकला

उसके चेहरे पे चमक थी जितनी
उतना अन्दर से वो टूटा निकला

लाख तूफ़ान छुपाए थे किधर
दिल तो सीने में ज़रा सा निकला

थी झलक उसकी तो शबनम जैसी
छू के देखा तो शरारा निकला

दिल तो 'संदीप' कई बार जला
तब कहीं शब से उजाला निकला

हसीन ख़्वाब को सच्चा कहूँ, तो कैसे कहूँ
मैं तेरे प्यार को अपना कहूँ, तो कैसे कहूँ

तेरा ख़याल, तेरी याद, मेरी बेचैनी
मैं अपने आप को तनहा कहूँ, तो कैसे कहूँ

हरेक चीज़ यहाँ पर भरम सी लगती है
मैं इस गुमान को दुनिया कहूँ, तो कैसे कहूँ

जिन्होंने साथ निभाया है उम्र भर मेरा
उन्हीं ग़मों को पराया कहूँ, तो कैसे कहूँ

मैं अपने शे'र को छोटा तो मान लूँ 'संदीप'
तेरे ख़याल को छोटा कहूँ, तो कैसे कहूँ

नहीं उड़ने की आदत क्या करोगे
परिन्दों से मुहब्बत क्या करोगे

ज़रा सी आँच से डरते हो यारो
शरारों से शरारत क्या करोगे

तुम्हारे हाथ में ख़ंजर नहीं है
शराफ़त की हिफ़ाज़त क्या करोगे

नहीं आ पाए बाहर भीड़ से ख़ुद
ज़माने से बग़ावत क्या करोगे

अगर 'संदीप' कह देगा हक़ीक़त
उतर जाएगी सूरत क्या करोगे

बाद मुद्दत के कभी मुझसे मिली कहने लगी
मेरी परछाई भी मुझको अजनबी कहने लगी

मैं ग़ज़ल कहने लगा तो ज़िन्दगी कहने लगी
मेरी सच्चाई को तेरी शायरी कहने लगी

देखकर ऊँचाई मेरे ख़्वाब की, परवाज़ की
मैं हूँ बेबस तेरे आगे बेबसी कहने लगी

तू कहाँ रहती है, पूछा था किसी ने एक दिन
मैं ग़मों के साथ रहती हूँ ख़ुशी कहने लगी

मैं पनपती ही रहूँगी ज़ह्न में 'संदीप' के
मैं ग़ज़ल की रूह हूँ ये तिश्नगी कहने लगी

रमेश 'नाचीज़'

जन्मतिथि	:	15 जुलाई 1961, इलाहाबाद
शिक्षा	:	इंटरमीडिएट।
प्रकाशन	:	गीत संग्रह 'अमृतवाणी'। अनेक ग़ज़ल संकलनों में ग़ज़लें प्रकाशित। पत्र-पत्रिकाओं में नियमित प्रकाशन।
सम्मान	:	अनेक संस्थाओं द्वारा सम्मानित/पुरस्कृत।
सम्प्रति	:	रक्षा प्रतिष्ठान, केन्द्रीय आयुध भण्डार, छिवकी, इलाहाबाद।
सम्पर्क	:	524, कर्नलगंज, इलाहाबाद, उ.प्र.

जिनको ख़ुद विश्वास अपने आप पर होता नहीं
उनकी बातों का किसी पर भी असर होता नहीं

सोचने को तो बहुत कुछ सोचता है आदमी
सोच लेने मात्र से कुछ भी मगर होता नहीं

ज़िन्दगी को बोझ कहने के सिवा वे क्या कहें
ज़िन्दगी जीने का उनमें जब हुनर होता नहीं

वो भँवर को पार कर लेता, कुशल तैराक था
डूबने का डर उसे किंचित् अगर होता नहीं

जो अमल करता नहीं 'नाचीज़' अपनी बात पर
आदमी होता, नहीं वो जानवर होता नहीं

ज़िन्दगी अच्छी लगी तो आपकी अच्छी लगी
सत्य की अन्याय से रस्साकशी अच्छी लगी

लोग होते होंगे ख़ुश तारीफ़ सुनकर सामने
पीठ पीछे अपने तारीफ़ की अच्छी लगी

ये हमारी भूल होती ग़ैर गर कहते तुम्हें
तुमने समझाई हमारी हर कमी अच्छी लगी

मैं मुबारकबाद देना चाहता हूँ आपको
सारगर्भित आपकी रचना पढ़ी अच्छी लगी

इस जहाँ में कौन है, अपना सिवा नाचीज़ है
इसलिए 'नाचीज़' की फटकार भी अच्छी लगी

ज़माने का बदला चलन देखता हूँ
बहारों में उजड़ा चमन देखता हूँ

मुहब्बत का होते पतन देखता हूँ
कहीं बँट न जाए वतन देखता हूँ

नया है ज़माना नहीं रोशनी है
मगर जन हैं कितने मगन देखता हूँ

हुआ कैसे ऐसा मैं ये सोचता हूँ
ज़मीं-आसमाँ का मिलन देखता हूँ

ज़मीं पर बसाएगा जन्नत यक़ीनन
मैं 'नाचीज़' में वो लगन देखता हूँ

अँधेरा जहाँ से मिटाओगे कैसे
जहन्नुम को जन्नत बनाओगे कैसे

ज़माना मशीनीकरण का है लोगों
कला हाथ की तुम बचाओगे कैसे

नज़र ही नहीं लक्ष्य पर जब तुम्हारी
भला तुम निशाना लगाओगे कैसे

अगर बह्र में शे'र कहते नहीं तुम
ग़ज़लकार ख़ुद को कहाओगे कैसे

मिलेगा तो पूछूँगा 'नाचीज़' से मैं
कि नफ़रत से नफ़रत मिटाओगे कैसे

उसे कैसे कहें इन्सान लोगों
जिसे ख़ुद की नहीं पहचान लोगों

कोई यदि जानता हो तो बता दे
मुझे इन्सान की पहचान लोगों

गँवा दी उम्र मैंने ढूँढने में
नहीं मुझको मिला भगवान लोगों

किसी का हक़ दबाकर ज़िन्दगी में
नहीं बनता कोई धनवान लोगों

दिखा देगा तुम्हें 'नाचीज़' इक दिन
है उसके दिल में क्या अरमान लोगों

ओम प्रकाश 'यती'

जन्म : 20. 7. 1961, छिब्बी (बलिया) उ.प्र.

शिक्षा : सिविल इंजीनियरिंग तथा विधि में स्नातक एवं हिन्दी साहित्य में एम.ए.।

प्रकाशन : 'बाहर छाया भीतर धूप' (ग़ज़ल संग्रह), 'अपनी-अपनी शुरुआत', 'इन्द्रधनुष' संकलनों में कुछ कविताएँ तथा 'कालदंश' में कहानी प्रकाशित।

सम्प्रति : उत्तर प्रदेश सिंचाई विभाग में सहायक अभियन्ता पद पर कार्यरत।

सम्पर्क : 1/14 ए, विनीत खंड, गोमती नगर, लखनऊ उ.प्र.।

नज़र में आज तक मेरी कोई तुझ-सा नहीं निकला
तेरे चेहरे के अन्दर एक भी चेहरा नहीं निकला

कहीं मैं डूबने से बच न जाऊँ, सोचकर ऐसा
मेरे नज़दीक से होकर कोई तिनका नहीं निकला

ज़रा-सी बात थी और कशमकश ऐसी कि मत पूछो
भिखारी मुड़ गया और जेब से सिक्का नहीं निकला

सड़क पर चोट खाकर आदमी ही था गिरा लेकिन
गुज़रती भीड़ का उससे कोई रिश्ता नहीं निकला

जहाँ पर ज़िन्दगी की, यूँ कहें, ख़ैरात बँटती थी
उसी मन्दिर से कल देखा कोई ज़िन्दा नहीं निकला

फूस-पत्ते अगर नहीं मिलते
कितने लोगों को घर नहीं मिलते

जिनकी उम्मीद ले के सोते हैं
स्वप्न वो रात भर नहीं मिलते

जंगलों में भी जाके ढूँढो तो
इस क़दर जानवर नहीं मिलते

दूर परदेश के अतिथियों से
दौड़कर के नगर नहीं मिलते

चाहती हैं जो बाँटना ख़ुश्बू
उन हवाओं को पर नहीं मिलते

इस तरह कब तक हँसेगा-गाएगा
एक दिन बच्चा बड़ा हो जाएगा

आ गया वह फिर खिलौने बेचने
सारे बच्चों को रुलाकर जाएगा

हर समय ईमानदारी की ही बात
एक दिन यह आदमी पछताएगा

फ़ाइलें यदि मेज़ पर ठहरें नहीं
दफ़्तरों के हाथ क्या लग पाएगा

रेस जीतेंगी यहाँ बैसाखियाँ
पाँव वाला दौड़ता रह जाएगा

तुम्हें कल की कोई चिन्ता नहीं है
तुम्हारी आँख में सपना नहीं है

किसी को ग़ैर कहना ही ग़लत है
कोई भी शख़्स जब अपना नहीं है

सभी को मिल गया है साथ ग़म का
यहाँ अब कोई भी तन्हा नहीं है

बँधी हैं हर किसी के हाथ घड़ियाँ
पकड़ में एक भी लम्हा नहीं है

मेरी मंज़िल उठाकर दूर रख दो
अभी तो पाँव में छाला नहीं है

दिल में सौ दर्द पाले बहन-बेटियाँ
घर में बाँटे उजाले बहन-बेटियाँ

कामना एक मन में सहेजे हुए
जा रही हैं शिवाले बहन-बेटियाँ

ऐसी बातें कि पूरे सफ़र चुप रहीं
शर्म की शाल डाले बहन-बेटियाँ

हो रहीं शादियों के बहाने बहुत
भेड़ियों के हवाले बहन-बेटियाँ

गाँव-घर की निगाहों के दो रूप हैं
कोई कैसे सँभाले बहन-बेटियाँ

अनिल वर्मा 'मीत'

जन्मतिथि : 6 मार्च, 1962, दिल्ली

शिक्षा : वाणिज्य स्नातक

प्रकाशन : अनेक पत्र-पत्रिकाओं में रचनाएँ प्रकाशित। साहित्यिक पत्रिका 'कथा संसार' में सहायक सम्पादक।

सम्प्रति : पंजाब नेशनल बैंक प्रधान कार्यालय : नई दिल्ली में कार्यरत।

सम्पर्क : 1/6833, पूर्वी रोहतास नगर, शाहदरा दिल्ली-110 032
मो.—9810146454

मेरी बानी ख़ुद बोलेगी आज नहीं तो कल
ख़ामोशी भी लब खोलेगी आज नहीं तो कल

अलसाई आँखें खोलेगी आज नहीं तो कल
मन की कोयलिया बोलेगी आज नहीं तो कल

हरदम डरकर रहना इसको कहाँ गवारा है
हिम्मत अपने पर तोलेगी आज नहीं तो कल

अपनेपन की अदा तुम्हारी मेरे जीवन में
रंग मोहब्बत का घोलेगी आज नहीं तो कल

'मीत' तुझे आवारा जो कहती है ये दुनिया
तेरे पीछे ख़ुद हो लेगी आज नहीं तो कल

फ़ासला कम अगर नहीं होता
फ़ैसला उम्र भी नहीं होता

बात तर्के-वफ़ा के बाद करूँ
हौसला अब मगर नहीं होता

तेरी रहमत का जिसपे साया हो
हादसों की नज़र नहीं होता

कौन कहता है ज़िन्दगानी का
रास्ता पुरख़तर नहीं होता

'मीत' मिलते हैं राहबर तो बहुत
पर कोई हमसफ़र नहीं होता

चलें लाख आँधी या तूफ़ान आएँ
चराग़े-मुहब्बत जलाते ही जाएँ

वो जब अपने चेहरे से परदा हटाएँ
हमारे क़दम डगमगाने न पाएँ

हमारी इबादत से तुमको गिला क्यों
जहाँ अपनी मर्ज़ी है सर को झुकाएँ

हमारी निगाहों में सब है बराबर
किसे ग़ैर समझें किसे आज़माएँ

कमी तो नहीं तिश्ना बादाकशों की
हँसी 'मीत' किस किस के होंटों पे लाएँ

मंज़र ये बदल जाएगा मेरे बयाँ के बाद
कुछ और भी है दास्ताँ इस दास्ताँ के बाद

हमदम वफ़ा की राह में ढूँढोगे तुम किसे
किसका निशान पाओगे मेरे निशाँ के बाद

जिसकी तरफ़ कभी भी तसव्वुर नहीं गया
वो कौन सा मक़ाम है दोनों जहाँ के बाद

सच कहने वाले और भी दुनिया में आएँगे
किस-किस को चुप करोगे हमारी ज़ुबाँ के बाद

अब इसके बाद कोई ठिकाना नहीं है 'मीत'
अब और कहाँ जाए तेरे आस्ताँ के बाद

जफ़ाओं का अपनी सिला ढूँढता है
मुझे फिर कोई बेवफ़ा ढूँढता है

नई बात क्या है कोई ये बताए
मुसाफ़िर अगर रहनुमा ढूँढता है

सफ़ीना तलातुम में जो गुम हुआ है
उसी को फ़क़त नाख़ुदा ढूँढता है

तुम्हारी गली में फ़िदाई तुम्हारा
तुम्हीं जानते हो कि क्या ढूँढता है

ख़ुदा के सिवा 'मीत' ये कौन जाने
हरेक रिन्द क्यों मयक़दा ढूँढता है

लोकेश कुमार सिंह
'साहिल'

जन्मतिथि : 6 अप्रैल 1962
शिक्षा : बी.एससी., एल.एल.बी.।
प्रकाशन : 'दरिया में मँझधार बहुत हैं' (ग़ज़ल संग्रह)। अनेक शैक्षिक, साहित्यिक, सांस्कृतिक और सामाजिक संस्थाओं में सक्रिय भागीदारी।
सम्प्रति : निजी व्यवसाय
सम्पर्क : 81/33, पटेल मार्ग, मानसरोवर, जयपुर-302020
फ़ोन : 0141-2520264, 2520271

गुंचे सिसक रहे हैं चमन ज़ार-ज़ार है
ऐ बाग़बाँ बता कि ये कैसी बहार है

इन बाकमाल लोगों से बचकर रहो मियाँ
काशी से इश्क़ इनको न काबे से प्यार है

ऐसे भी कह रहे हैं तेरी याद में ग़ज़ल
साक़ी न कोई जाम न अब्रे-बहार है

रस्ता दिखाने आए थे जो मीरे-कारवाँ
वो कारवाँ ही ले उड़े बाक़ी गुबार है

ख़्वाबों भरी वो रात तो अब ख़्वाब हो गई
और आँख है कि देखिए अख़्तर-शुमार है

'बेसन की सौंधी रोटी पे है चटनी जैसी माँ'
'साहिल' ये शाइरी नहीं उसका मज़ार है

तेरे घर के द्वार बहुत हैं
फिर भी बे-घरबार बहुत हैं

फूलों के घर ख़ार बहुत हैं
फिर भी बन्दनवार बहुत हैं

ग़म के भी अम्बार बहुत हैं
वैसे वे ग़मख़्वार बहुत हैं

दिलवालों की इस दुनिया में
दिल कम हैं, दिलदार बहुत हैं

'साहिल' तो नादान है, यारो,
कुछ वो भी होशियार बहुत हैं

तुमसे मिलना तो इक बहाना था
क़िस्स-ए-ग़म तुम्हें सुनाना था

अपना अन्जाम था यही शायद
अपना अन्दाज़ आशिक़ाना था

अब उसी आँख में है वीरानी
मेरा जिस आँख में ठिकाना था

ऐसा रिश्ता किया था क्यूँ क़ाइम
एक दिन जिसको टूट जाना था

उसकी आँखों के तीर चलते थे
और 'साहिल' का दिल निशाना था

दर्द बनकर पिघल रहा हूँ मैं
गीत-ग़ज़लों में ढल रहा हूँ मैं

उनकी फ़ितरत बदल नहीं सकती
अपनी आदत बदल रहा हूँ मैं

धूप का छल निबाहने भर को
अपने साए को छल रहा हूँ मैं

जिनकी नज़रों में गिर गया था कल
वे भी देखें सँभल रहा हूँ मैं

जब से दर्पण का झूठ पकड़ा है
सच को 'साहिल' निगल रहा हूँ मैं

हमने इस दौर के अन्दाज़ निराले देखे
फ़ैसले क़त्ल के क़ातिल के हवाले देखे

बस दुआ मेरी यही है कि नई नस्ल मिरी
पेट भरने को न ज़िल्लत के निवाले देखे

जिनको इन्साँ का लहू पी के भी सन्तोष नहीं
मस्जिदे ऐसी यहाँ ऐसे शिवाले देखे

जिनकी आँखों से टपकती थी मुहब्बत अक्सर
उनकी आँखों में थी ज़हराब के प्याले देखे

जो अँधेरों के लिए मौन का बाइस थे कभी
हमने दम तोड़ते 'साहिल' वो उजाले देखे

मनोज अबोध

जन्मतिथि	:	30.4.1962
शिक्षा	:	बी.एससी., एम.ए., पत्रकारिता स्नातकोत्तर, आयुर्वेदरत्न, डिप्लोमा इन नैचुरोपैथी साइंस (एन.डी.), एडवांस होमियोपैथी।
प्रकाशन	:	ग़ज़ल-संग्रह 'गुलमुहर की छाँव में'। दोहा संग्रह 'यादों का मकरन्द' प्रकाशनाधीन। अनेक संकलनों, पत्र-पत्रिकाओं में ग़ज़लें, दोहे, हास्य-व्यंग्य रचनाएँ प्रकाशित।
सम्मान	:	अनेक प्रतिष्ठित साहित्यिक संस्थाओं द्वारा सम्मानित/पुरस्कृत। कई साहित्यिक, सामाजिक, सांस्कृतिक संस्थाओं में सक्रिय भागीदारी।
सम्पर्क	:	पोस्ट बॉक्स 24, सरस्वती मार्ग, नई बस्ती, बिजनौर 246701 (उ.प्र.) दूरभाष : (01342) 262880

कितनी दूर चला आया मैं जीवन का वनवास लिए
लेकिन मन पागल है अब तक मिलने की ही आस लिए

दरिया-दरिया, बस्ती-बस्ती, जंगल-जंगल घूमा हूँ
एक समन्दर सूख गया है मुझमें जलती प्यास लिए

कोई एक मधुर-सा मौसम अपने आँगन बो लेना
द्वारे-द्वारे भटका हूँ मैं, एक यही अरदास लिए

एक नदी मिलने को आतुर, आते-आते सूख गई
कितने सहरा देख चुका हूँ, आँखों में मधुमास लिए

तृष्णा की बंजर धरती पर, सूरज बोकर लौटा हूँ
शायद कोई चाँद उगे कल, यादों का अहसास लिए

वादों पर विश्वास है लेकिन, आकर पल-भर देखो तो
कितना जी पाऊँगा आख़िर, उखड़ी-उखड़ी साँस लिए

जिसको हर ग़म में, ख़ुशी में चैन है
उसको समझो ज़िन्दगी में चैन है

रोशनी ने बख़्शे हैं आँसू जिन्हें
उनको मिलता तीरगी में चैन है

है गुमाँ अपनी बनावट पर उन्हें
मुझको अपनी सादगी में चैन है

मैं झुकूँगा क्यों नदी के सामने
मुझको अपनी तिश्नगी में चैन है

पंथ मज़हब जानकर मैं क्या करूँ
मुझको उसकी बन्दगी में चैन है

तू कितना अपने-आपमें सच्चा है, ये बता
कब तूने अपने-आपको सोचा है, ये बता

यह सच है, लाख बार मैं टूटा-जुड़ा हूँ, पर
कब तूने मुझको टूटते देखा है, ये बता

हर चाह मिट गई है जिसे चाहने के बाद
ऐसा हसीन कौन-सा चेहरा है, ये बता

लिखता हूँ सब गुनाह तेरे, अपने नाम मैं
यह ज़िन्दगी का कौन-सा लम्हा है, ये बता

क्यों दिल में तेरे रह के मेरा दम-सा घुट गया
क्या इसमें कोई और भी मुझ-सा है, ये बता

तुम्हारे नाम से अपना भी नाम चलता है
हमारे दौर में ऐसे ही काम चलता है

ज़रा-सी ज़िन्दगी में किसे क्या अना रक्खूँ
सभी से अपना नमस्ते-सलाम चलता है

तुम्हें तो ध्यान हमारा नहीं आता होगा
तुम्हारा ज़िक्र यहाँ सुब्ह-शाम चलता है

जहाँ हँसी थी, मुहब्बत की, दोस्त थे, तुम थे
वहाँ न प्यार की बातें, न जाम चलता है

भली-सी नौकरी कैसे दिलाऊँ बेटे को
सुना है उसमें भी पैसे से काम चलता है

जानता था दोस्ती का वास्ता दोगे मुझे
दर्द की सौगात दोगे और क्या दोगे मुझे

शर्त रखकर बीच में नज़दीक आओगे, मगर
तय न हो जो उम्र-भर वो फ़ासला दोगे मुझे

मुस्कराकर छोड़ दोगे हाथ मेरा एक दिन
जिसकी मंज़िल ही नहीं, वो रास्ता दोगे मुझे

हर क़दम पर याद आएगी मेरी दीवानगी
तुम अगर चाहो भी तो, कैसे भुला दोगे मुझे

सामने आओगे मेरे हाथ थामे और का
तुम सज़ा दोगे भी तो बस, ये सज़ा दोगे मुझे

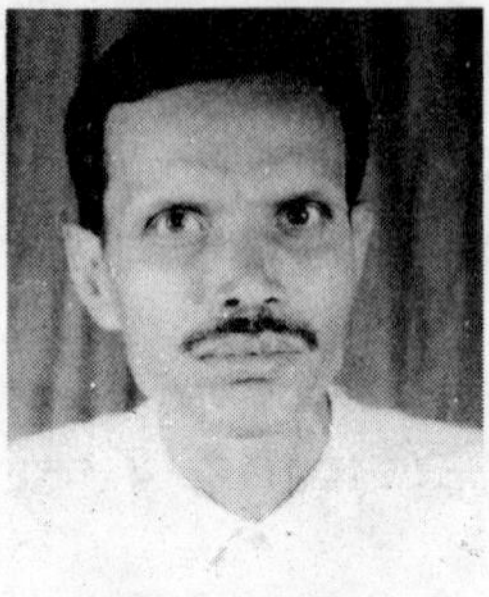

चन्द्रिका मढ़रिया

जन्मतिथि : 4.6.1962

शिक्षा : डिप्लोमा (पैथॉलाजी)

प्रकाशन : अनेक पत्र-पत्रिकाओं में रचनाएँ प्रकाशित।

सम्पर्क : ब्लाक नं.-13, मानसरोवर कालोनी, भिलाई-3, (दुर्ग) छत्तीसगढ़।

ठिठुर रहा है सर्द रात में कम्बल किसके लिए बनाया
मोहताज लकड़ी को चूल्हा जंगल किसके लिए बनाया

दहक रहा है पेट भूख है अंगारों की शक्ल में
प्यास से सूखे होंठ भाखरा-नंगल किसके लिए बनाया

नीलकंठ की उपमा से फूला नहीं समाता है
गरल तुझे भाता है तो फिर सन्दल किसके लिए बनाया

इस जगत का भाग्यविधाता फिर भी हक़ से महरूम
बिल्कुल खाली हाथ है अर्थ कमंडल किसके लिए बनाया

पीठ पेट की पसलियाँ गिन के बच्चे सीखते हैं गिनती
पाठशालाएँ किताबों का बंडल किसके लिए बनाया

तुझे स्वमेव ही मिलेंगे उत्तर अनबाँचे प्रश्नों को बाँच
लाल सितारों की बीहड़ वह चम्बल किसके लिए बनाया

जटिलताएँ पसरी हैं व्याख्यान की ज़मीं पर
सुबक रही है आँखें व्यवहार की बेरहमी पर

चाँद को ख़ारिज कर तर्क का आर्यस्ट्रांग
मेहरवान है सहमत भी उजाले की डमी पर

आदर्श के खोल में व्यक्तिवाद के पोषक
गौरवान्वित हैं ख़ुश भी अपनी बेशरमी पर

बदले भी गए बौद्धिक कैसिनो के मालिक
रहे ढर्रे वही लेकिन पुरस्कार की रमी पर

भूमिगत है मिट्टी के दर्द का पारखी
मार है दमन चक्रों की फ़कत अब आदमी पर

नग्न ख़ंजर सी चल रहीं अब हवाएँ हैं
पुराने सारे ज़ख़्म फिर से उभर आए हैं

चौड़ी होती ही गई सरहद की खाई
खोद के पत्थर इक दूजे पर चलाए हैं

लहू पी के हैं निखरते मज़हब के झंडे
ऐसे नारों से सबको बरगलाए हैं

किए हैं सत्ता के लिए नीच ऐसी हरकतें
मध्य बाबर को आदि राम से लड़ाए हैं

अम्न का नाम लें इतना हक़ नहीं हमको
क़ौम के वास्ते हम मुल्क को बँटवाए हैं

लालबत्ती बस्तियाँ उजाड़ दी गई
जिस्मफ़रोशी को नकार दी गई

अय्याशी ख़ुशपोशों की हिसार में रहे
बेपर्दों को फिर से उघाड़ दी गई

समाज की कुछ तो रही इनकी बेबसी
'हाकरों' सा अन्त में उतार दी गई

हरी नीली पीली बत्तियों के संग
धंधे पे उतरो संस्कार दी गई

बदनाम होने लगी हैं आम गलियाँ
दाल गली को यूँ विस्तार दी गई

नहीं बनने वाली ज़िन्दगी की बात यहाँ
चलो ढूँढें कहीं सुबह को, है रात यहाँ

पेट दुखता है मेहनत की दाल रोटी से
हर किसी को चाहिए अब ख़ैरात यहाँ

होड़ लगी हैं पाँव पर लेने बैसाखियाँ
भूल गए हैं लोग ख़ुद की औक़ात यहाँ

ज़िन्दगी ज़िन्दगी नहीं है फिर भी ज़िन्दगी है
मौत से बदतर हैं जबकि हालात यहाँ

हो गई बाँझ पूरी है दिलों की बस्ती
जन्मते हैं न ही उसूल न ही जज़्बात यहाँ

नवीन निकुंज

जन्म : 21.1.1962, ग्राम चंगेरी मिर्जापुर (ज़िला बाँका), बिहार

शिक्षा : एम.ए. (इतिहास)।

प्रकाशन : (1) सितार के तार (काव्य संकलन), (2) भारतीय काव्यशास्त्र, (3) रक्षा-कवच (कहानी संकलन)। अनेक पत्र-पत्रिकाओं में रचनाएँ प्रकाशित। (1) ज्ञानसिन्धु (त्रैमासिक), (2) समय (त्रैमासिक) का सम्पादन।

सम्मान : राजभाषा विभाग (बिहार सरकार) की ओर से उमाशंकर वर्मा स्मृति पुरस्कार से सम्मानित।

सम्प्रति : डी.एन. सिंह कालेज भूसिया रजौन में इतिहास व्याख्याता।

सम्पर्क : निदेशक, विश्वविद्या आश्रम, पुनसिया बाँका (बिहार) 813106

एक भी मुझको नहीं वह मन मिला
विषभरा विषधर कहीं गेहुँअन मिला

खेत से आई नहीं फसलें ज़रा
हाथ में ख़ाली मुझे अगहन मिला

मेरे हिस्से में वही बैशाख के दिन
तुमको तो आषाढ़ और सावन मिला

कट गए थे गाछ सब के सब वहाँ पर
दूर तक मुझको जहाँ तक वन मिला

राम को मैं खोजता ही मर गया
हर गली के मोड़ पर रावन मिला

था 'निकुंज' जो प्रेम का याचक बना
क्या मिला जो दान में कंचन मिला

छिड़ने दो तो तान अभी
टूटेंगे सब ध्यान अभी

बस्ती एक बसाऊँगा फिर
इस दिल में है जान अभी

साथ रहे हैं बरसों से
फिर भी हैं अनजान अभी

पूरी नहीं कहानी मेरी
देना है उन्वान अभी

सबको मिले मिले न लेकिन
है 'निकुंज' का मान अभी

पीना होगा और गरल
जीना इतना नहीं सरल

प्यार बन्द आँगन में पाया
द्वार खड़ा पाया था छल

कीचड़ हाथों में भर आता
कहाँ गया वह गंगा जल

जिसको देखा मैंने जग में
आँखें थीं उसकी छलछल

सब तो मौत देखकर भागे
यह 'निकुंज' ही रहा अटल

वचन यहाँ टलते देखा है
सबको सब छलते देखा है

पर्वत पर आँधी में मैंने
फूलों को खिलते देखा है

हम दोनों भी मिल जाएँगे
दुश्मन को मिलते देखा है

प्रेम हुआ करता है पानी
पर्वत को गलते देखा है

जो 'निकुंज' सा सरल यहाँ है
हाथ उसे मलते देखा है

यहाँ नहीं कुछ आशा है
केवल खेल तमाशा है

अपना लोकतंत्र अब जग में
सबसे बड़ा तमाशा है

यह सत्ता का खेल अजब है
ज्यों शकुनी का पाशा है

हासिल न कुछ होनेवाला
केवल यहाँ दिलाशा है

क्या 'निकुंज' डरना शासन से
घुड़की है या झाँसा है

द्विजेंद्र द्विज

जन्मतिथि	:	10.10.1962
शिक्षा	:	एम.ए. अंग्रेजी साहित्य
प्रकाशन	:	'जन-गण-मन' (ग़ज़ल-संग्रह), अनेक पत्र-पत्रिकाओं, संकलनों में रचनाएँ प्रकाशित। 'दर्द अभी तक हम साए है' में शामिल। डॉ. सुशीलकुमार फुल्ल के सम्पादन में प्रकाशित 'रचना' पत्रिका के प्रतिनिधि ग़ज़ल अंक का अतिथि सम्पादन।
सम्प्रति	:	प्राध्यापक (अंग्रेजी)
सम्पर्क	:	राजकीय पॉलिटेक्निक कॉलेज कॉंगड़ा - 1796001 (हि.प्र.)

अँधेरे चंद लोगों का अगर मकसद नहीं होते
यहाँ के लोग अपने-आप में सरहद नहीं होते

न भूलो, तुमने ये ऊँचाईयाँ भी हमसे पाई हैं
हमारा क़द नहीं लेते तो आदमक़द नहीं होते

फ़रेबों की कहानी है तुम्हारे मापदण्डों में
नहीं तो हर जगह 'बौने' कभी 'अंगद' नहीं होते

तुम्हारी ये इमारत रोक पाएगी हमें कब तक
वहाँ पर भी बसेरे हैं जहाँ गुम्बद नहीं होते

चले हैं घर से तो फिर धूप से भी जूझना होगा
सफ़र में हर जगह वूढ़े-घने बरगद नहीं होते

बन्द कमरों के लिए ताज़ा हवा लिखते हैं हम
खिड़कियाँ हों हर जगह ऐसी दुआ लिखते हैं हम

आदमी को आदमी से दूर जिसने कर दिया
ऐसी साज़िश के लिए हर बद्दुआ लिखते हैं हम

जो बिछाई जा चुकी हैं ज़िन्दगी की राह में
उन सुरंगों से निकलता रास्ता लिखते हैं हम

रौशनी का नाम देकर आपने बाँटे हैं जो
उन अँधेरों को कुचलता हौसला लिखते हैं हम

ला सके सबको बराबर मंज़िलों के रास्ते
हर क़दम पर एक ऐसा क़ाफ़िला लिखते हैं हम

हुज़ूर आप तो पहुँचे हैं आसमानों में
सिसक रही है अभी ज़िन्दगी ढलानों में

ढली है इस तरह ये ज़िन्दगी थकानों में
यक़ीन ही न रहा अब हमें उड़ानों में

जले हैं धूप में, सहरा में, कारख़ानों में
अव और कैसे गुज़र हो इन्हीं मकानों में

हुई हैं मुद्दतें आँगन में वो नहीं उतरी
यों धूप रोज़ ठहरती है सायबानों में

हुए यूँ रात से वाक़िफ़ कि शौक़ ही न रहा
सुवह की शोख़ बहारों की दास्तानों में

कटे थे कल जो यहाँ जंगलों की भाषा में
उगे हैं फिर वही तो चम्बलों की भाषा में

सवाल ज़िन्दगी के टालना नहीं अच्छा
दो टूट बात करो, फ़ैसलों की भाषा में

फ़रिश्ता है कहीं अब भी जो बात करता है
कड़कती धूप तले पीपलों की भाषा में

नदी को पी के समुन्दर हुआ ख़ामोश मगर
नदी तो बह रही है कलकलों की भाषा में

भले ही ज़िन्दगी मौसम रही हो पतझड़ का
कही है हमने ग़ज़ल कोंपलों की भाषा में

जो लड़ें जीवन की सब सम्भावनाओं के ख़िलाफ़
हम हमेशा ही रहे उन भूमिकाओं के ख़िलाफ़

जो ख़ताएँ कीं नहीं उन पर सज़ाओं के ख़िलाफ़
किस अदालत में चले जाते खुदाओं के ख़िलाफ़

सर झुकाया, बन्दगी की, देवता माना जिन्हें
वो रहे अक्सर हमारी आस्थाओं के ख़िलाफ़

रक्तरंजित सुर्ख़ियाँ या मातमी ख़ामोशियाँ
सब गवाही दे रही हैं कुछ ख़ुदाओं के ख़िलाफ़

''एक दिन तो मैं उड़ा ले जाऊँगी आख़िर तुम्हें''
ख़ुद हवा पैग़ाम थी काली घटाओं के ख़िलाफ़

संजय ग्रोवर

जन्मतिथि : 5.4.1963, हाथरस (उ.प्र.)
शिक्षा : बी.कॉम.।
प्रकाशन : ग़ज़ल-संग्रह 'ख़ुदाओ के शहर में आदमी'। अनेक पत्र-पत्रिकाओं में रचनाएँ प्रकाशित।
सम्प्रति : स्वतन्त्र लेखन एवं निजी व्यवसाय
सम्पर्क : संवाद टेलीकॉम सैंटर, एल-76 ए, दिलशाद गार्डन दिल्ली-95
फ़ोन- 22125932, 22133609

ओस की बूँदों में ठहरी ज़िन्दगी को सोचना
और फिर बहती नदी की गंदगी को सोचना

अश्क पीकर भी तनी गरदन की बाबत सोच कर
ख़ून पीकर सर झुकाती बन्दगी को सोचना

खाट पर पसरी हुई मेहमान अंग्रेज़ी के साथ
अपने घर में हिन्दी की लाचारगी को सोचना

दुश्मनों के ख़ौफ़ से पीछा छुड़ाना हो अगर
दोस्तों में कुलबुलाती दुश्मनी को सोचना

जिस घड़ी मन कृष्ण जैसी रास लीलाएँ रचे
उस घड़ी इक पल ठहर कर द्रौपदी को सोचना

धीरे-धीरे सब होगा
लेकिन जाने कब होगा

जिसकी रचना बेढंगी
ख़ुद कितना बेढब होगा

हाकिम हँस कर बोला तो
कितना बड़ा ग़ज़ब होगा

बेमतलब वो आया है
कुछ ना कुछ मतलब होगा

वाइज़ और बदलाव की बात
कोई और सबब होगा

राहगीरों को तुम्हारे रास्तों ने क्या दिया
मंज़िलों को और गहरी गर्त में पहुंचा दिया

जिन मचानों पर सुरक्षित था अँधेरों का वजूद
उन मचानों को ही तुमने मंज़िलें ठहरा दिया

एक झूठे सच की ख़ातिर कितने सच झुठला दिए
आपकी दानाईयों ने मेरा दिल दहला दिया

नन्हीं आशाओं के अंकुर धूप में कुम्हला गए
रोशनी ने सूरजों को जाने क्या समझा दिया

डर है वो उठने से पहले ऊँगली भी ना माँग ले
दक्षिणा में जिसने अँगूठा मेरा कटवा दिया

या तो मैं सच कहता हूँ
या फिर चुप ही रहता हूँ

डरते लोगों से डर कर
सहमा-सहमा रहता हूँ

बहुत नहीं तैरा, लेकिन
ख़ुश हूँ, कम ही बहता हूँ

बाहर दीवारें चुन कर
भीतर-भीतर ढहता हूँ

कुछ अनकही भी कह जाऊँ
इसी लिए सब सहता हूँ।

पद सुरक्षा धन प्रतिष्ठा हर तरह गढ़ते रहे
और फिर बोले कि हम तो उम्र भर लड़ते रहे

काग़ज़ों की कोठरी में क़ैद कर डाला वजूद
फिर किसी अख़बार में तारीफ़े-ख़ुद पढ़ते रहे

मंच पर जिन रास्तों के थे मुख़ालिफ़ उम्र-भर
मंच के पीछे से वो ही सीढ़ियाँ चढ़ते रहे

नाम पर बदलाव के इतना इज़ाफ़ा कर दिया
रोज़ तस्वीरें बदल कर चौखटे जड़ते रहे

इन अँधेरों में भी होगी प्यार की नन्हीं सी लौ
बस इसी उम्मीद में मेरे क़दम बढ़ते रहे।

दीपक जैन 'दीप'

जन्मतिथि : 1 मई, 1963

शिक्षा : एम.कॉम.।

प्रकाशन : विभिन्न ग़ज़ल संकलनों एवं राष्ट्रीय पत्र-पत्रिकाओं में प्रकाशन।

सम्प्रति : जल संसाधन विभाग में कार्यरत।

सम्पर्क : दीपक जैन, मन्त्री कोठी के पीछे, हाट रोड, गुना (म.प्र.) - 473001

फ़ोन : 07542-250458 (नि.), 252715 (कार्यालय)

गीत गा ले गुनगुना ले मन
आज भर ले अपना ख़ालीपन

तितलियाँ ख़्वाबों में क्या आईं
सुर्ख़ियों में आ गया बचपन

आई जो ख़्वाबों में तेरी याद
टूटने से बच गई धड़कन

आँख से आँसू गिरे जितने
सिर्फ़ उतना ही धुला दामन

टूटना तकदीर है वर्ना
इतना नाज़ुक भी नहीं दरपन

फिर मिला है ज़ह्र अमृत में
अब ज़रूरी हो गया मन्थन

तेरे जलवों ने कैसी शर्त रख दी
कि ख़ुशबू देखने की शर्त रख दी

गुज़रना है हमें अब इम्तहाँ से
चलो तुमने तो अपनी शर्त रख दी

परिन्दों का बसेरा और छतों पर
तो क्या पेड़ों ने कोई शर्त रख दी

परिन्दों की उड़ाने छीन लीं और
हदों को नापने की शर्त रख दी

सभी थे एकता के हक़ में लेकिन
सभी ने अपनी अपनी शर्त रख दी

मेरी आँखों में ढूँढ़ते हो क्या
ख़ुद से मिलकर बिछड़ गए हो क्या

धड़कनें हैं कि बज रहा है साज़
तुम कहीं गुनगुना रहे हो क्या

किस क़दर एतमाद है ख़ुद पर
रोज़ आईना देखते हो क्या

सबसे मिलते हो एहतियात के साथ
तुम कभी दूध से जले हो क्या

आज साँसें धुली धुली सी हैं
आज जी भर के रो लिए हो क्या

दिल को ये एहसास दिलाना पड़ता है
ख़ामोशी को बात बनाना पड़ता है

ख़ुशबू को आवाज़ लगाने से पहले
बाग़ में कोई फूल खिलाना पड़ता है

चाँद की परछाई थाली में दिखला कर
बच्चों को यूँ भी बहलाना पड़ता है

रिश्ते कुछ दूरी तक साथ निभाते हैं
एक न एक दिन हाथ छुड़ाना पड़ता है

कुछ रिश्ते ऐसे भी बन जाते हैं
लोगों को जाकर समझाना पड़ता है

पसे--मंज़र को मंज़र कह रहे हैं
दरो-दीवार को घर कह रहे हैं

कहीं से एक क़तरा माँग लाए
उसी को हम समुन्दर कह रहे हैं

हुआ परवाज़ से महरूम कोई
यहाँ बिखरे हुए पर कह रहे हैं

वो ज़र्रा आसमाँ को चूम आया
सभी इसको मुक़द्दर कह रहे हैं

योगेन्द्र मौद्‌गिल

जन्मतिथि : 25 सितम्बर, 1963 करनाल

प्रकाशन : ग़ज़ल-संग्रह 'मंज़र-मंज़र अंगारे' सहित 'हास्यमेव जयते' और अनेक विधाओं में कृतियाँ प्रकाशित। अनेक पत्र-पत्रिकाओं में रचनाएँ प्रकाशित।

सम्प्रति : स्वतन्त्र लेखन

सम्पर्क : 2393-94, न्यू हाउसिंग बोर्ड कॉलोनी, पानीपत 132103
फ़ोन–(01742) 262393
मो.–9812087188

रात अँधेरी सर्द हवाएँ, आसमान सकुचाया सा
तन गुम्बद में मन का पंछी अकुलाया सा

यादों की भट्‌टी में तप कर ख़्याल बने हैं अंगारे
बर्फ़ीले वादों का तन भी गरमाया, गरमाया सा

हिंसा, क़त्ल, डकैती, कर्फ़्यू, हवस, त्रासदी, कुण्ठाएँ
नगरी का हर बाशिन्दा है मुरझाया, मुरझाया सा

जाने कितने बरस लगेंगे हमें आदमी होने में
अन्तर्मन में कौंध रहा है प्रश्न यही थर्राया सा

वक़्त ने इन्सानी रिश्तों का सारा ही रस पी डाला
मन का सूखा अंकुर सिसके कुम्हलाया कुम्हलाया सा

वो भी मुझ जैसा लगा है
शीशे में उतरा लगता है

खेल-खेल में टूट न जाना
जुड़ने में वक़्फ़ा लगता है

गुम्बद, कंगूरे सिन्दूरी
सूरज घर लौटा लगता है

देख रहा टुक गहरे-गहरे
अपनों का मारा लगता है

रोशन हैं यूँ तो दीवारें
लेकिन घर सूना लगता है

अब भी वो भ्रम में जीता है
सपने ही खाता-पीता है

बाहर भरा-भरा लगता है
भीतर से रीता-रीता है

जाने-पहचाने चेहरों में
समय बहुत अच्छा बीता है

झूठ बोलने वाला है वो
उसके हाथों में गीता है

सम्बन्धों के पैबन्दों को
वो बातों से ही सीता है

ज़ेह्न ख़्यालों में अटका है
मन यायावर सा भटका है

यही पुरातन परम्परा है
सूली पर सच ही लटका है

हमने उसे उठाया उसने
हमको धरती पर पटका है

दुनिया एक कसाईबाड़ा
कहीं हलाल, कहीं झटका है

बन्दर-बिल्ली वाला क़िस्सा
राजनीति के हर नट का है

रोज़-रोज़ का हँसना-गाना भूल गया
जब से तेरी गली में आना भूल गया

मेरे घर के सभी आइने चटख गए
मैं भी सबसे आँख मिलाना भूल गया

हर मौक़े पर बाज़, शिकारी, कुत्ते, जाल
पंछी अपना दाना खाना भूल गए

जिसने काँधों पर बन्दूक उठाली है
वो काँधों पर वज़न उठाना भूल गया

हीरे, मोती, ज़ेवर जिस से रूठ गए
उसे 'मौदूगिल' देख ज़माना भूल गया

नईम साहिल

जन्मतिथि : 8.2.1964, इलाहाबाद (उ.प्र.)

शिक्षा : बी.काम., एम.बी.ई.एस.

प्रकाशन : पत्र-पत्रिकाओं एवं काव्य संकलनों में रचनाएँ प्रकाशित।

सम्मान : भारतीय साहित्य एवं पत्र लेखन अकादमी (सहारनपुर) द्वारा 'हसरत मोहानी सम्मान'

सम्प्रति : चिकित्सक

सम्पर्क : 222, दोंदीपुर, इलाहाबाद-211003 (उ.प्र.), फ़ोन : 2456508

साँप सँपोलों के सँग अजगर घूम रहे हैं दिल्ली में
एक सदी से सारे विषधर घूम रहे हैं दिल्ली में

उन सबका अनुमान लगाना तेरे बस की बात नहीं
आज हवा में कितने पत्थर घूम रहे हैं दिल्ली में

दिल की धड़कन बता रही है कोई भी महफ़ूज़ नहीं
इधर-उधर हाथों में ख़ंजर घूम रहे हैं दिल्ली में

सबकी आँखें देख रही हैं ख़ामोशी से सारे दृश्य
जाने कैसे-कैसे मंज़र घूम रहे हैं दिल्ली में

कल क्या होगा, कौन बताए कुछ भी तो स्पष्ट नहीं
दूर-दूर से आए लश्कर घूम रहे हैं दिल्ली में

'साहिल' सबकी ख़्वाहिश ये है कुर्सी उनके हाथ लगे
सत्ता वाले जादू-मन्तर घूम रहे हैं दिल्ली में

किसी को ख़ून के आँसू रुला देती हैं दीवारें
वफ़ाओं के लिए जब भी सज़ा देती हैं दीवारें

तुम अपने घर का आँगन बाँटने वालों ज़रा सोचो
घरों को क़ैदख़ाना-सा बना देती हैं दीवारें

जो बैठा है वहाँ दीवार के साए में बरसों से
कभी तो उससे ये पूछो कि क्या देती हैं दीवारें

उन्हें सच बोलना शायद विरासत में मिला होगा
कहानी जो भी सुनती हैं, सुना देती हैं दीवारें

किसी से पूछने की क्या ज़रूरत है मुझे 'साहिल'
कि घर माज़ी में कैसा था, बता देती हैं दीवारें

ज़िन्दगी भर काम जो आए वह नेमत चाहिए
क्या करूँगा लेके सूरत मुझको सीरत चाहिए

जान देने के लिए मैं आज भी तैयार हूँ
शर्त है कल मेरे बच्चों को भी इज़्ज़त चाहिए

लम्बी चौड़ी फ़ौज से तो जंग सर होती नहीं
फ़त्हयाबी के लिए तो सिर्फ़ हिम्मत चाहिए

ज़िन्दगी का कर्ब बढ़ के आस्माँ होने को है
दास्ताने-ज़िन्दगी को और वुसअत चाहिए

रास्ते हमवार हैं 'साहिल' मगर मंज़िल कहाँ
रहनुमाई के लिए कुछ और अज़मत चाहिए

मैंने हर चीज़ को देखा तो बुरा क्या इसमें
सिर्फ़ नाचीज़ को समझा तो बुरा क्या इसमें

ज़िन्दगी जिसकी सफ़र बन के रही हो उसने
शहरे-निसवाँ को भी देखा तो बुरा क्या इसमें

बात जो भी थी ज़रूरी वही कहने के लिए
रास्ते में उसे रोका तो बुरा क्या इसमें

धर्म शैतान को इन्सान बना देता है
इसमें जो कुछ है वह अच्छा तो बुरा क्या इसमें

चढ़ते सूरज की सभी करते हैं पूजा 'साहिल'
मैंने पूजा को भी पूजा तो बुरा क्या इसमें

वो ज्ञानी है मगर नाशाद क्यों है सोचना होगा
वफ़ा की राह में बर्बाद क्यों है सोचना होगा

कमाई उसने बाहर जा के दौलत और शोहरत भी
मगर आँसू भरी रूदाद क्यों है सोचना होगा

न बन पाया सहारा बेसहारों का मुसीबत में
अमीरे-शहर से फ़रियाद क्यों है सोचना होगा

यहाँ गंगा, यहाँ जमुना, यहीं संगम मगर फिर भी
बहुत पीछे इलाहाबाद क्यों है सोचना होगा

मिटाना चाहता है जो हर इक तहज़ीब को 'साहिल'
विदेशों से उसे इमदाद क्यों है सोचना होगा

छगनलाल सोनी

जन्मतिथि : 20.3.1964
शिक्षा : हायर सेकेण्डरी
प्रकाशन : पत्र-पत्रिकाओं में गीत, ग़ज़ल, कहानी एवं साहित्य कला संस्कृति सन्दर्भित लेख प्रकाशित। साम्य साहित्य मंच से संबद्ध।
सम्पर्क : सुभाष चौक भिलाई-3 ज़िला दुर्ग (छत्तीसगढ़) 490021

देना बताना और दिखाना व्यवहार हो गया
अब तो लगता है घर भी बाज़ार हो गया

पत्थर दिल आदमी बुत बना पत्थर का
टुकड़े में बँटा जीवन परिवार हो गया

चेहरे बदल-बदल कर मेहरबान वे हुए
कल तक था जो दुश्मन आज यार हो गया

टूटन है, ऊब है, झगड़े भी खूब होने लगे
एक वंश पुनः शकुनि का शिकार हो गया

अजब यह चला घर में एकल सरकार
दादा तो बेचारा धक्का मार हो गया

ये दो ही लोग जाने ये दिल्लगी की बातें
घर छोड़ गए भाग कि प्यार हो गया

थोड़ा जी लें यार बहुत है
पा लें, थोड़ा प्यार बहुत है

सुख-दुख सिक्के के दो पहलू
मिले जो दोनों सार बहुत है

रोज़ मिलें और हाथ मिलाएँ
इतना भी अधिकार बहुत है

ख़्वाबों से हम मन बहलाएँ
इसका भी संसार बहुत है

जीते जी जारी जंग हमारी
अभी क़लम में धार बहुत है

इस शहर में अपना घर देखते हैं
हम अपने घर में शहर देखते हैं

होते हैं हादसे रोज़ दिन या रात हो
आदतन हम सुबह की ख़बर देखते हैं

लोग पीकर मर जाते हैं जीवन अमृत
हम जीकर ज़हर का असर देखते हैं

बेख़ौफ़ घूमते हैं यहाँ पेशेवर लोग
पाक दमन में हर पल हम डर देखते हैं

नए रोज़ नारे तमाशे और प्रदर्शन
इस पागल शहर में अक्सर देखते हैं

उलझे हुए से लोग उलझाने लगे हैं
लोग आग से आग बुझाने लगे हैं

मन्दिर और मस्जिद में बहस की मूरत
मुद्दा रोटी और छत का भुलाने लगे हैं

देखने से पता नहीं चलता हमारा ज़ख़्म
लोग ज़ख़्मों पर नस्तर चुभाने लगे हैं

अजब चल पड़ा है हैवानियत का ज़ोर
सुर्ख़ियों में बूचड़खाने छाने लगे हैं

वेद कुरान बाइबिल का सारांश है यही
काले को लोग लाल अक्षर बताने लगे हैं

दिल में कोई और था, दिल्ली में कोई और है
चेहरे पहचानिए जनाब आज मुखौटों का दौर है

बचा था जो, सो ले गया, विश्वास पूरा लूट कर
आज आस्था का बना फिर वही सिरमौर है

गुलाम थे आज़ाद हैं हम गीत बहुत गा चुके
इतिहास ने जो कुछ किया, मिसाल के बतौर है

देख उन्हें लगा हमें नगर सुधरेगा ज़रूर
उनके ही अवैध क़ब्ज़े और वे ही महापौर हैं

सबका हाल है वही जो हाल अपना सा लगे
इस हाल में जीना हमारा तारीफ़े-गौर है

महेन्द्र कुमार अग्रवाल

जन्मतिथि : 21 अप्रैल 1964

शिक्षा : एम.एससी. (जन्तु शास्त्र), आयुर्वेद रत्न, एम.ए. (हिन्दी साहित्य), एलएल.बी., पी-एच.डी., उर्दू अदीब कामिल।

प्रकाशन : 'पेरोल पर कभी तो रिहा होगी आग' (ग़ज़ल संग्रह), शोख़ मंज़र ले गया (ग़ज़ल संग्रह), बीसवीं सदी की पंचायत (प्रकाशनाधीन) कविता संग्रह, नई ग़ज़ल स्वरूप एवं संवेदना (शोध प्रबन्ध), पत्र-पत्रिकाओं में रचनाएँ प्रकाशित। 'अंकुर', 'नई ग़ज़ल', 'हवा के विरुद्ध', 'नई ग़ज़ल', 'दिशा और दशा' का सम्पादन।

सम्पर्क : बी.एम.के. मेडिकल स्टोर, सदर बाज़ार गांधी चौक, शिवपुरी, म.प्र. 473551 दूरभाष : 07482-233424 (दुकान) 232558 (निवास), 256428 (कार्यालय)

चीख़ती है अब सड़क पर ज़िन्दगानी देखिए
ख़ून पीती आपकी यह हुक्मरानी देखिए

भूख से मरते हुए हर गाँव में वे आज भी
कह रहे हैं फिर सितारों की कहानी देखिए

हो गई है बेवफ़ा माशूक सी जम्हूरियत
कोसते हैं सब यहाँ पी पी के पानी देखिए

लग रहा है दिन ब दिन वह पागलों सा इन दिनों
हो रही है दिन ब दिन लड़की सयानी देखिए

याद आता ही रहा आँगन का बँटवारा सदा
बात यूँ तो हो गई कितनी पुरानी देखिए

कब कहाँ से टूट कर उखड़े किनारे, क्या कहें
बह रहा है आज भी दरिया, रवानी देखिए

समझ के साथ मक्कारी से कब तक
ग़ज़ल कहते अदाकारी से कब तक

हुकूमत धूल है जूते की मेरी
रहूँ सपनों में ख़ुद्दारी से कब तक

हवाएँ रोक लीं जब पर्वतों ने
करूँ उम्मीद चिंगारी से कब तक

हक़ीक़त आ गई है सामने जब
रखे सम्बन्ध लाचारी से कब तक

जहाँ मतदान का मंचन हुआ था
वहाँ रुकता समझदारी से कब तक

मौत हर पल यहाँ सफ़ाई दे
ज़िन्दगी इस तरह दिखाई दे

ख़ून की दौड़ हो सके बेहतर
सर्द हाथों में वो कलाई दे

लफ़्ज़ किसके हैं, सोचना ये भी
मैं कहूँ कुछ तो कुछ सुनाई दे

तू अगर है ख़ुदा तो साबित कर
मर्ज़ दे दे मगर दवाई दे

ज़िन्दगी जी रहा हूँ मैं अपनी
तू बुराई दे या भलाई दे

हमको हमदर्दी नहीं न मेहरबानी चाहिए
सिर पे पगड़ी, रोज़ रोटी और पानी चाहिए

झूठ को भी बेचते हैं सर उठाकर गर्व से
रहनुमाओं से कहेंगे सचबयानी चाहिए

उस गुलामी की कहानी से निकल इस दौर में
कह रही है आज 'धनिया' हुक्मरानी चाहिए

सभ्यता की चोटियों को देखकर कहना पड़ा
ज़िन्दगी अमराइयों में वो पुरानी चाहिए

सिर उठाकर चीख़ने का हौसला काफ़ी नहीं
उस क़बीले तक तेरी आवाज़ जानी चाहिए

अभी नहीं था मुनासिब तुझे 'शहर' फिर भी
कहाँ उठी है कभी 'गाँव' पे नज़र फिर भी

अवाम अब भी उसी मोड़ पर मिला हमको
क़दम उठाए हुकूमत ने उम्र भर फिर भी

हुए नहीं थे कभी क़त्ल इस तरह घर-घर
उठी नहीं है मुहल्ले में इक लहर फिर भी

अभी से ख़ौफ़ तेरी आँख में उतर आया
सुनी नहीं है अभी आज की ख़बर फिर भी

बहुत यकीं था तेरे नाम पे मुझे ग़ालिब
कहाँ हुआ है अभी खत्म ये सफ़र फिर भी

सुरेन्द्र शुक्ला

जन्मतिथि : 25.5.1964

शिक्षा : एम.बी.ई, पीएच.डी., एल.एल.बी.।

प्रकाशन : प्रतीक्षा, माटी को नमन, मेरे देश की माटी (काव्य संग्रह)। मसीहा की हँसी बन्द है, मैं फिर आऊँगा (काव्य संग्रह)शीघ्र प्रकाश्य।

सम्मान : नेहरू युवा केन्द्र संगठन द्वारा म.प्र. राज्य युवा कवि सम्मान (1998)।

सम्पर्क : ई एन 1/1, चार ईमली, भोपाल (म.प्र.)।
फ़ोन : 0755-2575037

आज कुछ अच्छी लगी प्यार की पहली सुबह
इस तरह मुस्काने लगी मनुहार की पहली सुबह

पंखुड़ी खिलने लगी, ओस की बूँदें लिए
आज मेरे बाग़ में, फैली रही पहली सुबह

ओस के मोती सजे हैं रूप के ही अंग में
आज छत पर आ गई मस्त हो पहली सुबह

रूठ कर जो कल गई थी, आ गई है फिर वही
प्रियतमा तुमको मनाने यार सी पहली सुबह

रश्मियाँ श्रृंगार करने आ गई मेरे यहाँ
स्वागतातुर हो गई मेहमान की पहली सुबह

मोती सा बँध जाना अच्छा
सीपी में बँध जाना अच्छा

सुर्ख़ लबों में सिसकारी सा
होठ में होठ दबाना अच्छा

आँखों-आँखों बात समझ लो
शब्दों का न आना अच्छा

मन व्याकुल, मन बहुत अधीर
नाक पसीना आना अच्छा

फिर बसन्त का इस बयान में
एक दूजे से मिल जाना अच्छा

नींद आती नहीं है मुझे रात में
बदलते रहे हैं करवट तेरे प्यार में

लहू में मेरी रेंगी चींटियाँ
एक सिहरन उठी है तेरे प्यार में

जादू नज़रों का ऐसा चलाया गया
क़ैद होता गया मैं तेरे प्यार में

दूर कितना भी चाहूँ मैं जाना कहीं
क़रीब उतना हुआ मैं तेरे प्यार में

मेरे हाथों की रेखाएँ कहती हैं ये
एक दिन होगा मिलना तुझे प्यार में

आज की रात कोई गीत सुना दो मुझको
प्यार की बात कोई आज बता दो मुझको

एक उम्मीद का दीपक था, जला रखा मैंने
नींद आती नहीं रात भर, सुला दो मुझको

आज की रात चली आ कि बहुत भारी है
ठहरा आँखों में समुन्दर है, रुला दो मुझको

आख़िरी रात न हो जाए, मुहब्बत की
दे के आवाज़ फिर एक बार बुला दो मुझको

दरिया सी प्यास में क़तरा नसीब था
जितना दूर है वो, पहले क़रीब था

धड़कन हमारे दिल की, कहने लगी है यूँ
चाहा था जिस सनम को वो मेरा नसीब था

जिसने हमें सताया दिल में हमारे बस के
दुश्मन हुआ हमारा वो जितना अज़ीज था

क़िस्से अज़ीब उनके अक्सर सुना किए
पलकों में बस गया, वो सपना अजीब था

चाँद 'शेरी'

जन्मतिथि : 8 जुलाई, 1964, झरमोडी (झालावाड़) राज.

प्रकाशन : 'ज़र्द पत्ते हरे हो गए' (ग़ज़ल संग्रह)। देश की अनेक पत्र-पत्रिकाओं, में रचनाएँ प्रकाशित। संपा. सहयोग संवाद सागर (सान्ध्य दैनिक) चितम्बरा (अनि.)। अनेक साहित्यिक-सांस्कृतिक संस्थाओं में महत्वपूर्ण भूमिका।

सम्प्रति : निजी व्यवसाय (स्टील फ़र्नीचर)

सम्पर्क : निवास—1, स्माल स्केल, इंडस्ट्रियल एरिया, कोटा-324007।
फ़ोन-(नि.) 0744-2361714 (का) 2364779

तू न अमृत का पियाला दे हमें
सिर्फ़ रोटी का निवाला दे हमें

जिस को पढ़ कर एक हों अहले-वतन
वो मुहब्बत का रिसाला दे हमें

ढूँढ लें ज़ुल्मत में मंज़िल के निशाँ
याख़ुदा! इतना उजाला दे हमें

सीख पाएँ हम जहाँ इन्सानियत
कोई ऐसी पाठशाला दे हमें

दिल मगर उजला हो पारस की तरह
जिस्म गोरा दे कि काला दे हमें

और कुछ चाहे न दे 'शेरी' मगर
शायरी का फ़न निराला दे हमें

पाकर चन्दन तन की ख़ुशबू
महकी घर आँगन की ख़ुशबू

माँ के उस पावन आँचल में
है मेरे बचपन की ख़ुशबू

सूखे बरगद से भी इक दिन
आएगी सावन की ख़ुशबू

बाक़ी है टूटे रिश्तों में
बरसों के बन्धन की ख़ुशबू

मेरी साँसों में है 'शे'री'
मेरे निर्मल मन की ख़ुशबू

इरादे की अटल चट्टान देगा
हमें ख़ुद हौसला तूफ़ान देगा

कहाँ अब 'पॉप-म्यूज़िक' का ज़माना
किशन की बाँसुरी की तान देगा

धर्म कोई भी हो देगा मुहब्बत
मुहब्बत ही हमें ईमान देगा

उसे हम अम्न का पैग़ाम देंगे
हमें जो जंग का मैदान देगा

लहू बहता है जो दुनिया में 'शे'री'
वो तेरी नज़्म को उन्वान देगा

कहीं आकाश पर बादल नहीं था
घटा की आँख में काजल नहीं था

ये ज़हरीले शजर नफ़रत की बेलें
यहाँ पहले तो ये जंगल नहीं था

नज़र कोसों से आता था हमें जो
वो अब उस गाँव में पीपल नहीं था

फटे अख़बार पर सोए हुओं को
ख़याले-बिस्तरे-मख़मल नहीं था

भिगोया उसको 'शे'री' आँसुओं ने
वो भीगा दूध से आँचल नहीं था

एक लम्बी कतार बाक़ी है
मुफ़लिसों की पुकार बाक़ी है

सूद ही सूद में बिका सब कुछ
जो लिया था उधार बाक़ी है

बस यही ग़मगुसार है मेरा
हाथ में जो सितार बाक़ी है

रौनकें कारवाँ के साथ गई
रास्ते का गुबार बाक़ी है

आदमीयत तो मर गई 'शे'री'
अब तो उसका मज़ार बाक़ी है

दिनेश रघुवंशी

जन्म	:	26 अगस्त, 1964
शिक्षा	:	एम.कॉम.
प्रकाशन	:	ग़ज़ल-संग्रह 'आसमान बाक़ी है'। अनेक पत्र-पत्रिकाओं में रचनाएँ प्रकाशित। एक गीत-संग्रह शीघ्र प्रकाश्य।
सम्प्रति	:	निजी व्यवसाय।
सम्पर्क	:	375, सैक्टर-16 ए, फ़रीदाबाद - 121002 फ़ोन - 25291429, मो. - 9811139028

हुआ क्या हादसा ऐसा सभी ख़ामोश बैठे हैं
जो हम पे हँस रहे थे अब वही ख़ामोश बैठे हैं

दिलों की बात करके लो हमीं ख़ामोशियाँ तोड़ें
भरी महफ़िल में सारे आदमी ख़ामोश बैठे हैं

मुनासिब सा नहीं लगता कहें कुछ सामने सबके
करेंगे बात कुछ हम भी अभी ख़ामोश बैठे हैं

मुहब्बत का सरे-महफ़िल तमाशा और क्या होगा
मुख़ातिब हैं सभी हमसे, वही ख़ामोश बैठे हैं

तुम्हारी अंजुमन को भी नज़र लग ही गई आख़िर
तुम्हारी अंजुमन में पारखी ख़ामोश बैठे हैं

लिखने वाले तुझे पता क्या है
मेरी क़िस्मत में लिख दिया क्या है

उम्र भर वो न जान पाएगा
मेरे होठों पे ये दुआ क्या है

मुझको तूने ज़मीं पे खोया है
इन ख़लाओं में ढूँढता क्या है

दर्द क़ाबू में आ गया लेकिन
मेरी पलकों पे ये रुका क्या है

चार पल साथ भी तो गुज़रे हैं
मुझको क़िस्मत से फिर गिला क्या है

धूल जैसे क़दम से मिलती है
ज़िन्दगी रोज़ हमसे मिलती है

ये बताया गहन अँधेरों ने
रोशनी अपने दम से मिलती है

मुझ पे इतने करम किए उसने
अब तो राहत सितम से मिलती है

यूँ भी तन्हाइयों में रहता हूँ
ये तबीयत ही कम से मिलती है

आज दुनिया में ऐसे कितने हैं
जिनको शोहरत क़लम से मिलती है

जिनकी अपनी ज़बाँ नहीं होती
बात उनकी यहाँ नहीं होती

और कुछ भी वहाँ नहीं होता
ज़िन्दगी तू जहाँ नहीं होती

कौन मेरी तलाश में भटके
ज़िन्दगी तू कहाँ नहीं होती

दिल की बातें बता गईं आँखें
दिल की कोई ज़बाँ नहीं होती

उनसे बातें हज़ार होती हैं
बात दिल की बयाँ नहीं होती

अपना मन मैंने यूँ अक्सर रख लिया
ख़त तुझे हर रोज़ लिखकर रख लिया

तेरा ग़म अपना समझकर रख लिया
जो दिया तूने वो हँसकर रख लिया

मेरे ख़त उसने ये कहकर रख लिया
अब तो हमने दिल पे पत्थर रख लिया

तिश्नगी पे मेरी भी कुछ ग़ौर कर
अपना पैमाना तो भरकर रख लिया

मंदिरों की क्या ज़रूरत फिर भला
माँ के क़दमों में अगर सर रख लिया

आभा पूर्वे

जन्मतिथि : 23 अक्तूबर 1964, भागलपुर

शिक्षा : एम.ए.।

प्रकाशन : 1. पलाश खिल रहे हैं (हिन्दी कविताएँ), 2. शिरीष की सुधा (हिन्दी कहानी संग्रह), 3. नवगीतकार : मधुसूदन साहा (सम्पादित आलोचना ग्रन्थ), 4. अन्तहीन वैतरणी (अंगिका उपन्यास), 5. गुलबिया (अंगिका उपन्यास)। अनेक पत्र-पत्रिकाओं में रचनाएँ प्रकाशित।

सम्मान : 1. 'विद्यावाचस्पति'सहित अनेक सम्मान एवं अनेक संस्थाओं द्वारा पुरस्कृत।

सम्प्रति/सम्पर्क : सम्पादक, नया हस्तक्षेप, शरतचन्द पथ, मशाकचक, भागलपुर-812001 (बिहार)

कैसे जोड़े प्रीत की, तुमसे अपनी डोर
रातें सब तो बीतती, पल छिन गिनते भोर

जबसे तुमसे नेह कर, बाँधी अपनी प्रीत
मौन हुआ है चमन तक, हम दोनों का शोर

चाहा कब था भूल कर, अपना रस्ता छोड़
पर अपने इस भाव पर, मेरा रहा न ज़ोर

मैंने चाहा था तुम्हें, कभी करूँ ना याद
जब-जब आई याद तो, भींगे दृग के कोर

मन में उठती आग जब, तुम होते हो दूर
तुम ही कहो इस रात में, क्यों आए इंजोर

जाने कैसे काटती, 'आभा' अपनी साँस
तन तो ज्वालामुख बना, लावा है हर पोर

एक तुम्हारा जो मुझे, नहीं मिला है पास
आँसू-आँसू हो गया, जीवन का इतिहास

किस से-किस से जा कहूँ, अपनी हालत आग
मन भीगा नाचे फिरे, तन है तुलसीदास

सबके बैठी बीच भी, चित्त बहुत है दीन
कोई समझेगा नहीं, मेरा यह वनवास

जब से जाना नेह को, धरती हुई सरंग
मेरी मुट्ठी में हुआ, पूरा वह आकाश

प्यार तुम्हारा जो मिले, तो तोड़ूँ मैं ध्यान
तोड़ न सकती मृत्यु भी, 'आभा' का उपवास

अब जब आया है चढ़ा, नभ पर घन आषाढ़
मन तो पहले ही हुआ, अब है तन आषाढ़

पुलकित हर्षित गगन है, गुमसुम भी है मौन
गड़ा हुआ ज्यों पा गया, ज्यों वह घन आषाढ़

मरुआए तरु गुल्म ने, कहा उठा कर आँख
आए लेकिन देर से, तुम जीवन आषाढ़

आया तो आषाढ़ है, जलती लेकिन देह
एक पिया बिन दिन लगे, ज्यों ईंधन आषाढ़

'आभा' दोहा ग़ज़ल लिख, बादल पर सौ बार
आया है कल लाएगा, मधु सावन आषाढ़

तुम बिन ऐसी ही लगी, ज्यों सूखी सी रेत
मेरे दिन ऐसे कटे, ज्यों बच्चों पर बेंत

मैं रास्ते पर यूँ खड़ी, लिये तुम्हारी आस
जैसे झूले डाल से, लटका कोई प्रेत

मेघा बने न आए तुम, मैं दरकी यूँ हाय
फटा-फटा सा जेठ में, जैसे दीखे खेत

अब चेतूँ तो क्या चेतूँ, और बढ़ेगी पीर
प्रेम कुआँ है अगम तल, इसकी रही न चेत

मन भी कहीं न पास था, वह था मुझसे दूर
मेरा मन तुम ले गए, 'आभा' गई समेत

घिर के आया मेघ जब, मन मुस्काया गीत
बन में तो बादल घिरे, देह रही क्यों रीत

तुम भी आना छोड़ गए, मैं भी हो गई मौन
किससे अपना हाल कहूँ, हारी अपनी जीत

किससे अपना हाल कहूँ, तुम भी तो बेहाल
साँसें गिन-गिन तोड़ती, दीप स्नेह की प्रीत

छोड़े जाते हो मुझे, मेरे अपने हाल
सूली पर जो टाँग दे, मीत, मीत को मीत

आना बादल जान कर, मेरे घर के द्वार
'आभा' पहली बार है, तन मन से भयभीत

सुनील 'दानिश'

जन्मतिथि	:	25 नवम्बर, 1964
शिक्षा	:	एम.ए. (उर्दू)।
प्रकाशन	:	'सुनील दानिश के सौ शे'र', 'ज़मीन एक है' (ग़ज़ल-संग्रह), 'बेरब्त सिलसिले' (उर्दू में ग़ज़ल-संग्रह)। अनेक पत्र-पत्रिकाओं में रचनाएँ प्रकाशित।
सम्प्रति	:	निजी व्यवसाय
सम्पर्क	:	अनिल बुक स्टॉल, 7 सरदार पटेल मार्ग, सिविल लाइन्स, इलाहाबाद (उ.प्र.) फ़ोन : 2603097, 2605312

हमको उसकी दोस्ती से दुश्मनी अच्छी लगी
प्यार की दुनिया में ऐसे ख़ुदकुशी अच्छी लगी

कर रहे हैं हम सभी इस दौर में अन्धा सफ़र
जितनी जिसके साथ थी जैसी कटी अच्छी लगी

सो गईं आँखों में तेरी चाहतों की उलझनें
मुद्दतों के बाद हमको नींद भी अच्छी लगी

शायरी का शौक़ घर के मसअले दफ़्तर की फ़िक्र
इस तरह क़िस्तों में बँटती ज़िन्दगी अच्छी लगी

मुन्तज़िर 'दानिश' रहे हम बस उसी के उम्र भर
मिल न पाई जो कभी भी वो ख़ुशी अच्छी लगी

ख़ूबसूरत चाँद प्यारा इक तरफ़
और ये चेहरा तुम्हारा इक तरफ़

इक तरफ़ इन्सान की मीठी ज़बाँ
सौ सिकन्दर और दारा इक तरफ़

मौत के क़दमों की जब आहट मिली
ज़िन्दगी का खेल सारा इक तरफ़

आइने में अजनबी जैसा कोई
अक्स बैठा था हमारा इक तरफ़

हर तरफ़ फिरऔन ही फिरऔन हैं
बे-सहारों का सहारा इक तरफ़

सूरज है आस्माँ पे उजाला ज़मीन पर
है आस्माँ का आज भी पहरा ज़मीन पर

आया था कल जो खुल्द से आदम की शक्ल में
दिखता नहीं है आज वो चेहरा ज़मीन पर

दुनिया से ही तो मिलता है जन्नत का रास्ता
दिखता नहीं है वैसे तो ज़ीना ज़मीन पर

हमसे तो देखभाल भी उसकी न हो सकी
पुरखे उतार लाए थे गंगा ज़मीन पर

कहते हैं रिश्ते आस्माँ से बन के आए हैं
'दानिश' उन्हें भी हमने निभाया ज़मीन पर

याद में तेरी जो सीने में मचल जाते हैं
दर्द सारे वही अशआर में ढल जाते हैं

जिनके पहलू में धड़कता हुआ दिल होता है
शिद्दते ग़म से वही लोग पिघल जाते हैं

जो महल छोड़ के चल देते हैं गौतम की तरह
आदमीयत की वो तक़दीर बदल जाते हैं

जाने किस क़िस्म की तासीर है उन चेहरों में
देखने को जिन्हें आईने मचल जाते हैं

कैसे की जाए गिरफ़्त उन पे बताओ 'दानिश'
वो ख़यालात जो हाथों से फिसल जाते हैं

तड़पते दिल को सुकूँ का पता मिले न मिले
तुम्हारे दर्द से बेहतर दवा मिले न मिले

मेरे गुनाह की मुझको सज़ा मिलेगी ज़रूर
मेरी वफ़ाओं का मुझको सिला मिले न मिले

मेरे गुनाह में शामिल मेरा ज़मीर भी था
ये और बात कि उसको सज़ा मिले न मिले

तुम अपने हाथ का पत्थर यहीं पे ख़र्च करो
फिर इसके बाद तुम्हें आइना मिले न मिले

चलो हम आज ये क़िस्सा यहीं पे ख़त्म करें,
कि ख़ुद उलझ के भी हमको सिरा मिले न मिले

महेश जोशी

जन्मतिथि	:	1 फरवरी, 1965
शिक्षा	:	बी.ए., एलएल.बी.।
प्रकाशन	:	'आईना बाज़ार में' (ग़ज़ल-संग्रह)। अनेक साहित्यिक पत्र-पत्रिकाओं, संकलनों में ग़ज़लें प्रकाशित।
सम्प्रति	:	म.प्र. राज्य सड़क परिवहन निगम, संभागीय कार्यालय खरगोन।
सम्पर्क	:	40, नर्मदा नगर कॉलोनी, खरगोन (प. निमाड़) म. प्र. 451001 फ़ोन : (07282) 241293

मत इतना शरमाया कर
दिल की बात बताया कर

जब तक साँसें हैं बाक़ी
तब तक बोझ उठाया कर

बीवी-बच्चे याद रखें
शाम को घर भी आया कर

ज़िम्मेदारी है तुझ पर
वक़्त न यूँ ही ज़ाया कर

सपनों का संसार हटा
सच की सोच बचाया कर

कोई मरहम रख देगा
सबको ज़ख़्म दिखाया कर

दर्द आँखों से छलकता हार का
हाल है ये आज हर बीमार का

छोड़कर निकले हैं ईमाँ के उसूल
हम पे है साया किसी बाज़ार का

इस तरह रहते हैं बूढ़े अब यहाँ
जैसे हो पन्ना फटे अख़बार का

आग लेकर उम्र भर भटके मगर
मिल न पाया छोर इस दीवार का

चीख़ तेरी राह में खो जाएगी
कुछ न बिगड़ेगा मेरी सरकार का

सीख़ लो ख़ुद को दिखाने का हुनर
आजकल है ये ज़माने का हुनर

ख़त्म होता जा रहा है दोस्तो
दोस्तों से दिल लगाने का हुनर

काम आएगा बहुत इस भीड़ में
रोते-रोते मुस्कुराने का हुनर

धीरे-धीरे भूल ही जाएँगे हम
चुल्लू भर में डूब जाने का हुनर

ऐ ख़ुदा मत छीनना मुझसे कभी
ग़ैर को अपना बनाने का हुनर

लोगों के सर ऐब को मढ़ना सीख गए
हम भी अब बेबात झगड़ना सीख गए

ठोकर खाई, दर्द सहा है हँस-हँसकर
धीरे-धीरे आगे बढ़ना सीख गए

उड़ना कब सीखेंगे चिड़िया के बच्चे
साँप के बच्चे पेड़ पे चढ़ना सीख गए

यारी का मतलब तब से जाना हमने
जब से यारो चेहरे पढ़ना सीख गए

अपने पेड़ से खुलकर शह पाई तब से
पत्ते भी मौसम से लड़ना सीख गए

बिफरा एक समन्दर मैं
फिर भी हद के अन्दर मैं

लेकर आँसू लौटा हूँ
जब भी निकला हँसकर मैं

रोया तो गिर जाऊँगा
गारे-मिट्टी का घर मैं

पहले फूल था काग़ज़ का
महका तुझको छूकर मैं

नन्हे हाथ जगाते हैं
सोता हूँ जब थककर मैं

विनीता गुप्ता

जन्मतिथि : 28 मई, 1965, इटावा (उ.प्र.)

शिक्षा : एम.ए. (हिन्दी पत्रकारिता), पीएच.डी.

प्रकाशन : (ग़ज़ल संग्रह) 'क़तरा-क़तरा जिन्दगी', 'इन दिनों' और 'गुलदस्ता' (विभिन्न भारतीय भाषाओं के 18 कवियों की कविताओं के संकलन का सम्पादन), कुफ़्र (पाकिस्तानी उपन्यास लेखिका तहमीना दुर्रानी के बहुचर्चित उपन्यास 'ब्लासफ़ेमी' का हिन्दी अनुवाद)। अनेक पत्र-पत्रिकाओं में रचनाएँ प्रकाशित।

सम्प्रति : ब्यूरो प्रमुख (पांञ्चजन्य साप्ताहिक), पत्रकारिता, स्वतंत्र लेखन, इलैक्ट्रानिक मीडिया के लिए रचनात्मक कार्य।

सम्पर्क : डी-68 गली नं. 1, भजनपुरा, दिल्ली-110053
फ़ोन (निवास), 2179362, (कार्यालय), 23514244, 23541424

डिबिया में है धूप का टुकड़ा, वक़्त पड़ेगा खोलूँगी
आसमान जब घर आएगा, मैं अपने पर तोलूँगी

ओ पगडंडी पदचापों के गीत सुनाना ना मुझको
बीहड़ जंगल को मैं अपने काँधे पर ही ढो लूँगी

नन्हा बिरवा तुलसी का, अपने आँगन में बो लूँगी
कोई राम मिलेगा तो, मैं भी उसके पग धो लूँगी

प्रबल ज्वार अब उमड़ पड़ा, अपने तटबन्ध सँभालो तुम
अब तक थी, ख़ामोश मगर, अब तो मैं भी लब खोलूँगी

सुनो, हवेली हूँ मैं, मेरे पीछे ठोस विरासत है
कच्ची नहीं नींव इतनी, जो आसानी से डोलूँगी

पत्ती-पत्ती छाँव ढूँढती, फिरती है सैलानी चिड़िया
धूपों की साज़िश से अब तक, शायद है अंजानी चिड़िया

फिर इतिहास लिखा जाएगा, रक्तिम स्याही से शायद
आज मुँडेरों पर गुमसुम-सी, कहती नई कहानी चिड़िया

भोर फटे से पहले ही वो, रोज़ यहाँ आ जाती है
झोली भर-भर ले जाती है, इस घर की वीरानी चिड़िया

एक चिड़े ने बड़े प्यार से, जब-जब चोंच लड़ाई है
जाने क्यों मनुहार कराती, करती आनाकानी चिड़िया

बहुत निडर है, किसी बाज़ का उसे ज़रा भी ख़ौफ़ नहीं
इसीलिए तो करती रहती, अपनी ही मनमानी चिड़िया

इक हथेली पर रखा, अंगार होती ज़िन्दगी
हादसों से रोज़ ही दो-चार होती ज़िन्दगी

शामो-सुबह, रोज़ ही बेची-ख़रीदी जा रही
कारख़ाना, माल और बाज़ार होती ज़िन्दगी

बन गया कन्दील जब, सूरज हमारे शहर का
किस तरह फिर धूप की हक़दार होती ज़िन्दगी

मेज़, कुर्सी, पिनकुशन, फ़ाइल और काग़ज़ में बँधी
दाल, रोटी, छत, दरो-दीवार होती ज़िन्दगी

गर्दिशों के स्याह सागर के भँवर को चीरती
जूझती लहरों से इक पतवार होती ज़िन्दगी

धूप की बात, अँधेरों ने बताई मुझको
राह पूछे बिना, ये किसने दिखाई मुझको

वक़्त तू लिखता रहा जाने क्या-क्या ख़त में
न समझ आई, कभी तेरी लिखाई मुझको

उड़ती जाती हूँ बिना पंख तुझे छूने को
आसमाँ तूने क्यों आवाज़ लगाई मुझको

अब तो रो भी नहीं सकती, याद में उसकी
अपने सर की है क़सम, उसने दिलाई मुझको

उसके काँधे पे रख के सिर मैं यू सोई हूँ
माँ ने जैसे है कोई लोरी सुनाई मुझको

ये नाम के सूरज है, चमकना नहीं आता
बादल बने फिरते हैं, बरसना नहीं आता

वो इसलिए नाराज़ हमसे रहते हैं हरदम
बातों में हमें उनकी, उलझना नहीं आता

धूपों में जले आज तक आगे भी जलेंगे
क्योंकि तुम्हारे साए में पलना नहीं आता

तूफ़ान बन के आओ, चाहे आँधियाँ बनो
बस्ती है ये ऐसी कि उजड़ना नहीं आता

ऐसा नहीं कि कुछ भी हिलाता नहीं मुझे
हूँ दर्द का दरख़्त, उखड़ना नहीं आता

जन्मतिथि	: 2.12.1965, चमरौआ, रामपुर (उ.प्र.)
शिक्षा-स्नातक	:
प्रकाशन	: तीन ग़ज़ल संग्रह 'तुम चन्दन हम पानी', 'कबिरा खड़ा बाज़ार में' एवं 'अनहद' सहित अनेक पत्र-पत्रिकाओं में विभिन्न विधाओं में रचनाएँ प्रकाशित। 'शेष दुनिया' और 'सुख़न' का सम्पादन।
सम्प्रति	: पूर्णकालिक साहित्य साधना।
सम्पर्क	: 1/5786, बलबीर नगर चौक, शाहदरा, दिल्ली-32 मो.—011-35002899

आचार्य सारथी

तुझे पाने की जागी वो लगन आहिस्ता-आहिस्ता
कि मुझपे छा गया दीवानापन आहिस्ता-आहिस्ता

किसी के देखने भर से यूँ रौशन हो गई दुनिया
मुझे छूती है जीने की लगन आहिस्ता-आहिस्ता

वो हल्की-सी छुअन एहसास से यूँ भर गई मुझको
तुझे पाने का करता हूँ जतन आहिस्ता-आहिस्ता

जलाकर ख़ाक़ न कर दे मुझे ये बेरुख़ी तेरी
कि बढ़ती जाए है मन की अगन आहिस्ता-आहिस्ता

इसी उम्मीद पे सहते गए दुनिया के दुख हम भी
कि फूटेगी कभी सुख की किरन आहिस्ता-आहिस्ता

मैं क़ाफ़िर हूँ! भला किसने मुझे ये बन्दगी दे दी
लहू करने लगा किसका भजन आहिस्ता-आहिस्ता

चराग़ों से उठता धुआँ कह रहा है
सुनो! दर्द की दास्ताँ कह रहा है

ज़माने को जो ख़ुद ज़ुबाँ दे रहा है
ज़माना उसे बेज़ुबाँ कह रहा है

न समझेगा कोई तुझे इस शहर में
तू अपनी कहानी कहाँ कह रहा है

सभी ख़ुद में गुम हैं, सभी अजनबी हैं
यहाँ तू किसे हमज़बाँ कह रहा है

मुहब्बत के नग़मे, वफ़ा के फ़साने
लुटेरों का तर्ज़े-बयाँ कह रहा है

जिस तरह तू नहीं है किसी की तरह
वैसे तन्हा हूँ मैं भी सदी की तरह

ज़िन्दगी जो नहीं ज़िन्दगी की तरह
बेहिसी ही मिलेगी ख़ुशी की तरह

ये ज़माना मिला तीरगी की तरह
तू तो मिलता मुझे रौशनी की तरह

जब नहीं कोई होता किसी की तरह
आदमी तो मिले आदमी की तरह

'सारथी' एक पल में सदी ढल गई
एक पल हो गया है सदी की तरह

आज चेहरे कमाल करते हैं
आइनों से सवाल करते हैं

टूटते ही दिलों की ख़ामोशी
लोग जीना मुहाल करते हैं

भूल जाने की, याद आने की
आप क़ायम मिसाल करते हैं

मुस्कराती हैं ग़मज़दा आँखें
दर्द ऐसे सवाल करते हैं

'सारथी' रूप के उजाले भी
रूह की देखभाल करते हैं

ऐसा कोई शख़्स मिले
साँझ ढले, सूरज निकले

ऐसा कोई दौर मिले
मुझमें तेरी धूप खिले

गर्म रेत पर कौन चले
नर्म दूब पर पाँव जले

मन की प्यास बुझाने को
यादों के पर्वत पिघले

अब मौसम की कौन सुने
मौसम अपना रस्ता ले

अखिलेश तिवारी

जन्मतिथि : 27.5.1966, बीना (म.प्र.)

प्रकाशन : देश की विभिन्न प्रतिष्ठित पत्रिकाओं में रचनाएँ प्रकाशित कई महत्वपूर्ण ग़ज़ल के समवेत संकलनों में भागीदारी, स्वतन्त्र संकलन शीघ्र प्रकाश्य।

सम्प्रति : भारतीय रिज़र्व बैंक कानपुर में सेवारत

पता : E-80, भारतीय रिज़र्व बैंक स्टाफ क्वार्टर्स, किदवई नगर, कानपुर 208011 (उ.प्र.)
फोन—0512-2604185

एक दिन आख़िर महल को तो खँडर होना ही था
ख़्वाहिशें थीं ख़्वाहिशों को दर-ब-दर होना ही था

वक़्त के सीपों में ढलते हों जो मोती की तरह
दीन-दुनिया से उन्हें तो बेख़बर होना ही था

यूँ हुआ बेचेहरगी के हो गए हम भी शिकार
आइनों से दूर रहने का असर होना ही था

हमने की सूरज की सरहद में उतरने की ख़ता
यानि हमको इस तरह बेबालो-पर होना ही था

चाँद से नज़दीकियों के बाद ये हम पर खुला
उसकी रानाई का कारन अर्श पर होना ही था

तुमने गुंजाइश कहाँ छोड़ी थी ख़ुद में पत्थरो
कुछ तो रखनी थी जगह सेराब गर होना ही था

यूँ कभी झील सी आँखों में उतर जाना भी
आइना हो जो मुक़ाबिल तो सँवर जाना भी

जिस्म की हद से किसी रोज़ गुज़र जाना भी
ख़ुशबुओं सा कभी हर स्मित बिखर जाना भी

दिल की बस्ती की तरफ़ भी कभी हो लेते तुम
तुमने तो छोड़ ही रक्खा है उधर जाना भी

हुई ज़ंजीर थकन और सफ़र बाक़ी है
यानी दुश्वार है चलना भी ठहर जाना भी

सिर्फ़ लब ही नहीं नज़रों की ज़बाँ भी सुनिए
उसके इक़रार में शामिल है मुकर जाना भी

चला हूँ ले के जब एहसान मैं तेरे दर से
लगा कि पाँव में जैसे बँधे हो पत्थर से

वो मिल ही जाएगी हर हाल में समुंदर से
नदी को ख़िज़्र से मतलब न काम रहबर से

मैं सिर्फ़ उसमें नहीं वो भी मुझमें रहता है
तभी तो दूर नहीं हो सका कभी घर से

इसी ने रंग दिखाए हैं हमको दुनिया के
ग़मों की धूप मिला करती है मुक़द्दर से

तमाम उम्र वो तरसा किए हैं साए को
शजर हमें जो नज़र आते हैं क़दावर से

नफ़स नफ़स में हैं तारीकियाँ कहाँ रख दूँ
मैं इक चराग़, उजाले कहाँ कहाँ रख दूँ

है इक ज़माने की इनसे मेरी शनासाई
तुम्हीं कहो कि ये तन्हाइयाँ कहाँ रख दूँ

उड़ा रहे हैं सब अपनी उड़ान के क़िस्से
मैं अपने टूटे परों के बयाँ कहाँ रख दूँ

छुपाऊँ शाहजहाँ से मैं ख़ुद को लाख मगर
जो ताज गढ़ती हैं वो उँगलियाँ कहाँ रख दूँ

हसद की रेत है हद्दे-निगाह तक 'अखिलेश'
मैं ये ख़ुलूस की कश्ती यहाँ कहाँ रख दूँ

ख़्वाबों की बात हो न ख़यालों की बात हो
मुफ़लिस की भूख उनके निवालों की बात हो

अब ख़त्म भी हो गुज़रे ज़माने का तज़्किरा
इस तीरगी में कुछ तो उजालों की बात हो

मंज़िल के नाम पर जिन्हें मिलते रहे फ़रेब
कुछ देर उनके पाँव के छालों की बात हो

हरगिज़ न उनमें ख़ार कोई नफ़रतों का हो
फूलों के वास्ते जो रिसालों की बात हो

ऐसा निज़ाम जिसने किया आदमी ही गुम
क्या इससे बढ़के और कमालों की बात हो

ज्ञानेन्द्र

जन्मतिथि : 3.7.1966

शिक्षा : एम.कॉम., एल.एल.बी., पी एच.डी.।

प्रकाशन : 'ग़ज़ल-15', 'हिन्दी ग़ज़ल एक प्रतिमान', 'देह जलने से पहले' एवं 'हिन्दी ग़ज़ल समालोचकों की नज़र में'। विभिन्न पत्र-पत्रिकाओं व संकलनों में रचनाएँ प्रकाशित।

सम्प्रति : अधिवक्ता, पटना उच्च न्यायालय।

सम्पर्क : बेकापुर, मुंगेर (बिहार)

चमन झुलसे यहाँ पर बाग़बाँ के ही शरारों से
ख़िजाओं से गिला कैसा शिकायत क्या बहारों से

करारी हार होनी है शहर के रहनुमाओं की
सपोले आ गए बाहर मकानों की दरारों से

कहाँ इल्ज़ाम ही साबित हुआ उन पर गुनाहों का
कि चुपके से निकल आए हैं मुज़रिम की कतारों से

दरख़्तों से नहीं पूछो गिरे क्यूँ शाख़ से पत्ते
कि गुम हैं चाँद, तारे, सूर्य, बादल सब नज़ारों से

लहर में डूबना उठना, लहर से खेलना यारो
नहीं मुमकिन है समझाना समुन्दर के किनारों से

हो रहे हैं लोग कैसे बेसहारा देखिए
टूटी कश्ती और ये टूटा किनारा देखिए

हाथ में लेकर के डिग्री हम भटकते रह गए
पेशगी के ज़ोर पर कुछ का सितारा देखिए

फौज की इन वर्दियों में भी लुटेरे हैं यहाँ
कुछ ने आँचल बेटियों का भी उतारा देखिए

इस तरह अब और हम से कुछ सहा जाता नहीं
उठ रहा है ज्वार इन नदियों की धारा देखिए

'वोट' के ही फ़ैसले पर घूमते हैं बाज़ ये
छटपटाते हैं कबूतर, गर नज़ारा देखिए

सदन के दर पे जमी ये जो गहन काई है
सियासी हुक्मरानों की अदद कमाई है

लगे है जुल्फ़ तेरी या घटा सी छाई है
दिनों के बाद मेरी रात मुस्कुराई है

उजड़ गया है यहाँ का शज़र फलों वाला
मचल रहा है यहीं पर जो 'बोनसाई' है

फ़साद का ही सही हाल उनसे पूछा था
उधर से आज मेरी डाक लौट आई है

उमड़ती भीड़ में खो जाए वो तो 'ज्ञान' नहीं
उतर के जिस्म की छाया ज़मीं पे आई है

रोशनी के नाम घर में तीलियाँ जलने लगीं
बागवाँ तेरे चमन की तितलियाँ जलने लगीं

फूल, ख़ुशबू, रंग, रोगन बन्द आँखों के लिए
और आँखें जब खुलीं तो पुतलियाँ जलने लगीं

भूख, लाचारी, ग़रीबी लीडरों की देन है
कह रहे वे लोग जिनकी पसलियाँ जलने लगीं

साम्प्रदायिक कापियाँ जब आ गईं 'इस्कूल' में
वक़्त के हाथों की सारी उँगलियाँ जलने लगीं

कल सुबह अख़बार भी ग़ोलेगा ये सबसे कबल
देह के जलने से पहले दिल्लियाँ जलने लगीं

बैठ संसद में कुतुबमीनार भी तुम देखना
बस्तियों का दलदली आधार भी तुम देखना

रोटियों की फ़िक्र में दिन रात जिनके एक हुए
उनके हिस्से में ज़रा व्यापार भी तुम देखना

चीख़ चिल्लाहट शहर का एक पहलू है यहाँ
और कैसा है वहाँ सिंगार भी तुम देखना

रद्दियों में हो गई तब्दील जिनकी ज़िन्दगी
उनके घर अपना कोई किरदार भी तुम देखना

भीड़ में बेचैन जब होने लगे दिल 'ज्ञान' तो
सरफ़रोशों की नज़र में प्यार भी तुम देखना

विनय कुमार मिश्र

जन्मतिथि : 12.8.1966, वाराणसी
शिक्षा : एम.ए., पीएच.डी.
प्रकाशन : अनेक पत्र-पत्रिकाओं में रचनाएँ प्रकाशित। एक ग़ज़ल-संग्रह प्रकाशनाधीन।
सम्प्रति : हिन्दी प्राध्यापक, श.क. महाविद्यालय, अलवर (राज.)
सम्पर्क : 'परिजात' बी-161, हसन खाँ मेवाती नगर, अलवर (राज.) 301001
फ़ोन (0144) 22730188

इतना सच के पास रहा
फिर भी झूठ उदास रहा

गंगाजल सा खास रहा
मन हरदम रैदास रहा

चारों ओर उजास रहा
मैं होकर अहसास रहा

दो पल तुलसीदास रहा
जीवन भर वनवास रहा

सब खोकर विश्वास रहा
जलती बुझती आस रहा

चाहे मनमानी में बह
अपनी सीमाओं में रह

सच का इतना मतलब है
झूठा हो जा, झूठ न कह

अपनी भी पहचान बना
औरों सा भी लगता रह

मुरली लेकर कूद पड़ा
मेरा जीवन कालिय दह

सब कुछ सन्नाटे में है
वो भी आख़िर बिना वज़ह

बुरे हैं चाहे अच्छे हैं
इन आँखों के सपने हैं

ख़ुशबू कैसे हाथ लगे
काँटों के गुलदस्ते हैं

झरना है तू यादों का
हम दरिया से बहते हैं

ख़ूब परखकर देख लिया
सब वैसे के वैसे हैं

चहक शाम की लौटी है
घर में बच्चे लौटे हैं

बहते पानी से लिखो
गीत रवानी से लिखो

खेतों की खुशहाली को
चूनर धानी से लिखो

लोरी नई सुनाओ पर
राजा रानी से लिखो

बर्फ़ीली यादों में हैं
वे सैलानी से लिखो

कठिनाई आसान लगे
इस आसानी से लिखो

कब अनुमानों में निकले
लोग सयानों में निकले

सूरज के सपने लेकर
ग़म तहख़ानों में निकले

सारी फ़सलें नीली थी
साँप मचानों में निकले

कहने को आज़ाद हुए
यूँ वीरानों में निकले

मुस्काने का मन तो था
आँसू गानों में निकले

अशोक 'अंजुम'

जन्मतिथि	: 25.9.1966
शिक्षा	: बी.एस-सी., एम.ए. (अर्थशास्त्र, हिन्दी), बी. एड.।
प्रकाशन	: 'मेरी प्रिय ग़ज़लें', 'मुस्कानें हैं ऊपर-ऊपर' तथा 'अशोक अंजुम की प्रतिनिधि ग़ज़लें' तीन ग़ज़ल-संग्रहों के साथ-साथ तीन व्यंग्य कविताओं की पुस्तकें प्रकाशित। अनेक पत्र-पत्रिकाओं में रचनाएँ प्रकाशित। भिन्न-भिन्न विधाओं की 19 पुस्तकों का सम्पादन।
सम्मान	: अनेक संस्थाओं द्वारा पुरस्कृत/सम्मानित।
सम्पर्क	: 'संवेदना' एफ-23, नई कालोनी, कासिमपुर (पा.हा.) अलीगढ़ (उ.प्र.) 202127 फ़ोन : 0571-2482592

जब से डाली कटी नीम की आना-जाना भूल गई
सदमा खाकर इक दीवानी बुलबुल गाना भूल गई

जकड़े ऐसे ज़ंजीरों में पाँव गाँव की पारो के
चक्कर में चौके-चूल्हे के प्रेम-तराना भूल गई

उसने मैना को देखा है जबसे बाज़ के पंजों में
बिटिया मेरी गुमसुम रहती अब मुस्काना भूल गई

शहर में जाकर बसा है जबसे दीपक माँ को बिसराकर
तब से माँ आँगन में निशि-दिन दीप जलाना भूल गई

हवा साथ लेकर आती है अपने ज़हर बुझे नश्तर
'अंजुम' मेरे मन की बग़िया फूल खिलाना भूल गई

जबसे हुई सयानी बिटिया
भूली राजा-रानी बिटिया

किस घर को अपना घर समझे
जीवन-भर कब जानी बिटिया

सारा जीवन इच्छाओं की
देती है कुर्बानी बिटिया

चौका, चूल्हा, झाड़ू, बर्तन
भूल गई शैतानी बिटिया

हल्दी, बिछुए, कंगन, मेंहदी
पाकर हुई बिरानी बिटिया

शेर और गीदड़ ने मिलकर राजभवन को बाँट लिया
सारे दुश्मन एक हो गए और वतन को बाँट लिया

लोकतन्त्र की लाश पड़ी है चौराहे पर अधनंगी
कुछ लेकर अर्थी को भागे कुछ ने क़फ़न को बाँट लिया

तू है हिन्दू, तू है मुस्लिम, तू है सिक्ख, ईसाई तू
मज़हब की आरी से हमने इस गुलशन को बाँट लिया

राम, लखन और भरत शत्रुघन फिर कलयुग में जन्मे तो
भूल गए सब भ्रात-प्रेम और घर-आँगन को बाँट लिया

बाँट नहीं पाए हम ख़ुशबू दूर-दूर तक पहुँची वह
वैसे हमने इस धरती के हर उपवन को बाँट लिया

मुझको गर तू उड़ान दे मौला
तो खुला आसमान दे मौला

जब भी बोलूँ तो फूल से बरसें
दे तो ऐसी ज़ुबान दे मौला

पहले दे प्यार बाँटने के लिए
फिर ये सारा ज़हान दे मौला

तू सदा सच का साथ देता है
है तेरा इम्तिहान, दे मौला

अपनी जन्नत किसी को भी दे दे
मुझको हिन्दोस्तान दे मौला

ऊपर वाले बड़े मज़े से खींच रहे हैं माल मियाँ
लेकिन हमको नहीं मयस्सर हर दिन रोटी-दाल मियाँ

गुंडों ने जो पीट दिया थाने जाने की ज़िद मत कर
अगर गया तो खिंच जाएगी और भी तेरी खाल मियाँ

राजनीति की खोल के गठरी जादूगर ने दिखलाए
जाल के अन्दर जाल के अन्दर जाल के अन्दर जाल मियाँ

ख़ाली-पीली बने हुए हो यार यूनियन के लीडर
मान जाएँगे जो करवा दो मिल में तुम हड़ताल मियाँ

होरी और धनिया की क़िस्मत लो अब बदली, तब बदली
आज़ादी के बाद से नेता बजा रहे हैं गाल मियाँ

ऋचा सत्यार्थी

मूल नाम	:	ऋचा गुप्ता
जन्मतिथि	:	16 मार्च, 1967, ग्वालियर।
शिक्षा	:	एम.बी.बी.एस., एम.डी.।
प्रकाशन	:	देश के शीर्ष पत्र-पत्रिकाओं में रचनाएँ प्रकाशित।
सम्मान	:	अनेक साहित्यिक संस्थाओं द्वारा सम्मानित/पुरस्कृत।
सम्प्रति	:	असिस्टेन्ट सर्जन पद पर कार्यरत, बुढ़ार (शहडोल) में। साथ ही साहित्य द्वारा समन्वय तथा चिकित्सा द्वारा पीड़ित-मानवता की सेवा का संकल्प।
सम्पर्क	:	शारदा प्रेस, लोहिया बाजार, ग्वालियर-9

फिर चुपके-चुपके आई है, दीवाली की रात
सहमी-सहमी, सकुचाई है, दीवाली की रात

हँसते-गाते, इठलाते, महके-महके जज़्बात
क्यों दुल्हन-सी शरमाई है, दीवाली की रात

अनचाहे रहे थे जी, इस बस्ती के सारे लोग
सौ अरमान सजा लाई है, दीवाली की रात

अब तो निगाहों में, उजियारे ही उजियारे निखरे
हँसती जगमग आई है, दीवाली की रात

प्रीत के रंगों, मीत के रंगों और जीवन के रंग
हाँ, सब रंगों में नहाई है, दीवाली की रात

मायूसी है, पर कहते हैं, फुटपाथों के लोग
भूखे-हाल बहुत भाई है, दीवाली की रात

मासूम-सी आँखों का ख़्वाब लगे
ये ज़िन्दगी, ख़ुशबू कभी गुलाब लगे

कह देता हर बात, आँखों का दर्पण
चेहरा जब भी देखा, खुली किताब लगे

ऐ दोस्त, हमें ज़िन्दगी के सवाल का
तेरी आँख में ठहरा हुआ जवाब लगे

ये बहार के दिन, ये महकी-महकी शाम
उम्र, गुलाबी सपनों का सैलाब लगे

हर नशे से ज़्यादा, है ज़िन्दगी नशा
ये शै कभी शबनम, कभी शराब लगे

दिन वही बारिशों में आए हैं
भूली यादों के उमड़े साए हैं

वक़्त की आँधियाँ इधर आएँ
हम समुन्दर में क़श्ती लाए हैं

पत्थरों का तो ख़ौफ़ होगा ही
काँच के हमने घर बनाए हैं

ज़िन्दगी खँडहरों में हँसती आ
ख़्वाब पलकें यहाँ बिछाए हैं

जानते हो, बनी है कैसे ग़ज़ल
भीगी आँखों से लफ़्ज़ उठाए हैं

इक तलाश अब लम्हा-लम्हा बो गया है
कह के हमसे अलविदा वह जो गया है

कर लिए सूरज से समझौते घटा ने
उजली सुबहों का तो वादा सो गया है

इस शहर में ख़ुशनुमा है आज मौसम
इक समाँ रंगीन लेकिन खो गया है

था किनारे का हसीं मंज़र छलावा
ग़म के सागर में डुबो हमको गया है

दुश्मनों से प्यार, नफ़रत दोस्तों से
यह ज़माने का चलन क्या हो गया है

इन्द्रधनुषी रंग रहगुज़र हो गई
गुलमुहर की गन्ध हमसफ़र हो गई

राहों पे रोशनी के चल पड़े क़ाफ़िले
हमें आपके आने की ख़बर हो गई

आपने जो हँसकर गुलशन को देखा
हर कली चटखी, गुलमुहर हो गई

रात के अन्तिम पहर आपने झरोखे से
झाँक कर जो देखा, तो सहर हो गई

साहिल-सी, थमी थमी थी ज़िन्दगी
आपसे मिल कर लगा, लहर हो गई

प्रवीण 'नाकाम'

मूल नाम : प्रवीण कुमार शर्मा
जन्मतिथि : 9.11.1968, अम्बाला शहर।
शिक्षा : वाणिज्य एवं विधि स्नातक।
प्रकाशन : अनेक हिन्दी-उर्दू पत्र-पत्रिकाओं एवं काव्य-संकलनों में रचनाएँ प्रकाशित।
सम्प्रति : जिला एवं सत्र न्यायालय जगाधरी में बतौर अधिवक्ता स्वतन्त्र रूप से कार्यरत।
सम्पर्क : पो० मुस्तफ़ाबाद, ज़िला—यमुनानगर (हरियाणा) 133103
फ़ोन : 0171-23786125 (निवास)
(का.) : 0171-23727655

जुनूँ की रहनुमाई का अगर अहसाँ नहीं होता
तो मंज़िल तक पहुँच पाना बहुत आसाँ नहीं होता

समझ वालों का मजमा या जुनूँ की सख़्त राहें हों
अगर जज़्बात बस में हो तो दिल नादाँ नहीं होता

न हिन्दू से है कुछ मतलब न मुस्लिम से कोई रिश्ता
सियासत करने वालों का कोई ईमाँ नहीं होता

जुनूने-हक़, वफ़ादारी, मुहब्बत और ख़ुशफ़हमी
ये ऐसे रोग हैं जिनका कोई दरमाँ नहीं होता

करिश्मे इतने देखे हैं बरहना आँख से मैंने
तसव्वुर में भी मैं अब तो कभी हैराँ नहीं होता

हवस बढ़ती न दौलत की अगर इन्सान में 'नाकाम'
लहू इन्सान का इतना कभी अरज़ाँ नहीं होता

डूबतों को जैसे तिनके का सहारा हो गया
हम किसी के हो गए कोई हमारा हो गया

कल तलक पैरों तले था और अब है सर का ताज
किसने ठोकर मार दी ज़र्रा सितारा हो गया

अब न पाने की ख़ुशी है और न खोने का मलाल
दोस्तो! अब और ही तेवर हमारा हो गया

कुछ भी कर पाए न अपने मन मुताबिक़ हम कभी
डूबने को जब चले दरिया किनारा हो गया

देख तो 'नाकाम' कैसा खेल है तक़्दीर का
जो छिपाना था ज़रूरी आशकारा हो गया

नई ज़मीन, नया आसमान पैदा कर
अमल के ज़ोर से नामो-निशान पैदा कर

हर-इम्तिहाँ से मिरी शख़्सियत सँवरती है
ख़ुदा तू मेरे लिए इम्तिहान पैदा कर

हर-अह्ले-फ़िक्र बलन्दी पे तेरी रश्क करे
तू अपनी सोच में इतनी उड़ान पैदा कर

सितम से, ग़म से, मुसीबत से दो दो हाथ करे
शिकस्ता शख़्स के दिल में वो जान पैदा कर

रुलाए ख़ून के आँसू अगर हक़ीक़त तो
ख़ुशी के वास्ते दिल में गुमान पैदा कर

बेफ़ैज़ रिवाजों को मिटा क्यों नहीं देते
बदलाव के शोलों को हवा क्यों नहीं देते

मुँह फेर के मीठी-सी सज़ा क्यों नहीं देते
तुम मेरी वफ़ाओं का सिला क्यों नहीं देते

मायूस हूँ मैं अक़्ल की बादीदावरी से
दीवाना मिरे दिल को बना क्यों नहीं देते

कब तक यूँ ही चुपचाप सितम सहते रहोगे
इस ज़ुल्म को मिट्टी में मिला क्यों नहीं देते

जज़्बात में तूफ़ान उठाता है जो 'नाकाम'
तुम ऐसे फ़साने को भुला क्यों नहीं देते

रंगे-दुनिया में ढल गया यारो
मैं भी आख़िर बदल गया यारो

जिसकी ताबीर अपने बस में नहीं
ख़्वाब वो दिल में पल गया यारो

कर दिए जिसने ज़ह्नो-दिल रौशन
इक चिराग़ ऐसा जल गया यारो

हम ज़माने में सब से आला हैं
ये गुमाँ हमको छल गया यारों

साथ वो भी न दे सका मेरा
मैं भी रस्ता बदल गया यारो

कीर्ति काले

जन्म	:	23.11.1968, ग्वालियर (म.प्र.)।
शिक्षा	:	बी.एस-सी., एम.ए., बी.एड., पीएच.डी.।
प्रकाशन	:	पत्र-पत्रिकाओं में रचनाएँ प्रकाशित।
सम्मान	:	हिन्दी साहित्य सम्मेलन प्रयाग द्वारा सम्मानित। हिन्दी साहित्य सम्मेलन ग्वालियर द्वारा सम्मानित। ग्वालियर जूनियर चेम्बर द्वारा 'ग्वालियर रत्न' से सम्मानित।
सम्प्रति	:	काव्य सृजन एवं स्वतंत्र लेखन।
सम्पर्क	:	702, न्यू ज्योति एपार्टमैंट, सैक्टर-4 द्वारका, नई दिल्ली मो.-9810098188

तेरी चाहत की दीवानगी एक ताज़ा ग़ज़ल हो गई
छू लिया खुशबुओं ने मुझे मैं महकता कँवल हो गई

थी अभी तक कठिन प्रश्न-सी एक रूठे हुए जश्न-सी
तुम मिले तो मुझे यूँ लगा ज़िन्दगी अब सरल हो गई

मेरे चर्चे हैं बाज़ार में ये छपा रोज़ अख़बार में
मेरी बदली हुई हर अदा इक ख़बर आजकल हो गई

जाने क्यूँ मैं परेशान थी अपनी हालत पे हैरान थी
तेरी जादूभरी इक नज़र मेरी मुश्किल का हल हो गई

स्वप्न आँखों में पलने लगे मन के मौसम मचलने लगे
और हम भी बदलने लगे आईने से हसल हो गई

गर्म तपती दोपहर है लड़कियों की ज़िन्दगी
एक पथरीली डगर है लड़कियों की ज़िन्दगी

न तो रस्ते की ख़बर है न ही मंज़िल का पता
एक अनजाना सफ़र है लड़कियों की ज़िन्दगी

हर घड़ी हर पल सताए पत्थरों का डर जिसे
वो चमकता काँचघर है लड़कियों की ज़िन्दगी

है बड़ा बेताब पढ़ने को जिसे सारा जहाँ
आज की ताजा ख़बर है लड़कियों की ज़िन्दगी

चाहे हो अग्नि-परीक्षा या हो चौसर की बिसात
हर सदी में दाँव पर है लड़कियों की ज़िन्दगी

बँधे हुए थे जो सदियों से एहसासों के तारों में
वो ही रिश्ते बदल गए हैं अब तंगी तलवारों में

लूटपाट, चोरी, अय्याशी, ख़ूनख़राबा, आगज़नी
ख़बरें यही हुआ करती हैं सुबह-शाम अख़बारों में

अपनी मोटी चमड़ी पर अब कोई फ़र्क़ नहीं पड़ता
हमने एहसासों की गुड़िया चिन डाली दीवारों में

जोड़तोड़ करने में देखो कैसी तोड़मरोड़ हुई
लोकतन्त्र नीलाम हो गया संसद के गलियारों में

खेल ख़त्म होने पर भैया जान लिया तो क्या जाना
बन्दर रोटी लूट ले गया आपस की तकरारों में

उषा यादव 'उषा'

जन्मतिथि	:	2 मई, 1969, इलाहाबाद
शिक्षा	:	एम.ए.
प्रकाशन	:	ग़ज़ल-संग्रह—'अमराइयाँ' एवं 'सोज़े-निहाँ'। तीसरे ग़ज़ल-संग्रह की तैयारी। विभिन्न पत्र-पत्रिकाओं में रचनाएँ प्रकाशित।
सम्प्रति	:	गृहिणी
सम्पर्क सूत्र	:	बी-536, जी.टी.बी. नगर, करैली, इलाहाबाद, उ.प्र.

इल्म नहीं था शबे-हिज्र का मुझको उल्फ़त से पहले
तुम भी ख़त पर ख़त लिखते थे कितनी चाहत से पहले

अब तो तुम मेरा हाले-दिल भी दरयाफ़्त नहीं करते
तुम ही मुझ पर जान छिड़कते थे शबे-क़ुर्बत से पहले

उल्फ़त में क़ुर्बान हो गई मेरी प्यारी सी दुनिया
काश कि मैं वाक़िफ़ होती अंजामे-मुहब्बत से पहले

ये मत सोचो भूल गई हूँ तुमको मैं वो प्रियतम
अब भी उन्हें पाने की ख़्वाहिश है हर हसरत से पहले

कितनी शोख़ हसीं थी हर पल चहचहाती मुस्काती थी
तुमने तो देखा था न 'उषा' को इस वहशत से पहले

मैंने कभी किया जो कोई इन्तख़ाब है
साबित हुआ यही कि लाजवाब है

मतलबपरस्त लोग वतन के हैं रहनुमा
अब क्या करें ये अपना ही तो इन्तख़ाब है

जलता रहा चराग़ तमाम आँधियों के बीच
ये हौसला चराग़ का बस लाजवाब है

मेरी रविश से ख़ार भी बन जाएँगे हबीब
काँटों पे इस यक़ीन से खिलता गुलाब है

क़िस्मत हो मेहरबान या कुछ और बात 'उषा'
तूफ़ाँ में बच गया जो वही कामयाब है

हो रहे हैं हादिसों पर हादिसे शामो-सहर
हादिसों के बाद मिलते हैं फ़क़त वीरान घर

जो उड़ाते हैं कबूतर अम्न के शामो-सहर
खेलते रहते हैं ख़ूनी खेल वो ही रात भर

होशियारी से बढ़ाना हर क़दम ऐ हमसफ़र
तेरे हर अन्दाज़ पर है अब रक़ीबों की नज़र

गीत मानवता के लिखो और ग़ज़लें प्यार की
संगदिल अफ़राद पर भी एक दिन होगा असर

उम्र भर लिपटी रही बदबख़्तियाँ मुझसे 'उषा'
फिर भी मैंने दाग़ न लगने दिया किरदार पर

न अहले-इश्क़ के लब पर कभी ग़म की सदा महके
ख़ुदा ऐसा करिश्मा कर कि दुनिया में वफ़ा महके

ज़माने में हरिक खुशबू फ़क़त उसके ही दम से है
कहीं गजरा, कहीं गेसू, कहीं उसकी अदा महके

करे इन्साँ अगर इन्सानियत की कद्र तो यारों
फ़िज़ा महके, जहाँ महके, वफ़ा महके, बक़ा महके

नज़र आते नहीं हो तुम मगर अहसास होता है
तुम्हारे जिस्म को छूकर हवा महके, सबा महके

मिली शुहरत जहाँ भर की, गिला इक मर्तबा मुझको
दिलों पर हो गया जादू मिरे अशआर 'उषा' महके

हर राह पे तारी हैं ज़ुल्मात, किधर जाएँ
अब बस में नहीं अपने, हालात किधर जाएँ

क्या चाल चलें, तय है, अब मात, किधर जाएँ
विष ज़ीस्त का पीना है, दिन रात किधर जाएँ

जज़्बात की दुनिया ने, क़ीमत ही नहीं समझी
हर सिम्त मिला धोखा, जज़्बात किधर जाएँ

मंज़िल की तरफ हमको, चलना है अकेले अब
ज़ाहिर हुई रहबर की, औक़ात किधर जाएँ

कर क़त्ल दिया जिनको, आँधी ने जवानी में
पेड़ों से जुदा होकर, वो पात किधर जाएँ

अतुल 'अजनबी'

जन्म : 10 सितम्बर 1969

शिक्षा : बी.एससी., एम.ए. एल.एल.बी., लाईसेंसिएट

प्रकाशन : अनेक पत्र-पत्रिकाओं में रचनाएँ प्रकाशित।

सम्प्रति : भा.जी.बी. निगम में कम्प्यूटर प्रोग्रामर पद पर कार्यरत।

सम्पर्क : 8/15 फ़ौजदारों का बाड़ा, दौलतगंज, ग्वालियर

दूरभाष : 2327626

उसके हक़ में ग़लत फ़ैसला हो गया
देखते सब रहे क्या से क्या हो गया

जाने क्या मुझ पे जादू किया आपने
इक मुलाक़ात में आपका हो गया

धूप चेहरे से उनके गुज़र क्या गई
सारा मंज़र लगा आइना हो गया

उसकी जादूगरी है कि धोका हुआ
सामने था मेरे और हवा गया

मैं रहूँ 'अजनबी', ये अलग बात है
फ़न मेरा हर किसी को पता हो गया

अजीब शह्र पे जीवन निसार करना पड़ा
धुएँ का दरिया हमें रोज़ पार करना पड़ा

वो एहतियात बरतने का इतना आदी था
ज़रा सा काम उसे बार-बार करना पड़ा

कमाल उसमें था चश्मा निकालने का अगर
मुझे भी अपना बदन रेगज़ार करना पड़ा

लचकती शाख़ पे जब बर्फ़ की चटान दिखी
तेरे वजूद का तब ऐतबार करना पड़ा

हमारे शे'रों की क़िस्मत जुदा-जुदा है 'अतुल'
किसी को तर्क किसी को शुमार करना पड़ा

मेरी दुआओं को इतना तो मो'तबर कर दे
कभी जो बेचूँ हुनर को तो बेहुनर कर दे

वो आसमान उठा लेगा सर पे, सुनते ही
कोई बस उसको मेरे आने की ख़बर कर दे

गुज़र न जाए कहीं उनके सर से भी पानी
जो बेख़बर हैं उन्हें कोई बाख़बर कर दे

उदास पलकों पे जुगनू चमक के बुझ जाए
तो इस हयात को बस इतना मुख़्तसर कर दे

ख़ुसूसियात ग़ज़ल की न 'अजनबी' को बता
ग़ज़ल बस ऐसी सुना दे जो आँख तर कर दे

ऐसा मेरे ज़मीर को कुछ हौसला मिले
आँधी में भी चिराग़ ये जलता हुआ मिले

मैं तो मुसीबतों से निखरता हूँ और भी,
जैसे ख़िज़ाँ के बाद शजर फिर हरा मिले

ऐसा चिराग़ देख के हैरान हूँ कि जो
रातों में रोशनी का पता पूछता मिले

आती है तेरी याद तो उड़ता है ज़ह्न यूँ
जैसे कटी पतंग को बहकी हवा मिले

हुशियार ऐसे शख़्स से रहना है 'अजनबी'
जो शख़्स वक़्त पड़ने पे दुश्मन से जा मिले

ज़रा सा हँस के दिलो-जाँ पे वार करता है
वो एक तीर से दो-दो शिकार करता है

मैं उसको दोस्त समझने लगा, मगर मुझको
वो दुश्मनों में अभी तक शुमार करता है

उस आदमी से तो हर वक़्त होशियार रहो
जो दूसरों से तुम्हें होशियार करता है

कुछ इस तरीक़े से लिपटी थी फूल से तितली
पता चला न किसे कौन प्यार करता है

तमाम रिश्तों से रहता है होशियार मगर
वो 'अजनबी' पे बहुत ऐतबार करता है

प्रदीप 'साहिल'

जन्मतिथि	:	1.12.1969, दिल्ली
शिक्षा	:	एम.ए. (हिन्दी), उर्दू और फ़ारसी भाषा तथा साहित्य में डिप्लोमा कोर्स।
प्रकाशन	:	विभिन्न पत्र-पत्रिकाओं में रचनाएँ प्रकाशित। इसके अलावा आठ-दस किताबों का उर्दू से हिन्दी रूपान्तरण।
सम्प्रति	:	निजी व्यवसाय
सम्पर्क	:	चाणक्य स्टोर, ए-1715, जहाँगीर पुरी, दिल्ली-110033 फ़ोन : 27455793

रहगुज़ारे-दर्द की सारी कथा कह लीजिए
मंज़िलों पर जुस्तूज का मर्सिया कह लीजिए

एक रिश्ता है अभी बाक़ी हमारा आपसे
अब उसे कहिए तसव्वुर या दुआ कह लीजिए

रंग हैं क़ायम अगर अपनी जगह पर दोस्तो
फिर मेरी आँखों को धुँधला आईना कह लीजिए

अब हिरासे-वुसअते-शब की यही तदबीर है
चाँद को सूरज, अँधेरे को ज़िया कह लीजिए

पूछते हैं लोग जब मुझसे जुदाई का सबब
कह दिया करता हूँ, क़िस्मत का लिखा कह लीजिए

हम मिटे जाते हैं 'साहिल' इब्तिदा-ए-शौक़ में
आप चाहें तो इसी को इन्तिहा कह लीजिए

हर नफ़स कुछ माजरा ऐसा हुआ
इक भरम टूटा तो इक पैदा हुआ

इक कली हँसती हुई गुलज़ार में
कह रही है फूल अब बूढ़ा हुआ

जिस्म मिल जाना ही क्या काफ़ी नहीं
जानो-दिल से कौन, कब, किसका हुआ

सोचकर उसको हँसाना दोस्तो
रो दिया करता है वो हँसता हुआ

मंज़िले-तस्कीन तक पहुँचूँगा मैं
रहगुज़ारे-दर्द से होता हुआ

कभी ख़्वाबों-ख़्यालों में भी जो सोचा नहीं होगा
वही होगा कि जो अक्सर यहाँ होता नहीं होगा

मेरे हिस्से में उसका जिस्म ही आया तो क्या कीजे
कि मैंने ही उसे पूरी तरह चाहा नहीं होगा

यही होगा हमारे शहर में भी देखना इक दिन
हज़ारों लोग होंगे पर कोई चेहरा नहीं होगा

जो लम्हा था हमारे दरमियाँ ख़ुशबू के पुल जैसा
मुझे पूरा भरोसा है अभी बीता नहीं होगा

नदी के सामने गर हाथ फैलाया नहीं उसने
तो इसका ये नहीं मतलब कि वो प्यासा नहीं होगा

जाने किस बात का अहसास दिलाता है मुझे
चन्द अशआर मेरे रोज़ सुनाता है मुझे

मुझको पहले तो अँधेरों से डराता है बहुत
और फिर तेज़ हवा बनके बुझाता है मुझे

सब तजुर्बातो-हवादिस का करिश्मा है कि बस
सच तो ये है कि कुछ आता है न जाता है मुझे

फ़ोन करता है मगर बात नहीं करता है
आज़माता है, रिझाता है, डराता है मुझे

मैं कि वो ख़्वाब हूँ, जिसकी कोई ताबीर नहीं
पर तअज्जुब कि तू आँखों में बसाता है मुझे

ग़ैर होकर भी मुझे अपना लगे
उम्र भर, ऐ काश, तू अच्छा लगे

इस किताबे-ज़िन्दगी को क्या कहूँ
बाद हर अक्षर के इक कौमा लगे

इस चमन में फूल भी हैं, ख़ार भी
देखिए अब हाथ किसके क्या लगे

काश, ऐसा दर्द भी बख़्शे ख़ुदा
हो पराया, पर मुझे अपना लगे

उसने देखा ही नहीं तूफ़ाँ कभी
क्या पता 'साहिल' उसे कैसा लगे

मुस्तहसन 'अज़्म'

जन्मतिथि : 2.2.1970, गाछपाड़ा-किशनगंज (बिहार)
शिक्षा : बी.ए. आनर्स।
प्रकाशन : 'मंज़िल के आस-पास' ग़ज़ल संग्रह। विभिन्न पत्र-पत्रिकाओं में रचनाएँ प्रकाशित।
सम्प्रति : सदस्य, दि फ़िल्म राइटर्स एसो.मुम्बई, सदस्य, जनवादी लेखक संघ, महाराष्ट्र इकाई।
सम्पर्क : पॅराडाइज़ इंजीनियरिंग वर्क्स, मदनी स्टेट, दर्गाह क्रॉस रोड, सोनापुर, भांडुप, मुम्बई-78
फ़ोन - 25910253

धीरे-धीरे बदल रहा हूँ मैं
खा के ठोकर सँभल रहा हूँ मैं

दो क़दम साथ चल के देख लिया
अब ज़रा हट के चल रहा हूँ मैं

एक छोटी सी गाली दे के लगा
दायरे से निकल रहा हूँ मैं

दूसरों के लिए हूँ सख़्त बड़ा
तेरे आगे पिघल रहा हूँ मैं

दुनियादारी भी आ गई मुझको
मुफ़्त लुक़्मे निकल रहा हूँ मैं

'अज़्म' थोड़ी सी रोशनी के लिए
शम्अ सा कब से जल रहा हूँ मैं

और प्यासा बना लिया ख़ुद को
जब से दरिया बना लिया ख़ुद को

दुनियादारी हमें निभानी थी
जाने क्या-क्या बना लिया ख़ुद को

तुझको ढूँढा नगर-नगर हम ने
और क़िस्सा बना लिया ख़ुद को

कौन वादे निभाएगा जानाँ
तेरे जैसा बना लिया ख़ुद को

बात सच्ची जहाँ भी की हमने
इक तमाशा बना लिया ख़ुद को

तू अगर बेवफ़ा नहीं होता
फिर कोई तजरुबा नहीं होता

नामुकम्मल हर इक ख़ुशी होती
ग़म अगर जा-ब-जा नहीं होता

राह अपनी तू ख़ुद ही तय कर
रेत पर रास्ता नहीं होता

जज़्बए-हक़ या जज़्बए-इमाँ
टिमटिमाता दिया नहीं होता

'अज़्म' वो हादसा है मेरे लिए
जब कोई हादसा नहीं होता

हर्फ़े-इन्कार को नहीं भूला
दिल के इस बार को नहीं भूला

हर क़दम मुफ़लिसी रही क़ायम
फिर भी किरदार को नहीं भूला

उम्र भर फिर कहीं भी मात नहीं
फिर भी इक हार को नहीं भूला

अब भी बाक़ी है ज़िन्दगी की उमंग
साधू संसार को नहीं भूला

'अज़्म' सब कुछ भुला चुका लेकिन
दोस्त को यार को नहीं भूला

ज़बाँ को जो दर्पण बना लीजिएगा
ज़माने को दुश्मन बना लीजिएगा

दुआ की ज़रूरत पड़ेगी हमेशा
कोई जब नशेमन बना लीजिएगा

दिलों में कुदूरत पनपती रहेगी
जब आँगन में आँगन बना लीजिएगा

यक़ीनन ये दुनिया बना लेगी रहबर
अगर ख़ुद को रहज़न बना लीजिएगा

निगाहें करेंगी निगाहों से बातें
तो पलकों को चिलमन बना लीजिएगा

प्रवीण शुक्ल

जन्मतिथि : 7-6-1970, पिलखुआ (ग़ाज़ियाबाद) उ.प्र.
शिक्षा : एम.ए. (अर्थ. हिन्दी), बी.एड.
प्रकाशन : मूलतः व्यंग्य प्रधान रचनाएँ विभिन्न पत्र-पत्रिकाओं में प्रकाशित। एक कविता-संग्रह शीघ्र प्रकाश्य।
सम्मान : देश की अनेक साहित्यिक संस्थाओं द्वारा सम्मानित/पुरस्कृत
सम्प्रति : रामजस फाउंडेशन, दिल्ली में अध्यापन के साथ-साथ साहित्य सृजन एवं पत्रकारिता।
सम्पर्क : 4649/15 ए, न्यू मॉडर्न शाहदरा, दिल्ली-110032 फ़ोन-(011) 22111464
मो.—32300362, 9811021623

कभी जब याद आते हैं तुम्हारी आँख के आँसू
मुझे बेहद सताते हैं तुम्हारी आँख के आँसू

रहीं मजबूरियाँ क्या-क्या हमारे दरमियाँ अक्सर
व्यथा उनकी सुनाते हैं तुम्हारी आँख के आँसू

कभी बदली, कभी बारिश, कभी दरिया, कभी झरना
कभी सागर दिखाते हैं तुम्हारी आँख के आँसू

नयन की नाव में दिल तक सफ़र को जब निकलता हूँ
मुझे तब-तब डुबाते हैं तुम्हारी आँख के आँसू

लबों पर आपके मुस्कान देती है ख़ुशी मुझको
मुझे भी तो रुलाते हैं तुम्हारी आँख के आँसू

कभी भी आँख में अपनी इन्हें लाना न भूले से
किसी का दिल दुखाते हैं तुम्हारी आँख के आँसू

जीवन तो है बहता पानी
दो क्षण की फिर ख़त्म कहानी

हम तो हैं उसकी कठपुतली
वो ही राजा, वो ही रानी

मैं भी, तू भी, ये भी, वो भी
सारी दुनिया आनी जानी

कैसे मर-मर कर जीता है
देखो निर्धन की पेशानी

दुखड़े पहले ही क्या कम थे
उस पर बिटिया हुई सयानी

हमसे जाने ये कैसी ख़ता हो गयी
जिन्दगी, ज़िन्दगी से ख़फ़ा हो गयी

उसके घर बेटियों ने जनम क्या लिया
उम्र भर की ही जैसे सज़ा हो गयी

जो जिए हैं सदा दूसरों के लिए
ज़िन्दगी उनकी ही आइना हो गयी

चुटकुलों से भरे आज के दौर में
मंच से शायरी लापता हो गयी

बिजलियाँ बदली बनकर बरस जाएँगी
जो बुज़ुर्गों की हम पर दुआ हो गयी

अपना काम निकलने पर
अब वो आते नहीं नज़र

भटके जा बेशक दर-दर
चैन मिलेगा घर आकर

मत इतरा इन पंखों पर
हिम्मत से नपता अम्बर

कहाँ रहें हम अब जाकर
घर भी डर बाहर भी डर

प्यार वफ़ा का मतलब अब
दिल को है समझाना भर

इन्सान देवता था, है शैतान आजकल
अब हो गया वो हिन्दू मुसलमान आजकल

पश्चिम की सभ्यता की हवा इस क़दर चली
पूरब का गुलसिता है बियावान आजकल

वो देखकर के अपने दोस्तों की तरक़्क़ी
खुद को ही कर रहा है परेशान आजकल

लेकर के सात फेरे वो ससुराल क्या गयी
पिंजरे में फँस गयी है नन्ही जान आजकल

खुद बनके घोड़ा जिसको बिठाया था पीठ पर
वो ही है मेरे दर्द से अनजान आजकल

आलोक श्रीवास्तव

जन्मतिथि	:	30.12.1971, शाजापुर (म.प्र.)
शिक्षा	:	एम.ए. (हिन्दी साहित्य)।
प्रकाशन	:	अनेक पत्र-पत्रिकाओं में रचनाएँ प्रकाशित। अनेक पुस्तकों का सम्पादन। 'आमीन' ग़ज़ल-संग्रह प्रकाशनाधीन। ज़ी.टी.वी. एवं स्टार प्लस के लिए टाइटल सॉन्ग, लघुकथा आदि का लेखन।
सम्प्रति	:	प्रबन्धक, सम्पादक, रामकृष्ण प्रकाशन, विदिशा।
सम्पर्क	:	73, रामद्वारा, विदिशा (म.प्र.) 4640001 फ़ोन : (07592) 233088, 230700 (नि.), 237100 (का.)

ठीक हुआ जो बिक गए सैनिक मुट्ठी भर दीनारों में
वैसे भी तो ज़ंग लगा था, पुश्तैनी हथियारों में

सर्द नसों में चलते-चलते गर्म लहू, जब बर्फ़ हुआ
चार पड़ौसी जिस्म उठाकर झोंक गए अंगारों में

खेतों को मुट्ठी में भरना अब तक सीख नहीं पाया
यूँ तो मेरा जीवन बीता सामन्ती अय्यारों में

कैसे उसके चाल-चलन में अंग्रेज़ी अन्दाज़ न हो
आख़िर उसने साँसें ली हैं पश्चिम के दरबारों में

नज़दीकी अक्सर दूरी का कारन भी बन जाती है
सोच-समझकर घुलना-मिलना अपने रिश्तेदारों में

चाँद अगर पूरा चमके, तो उसके दाग़ खटकते हैं
एक न एक बुराई तय है सारे इज़्ज़तदारों में

तेरा सब कुछ मेरे अन्दर, बम भोले
मन्दिर मजिस्द कंकर पत्थर, बम भोले

घर से दूर न भेज मुझे रोटी लाने
सात गगन हैं, सात समुन्दर, बम भोले

ठोकर मारें, सर पीटें या सो जाएँ
क़िस्मत, बिस्तर सब कुछ-पत्थर, बम भोले

लोग कहाँ हम जैसा जीवन जीते हैं
अन्दर रेशम, ऊपर खद्दर, बम भोले

कल सपने में सूरज के घोड़े आए
राख हो गई आँखें, जलकर, बम भोले

इक हुनर है, वो भी विरसे में मिला है
देख लीजे! हाथ में सब कुछ लिखा है

मैं बदलते वक़्त से डरता नहीं हूँ
कौन है जो मेरे अन्दर काँपता है

नींद की मासूम परियाँ चौंकती हैं
एक बूढ़ा ख़्वाब ऐसे खाँसता है

चाँद से नज़दीकियाँ बढ़ने लगी हैं
आदमी में फ़ासला था, फ़ासला है

साँस की पगडंडियाँ भी ख़त्म समझो
अब यहाँ से सीधा-सच्चा रास्ता है

इतनी-सी बात आप समझते नहीं हुज़ूर
हम लोग आदमी हैं, फ़रिश्ते नहीं हुज़ूर

चाहत से भीगती हैं ज़मीनें कभी-कभी
बादल ये' बार-बार बरसते नहीं हुज़ूर

कल भी थीं आस्मान पे' रिश्तों की क़ीमतें
काग़ज़ के फूल आज भी सस्ते नहीं हुज़ूर

जो लोग अपने आप में ख़ुद आफ़ताब हैं
जुगनू की रौशनी को तरसते नहीं हुज़ूर

अपनों से इत्तिफ़ाक़ नहीं है तो क्या हुआ
अपनों से बार-बार उलझते नहीं हुज़ूर

बूढ़ा टपरा, टूटा छप्पर और उस पर बरसातें सच
उसने कैसे काटी होंगी, लम्बी-लम्बी रातें सच

लफ़्ज़ों की दुनियादारी में, आँखों की सच्चाई सच
मेरे सच्चे मोती झूठे, उसकी झूठी बातें सच

जाने क्यों मेरी नींदों के हाथ नहीं पीले होते
पलकों से लौटी हैं कितने सपनों की बारातें सच

कच्चे रिश्ते, बासी चाहत और अधूरा अपनापन
मेरे हिस्से में आई है, ऐसी भी सौग़ातें सच

ख़ूब दिया है धोखा ख़ुद को; झूठे-मूठे क़िस्सों से
याद मगर जब करने बैठे, याद आई हैं बातें सच

'सुभाष'

मूल नाम : सुभाष चन्द्र वर्मा

जन्मतिथि : 4 जनवरी, 1973, दानचौरा (मैनपुरी), उ.प्र.

प्रकाशन : 'गिला शिकवा' ग़ज़ल संग्रह। अनेक पत्र-पत्रिकाओं, संकलनों में ग़ज़लें प्रकाशित।

सम्प्रति/सम्पर्क : प्रवक्ता, समाजशास्त्र राजकीय स्नातकोत्तर महाविद्यालय, रूद्रपुर (उत्तरांचल)।

उम्र ने बाँधा है सबको साँस की ज़ंजीर से
वक़्त ने काटा उसे पर मौत की शमशीर से

बेवज़ह अपने नशे पर मय को ज़्यादा है गुमान
लग रहा वाक़िफ़ नहीं है इश्क़ की तासीर से

आपने जलसे में अपना रंग जमाया ख़ूब, पर
ख़ास मुद्दा ही था ग़ायब आपकी तक़रीर से

बन्द कर सकता नहीं है तू जुबाँ हाक़िम मेरी
बेदख़ल कर दे भले ही हल्क़ा-ए-जागीर से

अपनी क़िस्मत पे न रोना आदमी है तू अगर
लिख दुबारा ख़ुद मुक़द्दर कर्म की तहरीर से

जब अखरती हो कमी उनकी तुझको 'सुभाष'
चन्द बातें कर लिया कर यार की तस्वीर से

अब मुहब्बत की दुहाई दे मत
मेरे ख़्वाबों में दिखाई दे मत

मुझको हर बात पता है तेरी
अब तू बेकार सफ़ाई दे मत

आके मिल मुझसे हक़ीक़त की तरह
बन के अफ़साना सुनाई दे मत

रफ़्ता-रफ़्ता ये मुहब्बत कम हो
इतनी लम्बी भी जुदाई दे मत

जिनकी महफ़िल में नहीं क़द्र 'सुभाष'
उनकी महफ़िल में दिखाई दे मत

हर तरफ़ मतलब परस्ती हो गई
ये ज़मीं बदनाम बस्ती हो गई

मैं भी साक़ी बादशा से कम न था
इश्क़ में बर्बाद हस्ती हो गई

गर मिली मस्ज़िद तो सजदा कर लिया
बुत मिला तो बुलपरस्ती हो गई

मिल नहीं पाई तो तौबा समझ ली
मिल गई तो मयपरस्ती हो गई

वक़्त इक गहरा समुन्दर है 'सुभाष'
ज़िन्दगी काग़ज़ की क़श्ती हो गई

वक़्त के साथ बदलते रहिए
पेश माहौल में ढलते रहिए

जो भी करना है अभी कर डालो
वरना फिर हाथ ही मलते रहिए

बात मंज़िल की वक़्त पर छोड़ो
चलना ही फर्ज़ है चलते रहिए

फ़ितरतन लोग ठोकरें देंगे
आप गिर-गिर के सँभलते रहिए

अश्क बनकर के अकेले में 'सुभाष'
उनकी आँखों से निकलते रहिए

आदमी होता आदमी बस आदमी
आज होता यूँ न बेबस आदमी

रोज़ छपती क्यों ख़बर अख़बार में
दर्जनों घायल मरें दस आदमी

आजकल सबकी नीयत में खोट है
ढूँढना मुश्किल मुक़द्दस आदमी

दूसरों के काम आता ही नहीं
अपने मतलब में है चौकस आदमी

आदमी की असलियत सुनकर 'सुभाष'
गिर गया खाकर वहीं गस आदमी

जगदीश जोशी 'साधक'

जन्मतिथि : 23.9.1973
शिक्षा : बी.ए.
प्रकाशन : अनेक पत्र-पत्रिकाओं में ग़ज़लें प्रकाशित
सम्प्रति : स्वतन्त्र लेखन
सम्पर्क : पॉकेट सी/38, एल.आई.जी. फ्लैट्स नन्दनगरी, दिल्ली-93

क़दम क़दम पे ख़ुदा इम्तहान लेता है
कभी वो धूप कभी सायबान लेता है

मिलेगा लक्ष्य उसे अपनी ज़िन्दगानी में
जो शख़्स दिल में कुछ करने की ठान लेता है

उठा है इस तरह इन्साँ जहान में यारो
ज़मी से आज फ़लक में उड़ान लेता है

बढ़े हैं दाम मकानों के आजकल इतने
ज़मीर बेच के इन्साँ मकान लेता है

फँसेगा जाल में माया के एक दिन 'साधक'
तू बिगड़े मन का कहा जग में मान लेता है

आँधियों में इक दिया जलता रहा
देखकर ये हौसला मिलता रहा

खौफ़ क्या होगा उसे तूफ़ान का
जो बशर तूफ़ान में पलता रहा

मंज़िलों को एक दिन पा जाएगा
राहरौ गर राह में चलता रहा

रूह का सदियों से जारी है सफ़र
ज़िस्म फ़ानी है सदा जलता रहा

जब ख़ुदा का आसरा 'साधक' मिला
आ के ख़तरा ज़ीस्त में टलता रहा

आदमी का आचरण बदला हुआ है
आज का वातावरण बदला हुआ है

पश्चिमी तहज़ीब को अब सीख कर
ज़िन्दगी का व्याकरण बदला हुआ है

देखता हूँ जिस तरफ़ भी ज़िन्दगी में
हर किसी का आचरण बदला हुआ है

मज़हबों में आदमी को बाँट करके
धर्म का अब जागरण बदला हुआ है

आदमी ने जग में की है तरक़्क़ी
आज रण में आक्रमण बदला हुआ है

ये भी हसरत निकाल लो यारो
हम पे पत्थर उछाल लो यारो

मश्वरा हमको बाद में देना
पहले ख़ुद को सँभाल लो यारो

जान के क्या करोगे दुनिया का
पहले अपना तो हाल लो यारो

एक दिन तो बिखर ही जाना है
ख़ुद को फूलों सा ढाल लो यारो

ये जहाँ भी तो एक जाला है
इससे ख़ुद को निकाल लो यारो

जहाँ तूफ़ान चलते हैं
वहीं पे हम निकलते हैं

ग़रीबी वो ही समझेंगे
मुसीबत में जो पलते हैं

समय पर जो नहीं सँभले
वो इक दिन हाथ मलते हैं

अगर है हौसला दिल में
तो ख़तरे आ के टलते हैं

वो फिर गिरते नहीं 'साधक'
जो खा ठोकर सँभलते हैं

शशि जोशी

जन्मतिथि : 17.1.1975

शिक्षा : स्नातकोत्तर हिन्दी, पीएच.डी.

प्रकाशन : अनेक पत्र-पत्रिकाओं में रचनाएँ प्रकाशित। ग़ज़ल-संग्रह प्रकाशनाधीन।

पुरस्कार : अनेक प्रतिष्ठित साहित्यिक संस्थाओं द्वारा सम्मानित/पुरस्कृत।

सम्प्रति : अध्यापन

सम्पर्क : निकट योग विज्ञान आश्रम, सितारगंज रोड, खटीमा, जिला–ऊधमसिंह नगर (उत्तरांचल) 262308

ओस में भीगी रात ने फूलों पर कितने पैग़ाम लिखे
सुबह का तारा, भोर की चिड़िया जाने कितने नाम लिखे

लिपट गया है सफ़र पाँव में दूर तलक रस्ते-रस्ते
काश! मेरे हिस्से में भी वो दो पल का आराम लिखे

आज वो अपने जीवन को परिभाषित करने बैठा तो
आँसू, पत्थर, दलदल, सागर जाने कितने नाम लिखे

देने वाला मुझे सफ़र में काँटे दे तो फूल भी दे
सिर्फ़ कड़कती धूप न लिक्खे कभी तो महकी शाम लिखे

दिल को जैसा ठीक लगा था 'शशि' ने वैसा काम किया
अब आगे उसकी मर्ज़ी है जो चाहे अंजाम लिखे

दिल ने एक सहारा माँगा
मैंने साथ तुम्हारा माँगा

शीतलता जब रास न आई
तो उसने अंगारा माँगा

बच्चे की नन्ही आँखों ने
सपना एक दुलारा माँगा

इच्छाओं ने पंख पसारे
उड़ने को नभ सारा माँगा

तनहा जीवन सोच रहा अब
क्यों 'शशि' साथ तुम्हारा माँगा

नफ़रतों की आँधियों ने ज़ुल्म ढाया किस क़दर
हर तरफ़ छाया अँधेरा कुछ नहीं आता नज़र

फूल वो पाँवों के नीचे दाबकर रौंदा गया
जिसको माली के इरादों की चली थी कल ख़बर

सख़्त पत्थर सा है 'वो' फिर भी गला देगी उसे
धूप! उफ ये धूप! है ये चिलचिलाती इस क़दर

ये घुटी सी चीख़, घायल रोशनी की चीख़ है
उस तरफ़ शायद कोई तारा गिरा है टूटकर

पालमत 'शशि' चाँदनी की इस क़दर खुशफ़हमियाँ
क्या तेरा होगा, चमक अपनी न दे सूरज अगर

विश्वासों का दर्पण टूटा
कौन भरोसा करे किसी का

मिलना और बिछड़ना उसका
जैसे कोई सपना देखा

फूल में जैसे खुशबू महके
मैं उसमें वो मुझमे महका

जो पल आज मिला है जी ले
कल क्या होगा किसने देखा

मन पर इतना अंकुश मत रख
वरना 'शशि' पागल कर देगा

जिसे चाहा नहीं उसको निभाया
मेरे हिस्से अजब किरदार आया

चमन में कहर तो फूलों ने ढाया
मगर इल्ज़ाम काँटों पर ही आया

मेरी चुप्पी पे तो झुँझला गया वो
मेरे चेहरे को लेकिन पढ़ न पाया

वही मुझको गिराना चाहता है
जिसे मैंने कभी चलना सिखाया

बुझी आँखें, बुझे सपने लिए 'शशि'
सितारों के नगर से लौट आया

प्रियंका पँवार 'निक्हत'

जन्मतिथि : 27 अप्रैल, 1975

शिक्षा : पीएच.डी. (रसायन शास्त्र)।

प्रकाशन : पत्र-पत्रिकाओं में ग़ज़ल, कविता तथा लेख प्रकाशित।

सम्प्रति : फार्मास्यूटिकल कं. (मुंबई) में एक्ज़ीक्यूटिव-रेगुलेट्री अफ़ेयर्स के तौर पर कार्यरत।

सम्पर्क **(स्थाई)** : गुप्ता नर्सिंग होम के पास, गुब्बारा फाटक, लोहिया बाज़ार, ग्वालियर-474001 (म.प्र.)

(वर्तमान) : फ्लैट नं. 309, शहनाई सी-विंग, लोकपुरम, पोखरन रोड-2 थाने (पश्चिम), मुम्बई-400601

हर सुर हर साज है बिखरा हुआ
आवाज़ का हर तार है बिखरा हुआ

ज़िन्दगी हसीन ख़्वाब है पलकों पर
जिसका अंजाम बार-बार है बिखरा हुआ

चप्पा चप्पा ख़ामोशी रात चुपचाप
गहरा कोई राज़ है बिखरा हुआ

किनारे पे थक चुके हैं सवाल
और जवाब उस पार है बिखरा हुआ

'निक्हत' तुझे ढूँढने जब भी गएं
पाया ख़ार हर बार है बिखरा हुआ

आदमी कोई मिले उसमें तुम इन्साँ ढूँढो
तुम शुरुआत में ही हुस्ने-नुमायाँ ढूँढो

घर बनाने की जो फ़ितरत थी फ़ना हो ही गई
अक़्ल कहती है रहने को एक मकाँ ढूँढो

बन सके जो मेरा हमराज़ मेरा ही हमदर्द
मिल सके दिल सा कोई एक निगेहबाँ ढूँढो

मैं परेशाँ हूँ कि क़ातिल मेरा मिल जाए मुझे
इस ज़माने में कोई मुझ-सा परेशाँ ढूँढो

हो गई आज बहारों से जो अनबन निक्हत
जी में आता है कि सेहरा-ओ-बयाबाँ ढूँढो

अब्र की सबा की आबशारों की बात करो
आज कुछ जमसे बहारों की बात करो

डूब जाने में अभी कुछ वक़्त है बाक़ी
तब तक सफ़ीने और किनारों की बात करो

सारा जहाँ इस फ़ेहरिस्त में शामिल है
आख़िर कब तक गुनहगारों की बात करो

सब्र को रहने दो सब्रगारों के लिए
तुम जी भर के तलबगारों की बात करो

'निक्हत' भी हो जाए उनके अज़ीज़ों में शुमार
अगर उससे इंतज़ारों की बात करो

उनका हल्का-सा एक इशारा हुआ
दिल में ख़्वाहिश का दरिया है बहका हुआ

हर तरफ़ शोर इतना अना का यहाँ
मेरे दिल में है इक ख़्वाब सहमा हुआ

दिल लगाने का अंजाम ये ही है दोस्त
जिसने भी दिल लगाया वही तन्हा हुआ

आरज़ू की तो अब आरज़ू ही नहीं
इस क़दर हमको भी एक सदमा हुआ

आज 'निक्हत' का कोई जवाब नहीं
शाम से आज मौसम है महका हुआ

ज़िन्दगी का ये है मंज़र देखिए
हाथ में लोगों के ख़ंजर देखिए

ख़ुश्क़ शहरों में रक़ाबत की फ़िज़ा
आँख में ठहरा समुन्दर देखिए

आपने अंजाम में देखा तो क्या
हर घड़ी, हर पल बराबर देखिए

महल वालों को भला फ़ुरसत कहाँ
अपना ग़म कहने को बेघर देखिए

बुतपरस्ती उम्र भर 'निक्हत' ने की
अब वो आए उनका पैकर देखिए

धर्मेन्द्र तिजोड़ी वाले 'आज़ाद'

जन्म : 7 जनवरी 1976
शिक्षा : एम.ए. (हिन्दी साहित्य)।
प्रकाशन : 'उसके बारे में' (ग़ज़लनुमा कविताएँ), 'ओ मॉय लव' (कविता-संग्रह), 'आकल्प' (कल्प कथा-संग्रह)। प्रकाशनाधीन—'उनकी यादों के उजाले' (ग़ज़ल संग्रह)।
सम्प्रति : स्वतन्त्र लेखन, सम्पादन।
सम्पर्क : आज़ाद प्रकाशन, तेन्दूखेड़ा, ज़िला—नरसिंहपुर (म.प्र.)—487337
दूरभाष : (07791) 252227, 252272, 252372

बाग़ में मेरे भी तो भँवरे बहुत भटके हैं प्रिये
बात इतनी सी है कि हम ज़रा हटके हैं प्रिये

लोग तो ईमान बदलते हैं कैलेंडर की तरह
और इक हम हैं कि मई-जून पे अटके हैं प्रिये

आपकी वादा ख़िलाफ़ी से मुझे शिकवा नहीं
जानता हूँ आपकी फ़ितरत में झटके हैं प्रिये

आप न इन्सान हैं न जानवर ही दिख रहे
सोचता हूँ आप किस नद्‌दी के तट के हैं प्रिये

इस भरी गर्मी में ए.सी. का मजा भी मिल रहा
आपकी यादों के पंखे दिल में अटके हैं प्रिये

मज़हबी दंगे-फ़साद और इक दीवार भी
'धर्म' के यही मायने तो मुझको खटके हैं प्रिये

मेमने को क्या कहा कि मेमना है
आप कहते हो कि ये आलोचना है

पैर उनके कँप रहे हैं देखिए तो
आईने से आज उनका सामना है

उनके लिए कम्पलसरी है ईर्ष्या
और हमको प्यार करना भी मना है

बात है ये तो महज़ मेरे ज़िगर की
न कविता न ग़ज़ल न कल्पना है

चूँकि कह दी है हकीक़त आप सबसे
आज ख़तरे की 'धरम' सम्भावना है

सूर्य का प्रकाश भी धुँधला हुआ है
हर तरफ़ यूँ अन्धकार छिछला हुआ है

कुर्सी पाकर कंस भी पुजने लगा
काग भी अब देखिए बगुला हुआ है

उनके सारे बाल बच्चे स्वस्थ हैं
मेरी रोटी दाल पे घपला हुआ हैं

भुखमरी-महँगाई मुँह बाए खड़ी है
दो औरतों से देश ये दहला हुआ है

'मुंशी' अब यूँ मौन बैठेंगे नहीं
'हल्कू' की आशाओं पे हमला हुआ है

सिर झुकाकर वोट जो कि लेवता है
लोग कहते हैं उसे कि देवता है

यूँ भी इक आगाज़-ए-साज़िश देखिए
आज उनके घर पे मेरा नेवता है

अब मुसीबत उनके सिर पे आ गई है
देखिए मन्दिर पे माथा टेकता है

शायरी उसके लिए क्या शौक है
रात दिन जो रंजो-ग़म से खेलता है

जिनसे हृदय मेरा आहत हुआ है
उनका ही पग-पग पे स्वागत हुआ है

तूफ़ाँ में छत उनकी मौजूद है
मेरा ही छप्पर हताहत हुआ है

पैसे को सबकुछ जो समझा गया है
अपनों में ही महाभारत हुआ है

कि अब ये अँधेरा भी क्यों न रहे
पूरब में पश्चिम का आगत हुआ है

कुर्सी की महिमा भी देखो 'धरम'
वो चोला पहनकर तथागत हुआ है

भवेश सक्सेना 'अतीत'

जन्मतिथि : 14 जनवरी, 1981, शिवपुरी (म.प्र.)

शिक्षा : एम.ए. (हिन्दी)

सम्प्रति : सन् 2000 से लेखन, नाटक, फिल्म एवं प्रकाशन से सम्बद्ध। ग़ज़ल पर विशेष कार्य। मध्यप्रदेश साहित्य सरोवर (मासिक) तथा 'साहित्य सागर' का प्रकाशन। सत् प्रकाशन की स्थापना। 'प्रयोग' नाट्य संस्था, भोपाल से सम्बद्ध।

सम्पर्क : 118, 'वैभव', सुरेन्द्र प्लेस, होशंगाबाद मार्ग, भोपाल-462026
दूरभाष : 2573540, 2271791, 2783433

मेरे दर्द को आसिताँ मिल जाए
तेरी पलक का सायबाँ मिल जाए

तनहाई ही हमदर्द हमराज़ रही
अब काश तुझसा राज़दाँ मिल जाए

थक गया हूँ अकेले चलते चलते
दोस्तों का वही कारवाँ मिल जाए

भूल चुके हैं रास्ता होश वाले
सफ़र में कोई मयक़शाँ मिल जाए

होंठ हैं मोमिन मगर दिल हैं क़ाफ़िर
क्या मुमकिन है ख़ुदा यहाँ मिल जाए

रातें हैं सियाह मंज़र हैं सियाह
माहताब का कहीं निशाँ मिल जाए

इक लामंज़िल सफ़र नियामत में मिला है
बन्दगियों का असर अदावत में मिला है

ताउम्र तलाशता रहा दोस्त जिसको मैं
जाकर वो रहगुज़र क़यामत में मिला है

कल शायद परछाइयाँ भी क़ैद हो जाएँ
आज ख़ुशबू का नगर हिरासत में मिला है

ख़ुशनसीब कहूँ या बदनसीब ख़ुद को मैं
ख़ुदा मिला है मगर बग़ावत में मिला है

आँसुओं को ढाल देना शेर-ओ-ग़ज़ल में
मुझको तो ये हुनर विरासत में मिला है

मेरी हर आरज़ू हर अरमान तोड़ता है
ऐ ख़ुदा क्यूँ अपना ही सामान तोड़ता है

हुस्न और शोख़ी के गुरूर का नशा है ये
अदा से बुत-ए-दिले-नादान तोड़ता है

मैं वो शीशा जिसकी क़िस्मत है टूटना
कभी मुझे पत्थर कभी इन्सान तोड़ता है

ये ग़ज़ल नहीं मरसिया है उस यक़ीन की
जो रह-रह के अपना ईमान तोड़ता है

मन्दिर हों चाहे मस्ज़िद पत्थर एक से हैं
उसे हिन्दू, इसे क्यूँ मुसलमान तोड़ता है

पिघलने तक बज़्म के ग़ज़लसरा रहा
तमाशा सुना रात बेइन्तहा रहा

आँख आँख में प्यासा धुआँ धुआँ रहा
आलम कुछ घड़ी बड़ा पाक़ीज़ा रहा

देखा किया ग़ौर से बुत इक दैर का
संग रहा नज़रअन्दाज़ ख़ुदा रहा

हर वस्ल रही हिज्र से वस्ल की
हर्फ़ो-बरक़ की वस्ल का सिलसिला रहा

इक शबे तारीक़ थी सिफ़र पर तारी
माहताब इक सियाही में घिरा रहा

ख़्वाबों के खँडहर में कुछ तलाशता था
जिल्द उधड़ी किताब में शब गुज़ारता था

ख़ुशी पे मुस्कराता था जाने दर्द पे
मगर लगता था जैसे क़र्ज़ उतारता था

टुकड़ों को समेट लेता था तो क्या हुआ
आईना भी तो ख़ुद ही उछालता था

दरमियाँ कभी दीवार उठाता था सनम
और कभी नाचीज़ का घर उजाड़ता था

लोग जश्न मनाने लगे मोहर्रम में भी
मैं तो ईद में भी सियाही चाहता था